新文科·普通高等教育人力资源管理专业系列教材

培训理论与实务

（第2版）

主编 杨 倩 冉 霞 李 明

西安交通大学出版社
XI'AN JIAOTONG UNIVERSITY PRESS

内容简介

本教材内容分为理论基础、实践操作及未来发展三个主要部分。第一章到第三章涵盖教育与培训的关系、国内外培训的历史沿革及学习理论的演变,为读者提供一个理论学习框架。第四章到第十一章聚焦于培训的实际操作流程,深入探讨从需求分析到效果评估的全过程,不仅详细介绍了传统的培训环节,还增加了培训环境支持、培训成果转化、培训体系建设与组织管理等内容。最后一章着眼于未来的培训趋势,探讨了技术进步对培训可能带来的革命性变化,通过对未来发展方向的思考,旨在激发读者对培训领域持续探索的兴趣与动力。

图书在版编目(CIP)数据

培训理论与实务 / 杨倩,冉霞,李明主编. —2版.
西安:西安交通大学出版社,2025.1. — ISBN 978-7
-5693-2443-3

Ⅰ. F272.921

中国国家版本馆 CIP 数据核字第 20248FB554 号

书　　名	培训理论与实务(第 2 版)
	PEIXUN LILUN YU SHIWU(DI 2 BAN)
主　　编	杨　倩　冉　霞　李　明
责任编辑	史菲菲
责任校对	李逢国
封面设计	任加盟
出版发行	西安交通大学出版社
	(西安市兴庆南路 1 号　邮政编码 710048)
网　　址	http://www.xjtupress.com
电　　话	(029)82668357　82667874(市场营销中心)
	(029)82668315(总编办)
传　　真	(029)82668280
印　　刷	中煤地西安地图制印有限公司
开　　本	787mm×1092mm　1/16　　印张　19.625　　字数　477 千字
版次印次	2016 年 11 月第 1 版　2025 年 1 月第 2 版　2025 年 1 月第 1 次印刷
书　　号	ISBN 978-7-5693-2443-3
定　　价	58.00 元

如发现印装质量问题,请与本社市场营销中心联系。
订购热线:(029)82665248　(029)82667874
投稿热线:(029)82665379
读者信箱:511945393@qq.com

版权所有　侵权必究

前言 Foreword

在这个瞬息万变的时代，信息如潮水般涌来，竞争之激烈前所未有。未来唯一持久的优势在于学习的速度，而培训正是加速这一进程的关键。对于企业和机构而言，教育与培训不仅是生存的基础，更是持续发展的引擎；对于个人而言，适时的培训是职业发展的加速器，是自我提升不可或缺的。如何最有效地培养出组织最需要的人才，同时又可使人才自身获得最大的发展，就是人力资源开发培训研究的内容。在全球范围内，培训的重要性已被广泛认可，而在中国，尽管培训行业近年来有所进步，但仍需深化和创新，以适应市场的快速变化。为此，需要打破传统的培训框架，引入创新性的知识、技能和态度训练，并构建一个由专职与兼职教师组成的多元化师资队伍。本书就是"培训"专业人才学习专业知识技能的专业书籍。本书从培训的基本概念入手，深入探讨了培训的理论与实践。全书结构严谨，既侧重于理论阐述，又聚焦于实践操作，按照培训流程的逻辑顺序，详述培训的关键步骤。

本书的主要特点如下：

（1）系统性。本书遵循理论与实践相结合的原则，确保读者能够全面理解培训的各个环节。第一章到第三章是理论部分，介绍培训的相关概念、基本理论与国内外发展情况；第四章到第十一章是实践部分，按照培训实际运作流程从培训需求分析、培训环境支持分析、培训计划制订、培训组织实施、培训成果转化与效果评估等方面编写。

（2）实践与应用性。强调理论学习的目的在于应用。本书通过案例分析、实训题等方式，帮助读者培养将理论知识转化为解决实际问题的能力。

（3）发展与前沿性。培训领域持续演变，本书紧跟最新研究与趋势，力求反映最新的培训理论与方法，引导读者洞察未来发展方向。

（4）知识的交叉性。培训本身就是一门由社会学、心理学、经济学、管理学、行为科学等交叉而成的综合性学科。本书不仅深入讲解培训本身，也鼓励读者拓宽视野，了解相关领域的知识，以期达到更深层次的理解。

本书由西安工业大学杨倩、冉霞编写，由杨倩统稿，李明对使用案例给出建议。我们长期从事高校人力资源管理专业教学与企业培训实践，具有丰富的理论与实践经验。本书能对读者在培训理论与实践方面有所启发和帮助，就是我们最大的愿望。书中存在缺点和不足之处在所难免，敬请广大读者批评指正。

编　者

2024 年 9 月

目录 Contents

第一章　培训概论 ·· 1
　第一节　教育与培训 ·· 2
　第二节　培训与企业战略、人力资源战略 ······························ 11
　第三节　培训的相关法律规定 ··· 18

第二章　国内外培训发展史 ··· 22
　第一节　英国培训概况 ·· 22
　第二节　美国培训概况 ·· 27
　第三节　德国培训概况 ·· 31
　第四节　法国培训概况 ·· 34
　第五节　日本培训概况 ·· 38
　第六节　中国培训概况 ·· 42

第三章　学习理论——培训的理论基础 ································· 52
　第一节　学习概述 ··· 53
　第二节　传统学习理论 ·· 55
　第三节　现代学习理论 ·· 66

第四章　现代培训需求分析 ··· 75
　第一节　现代培训需求分析的内涵与类型 ······························ 75
　第二节　培训需求分析的层次 ··· 78
　第三节　培训需求分析流程 ·· 87
　第四节　培训需求分析主要模型 ·· 89
　第五节　培训需求分析方法 ·· 92

第五章　现代培训环境支持体系 ··· 98
　第一节　培训环境与培训的关系 ·· 99
　第二节　培训环境要素 ·· 100

  第三节 培训环境支持性评价 …………………………………… 113

第六章 培训计划制订与培训项目设计 …………………………… 119
  第一节 培训计划的概念和内容 …………………………………… 120
  第二节 培训规划设计流程与方法 ……………………………… 124
  第三节 年度培训计划的制订 …………………………………… 130
  第四节 培训项目智能设计 ……………………………………… 136

第七章 培训课程开发与教学设计 …………………………………… 141
  第一节 课程与培训课程开发 …………………………………… 142
  第二节 培训课程开发常用模型 ………………………………… 146
  第三节 培训课程开发流程 ……………………………………… 152
  第四节 培训教学设计 …………………………………………… 158

第八章 培训方法与技术 ………………………………………………… 164
  第一节 传统培训方法与技术 …………………………………… 164
  第二节 新型培训方法与技术 …………………………………… 181
  第三节 培训方法与技术选择 …………………………………… 189

第九章 培训成果转化与培训效果评估 ……………………………… 193
  第一节 培训成果转化的影响因素与过程 ………………………… 194
  第二节 培训成果转化的方法 …………………………………… 198
  第三节 培训效果评估的内涵与层次 ………………………………… 201
  第四节 培训效果评估的内容和模型 ………………………………… 204
  第五节 培训效果评估的流程与方法 ………………………………… 211

第十章 培训体系建设与组织管理 …………………………………… 225
  第一节 培训体系的内涵与结构层次 ………………………………… 225
  第二节 培训体系设计 …………………………………………… 227
  第三节 培训制度建设 …………………………………………… 243
  第四节 培训的组织管理 ………………………………………… 250

第十一章 培训资源的开发与管理 …………………………………… 261
  第一节 培训课程库的建设 ……………………………………… 263
  第二节 内部培训师队伍开发与管理 ………………………………… 270

| 第三节 | 数智化培训平台建设 | 275 |

第十二章 未来培训的发展趋势 …… 280
第一节	技术引领的培训革命	280
第二节	终身学习生态系统	285
第三节	学习型组织2.0：敏捷与创新	291
第四节	未来工作趋势与培训的协同进化	295
第五节	全球视角下的跨文化交流与培训	299

参考文献 …… 303

第一章　培训概论

学习目标

1. 掌握培训与教育的联系和区别；
2. 掌握培训的主要类型；
3. 掌握培训如何与企业战略、人力资源战略融合；
4. 了解教育的起源；
5. 了解教育的功能和培训发展的动力；
6. 了解培训的基本原则和法律规定。

开篇案例

别具一格的杜邦培训

杜邦公司在很多方面都独具特色，其中，公司为每一位员工提供独特的培训尤为突出。因而杜邦的"人员流动率"一直保持在很低的水平，在杜邦总部连续工作30年以上的员工随处可见，这在人才流动频繁的美国是十分难得的。

杜邦公司拥有一套系统的培训体系。虽然公司的培训协调员只有几个人，但他们却把培训工作开展得有声有色。他们每年会根据杜邦公司员工的素质、各部门的业务发展需求等拟出一份培训大纲。培训大纲清楚地列出该年度培训课程的题目、培训内容、培训教员、授课时间及地点等。他们在年底前将大纲分发给杜邦各业务主管。公司会根据员工的工作范围，结合员工的需求，参照培训大纲为每个员工制订一份培训计划，员工会按此计划参加培训。

杜邦公司还给员工提供平等的、多元化的培训机会。每位员工都有机会接受像公司概况、商务英语写作、有效的办公室工作等内容的基本培训。公司还一直很重视对员工的潜能开发，会根据员工不同的教育背景、工作经验、职位需求提供不同的培训。培训范围从前台接待员的"电话英语"到高级管理人员的"危机处理"。此外，如果员工认为社会上的某些课程会对自己的工作有所帮助，也可以向主管提出，公司就会合理地安排人员进行培训。

为了提升员工的整体素质，提高员工参加培训的积极性，杜邦公司实行了特殊教员制。公司的培训教员一部分是公司从社会上聘请的专业培训公司的教师或大学教授、技术专家等，而更多的则是杜邦公司内部的资深员工。在杜邦公司，任何一位有业务或技术专长的员工，小到普通职员，大到资深经理都可作为教师给员工们讲授相关的业务知识。

培训是组织存续不可或缺的一个环节，任何组织都由人创建，由人来管理，组织内的一切物流、资金流、信息流都由人来运作，因此，人是决定组织成败的最关键因素。而组织中人的知识、技能等水平的高低，直接影响工作的绩效。

要提高人的知识、技能水平,就离不开培训,培训不能直接对组织目标实现有所贡献,但它能为组织目标的实现提供有益的支持。培训既属于一种投资活动,又属于一种教育活动,但它却有别于一般的教育活动,有其特殊性。

第一节　教育与培训

一、教育概述

(一) 教育的起源

对教育起源问题的探讨已经历了一个多世纪,最早的提出者是法国哲学家、社会学家利托尔诺。19世纪后期,他在《各人种的教育演化》一书中系统地提出并阐述了生物学的教育起源论。他根据对动物生活的观察描述了动物界的教育现象,如猫教小猫捕鼠,鸭教小鸭游水等。他认为教育是一种在人类范围之外,远在人类社会出现以前就已产生的现象。后来出现的人类教育不过是继承了业已存在的教育形式而已。因而,教育在人类社会中只是不断改变和演进,获得某些新的性质,人类教育的本质依然有如动物界。人是高级动物而使教育获得了许多高级、复杂的特征。我们需要明确生物学的本能是无条件的反射,是不用习得的,是种族遗传的产物。教育是一种不用习得的无条件反射吗？实际的困难在于我们难以搞清猫、鸭等动物的"意识"发展程度。猫、鸭的生物节律能使它们有觅食这种"本能+自觉"的活动。什么东西能使猫、鸭的"教"具有自觉的成分呢？如果找不到,我们就很难苟同利托尔诺的论断。美国著名的教育史专家孟禄就不同意教育起源的生物学说,他从心理学的角度对利托尔诺的理论进行了批判,认为利托尔诺没有揭示人的心理和动物心理的本质区别。孟禄用心理学观点解释教育的起源,在《教育史教科书》中提出儿童对成年人"单纯的无意识的模仿"是教育的基础和起源。模仿是教育的起源,也是教育的本质。若按照孟禄的说法,教育的最初状态是"学"而非"教",模仿是下对上的行为。既然儿童对成年人的模仿是"无意识的",不可想象有意识的"教"必然会发生。孟禄把教育的起源问题从遗传获得的本能形式中解脱出来是积极可取的,但其模仿说显然也是简单化的。20世纪30年代,苏联教育界对资产阶级的教育思想进行了批判,力图用唯物史观阐明教育的起源。苏联人在批判"生物说""心理说"的基础上,借鉴恩格斯"劳动创造了人本身",引申推导出教育起源于劳动。"劳动说"是不能否定的,但结论是简单的。

一切非本能现象的产生都可以从必要和可能角度进行理解。教育在最基本的定义上是经验的传递且是有意识的、自觉的。若非有意识和自觉,就不能成为人类教育范畴。猫教小猫捕鼠,鸭教小鸭游水,也只是心理学意义上的模仿。猫捕鼠和鸭游水属于物种的本能,生物遗传起决定性的作用。因而后天的所谓"教"是很难谈得上有意识和自觉的。只有超生物经验由于是靠学习而获得的,其传递才可能依赖意识。马克思、恩格斯主张劳动创造了人,以及苏联人引申推导出劳动创造了教育,应主要考虑超生物经验的产生。恩格斯关于工具的出现和手脚的分工及其在人类进化中重要地位的论述是人所熟知的。工具的制造和使用属于超生物经验,也是人类意识的产品。这种超生物经验,既然不是由生物遗传而获得的,也就不会以生物遗传方式而沿传,只得寻找生物遗传之外的方式,亦即最简单的教育。可见,教育之产生源于一种需要,一种超生物经验沿传的需要。主观需要是人为活动出现的显在前提。

如果超生物经验极其粗糙和简单,那"教育"的方式仅有模仿就足够了。当这种经验趋于复杂时,仅依靠示范无法顺利沿传,人头脑可以接受的教育方式就可能产生,因为经验传递的介质由单纯的动作走向动作和语言的联合。随着超生物经验的积累,需要交流的内容急剧增加并且越来越复杂化,动作或称身体语言的局限性越来越大,人与人之间到了有些什么必说不可的地步,语言由此而产生。语言的出现使人与人之间超出了生物联系的范围,人可以接受的教育方式也得以产生。

语言的产生还加速了分散的个体结合为社会统一体的步伐,使广泛的社会关系得以形成。人类作为一个整体从自然界中独立出来,按人类生存和发展的需要,按他们对自然规律的认识和掌握程度来改造自然,成了世界的主人。社会关系形成和发展的重要纽带是个体间超生物经验的交流。这种交流尤其是将使用和制造工具的超生物经验自觉地传授给下一代,根本不同于生物个体之间生物经验的本能传递活动,萌芽状态的教育就产生了。

教育的产生从其显在的原因看是种族生存和发展的社会性需要,从潜在原因看是超越本能的情感需要。为什么如此呢?有意识的人类做一件事情,不管有无被迫的成分,一定有愿意的成分。而愿意做一件事情,既可能是做事的人自己在做的过程中有愉快的体验,也可能是做事的人为了他之外的其他个体的愉快。人类在进化中有了意识时,最先且最强烈的应为情感意识。欧文在《政治正义论》中提出:"人们的自觉行动是受感情支配的。"许慎在《说文解字》中解释:"教,上所施,下所效也。""育,养子使作善也。"我们既能看到教的原理,又能看到育指向未来一代的情感。

(二)教育的定义

在汉语里,"教育"一词始见于《孟子·尽心上》:"君子有三乐,而王天下不与存焉。父母俱存,兄弟无故,一乐也。仰不愧于天,俯不怍于人,二乐也。得天下英才而教育之,三乐也。"在西方,教育(educate)一词源于拉丁文"educare"。本义为"引出"或"导出",意思就是通过一定的手段,把某种本来潜在于身体和心灵内部的东西引发出来。从词源上说,西文"教育"一词是内发之意。它强调教育是一种顺其自然的活动,旨在把自然人所固有的或潜在的素质自内而外引发出来。

在教育学界,关于"教育"的定义多种多样,可谓仁者见仁、智者见智。一般来说,人们是从两个不同的角度给"教育"下定义的,一个是社会的角度,另一个是个体的角度。苏联及我国一般是从社会的角度给"教育"下定义的,而英美国家的教育学家一般是从个体的角度给"教育"下定义的。从社会的角度来定义"教育",可以把"教育"定义区分为不同的层次。一是广义的,凡是增进人们的知识和技能、影响人们的思想品德的活动都是教育。二是狭义的,主要指学校教育,指教育者根据一定的社会或阶级的要求,有目的有计划有组织地对受教育者身心施加影响,把他们培养成一定社会或阶级所需要的人的活动。更狭义的,有时指思想教育活动。这种定义方式强调社会因素对个体发展的影响,把"教育"看成是整个社会系统中的一个子系统,分配着或承担着一定的社会功能。从个体的角度来定义"教育",往往把"教育"等同于个体的学习或发展过程。

(三)教育发展的动力

动力是推动事物运动和发展的力量。那么是什么力量推动教育不断运动和发展呢?我们首先必须弄清教育发展的基本内涵。人类教育同动物向后代传递生物经验之间的区别表现在内容和形式等方面,但最主要的标志在于动物是自发、本能地传递,而人则是自觉、有目的地实施教育。可见教育发展的第一意义是从自发、本能状态向自觉、有目的变化。此种意义上的教育发展机制可以做如下说明:劳动创造了超生物肢体和超生物经验,催生了自觉传授超生物经验以便制造工具的人类教育。人类教育产生以后,从自发到自觉的转变仍在进行,学校教育这个教育形式和内容上的历史性转变是教育从自发到自觉转变的一个重要标志。它标志着教育从社会生活或生产活动中分化了出来,成为相对独立的社会现象。人类行为的运动发展和人类个体行为的运动发展机理是大致相同的,这是全息律决定的。人类自觉的行为都是在某种动机策动下为了达到某些目标引起的,而动机则是由需要引起的。教育的发展动力是需要,直接表现出来的是社会生活、生产对教育的需要,根本上是人类改造自然环境提高生存水平的需要。

(四)教育发展的条件

教育发展的条件主要是人类社会对教育精神上的关注和人力、物力上的投入两个方面。精神上的关注,简单层次上就是重视,高层次上就是对教育的理性思考。人类教育一旦诞生,从此,其发展的水平基本是由人类对教育的认识水平决定的。认识不是对客观的摹写,而是一个主动创造的过程。人类生存发展的迫切需要促使教育产生以后,教育的发展与"需要"的联系开始疏远,实际接受认识的引导。历史已经表明,教育思想和理论活跃的时期和地域,其教育实践总是相对发达的。人类对教育在人力和物力上的投入是指让什么样的人去专搞教育,让多少人去搞教育,赋予教育生活什么样的物质环境。搞教育的人的数量、质量,教育生活的物质环境,既可以说是教育发展的外在标志,又可以说是教育发展的基本条件。教育,在操作意义上,就是被称为教育者的人或人群在一定的教育场所影响一些被称为受教育者的人或人群。在教育者、教育场所、受教育者中,前两者显然是条件因素。教育者的素质好、教育场所符合教育要求的程度高,是教育发展的理想条件。

(五)教育的实质

教育的实质体现为一种深刻的社会实践过程,它既是社会结构与文化的再生产机制,也是推动社会进步与个体全面发展的关键力量。教育不仅肩负着传授知识、培养专业技能的基本职责,更深层次地通过整合知识学习与价值引领,为社会培养符合时代需求的高素质人才。这些人才不仅是生产力发展的推手,更是社会文化与意识形态传承与创新的载体。在此过程中,教育尤其强调人的全面发展,旨在促进学生德智体美劳全面发展,为构建一个更加公平、正义且充满活力的社会奠定基础。同时,面对快速变化的信息时代,教育更承担起促进科技与文化创新、加速知识经济发展的重任,力求通过教育与科技、产业的深度融合,为经济社会的转型升级和可持续发展贡献力量。因此,教育是社会进步的基石,是培养具有社会责任感、创新精神和实践能力的社会主义事业建设者和接班人的战略工程,其核心在于服务人民、促进公平、引领创新,最终实现人的自由而全面的发展。

(六)教育功能的当代审视

教育的功能在新时代背景下得到了扩展和深化,它不仅是生产力发展的催化剂,更是社会公平的推进器、文化创新的孵化器和信息技术融合的先行者。从马克思主义中国化的最新成果出发,教育改革与发展需紧跟时代步伐,坚持立德树人根本任务,为建设社会主义现代化强国提供强大的人才支撑和智力支持。

1. 教育是创新驱动发展的关键引擎

随着知识经济时代的到来,教育不仅是生产斗争的工具,更是落实创新驱动发展战略的核心要素。教育不仅要传授已有的科学技术,更要激发创新思维,培养具有创新能力的人才。教育在促进科技成果转化、推动经济社会转型升级中具有基础性作用。教育应当致力于构建终身学习体系,促进学习型社会的形成,确保个人能够在快速变化的社会中持续提升自我,适应新技术、新业态带来的挑战。

2. 教育促进社会公平与包容性发展

在全球化背景下,教育被赋予了新的使命——促进全球范围内的社会公平与包容性发展。这意味着教育不仅要服务国内社会系统,还要积极参与全球教育合作,缩小国际教育机会的不平等。从马克思主义人本思想出发,中国强调教育公平是社会公平的基石,致力于消除城乡、区域、性别等造成的教育差距,确保每个人都有接受优质教育的机会,以教育为杠杆促进人类命运共同体的构建。

3. 教育的文化传承与创新功能

在信息爆炸的时代,教育不仅是知识的传递,更是文化传承与创新的平台。教育应注重培养学生的文化自觉与自信,引导学生批判性地继承传统文化精髓,同时具备跨文化交流的能力,促进多元文化的理解和尊重。教育不仅可强化国家文化软实力,也为解决全球性问题提供多样化的视角和解决方案。

4. 教育与信息技术的深度融合

信息技术的迅猛发展为教育带来了革命性的变化。教育应当主动拥抱数字化转型,利用大数据、人工智能(AI)等现代信息技术手段,创新教学模式,实现个性化学习,提高教育质量和效率;同时,培养数字时代所需的数字素养和技能,为学生适应未来社会奠定坚实基础。

二、培训概述

"培训"在现代社会是一个高频的用词,培训对于组织和组织成员来说已不再是陌生的事情。从现象来看,培训也是一种教育活动。究其本质,培训也属于广义的教育范畴。我们之所以要把培训活动独立出来进行研究,是因为它在现代社会发展中,特别是在社会经济发展中起着越来越大的作用。培训既是一种教育活动,又是一种经济行为,双重的属性使对它的内在规律和特点的研究成为一种社会需求和企业需求。正是它在教学目标、教学内容和教学方法等方面的特殊性,使研究其成为必然,但人们对培训活动却存在许多模糊不清的认识。有人把培训等同于开发,或视作一种教育形式,或直接说成是讲演、讲座,不一而足。那么,究竟什么是培训?如何界定它?

(一)培训的定义

关于培训,我们究其汉字本义来看,培的本义是垒土,以适宜的条件促使植物成长和繁殖,如《礼记·中庸》说"故栽者培之";训,这里是指军事上的教练、操练兵士,王安石在《举渭川兵马都监盖传等充边上任使状》中说"有智略,能训治军旅"。后来的培训一词是培养和训练的合成,其意思是使受训者(主要是成年工作人员)能获得和养成一项或几项行为方式或技能,从而使受训者的能力得到提高和发展,以适应工作。美国学者雷蒙德·A.诺伊认为,培训是指公司有计划地实施有助于雇员学习与工作相关能力的活动,这些能力包括知识、技能或对工作绩效起关键作用的行为。他指出培训的目的在于让雇员掌握培训项目中强调的知识、技能和行为,并将其应用于日常工作当中。诺伊的定义至少可以做三重理解:第一,培训是一种有计划性的活动,意味着培训是有针对性的,不是无的放矢的;第二,培训的内容是有所选择的,它关注那些与提高雇员学习与工作能力相关的知识、技能及行为;第三,培训的目的在于通过让雇员掌握培训内容,以提高他们的工作绩效。英国的马汀·奥林治则从终身学习的视角出发,把好的培训或成功的培训视为一个学习的过程,在此过程中管理者和培训师给员工创造学习机会;指出培训的目标是提升员工的技能、知识,改善态度,使他们高效地完成组织目标。从这两个定义看出,其共同的特点是,揭示出培训的基本功能在于促进受训者知识和技能的提升及态度的改善,培训的目的与增进员工工作绩效、实现组织目标紧密相关。但两者的区别是前者暗含了培训的系统性特征,而后者似乎更关注受训者的主动学习,侧重于其潜力的开发。我国学者侯晓虹把培训定义为组织为了提高工作绩效和提升在社会中的形象,使其成员通过学习和训练在知识、技能和工作态度上得到改变、发展和完善的一项有利于组织和社会发展、有利于个人成长的系统的活动。

根据上述讨论,我们可以给培训下一个统一的符合其实质的定义:培训是一种有组织的知识传递、技能传递、标准传递、信息传递、信念传递、管理训诫行为,是给员工传授其完成本职工作所必需的正确思维认知、基本知识和技能的过程。基于认知心理学理论可知,职场正确认知(内部心理过程的输出)的传递效果才是决定培训效果好坏的根本。

(二)培训的动力

培训作为现代社会人力资源开发的重要组成部分,其动力源自多个维度的综合驱动,是一个复杂而多元的系统,由外部的市场环境、科技进步、政策导向、社会变迁,以及内部的企业文化、个人发展需求等多重因素共同作用而成。这些动力相互促进,不断推动培训内容、方式的创新与优化,以适应快速变化的社会经济环境,实现个人与组织的共同成长。以下几点是培训动力的关键来源。

1. 经济全球化与市场竞争

在全球化经济体系中,企业面临着前所未有的竞争压力。为了在激烈的市场竞争中保持竞争力,企业必须不断提升员工的专业技能和综合素质,确保团队能够快速响应市场变化,有效利用新技术、新方法。因此,技能培训、管理能力提升、创新思维培育等培训活动成为企业战略规划的重要组成部分,旨在通过提升员工能力来增强企业的核心竞争力。

2. 科技进步与产业升级

随着科技的飞速发展,新兴技术和产业不断涌现,对劳动力的技能要求也随之变化。人工智能、大数据、云计算等技术的应用,要求员工不仅要掌握传统技能,还需不断学习新知识、新技能。培训成为帮助员工适应技术变革、促进产业升级的关键途径,确保劳动力资源与产业发展同步升级,维持经济的持续增长动力。

3. 个人职业发展需求

在知识经济时代,个人职业发展不再仅仅追求稳定的就业,更多地追求职业生涯的持续成长和个人潜能的最大化。员工认识到,通过参加各种培训课程,不仅可以提升自身的职业技能,还能拓宽职业路径,增强就业市场的竞争力。个人对自我提升的渴望,成为推动培训行业发展的重要内在动力。

4. 政策法规与社会规范

政府和相关机构通过制定教育与培训政策、提供资金支持、建立职业资格认证体系等方式，引导和鼓励培训活动的开展。这些政策措施旨在提升国民整体素质，促进就业，平衡地区与行业间的发展差异，同时也对企业和个人参与培训提供了激励和方向。此外，社会对高质量服务和产品的需求促使行业标准不断提高，进一步催生了对专业培训的需求。

5. 组织文化和战略目标

企业文化对于培训动力的形成同样至关重要。强调持续学习、鼓励创新的企业文化，能够激发员工参与培训的积极性，使培训成为企业日常运营的一部分。同时，培训也是实现组织长期战略目标的有效手段，通过提升团队能力，确保组织能够顺利实施战略计划，达成既定目标。

(三) 培训的功能

现代社会的知识信息量增长极快，很多知识是正规教育所难以解决的。现代生产技术和生产工艺千差万别，而且不断地在发展变化。学校教育无法——解决各类人员如何熟练掌握具体生产技术和工艺操作的问题。因此，对在职人员的知识更新需要通过组织的在职培训教育来解决。培训的功能已经超越了单纯的知识与技能传授，它在促进经济发展、社会进步、人的全面发展及构建学习型社会等方面发挥着不可或缺的作用。

(四) 培训的目的与使命

培训是指由组织提供的有计划、有组织的学习，旨在改进工作人员的知识、技能、工作态度和行为，从而使其发挥更大的潜力以提高工作质量，最终实现组织目标的活动。从事教育研究的学者所面临的最重要的问题是为教育过程选择目的，培训也是如此。我们从不同的视角出发，可以得出培训的不同目的。比如，人本主义和存在主义认为个人自我的实现是培训的主要目的，社会进步主义者认为教育培训的目的在于促进个人与社会的发展，政治家们更多地将培训目的视为培训符合特有政治体系要求的"政治人"。

在不同的时期、不同的情况和不同类型的培训中，培训的目的是存在着差异的，但这并不能否认培训作为一种管理职能有着共同的性质。对于人力资源的培训，其目的或使命应着眼于以下四个方面。一是学会认识。培训应该为学习者大量地和有效地传授知识与技能，但是由于知识始终都在不断发展变化，试图通过培训获取所有知识是不切合实际的。因此，培训时，既要考虑知识的获取问题，更重要的是通过培训使人学习更多的认识手段。对个体而言，掌握知识和信息是重要的，但领会信息、分析信息、综合信息、用某种价值取向去运用信息则更为重要。从这一意义上讲，培训或开发首先要使受训者具有某种"高级认识技能"，使受训者必须能够以批判性思维揭露偏见、推理、质疑、探究，运用科学方法保持理论上的灵活性，考虑复杂系统时需综合运用整体思维、抽象思维、创造性、批判性地观察和学习。二是学会做事。学会认知与学会做事在很大程度上是密不可分的，不过学会做事与职业培训的关系更为密切：如何使受训者实践他们的知识？在不可预计的未来变化的情况下，如何使培训与实践相适应？在这方面，无论对于公共部门，还是私营部门，都出现了一个变化的趋势，即从资格概念到能力概念。在许多领域，由于知识和信息的支配作用，专业资格的概念变得有些过时，个人能力的概念则被置于首要地位。考虑到劳动的协作性质、社会的变化、服务行业的兴起和管理的人际面，能力比资格更为重要。通过培训开发和扩展工作人员的能力,从而提高工作的质量,则成为培训关注的焦点。开发达到本职业或组织的主要目的所需的能力、与创造性或系统改进有关的能力、维持整个组织工作效率的能力,已经成为培训的重点。三是学会共同工作和生活。人是社会性动物,任何组织都是人的集合体。在任何组织中,目标的差异、工作的互相依赖性、资源的有限性、权力分配的差异、不明确的部门关系,使得组织冲突成为可能并变为常见的现象。组织的生存与发展取决于人们之间的协作。认识到这一点,对于了解培训的另一个目的十分重要,即通过培训,使组织得到一个良好的氛围和环境,以促进组织效能的实现。培训的使命之一便在于使工作人员学会理解差异性、多样性和相互依存性,正确认识自己、认识他人、组织和社会,在协作中共同生存和发展。四是促进人的全面发展。社会发展的终极目标之一在于人的全面发展,反过来,人的全面发展又对组织和社会的发展起推动作用。培训和开发应该是以人为中心的管理工作,它关心人的发展,深信每个人的价值,坚信只要人们能够得到必要的信息和支持,那么他们就会为自己做出正确的决定。培训使每一个人都能发现、发挥和加强自己创造的潜能,有助于挖掘隐藏在每个人身上的财富,促进个人的全面解放和发展。总之,在不断变化、竞争激烈的社会,教育培训比任何时候都更处于社会政治经济发展的关键地位。

(五)培训的类型

对培训的种类进行划分的主观随意性很大。有人将其分为两种,如在职培训和脱产培训,或技术培训和非技术培训。也有专家根据职业团体将培训分成十四类,包括行政培训、经理培训、主管培训、管理支持专家培训、非技术职业培训、办事员培训、销售人员培训、顾客服务人员培训、后勤服务人员培训、工业技术人员培训、专门职业技术培训、专业技师培训、蓝领技术工人培训及数据处理人员培训。随着培训行业的发展与教育技术的进步,传统的培训类型划分已逐渐向更加细致、灵活和跨界的方向演进。

这里根据培训内容和培训目的两个维度,同时考虑到培训方式的适应性和现代技术的应用,将培训分为以下十类。需要注意的是,无论根据培训的目的还是根据培训的参加对象划分,不同类型之间的交叉重叠都在所难免。

1. 数字技能与信息技术培训

随着数字化转型的加速,数字技能与信息技术培训是针对当前数字化时代背景下的核心需求,专注于提升员工在云计算、大数据分析、人工智能、网络安全、编程语言等方面的专业知识、应用能力和创新思维,以适应智能办公和新兴产业的需求的培训。

2. 软技能培训

软技能培训是一种侧重于提升个人在非技术性领域的能力,强调人际互动、自我管理和职业素养的培训。它教导参与者如何有效地沟通、协作、领导、解决冲突、管理情绪、创新思考以及展现适应性和韧性,从而在多元化的工作环境中促进团队和谐,增强个人影响力,并助力职业发展与生涯成功。通过工作坊、角色扮演、案例研究、自我反思等多种互动式学习方式,软技能培训旨在塑造全面发展、具备高情商的职场人才,以适应快速变化的市场需求,实现个人潜能的最大化。

3. 职业转型与未来技能培训

职业转型与未来技能培训是为了应对快速变化的经济结构和科技进步所带来的职业生态变革,专注于帮助个人从传统岗位向新兴领域或高需求职位过渡,以及为未来劳动市场尚未完全成型的新兴职业做准备。这类培训聚焦于培养跨界能力、增强适应性和灵活性,涵盖诸如数据分析在各行业的应用、数字营销、可持续能源管理、人工智能与机器学习基础、远程工作与数字化协作工具使用以及新兴健康科技等，旨在通过实战项目、在线课程、专家讲座等形式，使学习者掌握新技能、了解行业趋势、拓展职业视野，以自信姿态步入或引领未来职业道路，确保个人职业轨迹的持续发展与社会经济需求的紧密对接。

4. 定制化与个性化培训

定制化与个性化培训是指依据每位学习者独特的背景、职业目标、学习偏好及能力水平量身打造的教育培训模式。它通过先进的数据分析技术，如学习管理系统(LMS)和人工智能算法，精准评估个体需求，随后提供定制的学习路径、内容模块和互动方式，包括一对一辅导、灵活的在线课程、微学习资源以及模拟工作场景的实践项目。此类培训强调以学习者为中心，旨在最大化学习效率与效果，促进深度吸收和长期知识留存，帮助个人在快速变化的职业环境中，针对性地提升竞争力，实现职业生涯的个性化发展与成长。

5. 微学习与即时学习

微学习与即时学习是适应现代快节奏生活和碎片化信息接收习惯的新型教育培训方式，它主张将复杂的知识体系拆解为简短、聚焦的微型学习单元，每单元通常几分钟至几十分钟不等，易于消化吸收。这种学习模式利用移动应用、短视频、微型课程、在线问答平台等工具，使学习者能在任何时间、地点，利用零散时间即时获取所需知识或技能，迅速解决工作与生活中的实际问题。微学习强调即时反馈、互动参与和实践应用，有助于提高学习动机，促进知识的即时应用与长期记忆，特别适合快节奏职场环境下的技能更新与个人成长需求。

6. 模拟与实战演练培训

模拟与实战演练培训是一种高度互动与沉浸式的教育方式，它运用虚拟现实(VR)、增强现实(AR)、仿真软件、商业模拟游戏等先进技术，创造出接近真实的工作或危机场景，让学习者在几乎无风险的环境下，亲身体验、实践和解决问题。这种培训聚焦于提升决策能力、团队协作、应急反应、专业技术操作等实践技能，通过模拟任务执行、复杂项目管理、危机应对等模拟活动，加深理论知识与实际操作的结合，确保学习者在面对真实挑战时能迅速适应、有效应对，从而在医疗、制造、安全、军事、管理等多个领域发挥重要作用，是培养高技能专业人才和提升组织效能的关键策略。

7. 领导力与高管发展

此类培训专为提升中高层管理者及未来领导者而设置，超越了传统管理技能的范畴，着重于战略思维、变革管理、全球视野、创新领导、情商培养、团队激励与协作等综合性能力的塑造。此类培训通过高端研讨会、高管教练、案例研究、领导力工作坊、国际交流、情景模拟等多元化教学方法，旨在帮助参与者深化对行业趋势的理解，增强决策力与执行力，优化领导风格，同时促进个人领导哲学的形成与价值观的深化，为引领组织穿越复杂商业环境、推动可持续发展、实现战略愿景提供坚实的人才支撑，是构筑企业竞争优势与社会影响力的基石。

8. 合规与职业安全培训

合规与职业安全培训是确保工作场所合法运营与员工健康保护的基础教育项目，涉及行业法律法规、企业规章制度、职业道德规范、环境保护标准及各类安全操作规程等内容。通过线上课程、现场演练、角色扮演、事故案例分析等多样化教学手段，该培训旨在增强员工的法规意识、风险识别与防控能力，明确操作界限与责任，预防职场事故与违法行为发生。

无论是制造业的安全操作流程、化工行业的危险品管理,还是金融领域的反洗钱规定、数据保护法律,此类培训均致力于营造一个安全合规的工作环境,促进企业可持续发展,保障员工权益,维护社会稳定和谐。

9. 持续教育与终身学习平台

持续教育与终身学习平台作为一种前瞻性的教育模式,致力于打造不受时空限制的学习环境,服务于个人能力提升与职业生涯的长期发展。它整合了多样化的教育资源,包括线上课程、虚拟工作坊、专家讲座、互动社群等,覆盖最新科技趋势、职业技能、创新创业、人文素养等多个领域。它通过灵活的学习路径设计、个性化推荐系统与成就认证机制,鼓励学习者根据自身兴趣与职业规划,持续探索、深化知识与技能,适应快速变化的世界,实现终身成长与自我超越,构建起连接个人潜能与社会需求的桥梁。

10. 跨文化与全球化培训

跨文化与全球化培训着重于培养个体与组织在全球化背景下的跨文化交流能力、国际视野及全球合作意识,通过深度讲解不同文化的价值观、行为规范、商务礼仪、沟通习惯,以及国际法律、贸易规则等,帮助学习者增强文化敏感性与适应性。借助情景模拟、国际案例分析、海外交流项目、多元文化团队合作等活动,该培训不仅能提升语言技能,更能促进思维方式的开放与包容,使个人能在多元文化的职场和国际市场中有效沟通、协商解决冲突、领导多元团队,实现无缝国际合作,为企业国际化战略的实施与全球竞争力的提升奠定坚实的人才基础。

三、教育与培训的联系和区别

教育与培训作为塑造个体知识、技能与态度的两大途径,彼此间存在着紧密的联系与明显的区别,共同服务于人类发展的不同维度与阶段。

(一)教育与培训的联系

教育与培训的核心目标都是促进人类成长进步,都是通过传授知识、技能及价值观来增强个体的社会适应力和职业竞争力,都是满足社会和个人发展的需求,帮助人们更好地适应不断变化的环境。两者都涉及知识传授、技能训练和能力提升的过程,都可能采用讲授、讨论、实践、案例分析等多种教学方法,而且在实践中往往相互渗透、互为支撑。例如,职业教育中的许多课程既包含理论教育,也包含技能培训,展现了教育与培训在现实应用中的融合性。两者都注重学习成果的评估,以确保学习目标的达成,并不断优化教学策略。在终身学习理念下,教育和培训不再是孤立的,而是相互交织的,教育可以为培训提供基础,培训在教育基础上深化和扩展。

(二)教育与培训的区别

教育与培训虽有交集,但本质和侧重点各有不同。教育是一种广泛而全面的过程,旨在促进人的全面发展,不仅传授知识和技能,还涵括价值观、道德观念、文化传承及思维能力的培养。它强调对基础理论的掌握与综合素养的提升,目标在于形成个体的世界观、价值观和独立思考能力,是一个长期且持续的过程,覆盖从儿童到成年的各个教育阶段。教育往往在学校或高等教育机构中进行,课程内容由教育体系设定,教师在教学活动中占据主导地位。

相比之下,培训则更加具体和以目标为导向,专注于在短期内提升个体或团队在特定领域的技能、知识，以满足工作或特定任务的需求。它强调实践操作，注重即时应用，往往与职业发展、绩效提升和解决具体问题直接相关。培训内容紧贴行业标准和实际工作要求，可由企业、专业培训机构或经验丰富的从业者提供，更倾向于定制化和灵活应变，以参训者的需求为核心，确保所学即所需，快速提升工作效率和竞争力。培训形式多样，包括工作坊、研讨会、在线课程、实地操作等，强调互动和实操反馈。

简而言之，教育倾向于培养全面素质，为个人的终身发展奠定基础；而培训则侧重于技能的快速获取和特定目标的实现，以适应职场和社会的即时需求。两者相辅相成，共同促进个人和社会的整体进步。

第二节 培训与企业战略、人力资源战略

在当今快速变化的商业环境中，企业面临着前所未有的挑战和机遇。为了保持竞争力，企业必须不断地适应市场变化，创新产品和服务，并优化运营模式。在这一过程中，培训作为企业战略和人力资源战略的重要组成部分，发挥着至关重要的作用。

培训不仅是提升员工技能和知识的手段，更是企业实现其战略目标的关键工具。通过有效的培训，企业可以培养一支能够适应变化、迎接挑战的员工队伍。培训可以帮助员工理解企业的愿景和目标，使他们能够更好地贡献于企业的长期发展。此外，培训还能够提高员工的工作效率和创新能力，为企业带来直接的经济效益。然而，培训的成功实施需要与企业的战略目标紧密结合。这意味着培训计划的制订和执行必须考虑到企业的市场定位、竞争优势以及未来的发展方向。通过将培训与企业战略对齐，企业能够确保培训资源的有效利用，并最大化培训投资的回报。同时，培训与人力资源战略的融合也是至关重要的。人力资源战略关注于如何吸引、发展和保留人才，而培训则是实现这些目标的有效途径之一。通过培训，企业可以提高员工的工作满意度和忠诚度，减少员工流失率，并建立一种积极的组织文化，这种文化能够鼓励员工不断学习和成长。

本节将详细讨论培训如何与企业战略和人力资源战略相结合，以及这种结合如何帮助企业在竞争激烈的市场中获得优势；通过案例分析，展示不同企业如何利用培训实现其战略目标。

一、企业战略视角下的培训定位

在企业战略视角下，培训定位超越了单纯技能提升的传统框架，转而成为实现企业长期目标和竞争优势的关键杠杆。战略导向的培训设计是这一转变的核心实践，它强调培训活动与企业总体战略的深度契合，确保培训内容、方法及资源分配均服务于企业的发展蓝图，为企业的转型升级、市场拓展、创新能力提升等战略目标提供人才保障与能力支持。

（一）战略导向下的培训设计

在全球化与数字化浪潮的冲击下，企业面临着前所未有的竞争压力和市场不确定性。为了在复杂多变的环境中保持竞争力，企业必须不断调整和优化其战略方向，而人力资源作为战略执行的关键，其能力的升级与转型成了战略成功的关键因素之一。战略导向下的培训设计在此背景下应运而生，它要求培训不再仅是人力资源部门的独立任务，而是成为企业

高层战略规划的一部分,确保培训活动与企业战略目标保持高度一致,以人才发展推动战略实施。

1. 培训设计与企业战略的对接

培训设计在需求分析开始时就要深入解读企业战略,明确战略目标、核心竞争力、关键成功因素等,随后将这些战略要素转化为具体的培训需求。这一步骤要求企业从战略高度审视当前及未来的人才需求,识别哪些能力是实现战略目标所必需的,从而精准定位培训的重点领域。同时,培训设计还强调跨部门间的协作,确保培训内容、进度与各业务单元的战略目标对齐。这要求人力资源部门与其他业务部门建立紧密的沟通机制,共同参与培训需求的识别与内容的设计,确保培训计划的全面性和实用性,促进整个组织层面的战略一致性。

在设计培训内容时应侧重于培养那些能够直接支撑战略实施的关键能力,如领导力、创新思维、数字化技能、客户导向思维等。定制化培训不仅仅是理论知识的传授,更重要的是结合企业实际情况,通过案例分析、模拟演练、项目实践等方式,使员工在真实或接近真实的场景中学习和应用新知识、新技能。

2. 培训体系的灵活性与前瞻性

在快速变化的市场环境中,企业战略可能会因外部环境变化或内部条件调整而频繁变动。因此,培训设计应具备足够的灵活性,能够快速响应战略调整,适时更新培训内容和方式,确保培训活动始终与最新的战略方向保持同步。除了满足当前战略需求,培训还应具备前瞻性,关注未来行业趋势和技术发展,提前布局,培养员工面向未来的能力,如人工智能、大数据分析、可持续发展等新兴领域的知识与技能,为企业未来的战略转型和创新预留人才储备。

3. 战略导向培训的评估与反馈

培训效果的评估不应仅仅停留在知识掌握或技能提升的层面,更重要的是考察培训活动对企业战略目标实现的贡献程度。这要求建立一套与企业战略绩效指标紧密相连的培训效果评估体系,通过量化和质化的方式,定期评估培训的直接成果和对战略目标的间接影响。

战略导向的培训设计是一个动态优化的过程,需要建立有效的反馈机制,收集员工、管理者乃至客户对培训效果的反馈,结合企业战略执行的实际成效,不断调整培训策略和内容,形成一个持续改进的闭环。

综上所述,战略导向的培训设计是企业实现战略目标不可或缺的一环,它要求企业将培训视为战略执行的有机组成部分,通过精准定位、定制化内容、跨部门合作、灵活性与前瞻性的结合,以及系统的评估反馈机制,确保培训活动能够精准赋能,为企业的持续发展和竞争优势的构建提供强有力的支持。

(二)培训的战略性角色

在企业战略的大框架下,培训的角色已远远超越了简单的技能传递,它演变成为一种战略性的力量,深度参与到企业长远规划与目标实现的过程中。培训的战略性角色,体现在其作为企业变革的催化剂、竞争优势的构建器以及组织学习文化的塑造者等方面,是推动企业持续进化、适应市场变化、引领行业发展的关键动力。

1. 催化剂：驱动企业变革与创新

面对快速变化的商业环境，企业需要不断进行自我革新，以适应新的市场需求和技术趋势。培训在这里充当了变革的"先行军"。通过引入前沿知识、创新思维和变革管理的培训项目，企业能够激发员工的创新意识，提升团队对变化的适应能力，确保组织在技术迭代、市场调整、业务转型等方面能够迅速响应。例如，当企业向数字化转型时，针对性的数字技能和敏捷管理培训能够加速这一进程，使员工掌握必要的工具和方法，有效推进企业战略的落地。

2. 构建器：打造核心竞争力与竞争优势

在日趋激烈的市场竞争中，企业的核心竞争力往往体现在人才的素质和团队的效能上。培训的战略性角色体现在它能够系统性地构建这些优势。通过精心设计的培训计划，企业可以针对自身战略目标，培养特定领域内的专家团队，或是提升全员的综合能力，比如强化客户服务、提升生产效率、深化品牌认知等。这种能力的积累，不仅能够直接提升企业当前的运营效率和市场表现，更在长期内为企业筑起难以复制的竞争壁垒，稳固其市场地位。

3. 塑造者：营造持续学习与成长的文化

企业文化是企业战略得以有效执行的软环境，而一个鼓励学习、重视成长的企业文化，是推动企业不断向前发展的内在动力。培训在此过程中担任了文化塑造者的角色。通过建立完善的培训体系，提供多样化的学习机会，企业不仅能够促进员工个人能力的提升，更重要的是可以营造出一种积极向上的学习氛围，让学习成为组织的常态。这种文化能够激发员工的内在动机，促使他们主动寻求成长，为企业的持续创新和战略实现提供源源不断的内在动力。

4. 领航者：引导企业未来方向与战略预见

战略导向的培训不仅仅着眼于当下，更需具备前瞻性，引导企业预见并准备未来。通过培训，企业可以洞察行业趋势，提前布局，培养面向未来的关键技能和领导力。例如，在可持续发展成为全球共识的今天，企业通过开展绿色经济、社会责任等培训，不仅能够提升企业的社会形象，更能在未来市场中展现企业社会责任担当，赢得消费者和社会的认可。这种预见性培训，使企业能够在变化中抢占先机，引领行业发展趋势。

5. 协同者：连接企业各大战略板块

培训的战略性角色还体现在它与企业其他战略要素的协同上。人力资源管理、市场营销、研发创新等各个领域都需要人才能力的支撑。培训应当作为桥梁，连接这些战略板块，确保人才发展策略与企业整体战略相辅相成。例如，与营销战略相结合，培训可以强化品牌传播和客户服务技能；与研发战略对接，则需注重技术创新和产品设计思维的培养。这种综合考量和协同作业，使培训真正成为企业战略实施的加速器。

总之，培训的战略性角色在于它不仅是企业内部技能提升的工具，更是企业长远规划、文化塑造、创新驱动的核心要素。通过发挥其催化、构建、塑造和领航的多重作用，培训能够深度融入企业战略，成为推动企业持续成长与价值创造的关键力量。

二、人力资源战略与培训的互动

人力资源战略作为指导企业人才管理的宏观蓝图，其核心在于预见未来组织发展的关键岗位与所需能力，进而规划人才的获取、培养、发展与保留。培训作为这一战略的执行引擎,紧密跟随人才规划的方向,确保员工技能培养与企业未来需求精准对接。人力资源战略与培训的互动构成了企业人才发展与竞争优势构建的核心机制。

(一)人才发展与培训路径

人才发展与培训路径是构筑企业未来竞争力的基石。培训路径作为人力资源战略的重要执行环节,必须紧密跟随人才规划的导向,确保培训内容与序列设计精准对接企业未来的人才需求,为企业的长远发展打造具备必要技能与素质的人才队伍。

人才规划,作为人力资源战略的首要步骤,始于对组织内外部环境的深入分析,包括市场趋势、技术进步、竞争对手动态以及企业自身的战略目标等。基于此分析,人力资源部门将明确未来几年内组织的关键职位、所需技能组合以及潜在的人才缺口。这些行为直接指导着培训内容的选择,确保培训聚焦于那些能够支撑企业未来发展的核心能力和新兴技术,比如数字化能力、领导力、创新思维等。

培训路径的设计,则是在人才规划的基础上,进一步细化每个发展阶段员工所需掌握的知识与技能,形成一套从新员工入职培训到高级领导力发展等多层次、递进式的培训体系。这一设计过程强调连续性和针对性,确保员工在职业生涯的不同阶段都能获得与之相匹配的学习机会,逐步成长为符合企业未来需求的高素质人才。例如,对于新入职员工,培训可能侧重于企业文化、基础技能的培养;而对于中高层管理者,则更多关注战略思维、团队管理与领导力的提升。

为了确保培训与未来人才需求的精准对接,企业还需建立一套动态调整机制。这要求人力资源部门与业务部门保持紧密沟通,及时捕捉业务变化对人才需求的影响,据此灵活调整培训内容与路径,确保培训计划的时效性和有效性。同时,采用多元化培训方式,如在线学习、导师制、项目实践等,以满足不同学习风格和实际工作需求,提高培训的吸引力和实效性。

人才发展与培训路径的构建是人力资源战略实施的重要组成部分,它要求企业将人才视为战略资源,通过前瞻性的规划与精细化的培训设计,为人才的成长铺设清晰道路,最终实现人才资本与企业战略的完美对接,驱动企业的可持续发展和竞争优势的巩固。

(二)绩效管理与潜能开发

绩效管理系统作为企业战略落地的关键工具,不仅评估当前工作成效,更承担着发掘并培养未来领导者的重任。通过综合考量员工的工作绩效、能力展示、态度与潜力指标,绩效管理系统能有效识别出那些超越岗位要求、展现出高潜力特质的个体。这些高潜力人才往往具备快速学习能力、卓越的问题解决技巧及强大的影响力,是企业持续发展的宝贵资源。

一旦识别出高潜力人才,企业应立即采取行动,通过定制化的培训和发展计划加速其职业成长。这意味着要超越常规的技能培训,着重于领导力发展、战略思维培育和创新实践机会。定制化方案应当结合个人职业兴趣与企业发展需求,可能包括高管导师制度、参与跨部门项目、海外轮岗或参加高级管理课程等,旨在拓宽视野、深化行业理解并提升复杂情境下的决策能力。

这种投资于高潜力人才的策略,对企业而言是一场双赢博弈。一方面,个人获得的不仅是技能上的飞跃,更是职业认同感与忠诚度的增强,促进了内部人才梯队的稳固;另一方面,企业通过加速高潜能人才的成长,确保了关键岗位的继任计划顺利实施,为未来的市场挑战储备了强有力的领导团队,从而在激烈的市场竞争中保持不败之地。综上所述,绩效管理与潜能开发的有机结合,是驱动组织持续进化、实现长期成功的关键所在。

(三)文化和价值观的传承

企业文化与价值观作为企业的灵魂与精神支柱,对内凝聚人心,对外塑造品牌形象,是驱动组织持续成长的无形力量。培训在这一过程中扮演着重要角色,它不仅是知识与技能传递的渠道,更是企业文化与价值观传承的桥梁。通过精心设计的培训活动,企业能够将抽象的理念转化为具体的行为指南,加深员工对组织使命、愿景的认同,从而促进团队凝聚力和整体效能的提升。

在培训内容上,企业应将文化与价值观的教育融入新员工入职培训、领导力发展项目、日常技能提升等培训中,确保每位员工都能深刻理解并内化企业的核心价值。这包括讲述企业历史、分享成功案例、解读行为准则、举办价值观工作坊等形式,使员工在互动与体验中感受企业文化的独特魅力,建立起对组织目标的共同追求。

培训过程中强调故事讲述的力量至关重要。老员工亲身经历的讲述、企业重大事件的回顾,以及成功与挫折故事的分享,能够生动展现企业文化的真实面貌,使员工在情感上产生共鸣,从而增强对组织的归属感和忠诚度。此外,领导层的示范作用不可忽视,高层管理者应积极参与培训,以身作则,展现出对企业文化的坚定信念和实践,引领全体员工共同遵循。

长期而言,培训在文化传播上的努力将促进共享价值观的形成。员工在日常工作中体现出来的行为习惯、决策方式乃至对待同事和客户的态度,都将体现出企业的文化精髓。这种文化一致性不仅能够提高团队协作的效率,减少沟通成本,还能在外部市场中树立正面的品牌形象,吸引更多志同道合的人才加入,形成良性循环,为企业带来持续的竞争优势和长期发展动力。

三、企业培训的成功实践

(一)Google(谷歌)的创新培训:20%时间政策与在线认证

Google,这家全球领先的科技巨头,凭借其独特的文化和创新的培训策略,成功地将培训与企业战略及人力资源战略紧密融合,塑造了一支既能应对当前挑战,又能引领未来发展的精英团队。特别是在培养创新思维与专业技能方面,Google通过两项标志性举措——"20%时间政策"和"Google Career Certificates"(谷歌职业认证)在线认证项目,展现了其在培训创新上的独到之处。

1. 20%时间政策:激发创意与自主学习

Google的"20%时间政策"是其创新文化的核心体现。这一政策允许工程师和其他员工将工作时间的20%用于探索个人兴趣项目,无论这些项目是否直接关联其日常工作。这一灵活的安排鼓励员工跳出日常职责的框框,自由探索新技术、新理念,甚至孵化全新的产品和服务。许多著名的Google产品,如Gmail、AdSense和Google Maps,最初就是源自这一政策下的员工创意。通过这种方式,Google不仅激发了员工的创新潜力,还促进了跨部门合作,提升了组织的灵活性和响应速度。

这一政策实质上是一种隐性的培训机制,它培养了员工的自主学习能力、创新思维和解决问题的技巧。员工在追求个人兴趣的同时，也学会了如何将创意转化为实际产品，这一过程涉及项目管理、市场调研、团队协作等多个方面，是综合能力培养的绝佳途径。此外，它还强化了Google"敢于尝试，快速失败，快速学习"的文化，为公司持续创新提供了肥沃土壤。

2. Google Career Certificates：构建未来技能桥梁

面对快速变化的技术环境，Google意识到需要快速培养和吸引拥有最新技术技能的人才。为此，Google推出了"Google Career Certificates"在线认证项目，这些证书课程涵盖了数据分析、项目管理、用户体验设计、IT（信息技术）支持等热门领域，旨在为学员提供实践性强、行业认可的专业技能训练，无须传统的学位背景即可获得进入高科技行业的机会。

该项目通过Coursera等在线教育平台提供，采用灵活的学习模式，适合全职工作人士或寻求职业转型的个体。Google与行业合作伙伴携手，确保课程内容与行业需求紧密对接，同时承诺考虑完成证书课程的学员应聘其相关岗位，为学员提供了直接的职业发展通道。通过这种方式，Google不仅解决了自身对高技能人才的需求，也为行业培养了更多专业人才，进一步巩固了其在技术领域的领先地位。

3. 结合企业战略与人力资源战略

Google的这些培训创新策略与其企业战略和人力资源战略紧密相连。从战略角度看，Google致力于保持技术领先和创新优势，"20%时间政策"和"Google Career Certificates"在线认证项目直接服务于这一目标，前者通过内部激发创新，后者则扩大了人才库，确保了公司在新兴技术领域的竞争力。在人力资源策略上，这些举措不仅增强了员工的忠诚度和满意度，还通过持续学习和技能升级，为员工提供了清晰的职业发展路径，实现了人才的长期培养和留存。

Google通过"20%时间政策"和"Google Career Certificates"在线认证项目，创造性地将培训与企业战略及人力资源战略融合，不仅推动了企业的持续创新，还为员工个人发展提供了广阔空间，展现了培训创新在塑造未来型企业中的巨大价值。

(二)阿里巴巴：激发员工内心的激情

作为一家全球领先的电子商务公司，阿里巴巴深知激发员工内心的热情是保持企业活力与竞争力的关键。因此，公司建立了一套完善的培训和发展体系，旨在激发每位员工的潜力，使他们能够在快速变化的市场环境中持续创新和成长。阿里巴巴的培训体系覆盖了从新入职到高层管理的各个阶段，强调通过学习与实践相结合的方式，帮助员工在职业生涯的不同阶段都能获得持续的成长与发展，力求让每一位成员都成为充满激情的"阿里人"。

1. 以使命为导向的学习体验

阿里巴巴将公司的使命——"让天下没有难做的生意"融入每一个培训环节中。无论是新员工的"百年阿里"课程，还是管理层的战略研讨班，都会围绕如何更好地服务客户展开讨论。这种以使命为导向的学习体验，使员工深刻理解自己的工作意义，从而激发他们为实现共同目标而努力奋斗的决心。

2. 九板斧领导力体系

为了培养优秀的领导者，阿里巴巴开发了著名的"九板斧"领导力模型，分为腿部（拿结果、招聘和解雇、建团队）、腰部（定策略、做导演和搭班子）和头部（定战略、断事用人和造土壤）三个层次。每个层级都有明确的能力要求和发展路径，帮助各级管理者不断提升自己的领导水平，从而更好地带领团队实现业绩突破。

3. 个性化的职业发展路径规划

为了满足不同员工的发展需求,阿里巴巴提供了多样化的培训选择,包括但不限于技术技能提升、领导力发展、跨部门协作等。更重要的是,公司鼓励每位员工根据自身兴趣与职业规划制订个性化的学习计划,并给予充分的支持与指导。这种方法不仅促进了员工的专业成长,也增强了他们的归属感和认同感。

阿里巴巴的培训体系不仅仅是一个知识传授的过程,更像是一个点燃员工内心火焰的过程,去激活每一位成员的内在驱动力,使之成为推动企业不断前进的强大动力源,为企业创造巨大的商业价值。

(三)星巴克:战略与文化的深度融合

星巴克作为全球知名的咖啡连锁品牌,其成功不仅在于优质的产品和服务,更在于其独特的企业文化和对人才发展的重视。星巴克通过建立星巴克大学和星巴克领导力学院,将培训与企业战略、人力资源战略紧密结合,不仅传授专业知识,更注重企业文化与价值观的传承,成功塑造了一个以人文关怀为核心、充满热情与忠诚的员工团队,为企业的全球扩张和品牌建设提供了强大支撑。

1. 星巴克大学:专业技能与品牌文化的双重培育

星巴克大学是星巴克内部的培训中心,其培训内容涵盖了从咖啡豆知识、饮品制作技巧到顾客服务理念的各个方面,确保每位员工都能成为咖啡专家,为顾客提供卓越的星巴克体验。尤为重要的是,星巴克大学不仅仅传授技术技能,更重视将公司的核心价值观——"人文、尊重、热情、责任"融入每一次培训之中,让员工深刻理解"星巴克体验"背后的含义,即通过每一杯咖啡传递温暖与关怀。

2. 星巴克领导力学院:培养未来的领导者

星巴克领导力学院则专注于提升各级管理人员的领导力与战略思维,确保公司的领导层能够有效传达企业愿景,推动战略执行。通过模拟实战、案例分析、导师指导等多种形式,学院旨在培养具有高度责任感、创新意识和强大团队协作能力的领导者。这些领导者的成长,对于星巴克在全球范围内保持一致的服务品质、快速响应市场变化、实现持续增长至关重要。

3. 人文关怀的培训哲学

星巴克的培训体系深深植根于其"以人为本"的企业哲学中。在培训过程中,星巴克强调每位员工的价值,鼓励员工分享个人故事,增强团队间的相互理解和尊重,从而在组织内部营造出一个温馨、包容的工作环境。这种文化不仅提升了员工的幸福感和忠诚度,也促使员工将这份人文关怀传递给顾客,形成星巴克独特且难以复制的品牌魅力。

4. 持续学习与职业发展路径

星巴克鼓励员工持续学习和个人成长,为员工提供清晰的职业发展路径和晋升机会。例如,通过"咖啡师到咖啡大师""店经理发展计划"等项目,员工可以看到自己的成长路径,感受到个人价值的实现。这种对员工职业发展的重视,进一步增强了员工对公司的忠诚度和投入度,形成了一个良性循环,为星巴克的稳定发展提供了坚实的人才基础。

星巴克通过其独特的培训体系,成功地将企业战略与人力资源战略深度融合,不仅提高了员工的专业技能和服务水平,更重要的是,它通过培训传递了星巴克的核心价值观和文化,构建了一个以人文关怀为核心、高度忠诚的员工队伍。这一模式不仅支持了星巴克的全球扩张战略,也为企业文化建设和品牌差异化战略提供了有力支撑,成为零售行业内人才培养与企业战略结合的典范。

四、企业培训面对的挑战和应对

在将培训与企业战略及人力资源战略深度整合的实践中,企业往往会遭遇一系列复杂挑战。首先,资源分配不均衡,有限的预算和资源在短期业务需求与长期人才培养之间分配失衡,导致培训项目难以获得充分支持。其次,培训效果的评估难题不容忽视,由于学习成果转化的长期性和间接性,准确衡量培训对员工绩效提升和企业战略实现的贡献存在困难。再次,员工参与度的波动成为另一障碍,缺乏吸引力的培训内容和形式,加之工作压力,使得员工难以积极参与,影响培训效果和战略目标的渗透。随着组织规模的扩大和市场环境的快速变化,确保培训内容的及时性、相关性和个性化,以适应不同员工和业务单元的多样化需求,也成为一大挑战。

应对上述挑战,企业需采取多维度策略,首先必须加强高层领导的承诺与参与,确保培训战略与企业整体战略的深度融合,从顶层推动资源的合理配置,为培训项目提供充足的资金和资源保障。其次,建立综合评估体系,采用关键绩效指标结合行为观察、员工反馈等多种评估手段,不仅关注即时知识掌握,更重视长期绩效变化,确保培训效果与企业战略目标的紧密对齐。为提升员工参与度,企业应创新培训模式,融合在线学习、游戏化元素、实践项目等多种互动学习方式,结合个性化学习路径设计,激发员工学习兴趣和主动性。再次,构建持续学习文化,鼓励知识分享与交流,利用内部知识库、在线社区等平台,形成学习与实践相互促进的良好生态。最后,采用灵活的培训内容更新机制,密切跟踪行业趋势和技术发展,确保培训内容与时俱进,满足企业和员工发展的动态需求。通过这些策略的实施,企业不仅能够有效应对挑战,还能将培训转化为推动战略落地的关键力量,为企业的持续发展和竞争优势构建提供坚实的基础。

总之,培训与企业战略、人力资源战略的深度融合,是构筑企业持续竞争优势的关键基石。它不仅确保了人才发展与企业未来需求的精准对接,还促进了组织文化的传承与创新,形成了推动企业战略实施的内在动力。通过这一整合,企业能够快速响应市场变化,加速创新步伐,实现人才与组织的共同进化,为长远发展蓄积能量。

第三节　培训的相关法律规定

在当今企业培训领域,法律框架的构建是确保培训活动公正、合规和有效性的重要基石。本节内容不仅阐明了培训应遵循的基本原则,还详细解读了我国法律对员工培训的具体要求,体现了国家对提升劳动者素质和职业技能的重视。通过本节的学习,读者将了解培训的法律环境,认识到合法合规培训的重要性,以及这些规定如何保障员工的培训权益,促进企业和员工共同成长。

一、培训要遵循的基本原则

(一)尊重与公平原则

尊重与公平是培训伦理的核心原则。该原则要求培训活动必须建立在对所有参与者的尊重基础之上,无论他们的背景、性别、年龄、文化或能力如何。这意味着在培训机会的提供、内容设计、互动交流及评价反馈等各环节,均应体现无偏见的包容性,确保多样化的学习需求得到考虑与满足。培训应鼓励开放对话,促进不同观点的碰撞与融合,同时坚决抵制任何形式的歧视与排斥,营造一个让所有学习者都能感到被尊重、被听见并能充分发展的文化氛围。通过这样的原则指导,培训不仅促进了知识与技能的传递,也营造了一个包容和鼓励多样性的学习氛围,从而提高培训的有效性和员工的参与度。

(二)诚信与透明原则

诚信与透明原则要求在培训的每一个环节都必须基于真实和公开的信息。这涵盖了从培训目标的设定、课程内容的编排到成果宣传的每一个细节,都应确保信息的准确无误,避免夸大其词或误导性陈述。培训提供者应诚实地揭示课程的预期成果、学习路径的挑战及可能的局限性,使学习者能够基于充分信息做出合理选择。同时,透明的操作流程和评估标准也是关键,确保每位参与者明白评价的依据与过程,从而维护评价的公正性与可信度。这种坦诚相待的态度,不仅增强了培训的信任度,还促进了学习者与培训提供者之间的正向沟通,为建立一个基于信任与尊重的学习共同体奠定了基础。

(三)保密与隐私保护

保密与隐私保护原则是培训领域不可或缺的伦理守则,它体现了对个人隐私权的深切尊重与捍卫。在培训活动中收集、处理与存储个人信息时,必须严格遵守相关法律法规,确保数据的安全与保密。这意味着仅在必要范围内使用学习者信息,采取加密技术及安全协议防止数据泄露,同时明确告知学习者其数据将如何被使用,保障其知情同意的权利。尊重个人隐私不仅维护了学习者的尊严与信任,还营造了安全、无顾虑的学习环境,让每位参与者都能安心地投入学习旅程,无后顾之忧地分享、交流与成长。

二、我国相关法律对员工培训的要求

我国首次对员工培训做出规定的法律是1995年开始实施的《中华人民共和国劳动法》(2009年、2018年分别进行了修正),2008年实施的《中华人民共和国劳动合同法》(2012年进行了修正)对员工培训进行了补充说明。

(一)劳动法及劳动合同法对员工培训的规定

《中华人民共和国劳动法》和《中华人民共和国劳动合同法》中关于员工培训的法律条款主要有以下内容。

1. 政府和用人单位责任

《中华人民共和国劳动法》第八章"职业培训"中第六十六条规定:"国家通过各种途径,采取各种措施,发展职业培训事业,开发劳动者的职业技能,提高劳动者素质,增强劳动者的就业能力和工作能力。"这表明国家层面高度重视职业培训,鼓励和支持职业培训事业的全面发展。

《中华人民共和国劳动法》第六十七条规定:"各级人民政府应当把发展职业培训纳入社会经济发展的规划,鼓励和支持有条件的企业、事业组织、社会团体和个人进行各种形式的职业培训。"这说明政府在职业培训体系中扮演着推动者和支持者的角色,鼓励社会各界参与到职业培训中来。

《中华人民共和国劳动法》第六十八条规定:"用人单位应当建立职业培训制度,按照国家规定提取和使用职业培训经费,根据本单位实际,有计划地对劳动者进行职业培训。从事技术工种的劳动者,上岗前必须经过培训。"此处强调了用人单位在员工培训上的法定责任,要求其设立培训制度并确保有足够资金用于培训。

2. 劳动者的培训权利

《中华人民共和国劳动法》第三条规定,劳动者享有接受职业技能培训的权利,这意味着劳动者有权在工作中不断提升自己的专业技能和知识,这是国家赋予劳动者的基本权益之一。劳动者在职期间可以请求企业提供必要的职业培训,以增强自身的职业竞争力。

对于新员工的培训,通常理解是,岗前培训作为劳动者上岗前的基础准备工作,属于用人单位的义务,用人单位不应向劳动者收取费用。这表明,对于新入职员工而言,接受使自己能够胜任工作的基本培训是免费的,用人单位有责任提供此类培训。同时根据《中华人民共和国劳动合同法》第七条规定,用人单位自用工之日起即与劳动者建立劳动关系,这包括从参加培训的第一天起。

3. 专项培训与服务期

如果用人单位为劳动者提供了专项培训,即超出常规工作需要、提高了特定专业技能的培训,并为此支付了专项培训费用,根据《中华人民共和国劳动合同法》第二十二条规定,用人单位可以与劳动者约定服务期。劳动者在享受此类培训的同时,需承担在一定期限内为用人单位服务的义务。如果劳动者在服务期内离职,可能需要按照约定支付违约金,但违约金的金额需合理,不得超过服务期尚未履行部分所应分摊的培训费用。

(二)职业教育法及相关法规对员工培训的规定

1996年通过,2022年修订的《中华人民共和国职业教育法》强化了职业培训的相关规定。

1. 职业培训的范围和类型

《中华人民共和国职业教育法》第十六条规定:"职业培训包括就业前培训、在职培训、再就业培训及其他职业性培训,可以根据实际情况分级分类实施。职业培训可以由相应的职业培训机构、职业学校实施。其他学校或者教育机构以及企业、社会组织可以根据办学能力、社会需求,依法开展面向社会的、多种形式的职业培训。"

2. 企业参与培训的责任与权利

法律鼓励和支持企业积极参与职业教育和培训。《中华人民共和国职业教育法》第二十五条明确规定:"企业可以利用资本、技术、知识、设施、设备、场地和管理等要素,举办或者联合举办职业学校、职业培训机构。"企业可以单独举办或者联合举办职业学校、职业培训机构,也可以委托学校、职业培训机构对本单位的职工和准备录用的人员实施职业教育。这意味着企业不仅有责任对员工进行培训,还有更大的自主权和灵活性来设计和实施符合自身需求的职业培训项目。

3. 培训经费的保障

《中华人民共和国职业教育法》第五十八条第一款规定:"企业应当根据国务院规定的标准,按照职工工资总额一定比例提取和使用职工教育经费。职工教育经费可以用于举办职业教育机构、对本单位的职工和准备招用人员进行职业教育等合理用途,其中用于企业一线职工职业教育的经费应当达到国家规定的比例。用人单位安排职工到职业学校或者职业培训机构接受职业教育的,应当在其接受职业教育期间依法支付工资,保障相关待遇。"

此外,其他法律法规如就业促进法、安全生产法等也分别从不同维度要求或鼓励开展职业安全、健康、再就业等方面的培训。我国法律体系形成了一个既保障劳动者接受高质量培训权利,又引导企业积极履行培训义务,促进劳动力市场健康发展和经济转型升级的综合法律环境。

本章小结

教育与培训紧密相关,共同构成了个人和职业发展的知识与技能体系。教育通常指在学校或教育机构中进行的系统性学习,它为个人打下理论基础,培养批判性思维和创新能力。而培训则更侧重于职业技能和实践能力的提升,它通常在职场中进行,目的是增强个人在特定领域的专业技能和工作效能。教育为培训提供了理论支撑,而培训则是教育成果在实践中的应用和延伸。

培训有多种分类方式,本教材将培训分为数字技能与信息技术培训、软技能培训、职业转型与未来技能培训、定制化与个性化培训、微学习与即时学习、模拟与实战演练培训、领导力与高管发展、合规与职业安全培训、持续教育与终身学习平台、跨文化与全球化培训十种类型。

培训与企业战略和人力资源战略紧密相连,是实现组织目标和提升竞争力的关键工具。通过培训,企业能够确保员工具备执行战略计划所需的技能和知识,同时促进企业文化的内化和战略思维的形成。此外,培训也是人力资源战略的一部分,有助于吸引、发展和保留人才,提高员工的工作绩效和职业发展,从而为企业的长期发展和市场适应性提供支持。

培训要遵循尊重与公平、诚信与透明、保密与隐私保护的基本原则,并且要在法律框架范围内进行。

思考与讨论

1. 教育与培训在个人职业发展中各扮演什么角色?请举例说明它们在不同职业阶段的应用和重要性。

2. 描述数字技能与信息技术培训在当前数字化转型时代的重要性,并探讨它如何帮助员工适应新兴技术。

3. 为什么说培训工作者一定要从组织发展战略的高度开展培训工作?

实训题

调研一家你所熟悉的制造型企业,说说该企业的培训工作与企业发展战略的融合情况。

案例分析

第二章 国内外培训发展史

学习目标
1. 了解各国历史上职工培训特点与公务员培训发展状况;
2. 了解中国职工和公务员培训的历史发展情况;
3. 了解当前各国培训工作的新特点和融合趋势。

开篇案例

公务员分级分类培训

目前我国公务员职位类别按照公务员职位的性质、特点和管理需要,划分为综合管理类、专业技术类和行政执法类,并根据社会发展需求,增加了如公共服务类、应急处理类等多样化的公共管理职责。由于不同职务层次、不同职位类别公务员所承担的职责不同,对公务员的素质和能力的要求也就各有不同。分级分类培训的基本含义主要包括三层意思:一是分级培训,即对担任不同职务层级的公务员,实施各有侧重的培训,进一步明确高层公务员需强化宏观政策理解与公共服务设计能力,基层公务员则需提升一线服务与快速响应能力;二是分类培训,依据不同类别公务员的工作特性,设计个性化培训方案,如专业技术类公务员增加对新兴技术的学习,行政执法类公务员加强法律法规的实时更新培训;三是对公务员培训实行分级管理、分类指导,通过建立更为科学的培训效果评估体系和反馈机制,确保培训内容与实际工作紧密结合,提升培训的实效性和针对性。

世界公务员培训的发展,在实行分级分类培训基础上,出现了能力本位培训普及、技术融合培训加强、终身学习理念推广的融合趋势。像日本、美国、法国、德国等均根据公务员任职的不同阶段和职位的高低实行分级分类培训。例如:英国对行政执行级的官员分别组织实施培训;法国将培训分为纯技术类培训、管理技术类培训、人力资源开发与管理培训;美国政府通过绩效管理办公室提供针对性培训,强化公务员的绩效评估和项目管理能力;新加坡公共服务学院提供多样化培训,包括数字化转型、领导力发展等,以适应快速变化的公共服务需求。中国公务员培训除了强调分级分类管理,近年来也加强了公务员职业道德建设和能力提升,特别是在数字化政府建设、公共危机管理等方面。

第一节 英国培训概况

在西方各国中,英国既是工业革命的发源地,又是资本主义文官制度的发源地,故职工培训和公务员培训的兴起都走在西方各国的最前列。

一、英国职工培训

(一)英国职工培训的历史发展

1. 18世纪末至19世纪初英国职工培训的兴起与发展

18世纪60年代,工业革命在英国发生。工业革命中机器的不断发明与应用要求工厂主对工人进行有组织的技术培训和管理培训。在这种形势要求下,英国的职工培训活动开始兴起。19世纪20年代,以伦敦的机械工人克拉克斯顿创办机械工人讲习所为标志,英国兴起了以机械工人为主要培训对象的职工讲习所运动。1850年,英国的职工讲习所发展到610个,参加学习的人数达10万人以上。1854年,摩利斯在伦敦创办工人大学。1889年,英国颁布《技术教育法》。1897年前后,伦敦市共有9所工艺学校,这些学校的夜间制在校生有2.3万人。1899年,英国成立提高型工人教育机构"拉斯金大厅",后更名为拉斯金学院,成为工人的中心学府。1902年,英国颁布《巴尔福教育法》,使高级技术班和职业学校成为教育体制的组成部分。1903年,英国工人教育协会成立,它是英国第一个全国性职工教育培训团体。

2. 第一次世界大战后的职工培训状况

第一次世界大战暴露出英国科技水平的落后。为改变这一状态,1918年,英国议会通过《费舍教育法》,规定为超学龄青少年设立每周授课8小时的义务补习学校。1920年2月,马可尼公司创立剑佛电台,举办以成人为对象的教育播音,这是世界上最早的有组织的广播教育。1924年8月,英国政府颁布《成人教育章程》。

第二次世界大战期间,英国继续采取措施,加强培训,提高科学技术水平和管理水平。1944年4月,英国成立了负责培训高级技术人员的特别委员会。

二战以后,英国经济实力严重削弱。为改变国民经济的落后状况,英国大力加强职工培训。1957年,英国颁布《继续教育条例》;1964年,颁布《工业训练法》;1973年颁布《就业和培训法》。《工业训练法》和《就业和培训法》对英国企业培训在管理机构、培训课程、标准、考核、学员待遇、培训经费等方面做出了明确规定。《工业训练法》规定,就业部主管工业培训,成立由企业(雇主)、工业部门、工会和教育家组成的全国培训委员会,负责实施法案的各项规定。全国培训委员会下设工业训练局和人力事务委员会,负责制定培训政策。该法案还明确要求,每个新进厂未经职业训练的职工,必须进行一年的脱产培训;在职职工必须轮流接受再培训,工资照付,企业必须保证其学习时间,每个企业至少用工资总额的1%作为培训经费。该法案还规定了征收培训税和实行培训津贴制度,明确规定企业支出的培训费可在税款中扣除。《就业和培训法》规定成立人力服务委员会,来管理全国青年的职业指导工作,加强青年的职业技能培训,以提升他们的就业能力和竞争力。

1977年,英国成立成人和继续教育咨询委员会。1982年,英国全国企业增设5万个技术训练场所。1986年,英国成立国家职业资格委员会,次年设立全国培训奖。1986年,英国议会通过了《教育与培训并重》白皮书。这是英国在第二次世界大战后,四十年来发展职业教育与培训的一个重大决策。该决策重点是:建立职业培训统一证书制度,开设获取证书的课程,学校职业教育要适应经济发展与培训,调整职业教育中心控制系统,编制新的课程标准,提高职业教育的地位等。白皮书的发表,大大促进了英国职工培训的发展。

(二)英国职工培训的类型

英国职工培训主要分为新职工培训和在职职工培训两种。

1. 新职工培训

新职工培训即新职工入厂后,按专业性质进行的上岗前的脱产培训。技术工人、财会人员、文书等的培训期限为2~3年,技术员和工程师的培训期限为3~4年。新职工培训要求理论与实践相结合。技术工人一方面在培训中心的车间进行操作训练,另一方面在课堂学习由工厂技术人员讲授的理论知识,两者交替进行。工程技术人员在培训中心的车间学习操作技能与上大学学习理论交叉进行,一般半年交替一次,共需三年半。新职工培训的每一个阶段都要进行考核,结束时进行总考核,由评定委员会审核定级。成绩差、表现不好的学员,工厂有权中途除名。

2. 在职职工培训

英国各企业对在职职工培训十分重视,其形式主要有三种。

(1)开设专业课程:按照新技术的发展和应用,以及本企业生产发展状况,企业自己开设各种专业课程,组织培训本企业职工。

(2)业余学习:鼓励职工参加各种业余学习,学习所获得的各种文凭或资格证书均作为晋级条件之一。

(3)脱产培训:技术人员和管理人员去大学进修专业课程,脱产1~3年,工资照付。

(三)英国职工培训的途径

英国职工培训的途径主要有以下两种:

一是企业自己培训。如《工业训练法》和《就业和培训法》明确规定,100人以上的企业必须设立培训中心,配备专职管理人员和培训人员;100人以下同类型小企业要联合举办培训中心。

二是职业学校、技术学校、高等院校、各种协会等受企业委托,代替企业进行培训。如牛津大学、曼彻斯特大学、伦敦商学院等均为企业在职管理人员成立了研究中心和研修班。20世纪80年代初,有10所大学为小企业举办了管理培训。另外,英国企业管理协会还与高校合作,开设企业管理课程,每年举办2000余场专题讨论会。为了配合企业培训,英国几乎所有大学都开设了时间不等的短期课程。

二、英国公务员培训

(一)英国公务员培训的历史发展

从17世纪中期至1870年,经过200多年的孕育发展,英国的公务员制度在世界上最先确立起来。为了提高公务员素质,英国一方面严格把住公务员队伍的入口,另一方面大力加强公务员培训。

早在1613年,英国就创立了海莱柏锐学校,专门培训前往东印度公司工作的人员。19世纪中期以后,英国文官制度建立,部分高级官员到伦敦、曼彻斯特等大城市的商学院受训。第二次世界大战期间,由于战时需要,英国政府职能大量扩张,工作日益复杂,公务员面临复杂的经济、外交等社会问题,普遍感到能力不足。1944年,英国政府采纳阿什顿委员会关于加强公务员在职训练、提高环境适应力的建议,在财政部设置了培训教育司,协调指导各机关培训工作。1945年英国亨利管理学院成立,该学院作为欧洲最古老也是英国第一所成立的商学院,从管理学、经济学、公共政策等多个领域为英国公务员提供了高质量的培训和教育服务。1968年英国政府成立文官事务部,在该部设立了人事管理培训司,代替财政部培训教育司所履行的职责。

1970年英国文官学院(Civil Service College)成立,这是英国公务员培训的核心机构之一,下设伦敦市中心、森宁代尔和爱丁堡三个培训中心,统一开设公务员培训课程。英国文官学院规定,新录用的文官要进行定期培训和考察,培训包括岗位技能培训和经济、政治、行政知识培训。如果任职时限超过5年,还要进行决策、管理和电脑培训。1989年,英国文官学院改为继续发展机构,政府不再拨款,凭机构自身的培训质量参与培训市场竞争;1999年,该机构又改为管理政策研究中心,虽然再次加强了与政府的关系,但企业化运作模式受到限制,加上主要还是提供通识管理培训,因而不断遭到批评。2005年6月,英国组建国家政府学院,并强调该学院本身是公共服务的一部分,应该深入了解熟悉政府事务。在这种理念下,英国重视制订培训计划,了解公务员的培训需求,有针对性地进行量身定制培训。

(二)英国公务员培训的特点

1. 培训目标明确

英国公务员培训的目标是:通过不断提高人的水平即公务员的水平来提高组织水平,确保所有员工都具备能胜任本职工作的知识和能力,增强组织应对未来挑战的能力。

2. 培训管理体制完善

英国公务员培训制度是一个完整的系统工程。整个培训过程将经过培训需求分析、培训课程设计、组织实施培训计划、效果评估等多个环节,环环相扣,周而复始,上一轮培训的终点又是新一轮培训的起点,如此循环,形成一个培训周期。这种培训的系统管理是培养公务员"核心能力"的较佳途径。

3. 培训内容具有针对性

英国对公务员培训的内容具有很强的针对性。例如,负责公务员培训的英国国家政府学院,根据培训的特殊需求来设计课程,以满足公务员不同的要求。每项课程的设计都经过详细周密的需求调查和论证,并在培训对象发生改变时及时做出调整。英国公务员培训的课程设计体现了以任务为导向、以提高技能为目标的公务员培训特征。英国公务员培训不仅针对性强,而且涉及的内容也非常广泛。

4. 培训方式具有多样性

培训方式是使培训内容见成效的重要手段。因此,培训内容确定后,需要辅以有效的培训方式。经过多年的实践和摸索,英国总结出了一系列行之有效的培训方式,比如行动学习法、岗位训练法、心理调适法、案例教学法等。

(三)英国公务员培训的类型

1. 职前培训

职前培训也就是入门培训,包括:新录用的公务员培训(一般有两年的培训期。第一年主要是熟悉政府机构和通常的工作程序;第二年则进行初步的专题研究,并学习、掌握最新的管理和科学技术知识。两年期满后,经过考核再安排具体工作);有一定工作经历的公务员在调入新职前的基础训练;已取得学历,即将从事某种专业工作的公务员的入门训练。

2. 在职培训

在职培训也就是专业培训,主要针对具有一定阅历和工作经验的在职公务员进行深造性培训,其目的是提高公务员的行政能力和管理水平。

3. 管理培训

管理培训也叫后备高级公务员培训,主要针对那些素质好、能力强、有培训前途的公务员进行培训,使他们具备担任高级公务员的资格。

三、英国的培训现状

英国在培训领域的改革与创新主要围绕着几个核心策略展开,旨在应对经济全球化和技能需求变化的挑战,提升国家的整体竞争力。

(一)学徒税与学徒制改革

自2017年起,英国政府实施了一项重要变革——学徒税(apprenticeship levy),这是一项针对年工资总额超过300万英镑的企业征收的税款,旨在鼓励企业直接投资于学徒培训。通过这一机制,企业不仅能够回收税款用于自身学徒计划,还能获得额外的政府补贴,从而显著增加了对高质量学徒培训的投资。改革后的学徒制不再局限于传统行业,而是扩展到了包括金融、数字技术、法律在内的众多现代职业领域。学徒年龄限制放宽,从16岁至24岁扩展到所有年龄段,使得学徒制成为终身学习的一个组成部分。这些措施极大地促进了学徒数量的增长,并提高了培训课程的多样性和质量。

(二)技术教育改革与 T Levels

英国的技术教育改革旨在为学生提供一条与传统学术路径并行的职业教育途径。其中,T Levels(技术水平证书)作为改革的核心,自2020年起逐步推出,为16~19岁的学生提供一种结合课堂学习与行业实习的两年制课程。T Levels聚焦于行业急需的技能,如建筑、数字生产、设计与开发、健康与科学等,确保课程内容与雇主需求紧密相连。每个T Level都包含一个至少45天的行业实习,确保学生获得实际工作经验,增强就业能力。这种结构化的培训模式旨在缩小教育与就业之间的鸿沟,为学生提供清晰的职业路径。

(三)高等技术教育的推动

英国政府还致力于提升高等技术教育的地位,以满足高技能岗位的需求增长。这包括支持技术教育学院的发展,这类机构旨在为19岁以上的学生和成人提供高等技术教育与培训,专注于STEM(科学、技术、工程和数学)以及制造和建筑技术等关键领域。技术教育学院通过与当地企业、高等教育机构合作,确保课程内容的前沿性和实用性,为学生提供行业认证的资格证书,以及直接通往职业生涯或进一步学术研究的桥梁。

(四)终身学习与技能提升

英国政府认识到,在快速变化的工作环境中,终身学习对于个人和国家的重要性日益凸显。为此,政府推动了一系列措施来促进全民的终身学习,包括扩大成人教育和继续教育的资源,以及通过个人学习账户等工具提供财务支持。此外,通过英国国家职业资格证书(national vocational qualifications,NVQ)和其他认可的职业资格框架,鼓励在职人员根据市场需求和个人职业规划进行技能升级和转岗培训。特别是在面对数字化转型和绿色经济的浪潮时,政府加大了对相关技能提升项目的投资,以确保劳动力队伍的适应性与竞争力。

(五)国际合作与最佳实践共享

英国在全球范围内积极寻求国际合作,分享其在技能培训与教育改革方面的经验,同时也借鉴他国的成功案例。例如,通过参与国际组织、多边论坛和双边协议,英国不断优化其教育输出和服务,促进国际学生流动和职业资格的国际互认。同时,英国的教育机构与企业积极与其他国家合作,开展跨国学徒项目和职业培训交流,以培养具有全球视野的高技能人才。

第二节 美国培训概况

一、美国职工培训

(一)美国职工培训的历史发展

美国的工业革命,始于独立战争胜利后的18世纪末到1814年之间。在英国职工讲习所运动的影响下,美国在工业革命中也兴起了机械工人讲习所运动。到1825年,纽约、波士顿、费城、巴尔的摩、辛辛那提等地先后成立了机械工人讲习所或机械工学校。19世纪50年代末60年代初,美国工业革命基本完成,机械工人讲习所运动向更广泛的范围发展。1858年,纽约机械工人讲习所的任务改由纷纷成立的职工夜校承担。1875年,纽约印刷出版公司举办了工人补习班。1856年,辛辛那提开办了美国最早的夜中学。1866年,纽约一些公立中学举办了成人班。1893年,美国工程教育协会成立。1917年美国组建了联邦职业教育局,设立了研究职业教育的特别委员会来进一步推动职业教育的发展。

20世纪初,美国推行艺徒训练制度和产学协作的大企业日渐增多。1900年,吉尼罗·伊莱克塔斯公司林恩工厂实行了以机械为主要学习内容的艺徒训练。1906年,辛辛那提大学首先实行了学校教育与企业实习交替的产学合作。1911年,美国管理学家泰勒在《科学管理原理》一书中提出要按标准操作法对工人进行培训。1906年和1913年,美国先后成立了全国工业教育促进协会和全国企业学校协会。美国全国制造商协会也设立了产业教育委员会。

一战结束后,美国进一步加强了对主管人员和工长的培训。1921年,联邦职业教育委员会在全国第一次训练会议上,推广了工厂会议的经验。1927年9月,通用汽车公司召开所属17个工厂代表会议,专门研究培训程序,确定了企业内生产主管人员培训课程。通用汽车公司、国际商业机器公司还专门出资在国外举办了管理人员讲习班。1929年,美国爆发严重经济危机,因经费紧张,联邦职业教育委员会撤销。

第二次世界大战后,为了加强职工培训工作,美国国会通过一系列有关职工培训教育的法案。1946年通过了《乔治-巴登法案》,规定对职业教育提供经费补助。20世纪60年代,通过了《地区再开发法》《人力开发训练法》《职业教育法》《成人教育法案》等。《职业教育法》规定,对渴望就业者、具有工作经验者、有必要进一步提高工作能力者,按工种进行培训或再培训。70年代,通过了《综合就业和培训法案》《生计教育法》《青年就业与示范教育计划法案》等。80年代,通过了《中学后继续教育法案》《职业训练合作法》等。

由于国会和政府的高度重视,二战后美国的职工培训获得巨大发展。据美国培训与发展协会统计,20世纪70年代美国每年培训的工人超过4000万人。二战后,美国较大的企业均设立了培训机构。美国教育委员会1983年的调查表明,有120多家公司举办了2000多个训练班,为愿上大学的职工提供贷款培训。1986年,美国有400多家大企业举办了企业大学,其中18所是政府教育行政部门承认的可授硕士、博士学位的企业大学。80年代中期以后,美国企业在办大学上平均每年投资300亿美元,相当于普通大学每年经费的一半。二战后,美国更加重视企业管理人员培训。1976年,全美企业投资4.3亿美元,培训在职管理人员146万人。1987年,美国大型私营企业中有59%的企业培训了生产第一线的主管人员,平均每一主管人员受训33小时。

(二)美国职工培训的方式

美国的职工培训基本上有三种方式。

1. 企业自己培训

如前所述,美国各大工矿企业一般都设有职工技术学校和职工培训机构,甚至一些大的服务性行业公司也有自己的培训机构。如麦当劳设有汉堡包大学,迪士尼设有迪士尼大学。企业自己培训,又包括在职培训和离职在企业内部培训两种形式,其方法更是多种多样。以培训管理人员为例,有的企业让管理人员轮流到不同的岗位上去工作,使他们熟悉更多的情况,以便担负更重要工作;有的专门把一些人员派到厂长、经理身边做副手,以此培养高级管理者;有的则举办各种训练班,对各级管理人员进行在职或离职定期培训。

2. 社会业余培训

社会业余培训即由电视大学、函授大学、业余技术学校等对职工进行教育培训。美国的电视讲座往往由政府、企业或有关大学、协会合办。麻省理工学院等著名高等学府都积极参加社会业余教育活动。

3. 送进大学学习

为了培养比较高级的技术人员,美国各大企业往往把一些工程师和科技研究人员送到大学去学习一段时间,一切费用由企业负担。此外,许多大学还开设各种培训班、讨论会,为企业培训管理人员。培训班的时间,有的几个月,有的则更长。培训班课程有的是某些专业理论课,如决策科学、经济管理等,有的则是专门分析研究某个企业为什么发展迅速、某个企业为什么衰败倒闭等实例分析课。美国著名的大学,如斯坦福大学、哈佛大学等,每年都组织这种培训班。

二、美国公务员培训

(一)美国公务员培训的历史发展

美国公务员制度基本形成于19世纪80年代,其公务员培训则始于20世纪30年代。1930年,美国总统发布行政命令,规定文官事务委员会和各部要举办公务员训练班。1931年至1935年,美国许多大学多次同政府代表联合举行会议,讨论大学与公职人员培训问题。1938年6月,美国总统颁布行政命令,规定由联邦文官事务委员会掌管联邦公务员培训事宜。1945年,美国政府制订"行政实习培训计划",加紧培训准备提升的优秀行政人员。1957年,约翰逊总统下令,规定各部必须对公务员进行在职培训。1958年,美国国会通过《在职文官培训法》,规定在职工作人员应当接受培训,提出政府部门可以利用部外机构进行培训,并由文官事务委员会规划和协调部门公务员的培训事宜。1968年,美国成立美国行政官员进修中心和美国联邦行政学院,负责培训各部高级官员。到70年代,美国公务员培训由中央扩大到州及地方,并在大城市的高等学府中设立了培训中心,培训课程由文官事务委员会统一指导编制。1978年10月,美国国会通过《文官制度改革法》,撤销了1883年成立的文官事务委员会,成立了新的联邦人事管理总署,主要负责协助联邦政府的公职人事事务,颁布人事管理的条例和规章,统一规划和协调公务员的培训工作等。同时期,美国公务员培训制度进行了大规模改革,市场化、多样化、灵活性等特征在改革的推动下逐渐形成。美国还采取了培训项目准入制,意思是在确定某个公务员培训项目后、实行项目招投标时,不论培训机构性质如何,只要有资格、有能力就有机会赢得政府培训的项目。目前,美国公务员每年有2/3以上的人员接受不同种类的培训。

(二)美国公务员培训的类型

1. 任职前培训

美国联邦政府在录用公职人员时就规定了任职所必须具备的学历和专业技能,这主要靠学校学习来取得。

2. 任职期间的培训

任职期间的培训是对具有一定工作经验的在职公务员进行的继续教育,它是美国公务员培训的核心部分。

3. 高级公务员的培训

高级公务员的培训即指对政府中16~18职等的高级行政官员或者有晋升前途的13~15职等的中级公务员进行的培训。

(三)美国公务员培训教育机构

美国公务员培训施教机构可分为三大类。

第一类是政府所属的专门培训公务员的学校。此类又分为三个层次。第一层是美国联邦行政学院和美国行政官员进修中心,二者均成立于1968年,前者主要培训16职等以上的高级行政官员和高级科学专业人员;后者主要负责培训12~15职等的公务人员。第二层次是各地区培训中心。美国联邦政府在全国各地有近300万公务员,联邦人事管理总署根据联邦各部门在全国的分布情况,划分为十个地区分局,并各设有培训中心,负责该地区公务员培训工作。第三层是联邦政府各部门的培训机构和部际培训中心。美国联邦政府各部门,根据其业务性质、范围的不同,一般都自行设立专业培训机构。如司法部设有联邦调查局学院,国防部设有国防大学等。华盛顿是美国联邦政府所在地,聚集着35万公务员,为开展部际之间的培训,美国联邦人事管理总署在此设立了电子资料处理中心、一般管理培训中心、管理科学培训中心、沟通与公务技术培训中心、劳工关系培训中心、人事管理培训中心等六个部际培训机构,各中心每年举办培训班100期以上。

第二类是大学的管理学院。美国有许多名牌大学承担着培训公务员的任务。目前在大学里学习行政管理专业的学生,有70%是公务员。成立于1936年的哈佛大学肯尼迪政府学院即是一所专门培训高级官员的学院。

第三类是各类管理协会或私人企业开设的培训机构。美国一些由政府官员、大学教授和企业高层管理人员为会员的协会和一些私人企业的培训机构也对公务员实施培训。如美国公共行政学会、美国政府财政官员协会等,都经常举办多种培训课程班。

三、美国的培训现状

美国作为全球经济和技术的领导者,综合运用了政策支持、技术创新、公私合作等多种手段,构建了一个灵活、高效且面向未来的培训生态系统,以确保其劳动力能够掌握适应数字经济挑战所需的知识和技能,同时促进社会包容性和经济流动性。

(一)学徒制的现代化与扩展

美国正在推动学徒制的现代化,以适应 21 世纪的职场需求。传统的学徒模式,主要集中在建筑业和制造业,现已被扩展到包括 IT、医疗保健、金融服务等新兴和高增长行业。学徒美国(Apprenticeship USA)项目是一个国家层面的倡议,旨在通过公共和私人合作,增加高质量的学徒职位数量。它鼓励企业创建或加入行业认证的学徒计划,这些计划结合了带薪工作、结构化学习和行业认可的资格证书,为学员提供了直接的职业通道。

(二)STEM 与高新技术技能培训

鉴于 STEM 领域的快速发展和对高技能工人的迫切需求,美国培训体系特别强调 STEM 教育的普及和深化。从 K12 教育到成人继续教育,一系列计划和项目被设计来激发学生对科学、技术、工程和数学的兴趣,并提供相关技能培训。此外,为了适应第四次工业革命,美国政府和企业正在投资于人工智能、大数据、云计算、网络安全等高新技术领域的培训,以确保劳动力能够掌握未来经济的关键技能。

(三)终身学习与职业转型

美国社会越来越重视终身学习的概念,政府和企业界共同努力,通过各种方式促进成人教育和职业转型。例如,通过职业再培训计划和在线教育平台,如 Coursera、edX 和 Udacity 等,成年人可以获取新技能或提升现有技能,以适应职场的变化。联邦政府的"工作机会抵减应税收入"(work opportunity tax credit,WOTC)等政策激励企业为员工提供培训和再教育机会,帮助失业或低技能工人转型进入高需求行业。

(四)多元化培训形式与技术应用

美国的培训方法呈现出高度的多元化,从传统的面对面教学到在线学习、虚拟现实和增强现实培训等先进技术应用。这种多样化不仅提高了培训的可访问性和灵活性,还增强了学习体验,使学员能更有效地掌握复杂技能。许多公司利用这些技术为员工提供即时、定制化的学习解决方案,特别是在远程工作成为常态的背景下,虚拟培训变得更加重要。

(五)高等教育与企业合作

美国高等教育机构与企业界的紧密合作是其培训体系的一大亮点。大学和商学院经常与企业共同设计课程,确保教育内容与行业需求保持同步。例如,MBA(工商管理硕士)和其他高管培训项目经常邀请业界领袖授课,提供案例研究和实战经验分享,而技术学院则与企业合作,通过"合作教育"(co-op program)让学生在学习期间就能获得实践经验。

(六)政府与非营利组织的角色

美国政府和非营利组织在推动培训和教育公平方面扮演着关键角色。政府通过拨款、税收优惠和政策制定支持培训项目,尤其是针对弱势群体和失业人员。例如,联邦政府的"贸易调整援助"(trade adjustment assistance,TAA)计划为因国际贸易而失业的工人提供职业培训和再就业服务。非营利组织如 Goodwill Industries（好意慈善事业组织）、Per Scholas 等，通过免费或低成本的培训项目帮助低收入群体、退伍军人和边缘化人群提升技能，实现就业。

第三节 德国培训概况

一、德国职工培训

(一)德国职工培训的历史发展

德国的工业革命始于 19 世纪 30 年代，基本完成于 19 世纪 80 年代初。1844 年，德国有的机械制造厂举办了"工厂学校"。1848 年，任全德教师联盟主席的第斯多惠，为徒工及工艺学徒发起创办星期日学校，并兼任教师。1853 年，德国国立工业教育制度委员会委员长施泰因拜斯，对星期日工业补习学校实行了改革，除开设星期日课程以外还开设夜间课程。1869 年，德国颁布《工业法典》，规定企业进行徒工培训时，徒工既要达到雇主的培训要求，又要到地方举办的职业学校学习技术理论和文化知识，满徒要经考核。这是德国实行双轨制职业教育与培训的开端。

19 世纪 90 年代到 20 世纪初，德国的培训有了进一步发展。1891 年，普鲁士伊斯堡成立了德国第一所工长学校。1897 年，北德意志联邦制定出职业继续教育法律条文，并确定这一年为双轨制职业教育形成年。1891 年，西门子公司开始进行系统的员工培训，1899 年建立了西门子学院，1903 年在柏林建立了第一个学习工场。到 19 世纪末，德国企业中主要用于培训徒工的车间有 50 个。1900 年，普鲁士的业余工业补习学校达 1070 所，学生 15.29 万人。

1918 年，德国在第一次世界大战中战败，政治、经济危机加深。1919 年 2 月，德国成立魏玛联邦共和国。为了恢复经济实力，国民立宪会议在宪法中规定实行大众教育。1920 年 6 月，德国把补习学校和初级学校统称为职业学校。1925 年，柏林市有职业学校 43 所，学生 5.3 万人。

20 世纪 30 年代，德国的经济、军事实力又大大增强，再次要求重新瓜分世界。1933 年 1 月，希特勒上台，把教育培训纳入纳粹专政和发动战争的轨道。1937 年，德国发表文告，规定部分时间制职业学校训练学徒和短期训练在职工人与失业青年。这时德国企业的训练车间达 1550 个。1939 年 9 月，希特勒发动第二次世界大战。纳粹政府为了适应侵略战争军需生产的需要，继续强化工人培训。到 1944 年，德国企业共设置 5000 余个进行义务职业教育的培训教学车间。1945 年 5 月，随着希特勒统治的灭亡，在德国为纳粹政权服务的义务职业教育结束。

第二次世界大战后，德国一分为二，成立了联邦德国和民主德国。1990 年，两德实现统一。无论是联邦德国还是民主德国，在战后恢复、振兴经济的过程中，都有效地开展了职工的培训与教育。

从联邦德国来看，二战后联邦一级颁布的有关职工培训教育的法令、条例即有 31 部。如 1969 年 8 月 14 日颁布的《职业教育法》，奠定了职业培训体系的基础。1971 年 8 月 26

日,联邦德国颁布了《联邦培训促进法》。1976年9月7日,联邦德国颁布了《培训位置促进法》等。二战后,联邦德国对在职工人实行进修教育和转业培训教育。联邦德国《商业报》对150家大企业的调查显示,20世纪80年代初,有10%～20%的在职工人接受了系统的进修教育。培训中心是联邦德国进行各类人员培训的基地。到1981年,全国共有大小培训中心4000多个,其中跨企业的有600多个。80年代前半期,联邦德国平均每年有400万职工参加培训。从民主德国来看,1953年,民主德国颁布了《关于企业的教育及给予工人资格的法令》;1970年,先后颁布了《关于培训工种系统分类的命令》《关于对工人进行职前职业培训和在职培训的基本方针的决定》等。这些法令、命令和决定均对职工培训教育做出了有关规定。民主德国的各类职业学校均实行"双轨制",到1989年,已有520万职工受过职业学校教育,占职工总数的65%。在对科技人员的培训中,民主德国的技术协会起了很大作用。到1985年,有万余名工程技术人员通过该协会及其各地分会举办的讲座、训练班,获得微电子技术领域中的最新技术知识。为了鼓励培训,民主德国还明确规定,参加培训的科技人员每年可享受36天的学习假。

(二)德国双元制职工培训体制

双元制培训体制是德国进行职工培训的主要模式。双元制,又称双轨制,即指企业的学徒培训与职业学校教育相结合的体制。其特点是企业与职业学校共同承担职业教育与培训的任务。两者的分工是,企业侧重于传授实际技术知识与技能,设有专门的培训车间;学校侧重于理论教学,负责向学生传授专业理论知识等文化课。培训以企业技能培训为主,以学校理论教学为辅。课时分配为每周一天在职业学校进行学习。双轨制的教学内容分企业的培训章程和职业学校的教学计划两部分。

综观德国的双元制培训体制,其"双元"特性主要体现在以下几个方面:

(1)培训机构由两部分组成,即企业和部分时间制职业学校。

(2)学员双重身份。学员在企业是学徒、工人,在职业学校是学生。

(3)教师由两部分人组成。企业有传授技能培训的实训教师,职业学校有讲授文化课和专业理论课的理论教师。

(4)教学依据由两部分组成。企业培训依据联邦政府颁布的培训条例和培训大纲进行,职业学校教育则依据各州文教部制定的教学大纲来实施。

(5)主管机构由两部分组成。企业的职工培训由联邦政府主管,受《职业教育法》约束;职业学校的组织管理则由各州负责,受各州教育法的规范。

(6)教育经费来源于两个渠道。企业及跨企业的职工培训经费大部分来源于企业,职业学校的教育经费则由联邦政府及各州和地方政府承担。

二、德国公务员培训

(一)德国公务员培训的历史发展

德国公务员制度起源于19世纪晚期,比英、法等国要晚一些。二战后,德国分裂。联邦德国成立了施派尔行政科学学院,负责培训高级公务员。1950年,该学院改称为施派尔行政科学大学。1969年,联邦德国政府成立了培训公务员的重要机构——联邦公共行政学院。该院除承担培训联邦政府高级行政人员的任务外,还负责拟订公务员培训发展计划,协调各部门培训工作。1990年,德国重新统一,在公共行政领域实行了统一的公务员制度。德国公务员培训法律体系逐渐完善,是德国法律制度的重要组成部分,在德国公务员培训体系中发挥着基础性作用。

(二)德国公务员培训的类型

德国公务员培训主要有职前培训和在职培训两种类型。

1. 职前培训

德国各级公务员在正式录用前,都要先确定将来要参加哪一类职务工作,然后参加相应的培训。德国一般通过四种渠道分别培训初等、中等、上等和高级职务的官员。各类培训都由政府指定培训内容,并提供全部费用。

以上四类职务官员在被录用之前要经过两次考试。第一次是相应培训班学校的入学考试,录取率约为1/10。第二次是入学后前半年的基础理论学习考试,如果不及格就取消学籍。毕业时他们还要经过相应的学力、体力检验和业务、办事能力的考查,合格后方能取得该级职务预备官员的身份。预备官员经过规定的试用期,年满27周岁后,即可成为终身官员。

2. 在职培训

德国公务员的在职培训又分为适应性进修和提高性进修两种。适应性进修是在短期内学习一个专题,以适应工作条件的改变,如学习新公布的法律、法规和新的信息处理方法、技术等,一般是不脱产的进修。提高性进修为官员晋升而设,非高级职务官员有显著业绩、具备培养提拔条件者,可被送入高一级学校进修,以取得晋升资格。

(三)德国公务员培训教育机构

德国的公务员培训教育机构体系较为完善,主要以施派尔行政科学大学和联邦公共行政学院为核心,辅以各州行政学院,形成了多层次、多领域的培训网络。施派尔行政科学大学专注于高级公务员的培养,是德国培训高级公务员的重要机构,主要对通过州级考试的应试者进行为期两年半的培训,注重培养学员的领导能力和决策能力。联邦公共行政学院主要负责联邦层面公务员的培训,内容全面,涵盖行政管理的诸多方面,旨在提升公务员的专业素养和行政能力,为联邦政府输送大量高素质人才。各州行政学院根据本地实际情况制订针对性的培训计划,为地方公务员提供行政管理、法律知识、公共政策等课程,全面提升其综合素质和履职能力,确保地方治理和服务高效运转。

三、德国的培训现状

德国作为全球职业教育的典范,其培训体系长期以"双元制"为核心,近年来更是不断演进,以适应数字化、可持续发展和全球化带来的新挑战。

(一)双元制教育的深化与创新

德国双元制教育将理论学习与企业实践紧密结合,学生在职业学校接受基础理论和专业课程的同时,亦在企业进行实操训练。近年来,德国不断深化这一模式,强化其灵活性和适应性,以满足行业变化。例如,引入了"学术型学徒制",允许学徒在完成传统双元制培训的同时,通过模块化课程学习获得更高学历,如大学入学资格或应用科学大学学位。这种模式鼓励技能与学术知识的融合,培养既懂理论又精于实践的复合型人才。

(二)数字化与技术技能培训

面对数字化转型,德国政府及企业界大力投资于数字技能培训,确保劳动力能够掌握人工智能、大数据、云计算、网络安全等关键技术。政府推动了"数字技能和职业策略",旨在提升全民数字素养,并通过"数字职业年"等运动,提高对数字职业的认识。同时,职业学校和企业培训中心不断更新课程内容,引入虚拟现实、增强现实等技术,模拟真实工作环境,提高培训效率和互动性。

(三)绿色经济与可持续发展培训

鉴于环境保护和可持续发展的重要性,德国培训体系正逐步融入绿色技能的培养。政府及行业组织推出了多个项目,如"绿色技能"倡议,旨在通过职业教育和继续教育,培养能源效率、可再生能源、环保技术等领域的人才。学徒和在职人员可以学习如何在各自的行业中实施可持续实践,比如通过"气候保护技术员"等新职业资格认证,直接参与到国家乃至全球的绿色转型中。

(四)国际合作与跨国培训

德国作为出口大国,深知全球化对技能标准统一和跨国合作的需求。因此,德国职业培训体系积极参与国际合作,推动职业资格的国际互认,如"欧洲资格框架"(European Qualifications Framework, EQF)等机制。德国企业和职业学校与海外伙伴合作,开展跨国学徒计划,如"全球技能伙伴关系"(Global Skills Partnership),将德国的双元制模式推广至其他国家,同时也为德国企业培养具有国际视野的本土及海外人才。

(五)学徒税与企业激励

虽然德国没有直接采用类似英国的"学徒税"制度,但政府通过多种激励措施鼓励企业参与职业教育。例如,政府提供财政补贴给参与双元制培训的企业,包括学徒的工资补贴、教学材料和设备费用补偿等。此外,政府设立"培训创新基金"等项目,支持企业开发新的培训内容和方法。这些激励措施确保了企业参与职业教育的积极性,维持了德国双元制的高质量运行。

(六)终身学习体系的完善

在终身学习理念下,德国致力于构建一个覆盖全生命周期的学习生态系统,通过"个人进修账户"等政策,为在职人员提供学习资金支持,鼓励他们根据个人职业发展需要进行进修。此外,德国的成人教育中心和继续教育学院提供广泛的学习机会,从语言课程到专业技能提升,满足不同年龄段和背景人群的学习需求。

第四节 法国培训概况

一、法国职工培训

(一)法国职工培训的历史发展

法国的工业革命开始于 1789 年资产阶级革命到 1814 的拿破仑统治结束之间。随着工业革命的不断深入,法国的职工培训也随之兴起。巴黎的工艺院、学术振兴协会、基础教育协会、理工协会以及里昂的马蒂尼埃职业学校等院校、团体，纷纷举办夜间讲座。19世纪60年代到70年代，法国工业革命基本完成。1869年，法国参加业余培训学习的职工约有80万人。

1901年7月，法国发布法令，推行在工作时间内举办义务职业讲座的措施。1905年，全国由122个公立团体举办的职业讲座达3593个。1919年7月，法国颁布《阿斯蒂埃法案》，该法案使职业教育与普通教育居于同等地位。1925年，法国实行"徒工税"，规定如能证明企业为技术教育、职工培训支付了费用，可免纳"徒工税"。20世纪30年代，法国的培训中心获得显著发展。1934年成立的成人速成培训中心，开始时为1930年因经济危机而失业者举办补习教育，1938年以后，由于战争威胁的临近，改为培训军火工业急需的劳动力。第二次世界大战前，法国设有21个晋级中心。1939年，法国成立了职业训练中心。1940年，法国企业、团体和行会组织举办的培训中心有40多个。1944年8月，法国从纳粹德国的统治下获得解放，法国的培训教育步入了一个新阶段。

20世纪50年代，法国的国民经济恢复到二战前水平。70年代，工业生产年均增长率达6.9%，这与法国战后大力加强职工培训教育是分不开的。战后，法国颁布了一系列有关职工培训的法律和法令：1959年，颁布《教育改革法令》，决定发展继续教育；1963年，颁布《职业训练法》；1971年，颁布《职业继续教育组织法》《德罗尔法案》；1978年，再次颁布关于"培训假"的法令。

20世纪70年代以后，许多工商会设立"工业促进办公室"，负责组织小企业管理讨论会，或举办管理培训班。法国中小企业总联合会也面向3000余小企业经理开展培训。1970年，法国的工会和雇主协会达成协议，企业应准许职工利用工作时间参加培训。法国参加培训的人数不断增多。1969年至1976年，接受培训人数从60万人增加到267万人，占就业总人数的1/8，总培训时间达3亿小时。20世纪80年代，接受培训人数继续增加，从1984年的350万人发展到1988年的400万人。

在法国，由团体、企业、行会、教育机构举办的培训中心遍布各地，形成了庞大的培训网。80年代末，全国共有各种大小培训中心1500余所，182家工商业公会下属培训中心489所，经常参加培训的职工有38万人左右。全法国平均每年有18%的科技人员在培训中心接受为期16天的继续教育。法国成人职业培训协会建有136所培训中心，并对其他各部门700多所培训中心进行指导。每年约有各行业职工28.5万人参加协会培训中心的培训活动。到1989年，法国的国家级培训协会达90多个，地区级培训团体达134个。

(二)法国职工培训的类型

1. 初始培训

此类培训主要是指学徒培训。1971年，法国颁布的《德罗尔法条》，规定"学徒制度是教育的一种方式，其目的是给予受完义务教育的青年工人一般理论与实作培训，使其获得一种职工资格"。这种培训，一部分在企业进行，一部分在学徒训练中心进行。学徒培训的期限一般为2~3年，要求至少有3440小时的企业实作训练和220小时的在学徒训练中心的理论与实作培训。企业雇主招收学徒必须经过批准，训练期满授予学徒"职业能力证书"和"职业学习证书"。学徒受训期间，工资照发。

2. 继续职业培训

此类培训对象主要是成年工人和已就业的青年，其目的是不断提高广大工人的技术水平,以适应社会经济的变化。按法国《职业继续教育组织法》的规定,所有工人,不论年龄,企业都要给予为期一年的全日制或非全日制的职业培训,受训期间工资照付。

二、法国公务员培训

(一)法国公务员培训的历史发展

拿破仑在执政时,创办了培训官员的专门学校,注重对官员的纪律约束和技术训练,使法国政府官员的素质有了明显提高。从19世纪至20世纪前半期,法国政局一直动荡不安,封建君主制的复辟与资产阶级反复辟的斗争激烈尖锐,使公务员制度的建立受到严重影响。到二战前,法国虽然基本上建立起公务员制度,但存在着不统一、不完整、不科学的问题。为了改变公务员管理的混乱局面,建立新的、统一完备的公务员制度,法国于1945年建立了公职局,专门管理公共职务;并于同年成立法国国家行政学院,负责培训高级行政官员。到20世纪50年代末,法国的公务员制度逐步发展成统一、完整、配套的科学人事管理制度。到80年代,比较健全的公务员培训网络也建立起来。

注重以通才为培训目标的法国,也基于行政区划形成了法国国家行政学院、大区行政学院和地方行政学院,分别对高级公务员、中级公务员、普通公务员进行培训;根据不同职系和不同专业设立不同培训机构,如国家国库学院、国家海关学院等;此外还有从属于部门人事机构的培训中心,如内政部培训中心等。

(二)法国公务员培训的类型

法国的公务员培训主要有以下几类。

1. 初级培训

其目的是使具有中级水平的人员获得一般性知识和能力。法国人往往把法国国家行政学院看作初级培训的典范。

2. 考前培训

考前培训的目的是使被培训者顺利通过晋升考试或进入某种职类的竞争考试。这种培训又包括两种:一种是专门为晋升考试服务的。公务员一年可以有8天时间为参加考试而去进行考前培训,一生中这种脱产应考时间为24天,但实际上应考时间长短取决于部门负责人,总的时间往往要多于24天。另一种是为进入国家行政学院而进行的考前培训。要获得这种培训机会,必须得通过公职部门考试,考试合格者,便能参加一年或两年的培训。培训期间,工资照发,经过培训后未能考取的仍回原部门工作。

3. 适应性培训

适应性培训是对进入某种职类,为适应岗位要求而进行的业务培训。接受此种培训的人数较少,多半是进入某种职类时间不长的人。

4. 深造培训

深造培训是为了满足部分公务员变换工作岗位的愿望或进一步丰富知识、开阔眼界、提高能力的要求而进行的各种短期或长期培训。

(三)法国公务员培训教育机构

法国的公务员培训教育机构在西方国家中较为完善和成熟,历史上主要由隶属于总理府的国家行政学院和公职管理总局,属于各政府部门的70余所与公务员培训相关的专门技术院校,以及一些高等院校(如巴黎政治学院、国际公共行政管理学院等)构成。

在以上诸机构中,法国国家行政学院独放异彩。该院是根据戴高乐的建议于1945年创建的,是一所颇有特色的专门培训高级公务员的学院。该院由法国总理府直接领导,在财政上具有独立地位。其招生对象包括两类人员,一是在公职部门任职五年以上的公务员,二是普通大学的毕业生。其学员选拔过程十分严格,必须要经过严格的入学考试。其授课教师均为兼职,而且绝大部分是政府高级行政官员。该院学制为两年,其中实习时间不少于一年,整个过程强调实践性,而不是理论性,着重培养学员的分析判断能力和行政决策能力。学员毕业时,按成绩高低排定名次,依名次由高到低逐次进入政府上层机构和中层机构。该院毕业生几乎垄断了法国每年用以任用A类行政官员的全部空缺职位,被誉为法国高级行政官员的摇篮。但是为了反对精英资产阶级垄断社会,法国总统马克龙于2021年4月8日宣布关闭国家行政学院,并成立公共服务学院来取代它。

三、法国的培训现状

法国的培训体系以其独特的结构和政策支持闻名,旨在通过政府引导、企业参与和个人自主学习的结合,促进劳动力市场的灵活性、创新力和竞争力。

(一)现代学徒制的扩展与创新

受德国教育系统启发,法国也在不断改革和发展其现代学徒制。该体系不再局限于传统行业,而是向新兴领域如数字技术、可持续能源、健康护理等扩展。法国政府积极推动"未来职业计划",旨在通过学徒制和职业培训为绿色经济和数字经济培养专业人才;此外,还鼓励跨领域学徒制,即在完成一个行业学徒期后,允许学徒转换到另一个行业继续深造,以适应多元职业路径和技能转型的需求。

(二)终身学习与个人培训账户

法国的终身学习体系以个人培训账户为核心,为每位成年劳动者提供终身学习的财务支持。个人培训账户允许个人累积培训时长,用于支付各种培训课程的费用,包括在线课程、短期培训、专业认证等,旨在鼓励持续学习和技能升级。这一机制强调个人在职业发展中的主动权,让劳动者能够根据自己的职业规划和市场趋势选择合适的培训项目。

(三)高等教育与职业教育的融合

近年来,法国致力于促进高等教育与职业教育的融合,打破两者间的传统界限。法国创建了"学士职业学位"和"硕士职业学位"等文凭,学生可以在获得学术知识的同时,获得与职业实践紧密结合的教育。这些学位通常包含企业实习环节,甚至教育机构直接与企业合作设计课程,以确保教育内容与劳动市场需求的高度匹配。

(四)数字化与技术创新培训

面对数字化转型的挑战,法国政府和教育机构加大了对数字技能和技术创新培训的投入。通过设立专门的数字技能培训机构、在线学习平台和数字技术集成课程,法国正努力缩小数字鸿沟,提升全民的数字素养。同时,政府鼓励企业开展内部数字技能培训,提供财政补贴和税收减免,以加速劳动力的数字化转型。

(五)支持青年就业与职业指导

针对青年就业问题,法国实施了一系列措施,包括"青年保障计划""青年承诺协议",为

16 至 25 岁未完成学业或找不到工作的年轻人提供职业培训、实习机会或就业帮助。此外，法国还强化了职业指导服务，通过学校的职业顾问、地区职业服务中心等渠道，为学生和求职者提供个性化的职业规划建议和培训信息，帮助他们更好地理解市场需求，做出教育和职业选择。

第五节　日本培训概况

一、日本职工培训

(一)日本职工培训的历史发展

19 世纪 70 年代，日本开始进入工业革命时期。明治维新后，日本的企业尤其是官办企业，如大阪纺纱厂、横须贺造船厂、富冈制丝厂等，均在厂内开展了职工培训。1893 年，日本政府颁布《实业补习学校规程》；1894 年，颁布《徒工学校规程》《工业教员养成规程》。1896 年，横须贺造船厂在 18 个工种的生产组织中进行了"工业学习教育"。20 世纪初，日本在工业补习教育中实行"适才教育"，通过委托方式，由学校为企业培训骨干工人。

第一次世界大战后的 1919 年，日本文部省成立了工业教育调查委员会，开办了技术员培训所。1923 年，为加强军国主义教育，为第二次世界大战做准备，日本普遍开设公民课程，设立青年训练所。1935 年，日本颁布《青年学校令》，决定将实业补习学校和青年训练所合并为青年学校。

1937 年 7 月，日本发动全面侵华战争。在年轻人上战场、军需生产劳动力不足的情况下，1938 年 4 月，日本颁布了《国家总动员法》，这时，日本有 1000 多家工厂设立了青年学校。1939 年，日本颁布《工厂技工培训令》，把技工培训纳入战时军事化的劳动力动员体制。1943 年，日本颁布了《学徒勤劳令》；1945 年，日本在投降前夕还颁布了《战时教育令》。

二战后，日本经济受到了严重削弱。为了迅速恢复经济，日本把加强职工培训教育作为振兴生产、推进现代化的重要手段。1947 年至 1949 年，日本先后颁布《劳动标准法》《社会教育法》。1951 年 6 月，日本颁布了《产业教育振兴法》。1958 年 7 月，日本颁布《职业训练法》，该法在 1969 年至 1985 年间，经过多次修订，使日本现代化的职业训练制度不断完善。1985 年，日本实施再次修改后的《职业训练法》，将其更名为《职业能力开发促进法》。该法规定，职业训练的直接目的不仅在于普及职业训练和技术鉴定，而应是开发和提高劳动者的职业能力，以适应技术革新及经济发展变化带来的产业和就业结构的变化。

日本企业按国家的有关规定和本身的需要，有计划地实行职工培训教育。一些大企业，如东京芝浦电气株式会社、松下电器产业公司、东洋工业公司等，均设立了技能训练中心或培训中心。二战后，日本还大力加强了对现场生产监督者、管理者、科技人员及普通事务人员的培训。1958 年，日本开始改革车间监督组织，推行作业长制度。许多企业规定，作业长、工长在任职前要经过至少 6 个月的集合训练，考试合格后方能任职。日本的企业管理者培训的对象主要是主事、副参事、参事等中层管理人员。到 1970 年，管理者培训在日本企业中的普及率达到 84.8%，在大企业几乎达到 100%。20 世纪 80 年代以后，一些企业实行了管理人员休假研修制度。日本对科技人员的在职培训，主要是通过讲座、函授、培训班并和考试结合起来进行的。一些科技、教育、经济团体，如日本科学技术联盟、标准化协会、终身教育开发中心、尖端技术教育中心、能源协会、质量管理学会、机械工程学会等，也都开展了广泛的继续工程教育。

(二)日本职工培训的类型

日本职工培训的类型主要有四种。

1. 新职工培训

日本企业对新职工的培训要求十分严格。新职工不论是否接受过职业训练学校的养成训练，上岗前均要接受厂情和业务基础训练及必要的精神和纪律培训；上岗后还要继续现场训练，时间为一年左右。

2. 提高培训

日本企业对已接受过职业训练学校及企业的养成训练，并有了一定业务经验的一般在职职工，按其技能程度，普遍实行提高培训。

3. 能力再开发训练

由于技术革新的不断发展和生产结构的改变，有些职工不得不转换工种或改行，因此，日本企业进行了能力再开发训练，以使职工具有新的职业技能。

4. 新技能补充培训

在日本的企业中，对已接受过上述三种训练或具有同等能力的职工，还要进行职业上必需的新知识、新技能补充教育，以不断保持和提高技术工人的能力。受这种再培训的一般都是骨干技术工人和二级技能士。

二、日本公务员培训

(一)日本公务员培训的历史发展

日本公务员的培训制度称为"研修"，除了普遍含义上的培训外，还包含了实际能力开发和学习锻炼等意思。日本公务员培训特别强调分级分类培训，重视差异性、针对性和系统性，既相互区别又互相贯通，分为国家和地方两大系统。日本《国家公务员法》于1947年10月颁布，是日本国家公务员管理的基本法律依据。该法规定，各中央部委有责任掌握公务员培训的需求，并在此基础上制订和实施培训计划。该法还规定具有一定独立性的人事院，有权对国家公务员的培训制订总体计划和对中央各部委的培训进行协调、监督。人事院对国家公务员的培训拥有很大权力，在人事院人才局下设了培训协调处和培训指导处，对中央各部委的国家公务员培训工作进行全面指导和综合协调。另外，人事院还设有公务员研修所，对各部委的国家公务员进行培训。日本地方公务员制度的法律依据是1947年颁布的《地方自治法》和1950年颁布的《地方公务员法》，地方政府可委托其他机构进行培训。

除政府、专门培训机构外，日本还存在松下政经塾这样的，由官方背书、企业家经营的"政治家摇篮"。松下政经塾由日本著名企业家松下幸之助创办，并于1979年6月获得日本文部省正式批准而建立。这所"私塾"以培养"富有爱国心的国家栋梁之材"为目标，招收大学毕业生，培训"如何做一名领袖"。从松下政经塾毕业的学员，不少人当选议员、内阁大臣等。有人将松下政经塾称为日本的"肯尼迪政治学院"，尽管不同于一般的官方公务员培训机构，但时至今日，其培养的"塾生"仍是日本政坛中的一股重要力量。

(二)日本公务员培训的类型

日本的公务员培训主要有以下两大类。

1. 初任进修

初任进修即公务员被录用后,一般都要集中一段时间进行学习,其主要目的在于对所在单位以及其他有关单位的工作进行初步的了解,增强适应工作的能力。这实际上是一种职前培训。

2. 职后研修

职后研修即根据职务等级、行政业务或外部环境的要求,采取各种方式,扩大公务员知识面,提高其行政管理的技术和能力。这实际上是一种在职培训。

(三)日本公务员培训教育机构

日本负责培训公务员的教育机构主要有人事院公务员研修所和国家公务员进修中心,后者类似于西方其他国家的行政学院。另外,各省厅也设有公务员研修所和进修中心。一些大学如东京大学、大阪大学等也担负着公务员培训的任务。这些培训机构在教学培训内容上最大的特点是面向实际,学以致用。方法也极为灵活,如对基层官员讲授多些,对中层官员演习多些,对高层官员研究多些。其培训教师主要由聘请的有名望的学者和有丰富实际工作经验的官员两部分组成。

(四)日本公务员培训的方式

日本公务员培训的方式主要有以下几种。

1. 实际指导培训

实际指导培训即公务员在实际工作中接受指导和帮助。日本政府特别倡导、鼓励这种培训,认为该方式经济、合理、有效。

2. 部际培训

部际培训即跨省厅的统一研修,由人事院集中组织。其目的主要是培养和造就国家高层次公务员,研修内容一般为各省厅共性部分的专业。

3. 各省厅自行举办的部内培训

其对象是各省厅部门内的公务员。举办培训的省厅应首先向人事院提出申请,待人事院正式批准后方可举办,并接受人事院的指导。

4. 选送各级各类公务员去大专院校学习

某些高技术化、高专业化的公务员必要时被送往国外大学或研究机关进修。

5. 研究员制度

这是日本独具特色的一项公务员培训制度。它由行政官国内研究员制度和国外研究员制度组成。国内研究员制度具体做法是,为公务员在研究生院开设修士(硕士)课程,给两年时间从事学术领域的研究,参加人员为已工作3~6年且有培养前途的行政官员。国外研究员制度旨在造就一批能活跃在国际舞台上、具有国际眼光和全球眼光的高级公务员。其派出人员由各省厅推荐,一般要求是工作6年以上从事行政业务工作和有潜力的行政人员,其留学方向是欧美发达国家。

6. 人事异动制度

人事异动并不是工作岗位的简单变更,而是一种有目的、有计划的人才交流和培训过程,是日本中高级公务员进行在职培训的一种重要方式。据统计资料表明,日本全国每年各单位异动的人数平均占总人数的1/3,每一位公务员隔两三年即可异动一次。

三、日本的培训现状

近年来,日本在培训工作上的发展更加紧密地贴合了"社会5.0"的愿景,即通过高度整合信息技术与实体世界的创新,推动社会和经济的全面进化。这一愿景强调了人工智能、物联网、大数据等尖端技术的应用,以解决人口老龄化、劳动力短缺等社会问题,并创造更加可持续和包容的社会。

(一)社会5.0导向的技能转型

随着"社会5.0"概念的推进,日本培训工作越来越注重培养与之相匹配的未来技能。这包括加强STEM教育,以及数字技能、数据分析、人工智能、机器人技术等领域的高级技能培训。日本政府和企业合作,通过建立专门的培训中心和在线学习平台,提供面向全社会的数字技术课程,旨在提升全民的数字素养和技能水平,为社会5.0时代的到来做好准备。

(二)产业人力开发政策的革新

为应对产业结构的快速变化,日本政府实施了一系列产业人力开发政策,旨在培养适应未来市场需求的劳动力。这包括鼓励企业与教育机构合作,共同开发与行业紧密相关的课程内容,确保教育与就业无缝对接。此外,政府还推出了一系列针对特定产业的培训计划,如针对先进制造业的"互联工业"战略,通过培训提升员工在智能制造、物联网技术等方面的技能,以实现产业的智能化转型。

(三)生涯学习账户制度的推广

日本政府在近年来大力推进生涯学习账户制度,这是一种鼓励全民参与终身学习的机制。该制度允许所有成年人拥有个人学习账户,政府按照一定标准为账户充值,个人可根据自己的学习需求选择使用这些资金参加各类培训课程或教育活动。生涯学习账户不仅覆盖了传统的职业技能提升课程,还包含了数字技能、创业指导、语言学习等多样化的学习内容,以适应个人职业生涯发展的多元化需求,增强国民整体的适应性和竞争力。

(四)强化职业教育与高等教育的衔接

为了更好地对接产业需求,日本加强了职业教育与高等教育的联系。一方面,通过提升职业教育的质量和吸引力,如增加实践操作和实习机会,以及与企业合作开发课程,确保学生毕业后能迅速融入职场;另一方面,推动高等教育机构与企业联合设立专业学位课程,如"职业研究生院"项目,旨在培养具有深厚专业知识和实践能力的高端人才,特别是面向医疗、法律、工程技术等领域的专业人才。

(五)应对老龄化社会的培训策略

面对严重的老龄化问题,日本培训体系积极开发适合老年人的培训项目,如数字技能、健康管理、老年照护等,旨在帮助他们保持工作能力和生活质量,同时也为社会贡献余热。政府和企业共同推动"银发人才"项目,鼓励企业雇用和重新培训经验丰富的老年员工,以利用他们的经验和智慧,同时提供灵活的工作安排,如兼职、远程工作等,以适应老年人的生活需求。

(六)促进性别平等与多样性培训

为了消除性别差距,提高女性和少数群体的职场参与度,日本政府和企业界加强了性别平等和多样性培训。这包括提供领导力培训、性别敏感性培训,以及为女性和少数群体设计的职业发展计划,旨在构建一个更加包容和多元的工作环境。通过这些措施,日本正努力打破职场的性别壁垒,促进人才的充分利用。

第六节　中国培训概况

一、中国职工培训

(一)中国职工培训的历史发展

1. 中国近代职工培训

(1)鸦片战争至辛亥革命前后的职工培训。鸦片战争后,外国资本在中国开办了船舶业和航运业等近代企业,对工人进行必要的操作训练,以使工人适应机器化生产的需要。这是中国近代最早的职工培训。

1861年,清朝统治阶级内部的洋务派开始兴起洋务运动。在30多年的洋务运动中,洋务派实施了洋务教育,进行了科技人才的培养和艺徒、技工的训练。19世纪70年代,中国民族资本主义逐渐兴起。在这些民族资本企业中,有的也进行了职工培训教育活动。如重庆的森昌火柴厂,为不识字的工人举办"四字社",规定每天工人放工时,由职员教识4个新字。1904年,清政府颁布了《奏定学堂章程》(即癸卯学制),其中包括《奏定实业补习普通学堂章程》《奏定艺徒学堂章程》。这两个章程是迄今发现的由国家颁布的有关职工培训的最早的中国文献。两个章程颁布后,实业补习学堂、艺徒学堂不断增加。到1909年,全国实业学堂有254所,大部分附有实业补习学堂,也有单独举办的实业补习学堂。

1911年,辛亥革命推翻了腐败的清王朝。1912年,中华民国临时政府在南京成立。临时政府的教育部设有社会教育司,这是社会教育第一次在中国教育行政上获得独立地位。1913年,教育部颁布了《实业学校规程》,实业补习学校作为一种新型教育机构在整个教育学制中占有了重要位置。

(2)新民主主义革命时期中国共产党的职工培训。1921年7月,中国共产党宣告成立,开辟了中国历史的新纪元。中国共产党自诞生之日起,就十分重视职工的教育与培训工作。中国共产党公开领导工人运动的总机关——中国劳动组合书记部的主要工作之一,就是开办工人夜校。在党的领导下,各地特别是湖南、上海两地的职工教育培训有了突出的发展。

抗日战争时期,根据地的职工教育培训在工业生产的发展中起了巨大作用。为开展职工的政治、文化、技术及其他方面的教育,陕甘宁边区政府组织工会、厂矿企业、民众教育馆和一些院校举办了工人夜校或补习班、训练班。1943年5月,中共中央发布《中共中央关于目前各抗日根据地职工运动的决定》,要求废止一切与生产及职工生活脱节的教条主义教育。边区政府、工会、企业根据此决定,对职工教育培训的学制、内容和课程进行了必要的调整和改革。

解放战争时期,特别是三大战役结束后,中国共产党接收和开办了许多厂矿企业,更加重视职工培训教育。1948年8月,第六次全国劳动大会通过的《关于中国职工运动当前任务的决议》中提出:在工厂较多的地方,开办职工学校。1949年3月,刘少奇在中共七届二中全会上专门讲到工人教育问题。他提出要大办工人训练班、短期训练班,开办工人政治大学。1949年7月,朱德在全国工会工作会议上再次强调职工培训,他提出:"工人阶级在国营企业中应该是面对着生产,学习经营,学习管理,提高政治,提高文化。"

2. 中国现代职工培训

1949年10月1日,中华人民共和国宣告成立。中国的职工培训工作进入了一个新的历史时期。

(1)新中国成立后至"文革"时期的职工培训。新中国成立之初,由于文盲率高达80%,人民文化素质普遍很低,对企事业单位的新岗位工作一无所知,因此党和政府对职工培训教育工作极为重视。1949年底召开的第一次全国教育工作会议,就明确提出,要大办工人业余补习教育,举办工农速成中学和教育应着重为工农服务的要求。1950年6月1日,政务院发布《关于开展职工业余教育的指示》,指出:开展职工业余教育是提高广大工人、职员群众的政治、文化与技术水平的重要方法之一。职工业余教育的对象以工厂企业中的工人、职员为主,内容以识字为重点,采取多种多样并能保持经常的方式进行。这一时期工人培训的具体组织安排,主要由各级工会负责。1958年9月19日发布的《中共中央、国务院关于教育工作的指示》指出,"培养出一支数以千万计的又红又专的工人阶级知识分子队伍,是全党全国人民的巨大的历史任务之一",强调办好三类学校(即全日制学校、半工半读学校、各种形式的业余学习学校),实行六个并举[即国家办学与厂矿、企业、农业合作社办学并举,全日制学校与半工半读、业余学校并举,学校教育与自学(包括函授学校、广播学校)并举,普通教育与职业(技术)教育并举,成人教育与儿童教育并举,免费的教育与不免费的教育并举]。在中央与地方的共同努力下,我国初步形成了从中央到地方的职工培训教育网络。这一时期,工人培训的主要方式有速成制的对口培训、厂校协作式培训、"红专学校"集中办班培训、半工半读式培训、以师带徒跟岗学艺培训等。但是,生机勃勃的职工培训工作从50年代后期到"文化大革命",经历了一段从削弱到完全破坏的惨痛历史,陷入停滞瘫痪的境地。

(2)党的十一届三中全会以后职工培训的新局面。1978年12月,党的十一届三中全会做出把全党工作重点转移到社会主义现代化建设上来的战略决策。中国职工培训事业再度迎来蓬勃发展的崭新契机。1979年9月,教育部在河南省郑州市召开了全国职工教育会议。会议认为在最近几年内,应把提高"文化大革命"以来参加工作的青年工人的政治、文化、技术水平作为职工教育的重点。会后对原"七二一大学"进行了改造,统一改称职工大学。职工培训教育在全面恢复的基础上取得了新进展。1981年2月20日,中共中央、国务院颁布了《关于加强职工教育工作的决定》,这是有关职工培训教育的一个纲领性文件。该决定的颁布,标志着我国职工教育开始进入有计划地实行全员培训,建立比较正规的职工培训教育制度的新的历史发展阶段。该决定总结了我国职工培训教育的历史经验,并根据新时期的任务和当前的实际,从理论和实践上明确了职工教育在新时期的地位和作用,提出了职工教育工作的方针、政策、任务和目标。1987年10月,党的十三大强调指出:"必须下极大的力量,通过各种途径,加强对劳动者的职业教育和在职继续教育,努力建设起一支素质优良、纪律严明的劳动大军。"截至1993年底,全国产业部门和大中型企业举办的各类职工技术培训学校达8300余所,在校生230万余人。企业内广泛开展职工岗位培训和徒工培训,大型企业还设有培训中心。1996年5月15日,第八届全国人民代表大会常务委员会第十九次会议审议通过了《中华人民共和国职业教育法》。《中华人民共和国职业教育法》是中国第一部专门规范职业教育活动的法律,标志着中国的职业培训教育进入了法制化的新时期。

(3)21世纪以来职工培训的新发展。进入21世纪,随着经济全球化和技术进步的加速,中国职工培训工作也面临着新的挑战和机遇。2000年后,中国政府加大了对职工教育培训的支持力度,旨在提升劳动者的技能水平,适应市场经济发展需求。2006年,《中华人民共和国国民经济和社会发展第十一个五年规划纲要》明确提出要大力发展职业教育,发展多种形式的职业技能培训。此后,一系列政策出台,如《国家中长期教育改革和发展规划纲要(2010—2020年)》,进一步强调了职业教育的重要性,并推动了职业院校的发展。同时,信息技术的发展催生了在线教育平台的兴起,使得远程教育和终身学习成为可能。各大企业和教育机构纷纷开发在线课程,提供灵活的学习方式,满足不同行业和个人的学习需求。此外,政府还推行了"互联网+"行动计划,促进信息技术与职业教育深度融合,提高培训效率和质量。近年来,随着人工智能、大数据等新兴技术的应用,职工培训更加注重实用技能和创新能力的培养。2019年,《国家职业教育改革实施方案》发布,提出深化产教融合、校企合作,开展高质量职业培训。这些措施不仅提升了劳动者的就业竞争力,也为中国经济转型升级提供了强有力的人才支撑。

(二)中国职工培训的基本框架

1. 中国职工培训的类型

中国职工培训根据不同的标准,可以划分为不同的类型:按培训目的分,有岗位培训、适应性培训、技术等级培训、学历培训、转业培训、转岗培训等;按培训对象分,有生产工人培训、技工和技师培训、管理人员培训、技术人员的继续教育培训等;按培训的内容分,有思想政治培训、文化培训、职业技能培训等。在此,仅选取几种较重要的培训加以介绍。

岗位培训是指对从业人员按岗位工作需要,在一定政治、文化基础上,以岗位人员应具备的素质为依据,以提高思想政治水平、工作能力和生产技能为目标的定向培训。其核心是提高从业人员胜任本职工作的能力,进而直接有效地提高劳动生产率和工作效率。岗位培训一般包括三个方面:一是按照岗位规范要求取得上岗、转岗、晋升等资格的达标培训;二是根据生产工作发展需要而进行的各种适应性训练;三是提高培训,即对已经胜任本岗位工作,又有进一步提高工作能力条件的在岗人员进行的培训。岗位培训的形式灵活多样,人数可多可少,时间可长可短,具有灵活性、针对性、全员性、全程性和全面性的特点。其内容主要包括三部分:一是岗位工作的意义、职责、要求、权力和注意事项;二是与岗位有关的规章制度、道德观念和政策法规;三是岗位必备的专业知识、实际工作能力或技能技巧。其中,在岗人员的工作能力或操作能力是开展岗位培训的重点。

技术等级培训是对在操作技术较复杂、较全面的岗位上的技术工种工人,以职业技能等级为依据而进行的培训。它又分为初级技术培训、中级技术培训、高级技术培训、技师培训和高级技师培训等类型。技术等级培训的目的是使工人通过技术业务理论知识的学习和操作技能的训练,在理论知识和操作技能方面达到国家职业标准中相应技术等级规定的要求。技术等级培训合格者颁发技术等级证书,技术等级证书是除学历以外能得到社会普遍认可的资格证书。

转业培训是一种为需要转业或再就业的人员创造新的职业技能条件,使其获得新的就业能力而组织的专门培训。随着数字化转型和社会经济的发展，许多传统职业正在被重新定义，同时也有新的职业机会涌现。在这一背景下，转业培训成为帮助劳动者适应新就业环境的重要手段。转业培训旨在提升个人的职业灵活性和竞争力，使他们能够顺利过渡到新岗位或新领域，无论是跨行业转换还是在当前组织内部晋升。转业培训应坚持以市场需求为导向的原则，结合个人的职业规划，灵活调整培训的方向和内容，以实现最佳的培训效果和个人价值的最大化。

转岗培训是岗位培训的特例，是指为转换工作岗位，使转岗人员取得新岗位上岗资格而进行的培训。转岗培训的对象一般有一定的工作经历，但是所转换的岗位和原岗位不一定属于同一序列，培训内容可能是全新的。对转岗人员的培训要根据转岗人员的具体情况而定，有的要进行系统培训，有的只需要在某一方面进行培训，不能一概而论。转岗培训与转业培训的主要区别在于：转岗培训是上岗前的必要训练，受训人员完成培训后即可上岗；而转业培训则是为需要转换职业的人员掌握新的职业技能创造条件，受训人员完成转业培训之后并不能完全保证能就业或上岗。

继续教育培训是指在劳动者完成正规学校教育后，针对其整个职业生涯中对知识、技能和综合素质的持续提升而进行的教育和培训。随着社会经济的发展和人才战略的推进，继续教育已经不再局限于特定学历或职称的专业技术人员，而是向所有希望持续成长的学习者开放，包括在职人员、自由职业者以及寻求转行或提升自我的个体等。在现代社会，继续教育的培训模式日益多样化，除了传统的长期或短期培训班外，远程教育和在线学习也成为重要的学习方式。

2. 中国职工培训的途径

(1)学徒培训。这是一种传统的培训方式，即通过在生产现场采取师傅带徒弟的方式传授操作技艺和经验，实现培养技术工人的目的。学徒培训花钱少、见效快、容量大，并且工种专业齐全，能充分利用企业的技术力量和设备，能密切结合企业生产实际。学徒培训的方式通常有三种：一是以师带徒，即由师傅在生产过程中直接向徒弟传授技艺和经验，通常一位师傅带一个或几个徒弟。二是成组培训，即由企业抽出一定的设备、工作地点和技术工程人员，组成专门的教学小组来培训较多的新技术工人。三是举办学徒训练班，学徒集中学习技术理论知识，分散学习操作技能。通常技术工程人员在课堂上集中系统地讲授技术理论知识，然后学徒分散到现场进行实习操作。

(2)技工学校和职业学校培训。技工学校是由企业或主管部门举办的，以培养初级和中级技术工人为目标的教育机构。职业学校是以传授就业基本技能，培养各行业初、中级技术人员为目标的职业教育机构。近年来，某些技工学校、职业学校与企业联合，成为进行职工培训的重要基地。其培训范围从为大型工矿企业培养技术人才，发展到为第三产业和小型乡镇企业培养技术人才，甚至还为军队培养军地两用人才。

(3)就业训练中心培训。就业训练中心主要有两大类：一类是由企业、事业单位或其主管部门开办的培训中心或教育中心，它主要为了提高职工适应生产技术进步的能力和更新其知识储备。另一类是各劳动服务公司开办的培训中心，它主要为就业、转业和再就业提供各种技能训练。就业训练中心是培训职能机构与实施机构融为一体的培训实体，它可以针对社会上不同人员的就业要求或企业的要求，及时、迅速地进行培训。

(4)各种培训班培训。这是为了满足某些特别需要或为了适应新科技的发展而进行的培训。它具有针对性强、见效快的特点。企业举办各种培训班是调动职工学习积极性,推行新技术、新工艺的有效途径。

二、中国公务员培训

(一)中国干部培训的历史发展

中国干部培训的历史可以大致分为三个阶段。

1. 革命战争年代的干部培训

中国共产党历来重视培养教育干部。1921年8月,毛泽东同志亲自创办了湖南自修大学,系统宣传马克思主义,发展党团组织,使其成为培养工农干部的摇篮。1922年10月,中国共产党在上海主导创办了上海大学,培养革命干部。1924年黄埔军校成立后,中国共产党从各地选派共产党员和共青团员到黄埔军校学习深造,为革命培养了一大批优秀的军事人才。1933年,党中央在瑞金创办了苏维埃大学、马克思共产主义学校等培训干部的学校。

红军长征到达陕北后,巩固的抗日根据地为培训工作提供了良好的外部环境,党中央除坚持在国统区和根据地举办工人夜校、识字班、扫盲班以外,还创办了中国人民抗日军事政治大学、鲁迅艺术学院、陕北公学、中国女子大学、延安大学等,从而大大完善了干部培训教育机构。1940年1月3日,中共中央书记处发出《关于干部学习的指示》。1940年3月,中共中央又发出了《关于在职干部教育的指示》,根据新老干部的文化程度,调整了学习内容。中共中央在新民主主义革命时期发布的一系列重要决定和指示,极大地丰富了中国干部培训工作的思想与内容,为中国干部培训制度的形成与发展奠定了坚实的基础。

2. 新中国成立以后到"文革"前的干部培训

新中国成立后,国内局势从革命战争转向大规模的经济建设,过去战争年代形成的干部培训体系也随之发生了巨大的变化。除继续保持马列主义理论教育、坚持理论联系实际和学以致用等优良传统以外,中共中央还对延安时期提出的政治教育、业务教育、理论教育、文化教育范围的内容进行了充实和提高,出版了大批由专家学者编写的干部培训教材。各地均制定了干部培训的有关规定,建立了干部定期培训制度。各级党委和政府都加强了对干部培训的领导,专门培养领导干部的党校、工农速成中学、夜校等从中央到地方迅速建立起来。除了工农干部、优秀青年人才以外,大批军队转业干部成为新中国成立初期干部培训的主要对象,他们经过短期有效的培训,迅速成为进行社会主义改造和社会主义建设的骨干力量。

3. 党的十一届三中全会以后至20世纪末的干部培训

党的十一届三中全会以后,干部培训工作开始出现新的局面。党中央、国务院多次发表重要指示和讲话,强调干部培训的重要性。1980年2月,中宣部、中组部联合发出《关于加强干部教育工作的意见》。1982年10月,中共中央、国务院做出《关于中央党政机关干部教育工作的决定》。1983年10月,中组部印发《关于干部培训规划要点》。1984年12月,中共中央批转了中组部和中宣部《关于加强干部培训工作的报告》。1989年11月,人事部下发了《关于国家行政机关工作人员培训工作的通知》。1992年7月,根据中组部印发的《1991—1995年全国干部培训规划要点》,人事部制定了《1992—1995年国家行政机关人事干部培训工作纲要》。1993年,《国家公务员暂行条例》正式出台,其中第五十一条至第五十四条专门就公务员培训问题做出了明确规定。1996年6月,人事部颁布了《国家公务员培训暂行规定》。1996年5月,中共中央印发了《1996年—2000年全国干部教育培训规划》。该规划对"九五"期间干部培训的指导思想、基本原则、任务、要求和措施等做出了明确的规定。该规划指出要"培养造就一支坚持走有中国特色社会主义道路、全心全意为人民服务、德才兼备、适应改革开放和现代化建设需要的干部队伍"。1996年12月,人事部又根据此规划制定了《"九五"公务员培训工作纲要》,极大地推动了包括公务员培训在内的中国干部培训制度的不断发展和完善。我国已基本形成了具有中国特色的、比较完整的、网络化、规范化的干部培训教育体系。

4. 进入21世纪的干部培训

进入21世纪后,随着社会经济的快速发展和国际形势的变化,中国干部培训工作也进入了新的发展阶段。2001年,为了适应加入世界贸易组织(WTO)的新形势,中国政府加大了对干部特别是涉外经济部门干部的培训力度,重点加强了国际贸易规则、法律法规等方面的知识更新。2006年12月,中共中央印发了《2006—2010年全国干部教育培训规划》,进一步明确了干部教育培训的目标、任务和措施,强调要以科学发展观为指导,提高干部的思想政治素质和业务能力。在此基础上,2007年,人事部发布了《"十一五"行政机关公务员培训纲要》,提出了一系列具体措施来推进公务员队伍的职业化进程。

2010年以后,随着信息技术的发展,干部培训方式不断创新,远程教育、在线学习平台的应用逐渐普及,这不仅提高了培训效率,还拓宽了干部获取知识的渠道。2013年,中共中央发布了《2013—2017年全国干部教育培训规划》,强调利用现代信息技术手段,创新培训方式方法,增强培训实效性。2018年11月,为了适应新时代中国特色社会主义发展的需要,中共中央发布了《2018—2022年全国干部教育培训规划》,继续深化干部教育培训改革,强化党性教育,提升专业能力,促进各级各类干部全面成长。2023年,中共中央印发了《全国干部教育培训规划(2023—2027年)》,强调坚持不懈用习近平新时代中国特色社会主义思想凝心铸魂。通过这些努力,中国已经建立起一个多层次、多渠道、多功能的干部教育培训体系,为国家治理体系和治理能力现代化提供了坚实的人才保障。

(二)中国公务员培训的基本框架

1. 中国公务员培训的原则

根据《公务员培训规定》的要求,中国公务员培训坚持下列原则:党管干部;政治统领,服务大局;以德为先,从严管理;突出重点,注重实效;分类分级,精准科学;联系实际,改革创新。

2. 中国公务员培训的特点

中国公务员培训既不同于普通的学历教育,又不同于其他国家的公务员培训,而是有自身鲜明的特色,这主要体现在以下方面:

(1)始终将思想政治教育放在首位。中国公务员制度与西方国家公务员制度的最大不同在于其政治化特征,即不实行"政治中立",而坚持"党管干部"原则。这一原则体现在公务员培训上,即对思想政治教育始终予以高度重视。新中国成立以来一切有关干部和公务员培训的重要文献,皆证明了这一点。

(2)重视对青年公务员的教育和培训。从维护政治体系的稳定性、连续性角度考虑,中国公务员培训,除了重视对中高级公务员的教育外,特别强调对青年公务员的培养。中国对青年公务员的培养主要通过政治学习与培训、基层挂职锻炼、干部轮换等方式进行。

(3)公务员培训方式方法多样化。中国的公务员培训主要有选调公务员参加脱产培训和在职自学两种类型。公务员培训会根据内容要求和公务员特点,综合运用讲授式、研讨式、案例式、模拟式、体验式等教学方法,实现教学相长、学学相长。

3. 中国公务员培训的类型

中国公务员培训的类型,按《中华人民共和国公务员法》规定,主要有初任培训、任职培训、专门业务培训和在职培训四种。

初任培训是对新录用公务员进行的培训,重点提高其思想政治素质和依法依规办事等适应机关工作的能力。初任培训由公务员主管部门统一组织,主要采取公务员主管部门统一举办初任培训班和公务员所在机关结合实际开展入职培训的形式进行。专业性较强的机关按照公务员主管部门的统一要求,可自行组织初任培训。初任培训应当在试用期内完成,时间一般不少于12天。

任职培训是按照新任职务的要求,对晋升领导职务的公务员进行的培训,重点提高其胜任职务的政治能力和领导能力。任职培训应当在公务员任职前或者任职后一年内进行。担任县处级副职以上领导职务的公务员任职培训时间一般不少于30天,担任乡科级领导职务的公务员任职培训时间一般不少于15天。调入机关任领导职务的公务员,依照上述规定参加任职培训。

专门业务培训是根据公务员从事专项工作的需要进行的专业知识和技能培训,重点提高公务员的业务工作能力。专门业务培训的时间和要求由公务员所在机关根据需要确定。中央公务员主管部门对专业技术类、行政执法类公务员专门业务培训加强宏观指导。

在职培训是对全体公务员进行的培训,目的是及时学习领会党中央决策部署、提高政治素质和工作能力、更新知识。在职培训重点增强公务员素质能力培养的系统性、持续性、针对性、有效性,时间和要求由各级公务员主管部门和公务员所在机关根据需要确定。

中国公务员培训除以上由《中华人民共和国公务员法》明确规定的四种类型以外,在实际生活中,还存在着日常政治学习和挂职锻炼两种培训方式,这两种培训方式在公务员培训中占据着比较重要的地位。日常政治学习是指公务员在日常工作中,根据形势要求所进行的定期或不定期的学习。日常政治学习的内容一般是当时国内外发生的重大事件,党的路线、方针、政策,党和国家的重要会议或领导人的重要讲话等。其目的主要是结合当时形势,加强对公务员的政治教育,传达党的重要方针、政策,统一思想,保证公务员队伍在政治上的纯洁性和坚定性。挂职锻炼是指国家行政机关有计划地选派在职国家公务员在一定时间内到基层机关或者企业、事业单位担任一定职务。国家公务员在挂职锻炼期间,不改变与原机关的人事行政关系,挂职锻炼的直接目的是使公务员在实际工作中接受锻炼,增长才干。挂职锻炼的时间由有关行政机关在选派时自行决定,但一般应掌握在一至两年为宜。

4. 中国公务员培训施教机构

《公务员培训规定》指出,党校(行政学院)、干部学院和社会主义学院按照职能分工开展公务员培训工作。

根据《中国共产党党校(行政学院)工作条例》,党校(行政学院)是党领导的培养党的领导干部的学校,是党委的重要部门,主要承担培训党的各级领导干部的任务。其基本任务包括培训各级党政领导干部、公务员等,加强马克思主义基本理论研究,承办党委和政府以及相关部门举办的专题研讨班,开展重大理论和现实问题研究,承担党委和政府决策咨询服务,开展学位研究生教育,开展同国(境)内外有关机构和组织的合作与交流,以及参与党委关于党校(行政学院)工作政策和干部培训计划的制订工作等。

干部学院是中国共产党培训党的各级领导干部的重要基地,主要培训对象为党的各级领导干部,包括新录用公务员、晋升领导职务的公务员、专业技术类公务员等,以提高他们的政治素质和专业能力。培训内容涵盖党的理论教育、党性教育、领导科学、政策法规、廉政教育及相关业务知识等,重点提升公务员的思想政治素质和履职能力。

根据《社会主义学院工作条例》,社会主义学院是中国共产党领导的统一战线性质的政治学院,主要职能包括培训民主党派和无党派人士、统一战线其他领域代表人士,以及统战干部。此外,社会主义学院还负责组织开展马克思列宁主义、毛泽东思想、邓小平理论、"三个代表"重要思想、科学发展观、习近平新时代中国特色社会主义思想,以及党的统一战线理论和方针政策的研究和宣传,推进理论创新,以及开展决策咨询工作等。

除了以上三类主要的培训单位外,部门和系统也有各自的公务员培训机构,承担本部门和本系统的公务员培训任务,也可以根据需要接受委托培训。公务员主管部门和公务员所在机关也可以委托符合条件的高等学校、科研院所、社会培训机构等承担公务员培训任务。另外,干部党性教育基地、党员教育基地、公务员实践教育基地、爱国主义教育基地等都可以承担一部分的培训工作。

三、中国培训现状

中国近年来在培训领域取得了显著进展,从数字化转型、产教融合到终身学习体系的构建,无不体现出对人才发展和技能提升的重视。政府与企业的共同努力,不仅促进了经济转型升级,也为个人发展提供了更广阔的空间,构建了一个学习无处不在、终身受益的社会环境。

(一)企业培训的数字化转型

随着互联网技术和人工智能的飞速发展,中国企业培训逐渐向线上化、智能化方向转变。在线学习平台、移动学习 App(应用程序)、虚拟现实和增强现实技术的应用日益普及,不仅提升了培训的灵活性和便捷性,还极大地丰富了学习体验。企业利用这些工具提供个性化学习路径,满足员工不同的学习需求和节奏,同时有效降低了培训成本,提高了培训效率。此外,大数据分析技术被用来跟踪学习成效,为培训内容的优化提供依据。

(二)产教融合与校企合作

政府大力推动产教融合,鼓励企业和教育机构深入合作,以解决技能人才供需不匹配问题。许多企业与职业院校共建实训基地、订单班,甚至直接参与到课程设置和教学活动中,确保教育内容紧跟行业前沿。这种模式不仅为企业输送了定制化的人才,也为学生提供了实践机会,缩短了理论学习与实际工作的距离,增强了学生的就业竞争力。

(三)终身学习体系的构建

响应"学习型社会"建设,中国政府致力于构建终身学习体系,推动全民终身学习。2019年,中国正式实施了职业技能提升行动,大规模开展职业技能培训,特别是针对新生代农民工、下岗失业人员、退役军人等群体。此外,通过设立"个人学习账户"、发放职业技能培训券等形式,激励个人参与培训,提高自我发展能力。政府还加大对在线教育资源的投入,如中国大学 MOOC(慕课)、国家开放大学等平台,让更多人有机会接触优质教育资源。

(四)高技能人才的培养与引进

面对产业升级和科技创新的需求,中国政府及企业加大了对高技能人才的培养和引进力度。通过实施"万人计划""千人计划"等国家级人才工程,我国吸引了大量海外高层次人才回国工作或参与合作。同时,中国政府推动高等职业教育和应用型本科教育改革,提升高等教育与产业需求的契合度,培养更多具有创新能力的工程技术人才和工匠型人才。

(五)政策引导与财政支持

政府出台了一系列政策为教育培训提供强有力的支持,例如,通过税收优惠、财政补贴、贷款贴息等措施,降低企业培训成本,鼓励企业增加培训投入;同时,加大对贫困地区和边远地区的教育扶贫力度,确保教育资源均衡分布。此外,政府还通过举办技能大赛、职业资格认证制度改革等手段,提升技能人才的社会地位和经济回报,营造尊重劳动、崇尚技能的社会氛围。

(六)应对老龄化社会的培训策略

面对人口老龄化的挑战,中国政府推出了一系列针对老年人的培训项目,旨在提升他们的数字技能、健康管理和生活能力,促进老年人社会参与;通过社区教育、在线课程等形式,帮助老年人跨越数字鸿沟,享受智能生活带来的便利,同时也为他们开辟了二次就业或志愿服务的新途径。

本章小结

1. 本章主要介绍了英国、美国、德国、法国、日本及中国六个国家的职工培训与公务员培训历史发展的基本概况,以及各国培训的现状。

2. 全球培训发展具有几大共性:①终身学习成为各国战略重点,通过政策扶持与个人学习账户等激励个人持续提升;②数字化转型引领培训内容革新,聚焦人工智能、大数据等新兴技术,以应对产业升级挑战;③产教融合深化,企业与教育机构合作紧密,德国双元制、法国学徒制等模式遍地开花;④应对老龄化,特别是日本与中国,推出老年教育计划,提升数字技能,促进社会参与;⑤技能认证标准化,构建职业资格体系,提升人才流动与认可度。各国虽路径各异,但均围绕技能提升、经济转型和社会适应性,推进终身学习体系与数字化教育,以适应全球变革。

思考与讨论

1. 简述西方国家职工培训与公务员培训发展对我国职工培训与公务员培训的影响。

2. 在全球培训发展趋势强调终身学习和数字化转型的背景下,你如何制订并调整个人学习路径,确保自己既能持续获取新知识,又能掌握适应未来职场需求的数字技能?

实训题

请以4~5人为一组,在理解全球培训发展趋势的基础上,结合某位同学的实际情况,设计一套面向未来的职业技能提升计划。

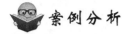

第三章　学习理论——培训的理论基础

学习目标

1. 掌握学习的概念；
2. 掌握传统学习理论的基本观点、评价和在培训中的应用；
3. 掌握现代学习理论的基本观点、评价和在培训中的应用；
4. 了解成人学习的特点、规律；
5. 理解各种主要学习理论的基本观点之间的差异。

开篇案例

销售谈判的学习转化

在一家跨国制造企业，人力资源总监刘洋正在策划一次旨在提升销售团队谈判技巧的培训。他知道，简单的理论灌输无法确保培训效果，必须找到一种方法让学习者能够在实际工作中应用新技能。刘洋决定采用"情境模拟"结合"反思日记"的培训策略，以促进学习的深度转化。

培训的第一阶段，刘洋邀请了专业的培训师来设计一系列基于现实场景的谈判模拟。这些场景涵盖了与客户、供应商以及内部团队成员的谈判，涵盖了价格谈判、合同条款讨论、冲突解决等多个方面。销售团队被分为若干小组，每组成员轮流扮演不同的角色，包括谈判代表、对方代表以及观察员。通过这种角色扮演，参与者不仅能够亲身体验谈判过程，还能从旁观者的角度观察并分析谈判策略的有效性。

每次模拟结束后，参与者被要求写一篇"反思日记"。在这份日记中，他们需要记录下自己在模拟中的表现、感受到的情绪、采取的策略以及最终的结果。更重要的是，他们被鼓励去思考如果重新来过，会有哪些不同的做法，以及这些策略背后的心理学和沟通原则。这种反思过程有助于加深对学习内容的理解，同时也促进了自我意识的提升，让学习者能够将理论知识与个人经验相结合，形成更为个性化的学习收获。

在后续的几周内，销售团队成员被鼓励在实际工作中应用他们在培训中学到的技巧，并继续写反思日记，记录下应用过程中的成功与挑战。刘洋和培训师定期组织反馈会议，让团队成员分享自己的经历，讨论遇到的问题，并提供相互间的建议和支持。这种持续的实践与反思循环，不仅巩固了学习成果，还促进了团队之间的知识共享和协作精神。

几个月后，刘洋惊喜地发现，销售团队的谈判成功率显著提高，团队成员之间的沟通也变得更加开放和有效。更重要的是，团队成员普遍反映，他们不仅在谈判技巧上有所提升，还学会了如何更好地理解他人、管理情绪以及创造性地解决问题。

学习问题是培训过程中十分重要的问题，自从1885年德国著名的心理学家艾宾浩斯出版《记忆》一书以来,西方有关学习问题的探讨无论在实验研究方面,还是在理论探讨方面都有很多成果。这里我们只探讨与培训有关的一些学习概念和理论。

第一节 学习概述

一、学习的概念

在中国,学习这一词,是把"学"和"习"复合而组成的词。最先把这两个字连在一起讲的是孔子。孔子说:"学而时习之,不亦说乎?"意思是,学了之后及时、经常地进行温习和实习,不是一件很愉快的事情吗?很明显,"学习"这一复合名词,就是出自孔子的这一名言。按照孔子和其他中国古代教育家的看法,"学"就是闻、见与模仿,获得信息、技能,主要是指接受感官信息(图像信息、声音信息及触觉味觉等信息)与书本知识,有时还包括思想的含义。"学"是自学或有人教你学。"习"是巩固知识、技能的行为,一般有三种含义:温习、实习、练习。"学"偏重于思想意识的理论领域,"习"偏重于行动实习的实践方面。学习就是获得知识,形成技能,获得适应环境、改变环境的能力的过程。学习实质上就是学、思、习、行的总称。

长期以来,许多心理学家、教育学家和哲学家从不同的角度、运用不同的方法对学习问题进行了大量的研究,积累了丰富的资料,提出了各种学习定义。美国心理学家、动物心理学的开创者桑代克认为,学习可看作是形成刺激和反应的联结或联想,人和动物遵循同样的学习律;学习的过程是盲目的尝试与错误的渐进过程;学习遵循准备律、练习律和效果律这三条定律。美国著名心理学家、教育家、教育技术学专家加涅说:"学习是人类倾向或才能的一种变化,这种变化要持续一段时间,而且不能把这种变化简单归为成长过程。"美国心理学家希尔加德说:"学习是指一个主体在某个现实情境中的重复经验引起的,对那个情境的行为或行为潜能变化。不过,这种行为的变化是不能根据主体的先天反应倾向、成熟或暂时状态(如疲劳、醉酒、内驱力等)来解释的。"

从上述所列举的学习概念可以看出,学习是人和动物在生活过程中通过实践或训练而获得由经验引起的相对持久的适应性的心理变化,即有机体以经验方式引起的对环境相对持久的适应性心理变化。这个定义体现了四个观点:第一,学习是动物和人所共有的心理现象。虽然人的学习是相当复杂的,与动物的学习有本质的区别,但不能否认动物也有学习。第二,学习不是本能活动,而是后天的习得性活动,一切个体的学习活动都是后天由于经验或实践引起的。第三,任何水平的学习都将引起适应性的行为变化。这种变化不仅有外显行为变化,也有内隐行为或内部过程的变化;这种变化不是短暂,而是相对持久的。第四,不能把个体一切变化都归为学习,只有通过训练和经验所产生的能力和倾向的变化才能称为学习。

二、成人的学习

长期以来,人们普遍认为,与未成年人相比,成年人年长智衰,不适宜学习。桑代克在《成人的学习》一书中指出,成人学习之能量,永不停止;成人之可塑性和可教性仍大,25岁之后仍可继续学习。

桑代克等人的最大贡献在于打破了传统陋习和偏见,揭开并论证了成人学习可行性与成人学习能力之间的初步关系。随后心理学家康拉德、琼斯、罗森、韦克斯勒等人也进行了大量的实验研究。综合这些研究成果,可以形成以下结论:第一,成人学习能力增长不因生理成熟而终止;第二,成人学习能力不随年龄增长而明显下降;第三,学习与训练是保持成人学习能力的重要因素。这些研究消除了人们对成人不宜学习的担忧和误解,促进了成人学习能力研究的进一步发展。

人需要学习,人不学习不能获得完善的发展。从幼儿到成人,人们的绝大部分时间都是在学习中度过的。中国有句名言,"玉不琢,不成器。人不学,不知义",意思是说:像玉石那样珍贵的东西,如果不经过精雕细刻,也不能成为有用的物品。人也是一样,人不经过努力学习和艰苦锻炼,也不可能学到本领,不能掌握事物的规律,不懂得为人处世的道理。

20世纪后半叶,由于西方成人教育实践的迅速发展和对成人教育学科合法性的追求,"成人学习的特殊性"研究逐渐成为成人教育理论与实践中最迫切的问题之一。诺尔斯在1970年出版的《现代成人教育实践》一书中,提出了成人学习的五个基本假设:①成人有独立的自我概念并能指导自己的学习;②成人积累了丰富的生活经验,这些经验对学习来说是丰富的资源;③成人的学习需求与变化着的社会角色紧密相关;④成人以问题为中心进行学习,并且对可以立即应用的知识感兴趣;⑤成人的学习动机主要来自内部而不是外部。当个人成熟时,其往往形成完整的自我意识,不可能再成为完全的被动接受者。成人运用知识、技能的时间观念也发生了深刻的变化,从储备型向功利型转化,即以问题为中心,强调即学即用的效果。成人学员来自社会的各行各业,往往一身兼任数职,在家是父母或子女,在社会是公民,在单位是员工,担负着各自相关的职责,积累起丰富的经验,这些构成了他们的个性和继续教育的基础。

因此,成人的学习有其自身的特点。一是学习目的明确,针对性强。儿童的学习以学科为中心,其学习活动是为将来的生活和需要做准备;成人则不同,其学习以问题为中心,学习活动与其生活情境有关,与当前需要有关,学习是为了立即应用,解决实际生活和工作中遇到的问题。成人学习专家麦克拉斯基指出:问题是成人学习的自然单位。成人生活中难免有困难问题要处理,"如何去做"常成为成人面临的两难困境。因此,这些问题成为成人学习的诱因、过程、内容和目的。成人学习一般是"干什么学什么,缺什么补什么,需要什么学什么"。这种职业性的学习,不仅为成人当前从事的实际工作创造条件,满足立即应用的需求,而且能不断提高其职业能力,满足长远的工作需要。

二是学习动机的内发性。儿童的学习动机常因外在的力量而产生,如分数、教师的奖励与惩罚、父母的压力与强迫等。但成人的学习动机往往来自内在的力量,如源自某一困惑的问题或想要把工作做好、提升自我、提高生活品质、追求发展等。成人的学习动机也可能来自外部他人的影响,如家人、雇主或权威者的期望与要求,但有关研究结果显示这种外在的期望动机虽然可能引发学习的行为,但并不能持久,往往在参与初期显示较高的动机之后,便迅速下降,而造成中途辍学的行为。心理学方面的研究也证明成人学习的动力来自其自身的力量。如行为主义心理学认为:个人的行为是由需要引起的,需要是个人行为的原动力,当个人遇到能够满足自己需要的目标时,需要就转化为动机,动机推动个人去行动以达到一定目标。对成人来说,学习动力同样来自自身的强烈需要。

三是学习资源的丰富性。成人教育学家基德指出:成人学习上的一项重要因素,就是成人具有丰富的经验，以及在学习上如何利用经验。诺尔斯认为，成人从事任何事情都以自身经验为背景。儿童的学习以获得书本上的间接经验为主，而成人的学习则不同，他们有着丰富的实践经验可以利用。成人在漫长的人生道路上已经走完了一段路程，不仅学习了一定的间接经验，有的还接受了传统教育，而且在生活和工作中积累了相当丰富的直接经验，如有关生产劳动的经验、生儿育女的经验、社会适应的经验等。这些经验在他们的再学习过程中起着十分重要的作用，他们可以凭借以往的知识经验和直觉很快抓住问题的实质，找到解决问题的突破口，使问题迎刃而解。这里需要指出的是，成人已有的经验，也可能成为学习的阻力。由于经验的积累，成人可能会存在一些不良的习惯、偏见或先入为主的看法，不刻意接受新的观念或采取另一种思考方式，这就需要成人教育工作者对之进行正确引导。

四是学习方式的差异性。同一年龄阶段的未成年人具有相同的年龄特征，他们的学习形式也相差不大。成人的情况远比未成年人复杂得多：年龄不同，有老、中、青之别；职业不同，有行业、职务、工作之别；原有智能基础不同，有文化程度、技术水平、业务能力的差异；学习条件不同，身体有强弱、住址有远近、家务负担有轻重。成人必须根据自己的具体情况选择适合自己的方式去学习。

五是学习方式的自主性。诺尔斯指出，成人具有强烈的自我概念，这种自我概念使成人学习表现为自我导向学习，即"一种没有他人的帮助，由个体自己引发以评断自己的学习需要，形成自己的学习目标，寻求学习的人力和物资资源，选择适当的学习策略和评鉴学习结果的过程"。这是成人学习最基本、最主要的特征。

六是学习阻力的多重性。成人学习的干扰因素既有客观方面的，也有主观方面的，它们都影响学习的顺利进行。主观方面表现为：有的学员认为自己年龄大、记忆力不好或学习基础差难以取得好成绩，常常感到悲观、绝望等，在学习中不注意记忆力的训练和学习方法的改善，久而久之丧失学习信心。客观方面表现为：外界的压力阻碍了学习。随着社会和经济的不断发展，竞争日趋激烈，人们的生活节奏不断加快，人际关系更为复杂，并且成人学员大多家庭负担较重，工学矛盾突出，学习中常常感到十分艰苦、吃力，因而忧郁、烦闷，无心去学习。

人的学习是一个复杂的过程，它吸引了很多心理学家进行专门的研究，由于各家所持的思想观点不同，对实验的解释不同，因此，对学习过程的认识也各异其趣，形成了不同派别的诸多学习理论。

第二节 传统学习理论

学习是如何发生的？学习有哪些规律？学习是以怎样的方式进行的？近百年来，教育学家和教育心理学家围绕着这些问题，从不同角度，运用不同的方式进行了各种研究，试图回答这些问题，也由此形成了各种各样的学习理论。学习理论的发展始于20世纪初期的行为主义运动，该运动强调学习是由外部刺激引起的反应。随后，随着认知科学的兴起，研究者开始关注学习者的内部心理过程。到了20世纪中叶，人本主义和建构主义等现代理论相继出现，这些理论更加注重学习者的主体性和学习的社会文化背景。对于学习理论的划分，不同学者有不同的分类标准。我们按照学习理论发展的时间顺序，大致以20世纪中叶为界限，把这些理论分为传统学习理论和现代学习理论。传统学习理论侧重于行为和认知过程，而现代学习理论则更关注个体经验、社会互动以及学习的社会文化背景。这里我们只选择一些有代表性并具有广泛影响的学习理论做一些基本的介绍。

一、刺激-反应(S-R)理论

(一)刺激-反应理论的起源

刺激-反应理论起源于20世纪初的心理学领域,其核心思想最早由美国心理学家约翰·沃森提出,并在后续发展中受到了俄国生理学家伊万·巴甫洛夫的经典条件作用理论的深刻影响。沃森是行为主义心理学的创始人之一,他主张心理学应当成为一门纯粹的自然科学,专注于可观察的行为,而非无法直接测量的意识和心理状态。在这一背景下,刺激-反应理论应运而生,成为行为主义的基石之一,它试图通过外部刺激与有机体反应之间的关系来解释和预测行为。这一理论的提出,标志着心理学研究从意识的主观分析转向可观察行为的客观测量,为后来的行为主义运动奠定了基石,并对教育、心理治疗和培训等领域产生了深远的影响。

(二)刺激-反应理论的基本观点

刺激-反应理论作为行为主义心理学的核心组成部分,认为所有行为都是对外部刺激的直接反应。根据这一理论,人类和其他动物的行为模式可以通过特定的刺激来诱发,并通过一系列的条件作用过程进行习得或修改。简而言之,刺激是行为的触发因素,而反应则是个体对刺激的直接表现。沃森进一步强调,通过控制环境中的刺激,可以系统地塑造个体的行为,从而证明了行为的可塑性和学习的可能性。

在这一框架下,行为的变化被认为完全依赖于环境的安排,而不是个体内部的心理状态。这意味着,只要我们能够准确地识别和应用适当的刺激,理论上就可以引导任何个体产生预期的反应。这一观念在当时是对心理学研究的一次革命,它推动了心理学从内省法向客观观察和实验方法的转变,在行为科学的早期发展中起到了革命性的作用,并对后来的行为干预策略产生了重要影响。

(三)对刺激-反应理论的评价

尽管刺激-反应理论在心理学史上占据着举足轻重的地位,促进了实验心理学和行为疗法的发展,但它也遭到了多方面的批评和质疑。主要的批评意见包括:该理论在解释行为时,过分简化了人类行为的复杂性,忽略了个体的思考、情感、动机等内在心理过程在行为形成中的作用,未能充分认识到人类行为的主动性和创造性;该理论过于强调物理刺激对行为的影响,忽视了社会文化背景、个体经验以及个体间的差异性。

尽管如此,刺激-反应理论在特定情境下,特别是在行为疗法以及某些形式的技能培训中,依然显示出其实用价值。

(四)刺激-反应理论在培训中的运用

在培训领域,这一理论的应用主要体现在通过重复练习和强化来塑造和巩固学习者的行为。培训师可以设计一系列的教学活动,通过提供明确的刺激(如指令、示范或问题情境)来引导学习者产生预期的反应(如正确的操作、回答或决策)。通过不断的练习和反馈,学习者逐渐形成条件反射,将所学知识和技能内化为自动的行为模式。此外,培训中还可以利用正强化(如奖励)和负强化(如避免惩罚)来激励学习者,增强其学习动机,并促进所学行为的持久性。

在实际培训中,刺激-反应理论的应用还体现在对行为的系统性塑造上。培训师可以通过逐步增加任务难度,让学习者在成功完成每个小步骤后获得正向反馈,从而逐步建立起复杂技能。这种方法特别适用于技能培训,如操作设备、执行程序或应对特定工作场景。通过这种方法,学习者能够在不断的实践中,逐步提高技能水平,最终达到熟练掌握的程度。同时,培训师还可以通过监控学习者的行为表现,及时提供反馈和调整教学策略,以确保培训效果的最优化。

二、尝试-错误理论

(一)尝试-错误理论的提出

桑代克是美国哥伦比亚大学师范学院的教授,美国著名的心理学家,美国动物心理学实验的创始人之一。他的学习理论在美国的影响延续了整整半个世纪,尽管有许多人对他的理论提出这样那样的评价,但是人们还是公认他在心理学上做出的伟大贡献。

尝试-错误说是桑代克于19世纪末、20世纪初提出的关于人类学习的理论学说。桑代克从联想心理学的"观念联结"观出发,以系列的动物学习实验为基础,依据亚里士多德的联想三定律,提出以"尝试-错误"为中心的系列学习定律和原理。桑代克认为,当动物或人类面对新的情境,自己不知道如何去应付时,便会运用日常所采取的各种方法,运用已有的经验去不断尝试。众多的尝试行为中有些是正确的,有些是无用的或错误的,经过多次尝试,反复练习,逐渐淘汰错误的或无用的行为,保留有效正确的行为,最后达到学习成功。

他的研究多用迷津或迷笼的实验装置,把动物置于迷津或迷笼之中,观察动物如何走出迷津或迷笼,或打开迷笼,并记录动物行为的变化和解决问题的方式。其中最著名的就是饿猫打开迷笼的实验。笼内有某种开门的设施:一圈金属绳、一个把柄或一个旋钮。饥饿的猫会在笼中乱咬乱撞,偶尔会碰到迷笼中的开门设施而打开迷笼,猫就可以逃到笼外,获取食物。猫再次被放在笼子里后仍然表现出很多冲撞行为,多次重复以后,盲目次数相对减少,从笼子里逃出所用的时间越来越短。最后,猫一进笼子就去触动那个开关以便逃出来获得食物。这样,获得食物可以作为猫"学会"打开迷笼的一种"奖赏"。经过多次的"关""逃",动物才能学会打开迷笼。桑代克认为,迷笼里的猫虽然最初盲目乱撞,但经过反复尝试后,能逐渐学会打开笼门,即在"迷笼"情景和触动开关的动作之间建立了连接。他认为,动物的学习并不具有推理演绎的思维,动物的学习方式是试误式的,即动物通过反复尝试错误而获得经验。

(二)尝试-错误理论的基本观点

1. 桑代克关于学习本质的基本观点

桑代克关于学习本质的基本观点如下:一是认为学习是一种渐进的、盲目的尝试与错误的过程。随着错误反应逐渐减少,正确反应逐渐增加,终于形成固定的刺激与反应之间的联结。概括地说,学习就是通过尝试与错误的方式来形成稳固的刺激与反应之间的联结。这就是他对动物学习的本质的认识。他的著作中写道"学习即联结",所以他的学习理论又称为学习的联结说。二是认为动物的学习没有任何推理、演绎,没有任何观念的作用。动物的基本学习方式是试探式的、尝试与错误式的学习,所以他的学习理论又称尝试-错误说(简称为试误说)。"尝试与错误"真正的意思是"尝试与改正错误"。

2. 桑代克关于学习规律的基本观点

桑代克认为所谓的学习就是动物(包括人)通过不断尝试形成刺激-反应联结,从而不断减少错误的过程。桑代克根据自己的实验研究得出了三条主要的学习定律。一是准备律。在进入某种学习活动之前,如果学习者做好了与相应的学习活动相关的预备性反应(包括生理和心理的),学习者就能比较自如地掌握学习的内容。二是练习律。对于学习者已形成的某种联结,在实践中正确地重复这种反应会有效地增强这种联结。另外,桑代克也非常重视练习中的反馈,他认为简单机械的重复不会造成学习的进步,告诉学习者练习正确或错误的信息有利于学习者在学习中不断纠正自己的学习内容。三是效果律。学习者在学习过程中所得到的各种正或负的反馈意见会加强或减弱学习者在头脑中已经形成的某种联结。效果律是最重要的学习定律。桑代克认为学习者学习某种知识以后,即在一定的结果和反应之间建立了联结,如果学习者遇到一种使他心情愉悦的刺激或事件,那么这种联结会增强,反之会减弱。他指出,教师尽量使学生获得感到满意的学习结果显得尤为重要。

以上是桑代克所提出的主要的学习规律。除此之外,他还提出了七条从属的学习规律,即多重反应、心向与态度、优势元素、联想交替、类比反应、反应的选择和定势原则。

(三)对尝试-错误理论的评价

首先,桑代克提出学习理论,对教育心理学独立发展起到了重要的奠基和促进作用,确立了学习在教育心理学体系中的重要地位。同时,他开创了对学习问题进行系统实验研究的先河,其理论以动物实验为依据,初步建立了教育心理学比较完整的理论体系。

其次,他把人的学习与动物的学习等同起来,否认人的意识在学习中的作用,忽视了人和动物学习的本质差别。"尝试与错误"只是动物学习的基本方式。人类的学习在开始的时候虽然也有试误的动作出现,但试误并不是人类学习的主要方式,更不是唯一方式。人类有思想、言语,能进行抽象思维,动物则没有,动物的学习与人类的学习是有质的区别的。

最后,他的学习理论过分强调先天遗传的作用,降低了后天学习的意义。他在其著作中写道:"人当生命起源时,即精子和卵子化合成人时,已具有无数确定的趋向,形成将来的行为。他将来所遇境况与所做反应此时已预定结合。"因此,他把学习的作用只限于"原来的结合或则永久保持,或则消除,或改变而利导",从而低估了学习的作用。

总之,在桑代克看来,人性由天赋本性和环境所造就,有善有恶,教育的真正任务就是以天赋本能为出发点,控制环境,扬善除恶,从而改变人性,因此教育可以对人类的幸福做出巨大的贡献。

(四)尝试-错误理论在培训中的运用

虽然桑代克的学习理论存在着一些缺点和错误,但它至今仍然对教学实践有着一定的影响。这主要表现在以下方面:一是桑代克发现的尝试-错误现象是一种普遍存在的事实,也是人类解决问题的一种方法或途径。因此,在教学中,我们应要求学生尽量运用学过的知识或经验去解决问题。尝试-错误理论冲破了注入式的传统教学方法的束缚,大胆地让学生自己去尝试练习,对于不懂的事物、不会做的工作都能有"让我试一试"的精神。古往今来无数事实证明,人们探索精神的强弱是一个国家、一个民族兴旺发达与否的重要标志。二是桑代克的学习律,即机械识记在学习中并不是毫无功效的。我们不能完全否定机械识记和过度学习在知识学习中的一定作用,尤其是一些文字的识记和历史年代及一些数理常数的记忆,仍然需要多次重复的运用和反复的识记才能保持得更好。三是在教学中,我们要合理地、科学地运用奖励和惩罚。正如桑代克所认识到的,奖励的作用优于惩罚的作用,但是在一定条件下适当运用惩罚也会收到其他办法起不到的效果。

案例 3-1

在小李加入公司之初,人力资源部门组织了一次关于机械设备操作的培训。培训师详细介绍了机器的功能、操作流程以及安全注意事项。然而,由于理论知识与实际操作之间存在着差距,小李在开始独立操作时仍然遇到了困难。

面对小李在操作中频繁出现的错误,部门经理决定采取一种更为实践导向的培训方法。他指定了一名经验丰富的老员工作为小李的导师,通过一对一的现场指导,帮助小李在实际操作中学习和纠正错误。这种"师带徒"的模式让小李能够在实践中学习,迅速提高了他的操作技能。

同时,部门经理还鼓励小李记录下每次操作中的错误和问题,以及他是如何解决的。通过这种方式,小李不仅能够在错误中学习,而且能够总结经验,避免未来再犯同样的错误。

随着时间的推移,小李在不断的尝试和错误中,逐渐掌握了正确的操作方法。他的错误越来越少,操作越来越熟练,生产效率也得到了显著提高。

这个案例表明,在实际工作中,理论培训和实践指导的结合,能够让员工更快地适应工作环境,提高工作效率。这与桑代克尝试-错误理论的核心观点相符,即学习是一个通过不断尝试和改正错误,逐渐形成正确行为的过程。通过不断的实践和错误反馈,小李最终掌握了正确的操作方法,这个过程正是尝试-错误理论在实际工作中的应用和体现。

三、观察学习理论

(一)观察学习理论的起源

观察学习理论由美国心理学家阿尔伯特·班杜拉在 20 世纪 60 年代提出,是社会学习理论的核心组成部分。班杜拉在对儿童攻击行为的研究中发现,儿童并非仅通过直接体验(如尝试-错误学习)习得行为,而是能够通过观察他人的行为及其后果来学习新的行为模式。这一发现挑战了传统行为主义中强调直接经验和强化作用的观点,为理解人类学习过程开辟了新的视角。观察学习理论不仅关注行为本身,还涉及认知过程、情感和动机因素在学习中的作用,是认知行为理论的重要里程碑。

观察学习理论的提出,受到了多种理论和研究背景的影响。首先,班杜拉的理论深受约翰·沃森的行为主义影响,但又超越了其简单刺激-反应的框架,引入了认知中介过程。其次,心理学家列夫·维果茨基的社会文化理论,尤其是关于社会互动在认知发展中的作用,为班杜拉提供了重要的理论基础。此外,动物行为学家如康拉德·洛伦茨关于印记学习的研究,也间接地支持了观察学习的可能性,即生物体能够观察并模仿他者的行为。

班杜拉与沃尔特斯在 1963 年出版了《社会学习与人格发展》一书,标志着观察学习理论的正式确立。在这本书中,他们通过著名的波波玩偶实验生动地证明了儿童在观察成人模型的攻击行为后会模仿这些行为。这一实验不仅展示了观察学习的存在,还揭示了模型的影响力、奖励与惩罚的替代强化,以及观察者自身的情绪状态等因素在这一过程中的作用。

班杜拉的观察学习理论因此强调,环境中的榜样选择、社会强化以及个体的自我效能信念等都是影响学习效果的关键变量。

(二)观察学习理论的基本观点

观察学习理论的基本观点认为,个体可以通过观察他人的行为及其后果来学习新的行为、技能、态度甚至是复杂的认知策略,而无须亲身经历这些行为或直接受到强化。班杜拉提出了观察学习的四个关键过程:注意、保持、复制和动机。

1. 注意

注意作为学习过程的首要阶段,扮演着至关重要的角色,它是整个学习链条的起始点,没有有效的注意,后续的保持、复制及动机激发都将无从谈起。注意阶段涉及学习者识别、选择并集中精神于环境中那些可能成为学习对象的行为榜样。这一过程强调了学习者在众多信息中筛选、聚焦关键信息的能力,这些信息随后将成为学习内容的一部分。

班杜拉认为,个体是否注意到并专注于某一行为,受到多种因素的影响,其中包括榜样本身的特性(如吸引力、权威性、相似性)、行为本身的特征(新颖性、复杂度、后果的显著性)以及观察者自身的特质(兴趣、预期、唤醒状态)。例如,一个孩子更可能注意并模仿一位他/她崇拜的体育明星的动作,而不是一个普通同龄人的行为,这是因为前者可能由于其技能、成就或个人魅力而成为更显著的注意对象。同样,如果一个行为产生了强烈或有趣的结果,比如赢得比赛或者引起观众的笑声,这种行为就更容易吸引观察者的注意力。

值得注意的是,班杜拉的注意阶段超越了简单的视觉注意,它涵盖了更广泛的感知和认知过程,意味着学习者必须在心理上"参与"并理解所观察的行为,而不仅仅是看到它。这意味着,为了使观察学习有效发生,学习者必须投入认知资源,对榜样行为进行加工,包括理解行为的意义、目的以及其在特定情境下的适用性。这一过程的复杂性,要求教育者和家长在设计学习环境时,不仅要考虑提供何种榜样,还要考虑如何使这些榜样更具吸引力、相关性和可理解性,从而有效地引导学习者的注意力,为后续的学习过程奠定基础。

2. 保持

紧随注意之后,涉及将观察到的信息编码、储存并在大脑中保留下来,以便在未来适当的时候回忆和使用。这一阶段是学习链条中不可或缺的一环,因为它确保了观察到的行为不会随着即时情景的消失而被遗忘,而是转化为持久的心理表征,成为长期记忆的一部分。保持过程的效率直接影响到学习者能否在没有直接示范的情况下,准确地复现先前观察到的行为模式。

保持阶段的复杂性在于,它不仅仅是记忆的简单积累,而是包含了对观察信息的加工和重组。学习者需要将观察到的行为、其伴随的情感、情境线索以及行为结果等多维度信息整合成有意义的结构,并以一种便于提取的形式存储。这一过程涉及高度的认知活动,包括对行为模式的抽象化、归类以及对关键细节的提取。例如,一个学生观察教师如何解数学题,不仅要记住解题步骤,还要理解每一步背后的逻辑和原理,这样才能在遇到类似问题时灵活应用。

影响保持效果的因素众多,包括但不限于个体的记忆能力、观察行为的复杂程度、观察时的专注程度,以及信息与已有知识结构的关联性。如果观察到的行为与学习者已有的经验或知识框架相契合,或者该行为具有高度的组织性和逻辑性,那么保持的效果往往会更好。反之,过于复杂、缺乏上下文或与个人经验无关的行为模式则更难被长期保存。

此外，班杜拉的理论强调，个体的情绪状态和动机水平也会影响保持过程。高度的兴趣、好奇心或是对成功结果的期待，都能增强信息编码的质量和存储的稳定性。因此，创造一个积极、激励的学习环境，使学习者对观察到的行为产生浓厚的兴趣和正面的情感联结，是促进保持过程的有效策略。

3. 复制

复制构成了学习链条中的第三个核心环节。这一阶段指的是学习者将之前注意并储存于记忆中的行为模式转化为实际行动，即在适当的情境下，能够复现或模仿所观察到的行为。复制过程的实现，依赖于几个关键条件。首要条件是记忆提取的准确性与适时性，即学习者能够从长期记忆中顺利调取之前编码的行为模式，这要求信息在保持阶段被有效组织和存储。其次，认知转换能力至关重要。学习者能够将内化的抽象知识转化为具体行为，这涉及对行为细节的精细再现、情境判断以及对行为后果的预期。例如，儿童观察到父母礼貌地请求帮助后获得积极回应，便可能在相似情境下尝试模仿这一行为模式，调整语气、表情和用词，以期获得同样积极的社会反馈。

复制阶段的复杂性还体现在行为的创新与适应性上。班杜拉指出，学习者并不总是完全复制观察到的行为，而是在理解其背后原则的基础上进行适当的修改和创新，以适应具体情境。这一过程体现了观察学习的高级形式，即在模仿中融入个人判断和创造力，使得学习超越了单纯模仿，成为真正意义上的学习与成长。

影响复制效果的因素众多，包括个体的生理条件、先前的练习经验、自信水平（自我效能感）以及当前环境的激励和约束条件。高自我效能感的个体更倾向于相信自己能够成功执行所学行为，从而更愿意尝试并坚持下去。此外，环境提供的机会与反馈机制也是决定复制行为是否发生以及质量的关键。正面的反馈、适度的挑战和足够的实践机会，可以大大促进学习者将观察到的行为转化为实际操作。

4. 动机

最后一个阶段——动机，是将已经注意、保持和复制的行为转化为实际表现的关键驱动力。这一阶段关注的是为什么学习者会选择在特定情况下展示已习得的行为，以及哪些因素影响了这一行为的出现与否。动机阶段的重要性在于，即使学习者能够注意、记住并有能力复制某行为，没有恰当的激励，这些学到的行为也可能不会在实际生活中展现出来。

班杜拉强调，观察学习的动机有三种主要来源：直接强化、替代强化和自我效能感。直接强化是指学习者因表现某一行为而直接受到奖励或惩罚，这是最直观的激励形式，但它并不总是必要的条件。替代强化则是指通过观察他人行为的后果来影响自己行为的倾向，即学习者看到他人因特定行为获得奖励或惩罚，从而影响自己是否采取该行为的决定。例如，儿童看到同伴因分享玩具而受到表扬，自己也更可能表现出分享行为。这种机制表明，即便没有亲自体验直接后果，个体也能通过观察他人来学习何为可取或应避免的行为。自我效能感是班杜拉理论中的另一个核心概念，它指的是个体对自己有能力成功执行某种行为的信念。强烈的自我效能感可以激发个体尝试并维持努力，即使面临困难也不放弃。在观察学习的背景下，如果学习者相信自己能够像榜样一样成功地执行某一行为，这本身就是强大的内在激励。因此，增强个体的自我效能感，是促进观察学习转化为实际行为的重要策略之一。

社会环境、文化背景和个人价值观也深刻影响着学习者的动机。社会认可、同伴压力、家庭期望等外部因素,以及个人的目标、兴趣和愿望等内部因素,共同作用于个体,决定了哪些观察到的行为最终被表现出来。此外,行为的预期结果、行为的难度以及个体对行为控制的感知,也是动机形成的重要组成部分。

动机阶段是观察学习过程的顶点,它将之前的所有学习成果转化为实际行为输出,这一转化过程是复杂的,受到多种内外部因素的交互影响。理解并有效激发学习者的动机,是教育、心理咨询、行为干预等领域实现行为改变的关键所在。

(三)对观察学习理论的评价

观察学习理论是对传统行为主义的重大拓展,它将认知过程纳入学习模型,揭示了人类行为习得的复杂性。该理论强调通过观察、认知加工、模仿及动机激发来学习,不仅解释了直接经验之外的行为获得途径,还突出了社会环境、榜样作用及个人内在信念的重要性。观察学习理论对教育、心理治疗、媒体研究及社会政策制定等领域产生了深远影响,它提示教育者要精选榜样,强化正面行为,提升个体自我效能感,同时也警示了负面示范的潜在危害。然而,也有学者认为该理论过度简化了人类学习过程,没有充分考虑个体差异,如先前经验、认知风格、文化背景等如何影响观察学习的效果。另外,不同个体的动机也远比理论阐述的要更为复杂。

(四)观察学习理论在培训中的运用

观察学习理论在教育培训领域有着广泛的实践应用,尤其适用于技能传递、态度塑造和行为改变等方面。在技能培训中,通过专家或导师的现场演示,学员可以观察并学习具体的操作步骤和技术细节,如外科手术技巧、艺术创作过程等。高质量的视频教程和虚拟现实技术的引入,可以进一步增强观察学习的效率和沉浸感。培训师或资深员工通过示范正确的行为和技能,为学员提供可观察的榜样。学员通过模仿这些行为,学习如何执行任务,并在实践中接受来自培训师或同伴的反馈,这有助于他们评估自己的表现并进行自我调节以改进行为。培训环境鼓励学员之间的互动,通过讨论和交流,学员可以观察到不同的行为模式和解决问题的方法。此外,通过模拟实际工作场景,学员可以在安全的环境中尝试和练习观察到的行为,减少真实工作中的试错成本。培训中,培训师还应鼓励学员在观察后进行思考和内化,将观察到的信息转化为个人的知识,形成深刻的理解和记忆。通过这些方法,观察学习理论在培训中的应用有助于提高学习效率,使学员快速掌握技能,并增强学员的自我学习能力。

四、认知学习理论

认知学习理论是一种关注学习者如何获取、处理和组织信息的理论。它起源于20世纪初的行为主义心理学,并逐渐发展成为心理学的一个重要分支。

(一)认知学习理论的起源

认知学习理论的起源可以追溯到20世纪初的行为主义心理学。行为主义心理学是由美国心理学家约翰·沃森在1913年提出的,他认为心理学应该研究可观察的行为,而不是意识或思维等主观体验。行为主义心理学主张,学习是一种被动的过程,学习者通过接受刺激和反馈来形成行为习惯。行为主义者通过实验研究,发现了一些学习规律,如巴甫洛夫的经典条件反射和斯金纳的操作条件反射等。然而,行为主义心理学的观点无法解释学习者的思维过程和知识的内在结构。在学习过程中,学习者并非被动接受刺激,而是通过感知、思考、记忆和解决问题等方式来构建知识。为了弥补行为主义心理学的不足,认知心理学家开始研究学习者的认知过程和知识的内在结构,逐渐形成了认知学习理论。

认知学习理论的代表人物是瑞士心理学家让·皮亚杰和美国心理学家杰罗姆·布鲁纳。皮亚杰通过研究儿童认知发展,提出了认知发展阶段理论,认为儿童的认知发展是通过适应和同化等过程实现的。布鲁纳则提出了认知结构理论,认为学习者的知识结构是由基本概念和关系构成的,学习过程就是建立和调整这些认知结构的过程。

认知学习理论的形成和发展受到了多个学科的影响。计算机科学和信息科学的发展为认知心理学家提供了新的研究工具和方法,如认知模拟和人工智能技术。这些技术可以帮助认知心理学家更好地理解学习者的认知过程和知识的内在结构,从而推动认知学习理论的发展。

在我国,认知学习理论的研究和应用也得到了广泛关注。我国学者在认知学习理论的基础上,提出了一些具有本土特色的教育理念和方法,如情境教学、探究学习和合作学习等。这些教育理念和方法强调学习者的主体性和积极性,注重培养学习者的认知能力和创新能力,对我国教育改革和发展产生了积极影响。

(二)认知学习理论的基本观点

认知学习理论的基本观点是,学习是一个积极的过程,学习者通过感知、思考、记忆和解决问题等方式来构建知识,这种主动加工过程赋予学习以主观能动性和创造性。该理论认为,个体的认知结构是理解和吸收新知识的基础,学习者的先验知识、学习环境、学习目标和学习策略等因素都会影响学习效果。学习者通过感知外界刺激,将其与已有知识进行对比和整合,形成新的认知结构。学习者在学习过程中,还需要运用记忆和思维等认知能力,将新知识进行加工和组织,以便于日后的检索和应用。此外,学习者还需要运用问题解决等高级认知技能,将知识应用于实际情境中,从而提高学习的深度和广度。

加涅的信息加工学习理论是认知学习理论的典型代表,它将学习过程比作计算机处理信息的过程,将其分为感知、选择性注意、编码、短期记忆、复述、长期记忆存储、检索和反馈等阶段。这一模型揭示了学习是一个有序的信息处理流程,每个阶段都需要特定的认知资源和策略。

认知学习理论提供了一个全面的视角来理解学习的本质,它不仅关注知识的获取,更重视知识如何在个体内部被理解、组织、运用和创新。这一理论体系对教育实践有深远影响,指导着教育者创设有利于认知发展的学习环境,促进学生主动、深入地学习。

(三)对认知学习理论的评价

正面评价认为,认知学习理论强调学习者的主体性和积极性,认为学习是一个动态的过程,学习者通过主动参与和探索来构建知识。这种观点有助于激发学习者的学习兴趣和动机,促进学习者的自主学习和合作学习。此外,认知学习理论还强调学习者的认知过程和知识的内在结构,有助于深入理解学习者的学习过程和认知发展。

负面评价认为,认知学习理论过于强调学习者的主体性和认知过程,忽视了学习环境和社会文化等因素的影响。此外,认知学习理论的研究方法和实验设计也存在一定的局限性,难以全面解释学习现象。

(四)认知学习理论在培训中的运用

在培训中,认知学习理论可以应用于设计有效的教学策略、激发学习者的兴趣和动机、促进学习者的自主学习和合作学习等方面。设计有效的教学策略需要考虑学习者的认知过程和知识的内在结构,采用适当的教学方法和媒体,促进学习者的感知、记忆、思维和问题解决等认知能力的发展。激发学习者的兴趣和动机需要关注学习者的个人需求和兴趣爱好,设计富有挑战性和趣味性的学习任务,激发学习者的学习兴趣和动机。促进学习者的自主学习和合作学习需要提供适当的学习环境和资源,鼓励学习者主动参与和探索,培养学习者的自主学习能力和合作学习能力。

五、顿悟论

顿悟论(顿悟说),作为一种学习理论,源于20世纪初期的心理学领域,是格式塔心理学的开创性工作。其核心在于对学习过程的深刻洞察,强调学习并非仅仅是对外部刺激的机械反应或试错积累,而是个体通过直觉或理解的瞬间突破对情境的整体把握。顿悟论的提出,是对当时占主导地位的行为主义学习理论,尤其是桑代克的尝试-错误理论的直接挑战,标志着认知心理学的兴起和对人类学习本质理解的深化。

(一)顿悟论的起源

顿悟论的起源可以追溯到格式塔心理学的创始人之一沃尔夫冈·柯勒的工作。柯勒在1913年至1920年间,通过对黑猩猩问题解决行为的一系列实验研究,首次提出了与尝试-错误学习相对立的认知学习理论,即完形-顿悟说(gestalt-insight theory)。柯勒注意到,在实验中,黑猩猩在解决复杂问题时,往往不是通过反复尝试-错误后偶然找到解决方案,而是似乎在某一刻突然"明白"了问题的关键,随后展现出目标导向的行为,成功解决问题。这种现象被柯勒称为"顿悟"。

在箱子系列实验中,柯勒把黑猩猩置于放有箱子的笼内,笼顶悬挂香蕉。简单的问题情境只需要黑猩猩运用一个箱子便可够到香蕉,复杂的问题情境则需要黑猩猩将几个箱子叠起方可够到香蕉。复杂问题情境的实验中有两个可利用的箱子。当黑猩猩1看到笼顶上的香蕉时,它最初的反应是用手去够,但够不着,只得坐在箱子1上休息,但毫无利用箱子的意思;后来,当黑猩猩2从原来躺卧的箱子2上走开时,黑猩猩1看到了这只箱子,并把这只箱子移到香蕉底下,站在箱子上伸手去取香蕉,但由于不够高,仍够不着,它只得又坐在箱子2上休息;突然间,黑猩猩1跃起,搬起自己曾坐过的箱子1,并将它叠放在箱子2上,然后迅速地登箱而取得了香蕉。三天后,柯勒稍微改变了实验情境,但黑猩猩仍能用旧经验解决新问题。在多次观察中,黑猩猩似乎在某个时刻突然理解了工具的使用方式,实现了顿悟,之后便能迅速解决问题,而无须再次经历尝试-错误的过程。

柯勒通过对黑猩猩上述问题解决行为的分析,发现黑猩猩在面对问题情境时,在初次获取食物的行为不成功之后,并未表现出盲目的尝试-错误的紊乱动作,而是坐下来观察整个问题情境,后来突然显出了领悟的样子,并随即采取行动,顺利地解决了问题。这就是所谓顿悟,而顿悟学习的实质是在主体内部构建一种心理完形。

(二)顿悟论的基本观点

与尝试-错误理论强调的逐步逼近不同,顿悟论认为学习是一种跳跃式的理解过程,是突然的、整体的领悟。它不依赖于重复的刺激-反应联结,而是个体对情境的全局理解。顿悟学习的核心在于完形的形成,即个体在脑中构建对情境的整体认识。格式塔心理学强调心理结构的整体性,认为个体倾向于将经验组织成有意义的整体,而非零散的部分。在顿悟学习中,个体突然意识到问题情境的完形,从而找到了解决问题的途径。

顿悟论强调认知过程在学习中的关键作用,认为学习不是被动的反应,而是主动的思考过程。个体通过推理、假设检验和问题重组等方式,实现对情境的顿悟理解。这与格式塔心理学的另一个核心概念——"同化与顺应"相呼应,即个体通过调整自己的认知结构(顺应)以适应新的经验,同时也试图将新经验纳入已有认知框架(同化)。顿悟学习往往伴随着策略性行为的展现,表明学习者已经超越了简单的行为模仿,开始运用策略性思考来解决问题。这种策略性不仅体现在对工具的使用上,也体现在对情境的创造性解读和灵活应对上。

虽然顿悟论主要关注认知层面,但它也隐含了情感和动机对学习的重要性。个体在解决问题时的积极情绪状态,如好奇心、兴奋或成就感,可能促进顿悟的发生。同时,内在动机是顿悟学习的关键驱动力,学习者对解决问题的内在兴趣和求知欲能激发更深入的思考和探索。

(三)对顿悟论的评价

顿悟论的提出,极大地拓宽了心理学对学习过程的理解,为认知心理学的崛起奠定了基础。它强调了个体心理结构在学习中的主动构建,促进了对认知过程的深入研究,如问题解决、创造性思维、决策过程等。然而,顿悟论也受到了一些批评,主要是因为它对顿悟发生的瞬间性和神秘性描述较多,而对具体认知机制的解析不足,这限制了其理论的实证验证和应用范围。此外,一些研究者认为顿悟只是学习过程中的一个方面,而试错和练习同样重要,学习可能是顿悟与渐进过程的结合。不同个体的认知风格、先前知识、情绪状态等因素都可能影响顿悟的触发和学习效果,这些因素在顿悟论中的系统性探讨较为缺乏。

(四)顿悟论在培训中的运用

顿悟论在指导教学培训实践中有着重要的参考价值。培训师应该向学员提供一定的学习情境或条件,让学员观察和理解其间的内在联系或一定关系,并启发学员总结和概括出一般的规律和原理。培训师通过创设这种富有启发性的情境,促进学员在面临挑战时产生认知上的"啊哈"时刻,即顿悟体验,进而实现对知识的深刻理解和灵活应用。顿悟不是一种独立的学习过程或学习形式,而是学习达到一定程度的表现或者结果。一定的经验积累是产生顿悟的前提。

培训设计应围绕整体性原则,构建与实际工作紧密相关的、有意义的任务或问题,鼓励学员主动探索、反思和重组信息,而非仅仅依赖于步骤化的指导。例如,设置模拟工作场景的案例分析、复杂问题解决项目或团队研讨,使学员在互动和讨论中发现解决问题的新视角或策略。同时,营造一个支持性学习环境,让学员感到安全去尝试、失败并从中学习,重视情感因素,如激发学员的好奇心、内在动机和成就感,这些都是促进顿悟发生的催化剂。这样的培训方式,不仅传授了技能和知识,更重要的是培养了学员的创新思维、批判性思考和自我效能感,为他们在未来工作中遇到未知挑战时能够自主寻找和实施解决方案奠定坚实基础。

第三节 现代学习理论

自20世纪中叶以来,现代学习理论深刻地改变了我们对学习过程的理解,并对现代培训实践产生了重大影响。人本主义学习理论强调学习者的潜能和自我实现,倡导以学习者为中心的教学方法,这对于培养学员的自主性和创新能力至关重要。建构主义理论认为学习是个体通过与环境互动来构建知识的过程,强调情境学习和协作的重要性,这为设计更加贴近实际工作场景的培训提供了理论基础。情境学习理论提出学习者所在的社群对知识的交流和传播有重要影响。群体学习理论则关注团队和合作学习的力量,促进了共享知识和集体智慧的发展。这些理论侧重点各不相同,不仅拓展了学习的边界,也为现代培训提供了更加灵活和有效的策略。

一、人本主义学习理论

(一)人本主义学习理论的起源

人本主义学习理论认为学习是人固有能量的自我实现过程。其主要代表人物是马斯洛和罗杰斯等。人本主义的学习与教学观深刻地影响了世界范围内的教育改革,是与程序教学运动、学科结构运动齐名的20世纪三大教学运动之一。人本主义强调学习形成自我,学习促进自我实现,学习是通向健康生活的钥匙,认为学习对自我的发展具有极为重要的作用。人本主义学习理论还强调人类学习过程中的一些非智力因素如动机、情感、人际关系等对学习的影响作用,比较符合实际,有较强的指导意义。

人本主义学习理论根植于其自然人性论的基础之上。他们认为,人是自然实体而非社会实体。人性来自自然,自然人性即人的本性。凡是有机体都具有一定内在倾向,即以有助于维持和增强机体的方式来发展自我的潜能;人的基本需要都是由人的潜在能量决定的。但是,他们也认为,自然的人性不同于动物的自然属性,人具有不同于动物本能的似本能需要,并认为生理的、安全的、尊重的、归属的、自我实现的需要就是人类的似本能,它们是天赋的基本需要。在此基础上,人本主义心理学家进一步认为,似本能的需要就是人性,它们是善良的或中性的。恶不是人性固有的,它是由人的基本需要受挫引起的,或是由不良的文化环境造成的。

(二)人本主义学习理论的基本观点

马斯洛认为每个个体生来就具有天性,这种天性由经验、无意识思想与情感所塑造,但它不是由这些因素决定的,个体控制着他自己的大多数行为;罗杰斯提出教育要以学习者为中心,在学习上要给他们自己选择的机会;库姆斯强调,教学的基本目的就是帮助每个学生发展一种积极的自我概念。人本主义学习理论的主要观点有以下四个方面。

1. 重视学习者的内心世界

人本主义学习理论重视教育者对学生内在的心理世界的了解,以顺应学生的兴趣、需要、经验以及个别差异等,开发学生的潜能,激起其认知与情感的相互作用;重视创造能力、认知、动机、情感等心理方面对行为的制约作用,这对于教育事业的革新与进步具有积极意义。

2. 对学生的本质持积极乐观的态度

人本主义学习理论提倡教育目标应该指向学生个人的创造性、目的和意义,是培养积极愉快、适应时代变化的心理健康的人。为了实现这种教育目标,教师应当充分地尊重、了解与理解学生,创设自由的、宽松的、快乐的学习气氛,激发学生学习的积极性,从而促进学生的成长与学习。

3. 对教师的态度定势与教学风格的重视

人本主义心理学家在重视学生个别差异与自我概念的同时也重视师生关系、课堂气氛及群体动力的作用,特别是:促使教师更加重视与研究那些涉及人际关系与人际感情,诸如自我概念与自我尊重、气氛因素及学生对新的学习的知觉方式的调节、学习能力的获得、持续学习等问题;促使教师从学生的外部行为中理解其内在的动因;促使教师在讲授知识中深入理解讲课内容,同时正确地理解自己。

4. 重视意义学习与过程学习

人本主义心理学家主张的"做"中学和在学习过程中学习如何学习的观点是十分可取的,它有利于在教育中消除教师与学生、学和做、目的和手段之间的距离和对立,使学习成为乐趣。

(三)对人本主义学习理论的评价

人本主义学习理论为教育带来了一股人文关怀之风,它促使教育者从关注学科知识传授转向关注学习者的内心世界和全面发展,强调了教育的人文精神和社会责任。这一理论强调个体潜能的挖掘,鼓励创造性思维和个人表达,对于培养具有独立思考、自我激励能力的终身学习者至关重要。然而,其在实践中面临挑战,如难以量化评估学习成效,以及在大规模教育体系中难以充分个性化等问题。尽管如此,人本主义学习理论为教育提供了不可或缺的价值导向,提醒我们在追求知识的同时,不应忽视培养完整、有情感、有创造力的人格,为教育的终极目标——促进人的全面发展,提供了一条充满希望的道路。

(四)人本主义学习理论在培训中的应用

人本主义学习理论在培训中强调以人为本,重视个体的情感、动机及自我实现,倡导创造一个支持性、尊重个体差异的学习环境。运用此理论,培训设计应注重以下几点:首先,建立信任关系,培训师扮演促进者和倾听者的角色,鼓励学员开放分享,增进自我觉察;其次,采用个性化学习路径,关注学员的兴趣和需求,允许学员自主选择学习内容和节奏,促进内在动机的激发;再次,融入反思实践,鼓励学员回顾学习经历,关联个人经验,深化理解;最后,强调全面发展,除专业技能外,注重情感智力、人际沟通及创造力的培养,助力学员达成个人潜能的最大化。通过这些策略,人本主义学习理论促使培训成为促进个人成长、提升综合能力的有效途径。

案例 3-2

在一家互联网营销公司,新员工培训采用了人本主义学习理论,强调员工的自我实现和个性化学习。培训师李老师精心设计了一系列实操性强的培训活动。例如,在"市场分析"模块中,新员工被分成多个小组,每个小组需要选择一个虚拟产品,并完成市场调研报告。

新员工小赵所在的小组选择了智能家居产品。在李老师的引导下,小组成员通过在线问卷调查收集潜在消费者的偏好,小赵负责整理数据并使用 Excel 进行统计分析。在这个过程中,李老师鼓励小赵尝试不同的数据分析方法,并在小赵遇到难题时,通过提问而非直接解答的方式帮助小赵思考问题的解决方案。在市场策略制定环节,小赵所在的小组运用了头脑风暴法,每个成员都提出了自己的营销创意。李老师则在一旁记录下每个想法,并引导团队从中筛选出最具可行性的策略。最终,小赵的小组设计了一套结合社交媒体推广和线下体验活动的营销方案,并在模拟演练中得到了其他小组的积极评价。

通过这样的实操训练,新员工不仅学习了市场分析的理论知识,还在实际操作中提升了数据分析、团队协作和问题解决的能力,使得培训成果直接转化为工作中的高效表现。

二、建构主义理论

(一)建构主义学习理论的起源

建构主义是当代欧美国家兴起的一种庞杂的社会科学理论,其思想来源驳杂,流派纷呈。现代建构主义的直接先驱是皮亚杰和维果茨基。皮亚杰在1970年出版了《发生认识论原理》,其中主要研究认识的形成和发展。他从认识的发生和发展这一角度对儿童心理进行了系统、深入的研究,提出了认识是一种以主体已有的知识和经验为基础的主动建构,这正是建构主义观点的核心所在。

(二)建构主义理论的基本观点

建构主义源自关于儿童认知发展的理论,由于个体的认知发展与学习过程密切相关,因此利用建构主义可以比较好地说明人类学习过程的认知规律,即能较好地说明学习如何发生、意义如何建构、概念如何形成,以及理想的学习环境应包含哪些主要因素,等等。建构主义学习理论的基本内容可从学习的含义(即关于"什么是学习")与学习的方法(即关于"如何进行学习")这两个方面进行说明。

1. 关于学习的含义

建构主义认为,知识不是通过教师传授得到的,而是学习者在一定的情境即社会文化背景下,借助其他人(包括教师和学习伙伴)的帮助,利用必要的学习资料,通过意义建构的方式而获得的。由于学习是在一定的情境即社会文化背景下,借助其他人的帮助即通过人际协作活动而实现的意义建构过程,因此建构主义学习理论认为"情境""协作""会话""意义建构"是学习环境中的四大要素或四大属性。①情境:学习环境中的情境必须有利于学生对所学内容的意义建构,也就是说,在建构主义学习环境下,教学设计不仅要考虑教学目标分析,还要考虑有利于学生建构意义的情境的创设问题,并把情境创设看作教学设计的最重要内容之一。②协作:对学习资料的搜集与分析、假设的提出与验证、学习成果的评价直至意义的最终建构均有重要作用。③会话:学习小组成员之间必须通过会话商讨如何完成规定的学习任务,每个学习者的思维成果(智慧)为整个学习群体所共享,因此会话是达到意义建构的重要手段之一。④意义建构:在学习过程中帮助学生建构意义就是要帮助学生对当前学习内容所反映的事物的性质、规律以及该事物与其他事物之间的内在联系达到较深刻的理解。

2. 关于学习的方法

建构主义提倡在教师指导下的、以学习者为中心的学习,也就是说,既强调学习者的认知主体作用,又不忽视教师的指导作用。教师是意义建构的帮助者、促进者,而不是知识的传授者与灌输者。学生是信息加工的主体,是意义的主动建构者,而不是外部刺激的被动接受者和被灌输的对象。学生要成为意义的主动建构者,就要在学习过程中从以下几个方面发挥主体作用:①要用探索法、发现法去建构知识的意义;②在建构意义过程中要主动去搜集并分析有关的信息和资料,对所学习的问题要提出各种假设并努力加以验证;③要把当前学习内容所反映的事物尽量和自己已经知道的事物相联系,并对这种联系加以认真思考。联系与思考是意义构建的关键。如果能把联系与思考的过程与协作学习中的协商过程(即交流、讨论的过程)结合起来,则学生建构意义的效率会更高、质量会更好。协商有自我协商与相互协商(也叫内部协商与社会协商)两种,自我协商是指自己和自己争辩什么是正确的,相互协商则指学习小组内部相互之间的讨论与辩论。

另外,教师要成为学生建构意义的帮助者,就要在教学过程中从以下几方面发挥指导作用:①激发学生的学习兴趣,帮助学生形成学习动机;②通过创设符合教学内容要求的情境和提示新旧知识之间联系的线索,帮助学生建构当前所学知识的意义;③为了使意义建构更有效,应在可能的条件下组织协作学习(开展讨论与交流),并对协作学习过程进行引导,使之朝有利于意义建构的方向发展。

(三)对建构主义理论的评价

该理论的强项在于其鼓励教育者创设真实情境的学习任务,促进合作与交流,这有利于学生结合个人经验,将学习内容与现实生活紧密联系,增强知识的应用性和意义性。此外,建构主义强调元认知的重要性,帮助学生学会学习,为终身学习打下基础。

然而,建构主义理论在实践中也面临挑战。首先,其对教师的专业素养要求极高,需要教师成为引导者、协助者,而非单纯的信息传播者,这对许多教师来说是个不小的挑战。其次,学习成效的评估变得复杂,因为知识构建过程难以通过传统的标准化测试完全体现,这给教育评价体系带来了革新压力。再次,如何在大型班级中有效实施个性化和社会互动式学习,也是实践中的一大难题。

建构主义理论为现代教育注入了活力,强调以学生为中心,促进深层次学习,但其有效实施需要教育体系、教师角色、评价方式等多方面的配套改革与创新。尽管挑战重重,但建构主义无疑为我们理解学习的本质,以及如何更有效地促进学习,提供了一个富有洞察力和启发性的框架。

(四)建构主义理论在培训中的应用

建构主义理论在培训中的运用,核心在于将学习者视为知识的主动建构者而非被动接受者,强调通过真实情境、互动交流与意义建构来促进深层理解与技能掌握。建构主义指导下的培训设计,"以学生为中心,在整个教学过程中由教师起组织者、指导者、帮助者和促进者的作用,利用情境、协作、会话等学习环境要素充分发挥学生的主动性、积极性和首创精神,最终达到使学生有效地实现对当前所学知识的意义建构的目的"。在这种模式中,学生是知识意义的主动建构者;教师是教学过程的组织者和指导者、意义建构的帮助者和促进者;教材所提供的知识不再是教师传授的内容,而是学生主动建构意义的对象;媒体也不再是帮助教师传授知识的手段、方法,而是用来创设情境、进行协作学习和会话交流,即作为学生主动学习、协作式探索的认知工具。显然,在这种场合,教师、学生、教材和媒体四要素与传统教学相比,各自有完全不同的作用,彼此之间有完全不同的关系。

三、情境学习理论

(一)情境学习理论的起源

情境学习理论起源于20世纪80年代末至90年代初的认知科学领域,由美国教育心理学家让·莱夫和艾蒂安·温格共同提出和发展。1991年,莱夫和温格合著的《情境学习:合法的边缘性参与》一书成为该理论的标志性著作。在此之前,传统的学习理论往往将学习视为一种脱离实际情境的心理过程,而莱夫和温格的研究则基于实地观察,特别是对学徒制式学习的深入分析,提出了学习应该被视为一种情境化和社会化的实践活动。他们发现,有效的学习发生于实际的工作环境中,学习者通过参与具体的社群活动逐渐融入其中。这一理论不仅挑战了当时主流的认知观,还为理解学习如何在真实世界中发生提供了新的视角,对教育研究和实践产生了深远的影响。

情境学习理论建立在几个重要的理论基础上。首先,它受到了维果茨基的社会文化理论的影响,该理论强调社会互动在认知发展中的作用。其次,情境学习理论也借鉴了杜威的经验主义哲学,杜威认为学习应该是与生活实际紧密相连的体验过程。此外,情境学习理论还吸收了认知科学领域中关于知识建构的观点,尤其是分布式认知理论,该理论认为认知活动是分布在网络中的个体、工具和环境之间的互动过程。

(二)情境学习理论的基本观点

情境学习理论强调学习是一个社会性和文化性的过程,强调学习者与社群之间的互动,以及学习过程中个体身份的形成与发展。学习是一个情境化的过程,而不是抽象的心理活动。其基本观点主要有以下两点。

1. 情境化学习与实践社群

情境学习理论认为,学习发生在特定的社会文化背景中,是在具体情境下的实践活动。学习者通过参与实践社群——一群共享某种实践领域的人们——来构建和扩展自己的知识。社群成员之间的互动和交流不仅有助于知识的发展和传递,而且是学习者逐渐适应社群规范、价值观和实践方式的过程。通过合法的边缘性参与,新手从外围逐渐融入社群的核心,这一过程中学习者不仅掌握了社群的专业技能,也构建了自己的专业身份。

2. 知识的社会建构与身份形成

情境学习理论强调知识不是孤立地在个人头脑中形成的,而是在社群的互动中被集体建构的。社群成员之间的交流、合作和支持促进了知识的发展和传递。同时,学习不仅仅是获取知识的过程,也是形成个人身份的过程。通过参与社群的实践活动,学习者逐渐建立起自己在这个社群中的角色和地位,从而实现了个人身份的建构和发展。此外,情境学习理论认为学习活动是由多个相互关联的部分组成的系统,包括工具、规则、分工等要素,这些要素共同构成了学习活动的结构。

(三)对情境学习理论的评价

情境学习理论强调了学习的社会性和情境性,它提供了一个强大的框架来理解学习是如何在实际情境中发生的。该理论还关注知识的社会建构和身份形成,这对于理解学习者的动机和参与度具有重要意义。这些观点为教育实践提供了有价值的指导,特别是在设计促进学生积极参与和社群建设的教学方法方面。

尽管情境学习理论为理解学习过程提供了深刻的见解，但它也有一些局限性。例如，该理论在某些方面过于强调学习的社会文化背景，可能忽略了个体差异和个人认知过程的重要性。该理论在面对快速变化的技术和社会环境时可能会遇到挑战，因为情境和社群本身也在不断演变中。因此，我们在应用情境学习理论时，需要考虑这些潜在的局限性，并结合其他理论或方法来克服这些挑战。

（四）情境学习理论在培训中的运用

情境学习理论为设计有效的培训方案提供了强有力的指导。通过将学习置于实际情境中，培训项目能够更好地模拟现实工作环境，使学员能够在类似的工作场景中实践新技能。这不仅增强了学习的实用性，还提高了学员将所学知识应用于实际工作的能力。例如，在职业技能培训中，可以通过设置模拟的工作任务、角色扮演等活动来促进合法的边缘性参与，让学员逐步融入专业社群，并通过与更有经验的同事互动来深化理解和提高技能水平。此外，通过构建积极的实践社群，鼓励学员之间的合作与交流，可以促进知识的社会建构和个人身份的形成，进而增强培训效果。总之，情境学习理论的应用有助于创建更加贴近实际需求的培训计划，提升培训质量和效率。

四、群体学习理论

（一）群体学习理论的起源

群体学习理论的起源可追溯至20世纪中叶，它是在心理学、教育学及社会学等多学科交叉融合的基础上逐渐发展起来的。早期的教育心理学主要关注个体学习过程，而群体学习理论的兴起则扩展到对群体互动和社交环境在学习中作用的深入理解，这一理论的发展与几个关键思想紧密相关。

20世纪初，格式塔心理学的兴起，尤其是柯勒对黑猩猩顿悟学习的研究，虽未直接提及群体学习，却为理解学习的社会性和情境性提供了重要启示。格式塔心理学强调知觉和学习的整体性，暗示学习者在复杂情境中寻求整体解决方案的能力，为后续群体学习中强调环境与社会互动的重要性埋下了伏笔。到了20世纪中后期，社会心理学家如库尔特·勒温的群体动力学研究，为群体学习理论奠定了基础。勒温关注群体内部的社会力量如何影响个体行为，他提出的场理论强调个体行为是个人与环境相互作用的结果，这一理论为理解群体环境如何促进或阻碍学习提供了理论框架。紧接着，班杜拉在1977年提出了社会学习理论，该理论突破了传统行为主义的局限，着重于观察学习和自我调节在个体行为发展中的作用。班杜拉认为，人们通过观察他人的行为及其后果来学习，这种学习发生在社会互动之中，从而明确指出了群体或社会环境对个体学习的直接影响。与此同时，维果茨基的社会文化理论，特别是"最近发展区"概念，进一步强调了社会互动在认知发展中的核心作用。维果茨基认为，学习者在与更有能力的同伴或成人互动中获得支持，能够解决超出其当前能力的问题，这种互动发生在群体或文化环境中，为群体学习理论提供了有力的理论支撑。

进入21世纪，随着建构主义和情境学习理论的流行，群体学习的概念得到进一步发展。建构主义强调学习是学习者主动建构知识的过程，而情境学习理论则指出知识和技能是在具体的社会实践中获得的，这两者均认可群体互动在知识建构中的重要性，推动了群体学习理论向更加关注合作、对话和文化参与的方向发展。

(二)群体学习理论的基本观点

群体学习理论,作为现代教育心理学和社会学习理论的重要分支,其核心观点聚焦于群体或团队在共同活动中如何促进个体知识、技能的获取以及社会性发展。该理论认为,学习不再局限于个体内部的认知过程,而是嵌入于社会互动和文化背景之中,通过成员间的相互作用、资源分享、合作解决问题和意义协商来共同建构知识。

第一,群体学习强调社会互动在知识建构中的关键作用。根据维果茨基的社会文化理论,个体的认知能力在与他人交往的过程中得以提升,特别是当与比自己更有能力的伙伴互动时,学习者能接触到"最近发展区"内的任务,进而促进认知发展。群体内的对话、质疑、解释和反馈循环,促进了知识的共享、深化和重构,使学习超越个体认知边界。

第二,群体学习视学习为一种分布式认知过程。这意味着知识并非储存在单个头脑中,而是分布于群体成员之间、物质环境以及社会文化实践之中。群体成员通过协调行动、分配任务、共享信息和资源,共同承担认知负荷,完成复杂的学习任务。分布式认知观点揭示了学习的集体性质,强调学习环境和工具在支持群体学习中的重要性。

第三,群体学习理论认为,学习是情境化的,即知识和技能的习得是与其应用的情境紧密相连的。学习者通过参与真实世界或模拟的真实情境活动,如项目式学习、案例分析、角色扮演等,能在具体情境中建构意义,这种学习方式更有利于知识的迁移和应用。

第四,群体学习理论还重视学习的情感和社会文化维度。学习者在群体中的归属感、认同感、信任和尊重等情感因素,对学习动机和参与度有显著影响。同时,文化背景、价值观、信仰和习俗等社会文化因素塑造了学习的内容和方式,群体学习强调尊重多元文化视角,促进跨文化理解和交流。

第五,群体学习理论提倡反思和元认知能力的培养。在群体讨论和合作解决问题的过程中,学习者有机会从不同角度看问题,反思自己的理解和策略,这种自我监控和调节能力是深度学习和持续进步的基础。

(三)对群体学习理论的评价

群体学习理论自提出以来,对教育实践、组织培训以及社会认知研究领域产生了深远的影响。

群体学习通过成员间的互动、讨论与合作,促使学习者从不同角度审视问题,激发创新思维,促进了更深层次的理解和知识的灵活应用,有助于培养批判性思维和问题解决能力,以及团队协作能力。群体学习鼓励多元观点的交流与融合,有助于培养学习者对不同文化背景的尊重和理解,促进了全球视野的形成。但是,群体学习中可能会出现惰化效应,或者把性格腼腆、能力较弱的成员边缘化。如何有效地实施群体学习项目,如何有效地组织协调,如何衡量学习效果,仍然是该理论在实践中要面对的挑战。

总体而言,群体学习理论以其强调社会互动、情境学习和分布式认知的特性,为教育和培训提供了新的视角和方法。尽管群体学习理论存在一定的实践挑战,但通过不断优化教学设计、强化个体与团队间的平衡、利用技术手段辅助管理等策略,可以最大化发挥群体学习的优势,克服其潜在的局限,为学习者创造更加丰富、高效和包容的学习环境。

(四)群体学习理论在培训中的运用

群体学习理论在培训领域的应用,实质上是将学习视为一种集体智慧的凝聚过程,它通过一系列精心设计的互动活动,如团队项目、角色扮演、小组讨论、互助学习、社区建构以及反思会议,促进知识在团队成员间的流动、整合与深化。在这样的培训模式中,参与者不仅吸收了新知识、技能,还在真实的或模拟的社会情境中实践了沟通、协作与领导力,这不仅增强了个体的学习效果,还促进了团队凝聚力和组织文化的建设。例如,通过团队项目,成员需共同面对挑战、解决问题,这种实践不仅考验了他们的专业技能,更是在相互依赖中培养了集体解决问题的能力和创新思维。而小组讨论和角色扮演等活动,则鼓励多元观点的碰撞与理解,促进了批判性思维的发展,并提升了个体在多元文化环境中的适应能力。

此外,利用在线平台构建的学习社群,使学习超越了物理空间的限制,形成了一种持续的、灵活的学习网络,成员可以在其中随时分享资源、交流心得、发布疑问、分享见解,享受即时反馈与支持,从而构建了一个自我驱动、互助成长的学习生态系统。群体学习理论在网络时代的培训实践中,通过与在线平台的深度融合,不仅继承并发扬了其促进知识共享、社会互动和团队协作的精髓,还充分利用了大数据分析与智能技术,为学习者打造了更加个性化、高效且无界的学习体验,为培养适应未来挑战的复合型人才提供了强大动力。

本章小结

学习是人和动物在生活过程中通过实践或训练而获得由经验引起的相对持久的适应性的心理变化。

传统学习理论是学习理论的基础。刺激-反应(S-R)理论将行为学习简化为对外部刺激的直接反应,重视条件反射的作用。其应用在培训中,即通过明确的指令和即时反馈,强化期望的行为反应。尝试-错误理论强调通过试错过程形成稳定的刺激-反应联结,学习的本质在于形成习惯。培训中可通过设计实践机会,允许学习者在错误中学习,逐步逼近正确的行为模式。观察学习理论表明学习可通过观察他人的行为及其后果来发生,不需直接经历。培训设计应包含榜样示范,促进模仿学习,增强技能获得。认知学习理论关注信息处理和认知结构的建构,如皮亚杰的图式理论、布鲁纳的发现学习。培训中注重启发式教学,鼓励主动探索,促进深度理解和迁移应用。顿悟论突出学习的非连续性,通过"啊哈"时刻实现理解的质变。培训中设置挑战性任务,鼓励反思,促进认知重组和创造性解题。

现代学习理论中的人本主义学习理论强调学习者的主体性、情感和自我驱动。培训应创造安全、支持的环境,促进自我探索和个性化学习。建构主义理论认为知识是学习者主动建构的,重视情境、互动和意义生成。培训应提供情景模拟、协作项目,支持学习者在互动中构建个性化知识体系。情境学习理论强调通过实际情境中的实践活动来学习,促进社群归属感。培训应模拟真实工作环境,鼓励参与者通过观察、模仿和实践来内化知识和技能。群体学习理论强调群体互动在知识共享、社会协商中的作用。培训设计中采用团队项目、小组讨论促进社会技能和深度学习。

各种学习理论各有侧重,但都指向一个共同目标——促进有效学习。在培训实践中,融合各理论精髓,设计多元化、情境化、互动性强的培训方案,不仅能够提高学习效率,还能激发学习者的潜能,培养其终身学习的能力。

 思考与讨论

阐述本章介绍的学习理论在核心观点上的根本区别。举例说明这些差异如何反映了教育心理学的发展趋势。

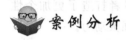

1. 针对"提升大学生的团队合作能力"这一培训目标,请基于不同的学习理论,设计两套培训策略。一套策略应侧重于行为主义与认知学习理论的应用,而另一套策略则应体现综合学习理论的运用。比较这两套策略在实施过程中的预期效果、可能面临的挑战以及各自的适用场景,并解释选择理由。

2. 假设你是一位企业培训师,负责新员工的职业技能培训项目。请结合至少三种学习理论,设计一个综合性的培训方案,并说明选择这些理论的原因及其在方案中的具体应用。

3. 调研一家你所熟悉的制造型企业,说说该企业在培训中应用的是哪种学习理论,试分析该企业所应用的学习理论是否合适。

案例分析

第四章 现代培训需求分析

学习目标

1. 认识现代培训需求分析的性质及其重要性；
2. 理解现代培训需求分析的三大层次：组织层次、任务层次、人员层次；
3. 掌握培训需求分析流程；
4. 掌握现代培训需求分析的一些技术与方法，并对它们进行简要评价。

开篇案例

对工程技术人员进行培训使其成为培训教练

某设备公司的管理层曾面临过这样一个问题：如何对工程技术专家进行培训才能使他们成为新的工程技术人员的培训教练。虽然工程技术人员具有专业技术，但他们的指导能力水平却良莠不齐。有的工程技术人员曾给当地院校学生授过课，有的则缺乏类似的经历。当让有经验的培训教师来培训这些没有教学经验的人时，不论是老师还是学生都感到灰心丧气。解决问题的办法是对工程技术人员的培训需求进行一次评估。

培训需求评估由一组培训与开发专家负责实施。首先，他们从组织分析入手，收集有关部门使命与职责的信息，了解现在和以前曾使用过的员工开发的进修课程、研讨会和培训手段，明确培训人员的角色。专家与高层管理者共享所收集到的信息，使高层管理者认识到应在资金方面和激励下属参与培训项目方面提供大力支持。

其次，专家进行任务分析。他们通过查阅文件、开展调查、观察和访问等方式来明确需要执行的任务，通过书面材料（如能力研究与项目清单）及与员工开展讨论来了解相关任务，最终形成了一份涉及五种工作职能领域的任务一览表；利用这个任务一览表对员工进行一次全面调查，让员工对每种任务的重要性给予评价并了解他们对接受进一步培训的兴趣。专家组还对新的有经验的培训指导者进行课堂观摩，以分析他们各自表现的优缺点。最后，专家组与培训指导者和非指导者举行会谈，以验证通过书面材料和全面调查收集到的信息的可靠性。

培训需求评估明确了指导者的优势及有经验的与无经验的指导者之间的差异，并为培训提供了建议。需求评估使该设备公司能够通过有针对性的培训来提高工程技术人员的技能，并使他们充满自信。

第一节 现代培训需求分析的内涵与类型

一、培训需求分析的含义与特点

随着科学技术的飞速发展及社会的广泛进步，现代培训活动的重要性日益突出。作为培训活动首要环节的培训需求分析也引起人们的普遍重视。过去那种只凭经验、想当然地决定培训需要而不进行系统的培训需求分析的做法一去不复返。

所谓培训需求分析,是指在规划与设计每项培训活动之前,由培训部门、主管人员、工作人员等采用各种方法与技术,对各种组织及其成员的目标、知识、技能等方面进行系统的鉴别与分析,以确定是否需要培训及培训内容的一种活动或过程。它既是确定培训目标、设计培训规划的前提,也是进行培训评估的基础,因而成为培训活动的首要环节。

从以上培训需求分析的含义,我们可以看出培训需求分析具有下列特点:

(1)从需求分析的主体来看,需求分析的主体具有多样性,既包括培训部门的分析,也包括经理人员、工作人员、主管人员等的分析。

(2)从需求分析的客体来看,需求分析的客体具有多层次性,即要通过对组织及其成员的目标、技能、知识的分析,来确定个体的现有状况与应有状况的差距、组织的现有状况与应有状况的差距,以及组织与个体的未来状况。这就是我们后面要谈到的培训需求分析的三大层次。

(3)从需求分析的核心来看,需求分析的核心是通过对组织及其成员的现有状况与应有状况之间差距的分析,来确定是否需要培训以及培训的内容。

(4)从需求分析的方法来看,需求分析的方法具有多样性,如既可以采用全面分析法,也可以采用绩效差距分析法等。

(5)从需求分析的结果来看,需求分析具有较强的指导性,即它是确定培训目标、设计培训规划的前提,也是进行培训评估的基础。

二、培训需求分析的类型

培训需求分析是确定培训活动必要性和具体内容的重要过程,可以从多个维度进行分类。

1. 按照培训对象的经验,可以分为新员工培训需求和在职员工培训需求

(1)新员工培训需求,是新加入组织员工的培训需求,通常是新员工为了快速融入工作环境,理解组织文化和价值观,掌握基本的工作技能和知识等产生的需求。

新员工培训可以采取理论培训-实践操作两段式培训方式,也可以采用企业-部门-岗位三段式培训方式。三段式培训中企业级培训是面向所有新员工的入门级培训,内容包括企业概况、员工守则、企业文化、安全知识等,目的是让新员工对企业有一个整体的认识。部门级(或车间/工段)培训是在完成企业级培训后,新员工进入自己所属的部门或工作区域,接受更具体的工作流程、岗位职责、专业技能、特定设备操作等方面的培训。这一阶段的培训更侧重于岗位要求和实际操作技能。岗位级培训(或班组)是最具针对性的培训,即新员工在其直接工作的小团队或班组内部接受指导,进行一对一或小规模的实操训练,其重点在于使新员工熟练掌握岗位技能、团队协作能力、紧急应对措施等,确保新员工能够独立胜任岗位工作。

(2)在职员工培训需求,是已有工作经验员工的培训需求,是员工为了提升能力,以适应工作变动、技术进步、职务晋升或个人职业发展所产生的需求。它包括技能提升、领导力发展、职业转型、法律法规、创新与变革、心理健康与压力应对等方面的培训需求。

2. 按照培训对象的范围,可以分为全员培训需求和个别培训需求

(1)全员培训需求,是指面向组织内所有或大部分员工的共同培训需求,旨在提升全体

员工的普遍能力、知识水平,以促进组织整体效能的提升。它包括组织文化与价值观传播、政策与法规、新技术或新工具应用、通用技能提升、战略目标与业务动态分享等培训需求。

(2)个别培训需求,是员工根据其特定岗位、个人发展需求或绩效评估结果而产生的特殊培训需求。这类需求强调因材施教,旨在提高员工的专业能力或解决个人绩效问题。它包括岗位技能深化、绩效改进、职业发展规划、特殊项目或任务培训、个人发展等培训需求。

三、培训需求分析的重要作用

培训需求分析作为现代培训活动的首要环节,在培训中具有重大作用。其作用具体表现为以下方面。

1. 确认差距

培训需求分析的基本目标就是确认差距,即确认绩效的应有状况同现实状况之间的差距。绩效差距的确认一般包含三个环节:第一,必须对所需要的知识、技能、能力进行分析,即确定理想的知识、技能、能力的标准或模型是什么;第二,必须对现实实践中的或现实缺少的知识、技能、能力进行分析;第三,必须对理想的或所需要的知识、技能、能力与现有的知识、技能、能力之间的差距进行分析。这三个环节应独立有序地进行,以保证分析的有效性。

有时需求分析并非如此简单,每一个环节都可能面临各种挑战。很多资源被用来确认所需要的知识、技能、能力,但这些资源相互之间可能发生冲突。如,培训人员可能会对应采取什么样的标准产生争论。现代的知识、技能、能力的范围可能相当宽泛,或者一项不可接受的实践可能不会经常发生,但是当它确实发生时又会产生严重的问题。当变革在组织标准和工作人员职位方面都发生时,需求分析并不仅仅是简单的任务确定,它更像击打一个移动的靶子。

2. 改变分析

需求分析的一个副产品就是改变分析。由于组织中发生的持续、动态的变革代表了一种主要挑战,改变分析对培训就显得尤为重要。当组织发生变革时(不管这种变革涉及技术、程序、人员,还是涉及产品或服务的提供问题),组织都有一种特殊、直接的需求。那些负责培训和开发的人应该制定合适的规划,以迅速地把握住这种变革。

3. 推动人事管理系统从分类向开发转变

培训需求分析还能促进组织内部人事管理系统的转型,即从传统的以职位分类为主的人事管理系统,转向更加注重员工发展和能力提升的人力资源开发系统。组织通常都设有用于职位划分和人员配置的人事分类体系。这类系统在制定薪酬、福利、招聘预算等政策方面发挥着重要作用,但在支持员工职业发展、提供针对性培训以及解决实际工作问题上的作用有限。此外,若系统未能详细记录培训需求,也无法基于任务频率和所需技能进行功能分析,则难以设定高质量的培训目标和规划。将培训与发展紧密融入人事管理系统的建设与数据收集过程中,可以实现两者的有机结合,使系统不仅能够满足基础的行政管理需求,更能为员工的职业成长和个人能力提升提供有力支持。这种整合式的人力资源开发导向系统,不仅有助于员工个人发展,也促进了整个组织的长期竞争力和创新能力提升。

4. 提供可供选择的问题解决方法

这是进行培训需求分析的重要原因之一。可供选择的方法可能是一些与培训无关的选择,如人员变动、工资增长、新员工吸收,或者是几个方法的综合。例如,假设人事部门预测在高速公路建设方面急需增加一批交通工程专家,一个选择便是对组织中的工程人员进行再培训,另一个选择可能是雇佣已经获得高薪的、非常有资格的工程专家,或者是雇佣一些低薪的、缺乏资格的个体,然后对他们进行大规模培训。所有这些方法的选择具有不同的培训分类。最好的方法是把几种可供选择的方法综合起来,使其包含多样性的培训策略。

5. 形成一个研究基地

培训需求分析能够形成一个规划开发与评估的研究基地。一个好的需求分析能够确定一般的需要与"听众",确定培训内容,制定最有效的教导战略,确定特殊的"听众"等。同时,在培训之前,组织通过研究这些资料,建立起一个标准,然后用这个标准来评估所进行的培训项目的有效性。

6. 决定培训的价值和成本

如果进行了好的培训需求分析,并且找到了存在的问题,那么管理人员就能够把成本因素引入培训需求分析中。他们需要回答的一个问题是不进行培训的损失与进行培训的成本之差是多少。如果不进行培训的损失大于进行培训的成本,那么培训就是必然的、可行的;反之,如果不进行培训的损失小于培训的成本,则说明当前还不需要或不具备条件进行培训。

7. 能够获得内部与外部的支持

培训需求分析是撬动内外部资源、构建广泛支持网络的关键。它可以精准定位技能缺口,展现培训的紧迫性与价值,赢得高层管理者的财务与政策支持。同时,需求分析强化了培训的相关性与吸引力,激发员工的主动参与和正面反馈。它对外彰显组织对专业发展的承诺,吸引合作伙伴与行业资源的协同助力。需求分析,作为培训工作的起点,为后续的每一个环节注入了强有力的支持与信任,是培训成功不可或缺的助推器。

第二节　培训需求分析的层次

20世纪80年代,I. L. 戈尔茨坦(I. L. Goldstein)、布雷弗曼(Braverman)、H. 戈尔茨坦(H. Goldstein)三人提出了组织培训需求分析的经典模型。该模型强调培训需求分析必须从组织、任务及人员三个层次上进行分析。培训需求分析的三个层次不是截然分开的,而是相互关联、相互交叉、不可分割的。有学者在戈尔茨坦分析模型基础上,增加了组织环境分析这一要素,建立了改进型培训需求分析模型。本节基于戈尔茨坦分析模型和改进型分析模型,从以下三个层次对培训需求进行测量和分析(见表4-1)。

表4-1　培训与开发需求分析的层次

分析层次	需求分析的内容
组织层次	哪些地方需要培训,实施培训的环境和条件如何
任务层次	为了有效地完成工作必须做些什么
人员层次	哪些人需要接受培训,需要哪种培训

资料来源:王淑珍,王铜安. 现代人力资源培训与开发[M]. 北京:清华大学出版社,2010.

组织层次是培训需求分析的第一层次。组织层次分析首先要考虑培训背景,通过培训需求分析方法对组织经营战略、发展目标、资源、环境等方面进行识别和分析,以便明确培训的必要性和内容。它是任务层次分析和人员层次分析的前提。组织的经营战略、发展目标对后续的任务层次分析和人员层次分析起着导向性作用,而资源、环境则起着约束性作用。

任务层次分析和人员层次分析通常可以同时进行。任务层次分析是对作业部门关键性任务的现有状况和应有状况进行比较,找出它们之间存在的差距,同时明确关键性任务所需要的知识、技能和行为等方面的要求;人员分析是分析员工的现有状况和应有状况之间的差距,明确产生差距的原因,进而确定谁应该接受培训,接受什么培训内容,同时也让员工做好培训前的准备。

一、培训需求分析的组织层次

组织层次分析是培训需求分析的首要步骤,是识别和评估影响组织绩效的关键因素,包括对组织的战略、目标、结构、流程、文化、资源以及外部环境等方面的系统性评估。通过组织层次分析,可以确定组织当前的状态和未来发展的需求,从而为培训计划的制订提供依据。

案例 4-1

华为,在面对全球 5G 技术快速部署的背景下,进行了深入的组织层次培训需求分析。华为意识到,为了保持在全球通信市场的领先地位,必须加大在 5G 技术、云服务及人工智能领域的投入。通过高层战略研讨、市场趋势研究及员工技能普查,华为确定了工程师对最新 5G 标准理解和应用、云架构设计及 AI 算法开发能力的培训需求。随后,华为设计了一系列专项培训项目,包括海外研修、在线技术课程及实战工作坊,旨在全面提升员工的创新能力与技术竞争力,加速 5G 解决方案和服务的全球推广。

(一)组织层次分析的内容

从组织层次分析的定义可以看出,在进行组织层次分析时应该关注以下内容。

1. 组织战略和目标

组织战略对一个组织获取竞争优势具有非常重要的作用,组织战略是评价组织绩效的重要标准。因此,在进行培训需求分析之前,必须充分了解组织目标和战略规划。组织战略有多种分类方法,比如目标导向下组织战略可以分为竞争战略、增长战略、稳定战略和收缩战略,每一种战略对培训的要求都有所不同,要确保培训计划与组织的长期目标和短期目标保持一致。能够满足组织战略目标的培训对组织绩效具有促进作用,而对于不能满足组织战略目标的培训则需要进行更深入的分析和干预。

2. 组织资源

对于企业而言,是否有充足预算、时间和专业培训人员进行培训是组织培训工作的重要决定因素。组织设施、现有的相关资料也会影响培训工作的开展。可利用的资源数量会在一定条件下限制培训工作,以及影响各种培训需求的优先次序。例如,预算紧张时,企业只能开展很有限的培训活动,满足部分培训需求;时间制约则会影响是脱产培训还是在职培训的选择;专业培训人员素质决定了是自行开发项目、培养内部讲师队伍还是实施培训外包。

3. 组织文化

组织文化包括了组织的价值观、信仰、行为准则、工作习惯以及员工的共同期望,这些因素共同塑造了员工的行为模式和工作态度。组织文化对培训工作具有深远的影响,它构成了培训内容、方式及效果的基调。例如,一个以创新为核心的文化可能需要培训来激发员工的创造力和风险承担能力,而一个强调团队合作的文化则可能更注重团队建设和沟通技巧的培训。如果组织文化支持持续学习和个人发展,员工可能更愿意参与培训并将其应用于工作中。与组织文化保持一致,培训工作更有可能取得成功。

4. 组织环境

组织内外部环境对培训需求分析的影响是显著的。外部环境包括市场趋势、技术进步、法律法规变化、经济状况以及行业竞争态势等,这些因素决定了组织必须具备一定的能力和知识以保持竞争力。例如,快速发展的技术可能要求员工掌握新的技能,而经济衰退可能需要组织进行成本削减和效率提升的培训。内部环境则涉及组织结构、文化、资源以及员工的当前能力和绩效。组织结构的复杂性和工作流程的特定要求可能会导致需要特定类型的培训。综合分析内外部环境,是确保培训工作贴合实际、促进组织发展的前提。

(二)组织层次分析的信息来源和工具

组织层次分析的信息来源根据不同组织有所不同,组织可以根据自己的实际情况选择合适的渠道和方法收集需求分析所需的参考资料。表4-2展示了主要信息来源。

表4-2 培训需求分析组织层面的主要信息来源

信息来源	描述
内部文档	包括组织的战略规划文件、年度报告、政策手册、流程图、作业指导书等
员工反馈与调查	高层管理人员、中层管理者以及一线员工的访谈,以及通过问卷调查法、焦点小组讨论法收集的员工对培训需求的看法和建议
绩效评估数据	组织及个人绩效评估报告
观察	直接观察工作流程、员工互动以及工作环境
外部报告	行业分析报告、市场研究报告等
竞争对手分析	研究竞争对手的组织结构、文化和技术使用情况

在进行组织层次分析时,可以采用一些组织诊断的工具,如SWOT分析、PEST分析、平衡计分卡、价值链分析等。

1. SWOT分析

SWOT分析是一种广泛使用的战略规划工具,用于评估组织的优势(strengths)、劣势(weaknesses)、机会(opportunities)和威胁(threats)。这种分析有助于组织了解其在市场中的位置,并为制定战略和培训计划提供依据。①优势:识别组织内部的资源和能力,如专业技能、专利技术、品牌忠诚度、财务资源等,这些可以作为培训计划的基石,强化组织的核心竞争力。②劣势:揭示组织在资源、流程、技术或人员能力方面的不足,这些劣势可能正是培训工作需要着重解决的问题,以提升组织的整体效能。③机会:分析外部环境中可能带来利益变化的因素,如市场需求增长、技术进步或政策支持等。培训可以针对这些机会,通过技能提升和知识更新,使组织能够抓住并利用这些机会。④威胁:考虑可能对组织造成损害的外部因素,如竞争对手的行动、市场需求减少或不利的政策变动。培训可以帮助员工准备应对这些威胁,比如提高效率、降低成本或增强创新能力。

2. PEST分析

PEST分析是一种宏观环境分析工具,用于评估政治(politics)、经济(economy)、社会(society)和技术(technology)四个方面对组织可能产生的影响。在培训需求分析中,PEST

分析有助于组织了解外部环境的变化,并据此制订或调整培训计划。①政治:考虑法律法规、政策变动、贸易限制、政治稳定性等因素。政治环境的变化可能要求员工了解新的法规要求或适应国际贸易的新规则,因此培训内容需相应更新。②经济:涉及经济增长、汇率波动、通货膨胀等经济指标。经济状况影响组织的财务状况和市场需求,可能需要培训员工以适应成本控制、市场开拓或新的商业模式。③社会:包括人口统计变化、文化趋势、消费者态度等。社会趋势的变化可能要求组织对员工进行多元化和包容性培训,或更新市场营销和客户服务的培训内容。④技术:涉及技术进步、研发活动、技术创新等。技术的快速发展要求员工不断学习新技能,以保持组织的竞争力。

3. 平衡计分卡

平衡计分卡是罗伯特·卡普兰和大卫·诺顿发展的,作为一种战略绩效管理工具,也被广泛应用于组织层面的培训需求分析中。它通过四个相互关联的维度来综合评估组织绩效,进而指导培训工作的规划与实施。①财务维度:关注组织的经济结果,如收入增长、成本控制等。在培训需求分析中,这一维度帮助确定哪些财务目标的达成需要特定的技能培训,比如成本节约项目可能需要财务管理或采购优化培训。②客户维度:聚焦于满足客户需求和提升市场份额。培训需求分析时,需识别为提升客户满意度和忠诚度,员工需具备哪些服务能力、市场洞察能力或产品知识,如客户关系管理、市场趋势分析等。③内部运营维度:涉及优化内部流程和提升运营效率。此维度有助于识别流程改进所需的技能培训,如精益生产、供应链管理或信息技术应用培训,以支持高效的工作流程和产品质量。④学习与成长维度:强调员工能力、组织文化和信息系统等无形资产的培养。对培训工作而言,这是最直接相关的维度,要求分析组织在创新、学习氛围、员工技能发展上的需求,如领导力培养、团队建设、新技术学习等培训。

4. 价值链分析

价值链分析是由迈克尔·波特提出的一种分析框架,用于识别和评估组织在创造价值过程中的各个关键活动,是一种重要的组织层面培训需求分析工具。它将企业的活动分为主要价值创造活动和辅助支持活动,以识别各个活动中的竞争优势来源和潜在的培训需求。主要价值创造活动包括内部物流、生产运营、外部物流、市场营销与销售、服务,培训需求可能涉及库存管理、物流优化、生产管理、质量控制、产品推广、客户服务等;辅助支持活动包括人力资源管理、技术开发、采购、企业基础设施等,培训需求可能涉及领导力发展、技术创新管理、采购谈判技巧、信息技术应用等,以支撑整个价值链的高效运作。

二、培训需求分析的任务层次

任务层次分析是培训需求分析的一个关键组成部分,用于详细分解和评估完成某项工作或达成某一目标所需要执行的所有具体任务。这种分析从工作角色的角度出发,深入探讨完成特定任务所需要的知识、技能、能力、态度及其他特征,以及影响员工绩效的阻碍因素,从而精确识别培训需求。

(一)任务层次分析的步骤

一般来说,任务层次分析可分为五个步骤,其中步骤二、三、四为核心步骤。

1. 步骤一:选择待分析的工作岗位

任务层次分析需要投入大量的时间来收集、整理归纳并分析数据。因此,第一步是选择待分析的岗位,通过工作分析,撰写该岗位详细的工作说明书,详细描述完成有关工作活动所需要的重要环节(工作职责)及完成该任务所需的知识、技术和能力(任职资格)。

工作分析是一个系统的过程,旨在收集、分析和描述与特定工作或职位相关的信息,目的是明确每个职位的职责、要求和工作条件,以便组织可以更有效地管理其人力资源。工作说明书是工作分析的一个直接产物,它是一份正式的文档,详细描述一个特定工作岗位的职责、任务、工作条件、所需资格、工作关系以及其他相关信息。在已有工作说明书的基础上,进行任务层次分析时仍有必要对实际的工作操作进行观察,让人力资源管理人员对工作包含的任务和员工实际的工作条件有更清楚的认识。

任务层次分析是一件非常费时又乏味的工作,只有组织层次分析结果是肯定的情况下才开展任务层次分析。比如,组织层次分析表明组织愿意在培训上投入时间和金钱、员工和管理人员支持培训工作等,此时才进行任务层次分析。人力资源专业人员应选择对组织战略具有支持作用的、典型的、关键的、亟待进行培训的工作岗位进行分析。

2. 步骤二:罗列工作岗位各项任务的基本清单

该步骤主要包含:①访问并观察或通过问卷调查熟练工人及他们的经理或管理人员;②与其他进行任务层次分析的人员共同讨论确定清单内容及基本项目。该步骤可采用关键事件技术和任务调查问卷等工具形成工作岗位各项任务的清单。

3. 步骤三:确保基本清单的可靠性和有效性并确定培训需求

首先,形成可靠而有效的任务清单。一组专门项目专家如专业人员、经理等,以开会或书面调查方式回答有关问题:①执行该任务的频率;②完成各项任务需要多长时间;③该任务对取得良好绩效有多重要;④学习各项任务的难度有多大;⑤该任务对新员工的要求标准是什么。对这五个问题的回答可以确定可靠而有效的任务清单。

其次,确定培训需求。专门项目专家采用任务评价法对有效的任务清单进行评估,根据相关数据的分析结果,要给不同指标确定一个积分标准以决定一项任务是否应该包括在培训计划之中。一般来说,对那些重要的、经常执行的和难度较大的任务要进行培训。但是,对于管理人员来说,难点在于:要判断哪些任务非常重要但不经常执行,也不难掌握但应包括在培训中,以及哪些任务不论是否重要,也不论是否经常执行,或难度如何,都应包括在培训内容中。

4. 步骤四:明确需要培训的任务所需要的知识、技术和能力及其他要素

一旦需要培训的任务被确定下来,就要明确胜任每一项任务所需要的知识、技术和能力等要素,因为这些要素是员工培训中必须发展和学习的。该项工作一般由两名专门项目专家来完成。对于特定任务归纳出的知识、技术、能力和其他要素构成一个一个的任务群,培训者可利用任务群信息来确定培训课程计划与课程目标。

5. 步骤五:需求优先程度排序

由于资源的稀缺性,必须考虑培训过程中所需的各项资源,包括设备、物资、培训专家、费用等。这就需要对步骤三中确定的培训任务以及步骤四中确定的培训任务所需要的知识、技术、能力等要素进行需求优先程度分析,这样设计出的培训方案才更具有可行性。

威特金(Witkin)提出一个计算培训需求优先度的模式——需求优先指标(priority need index,PNI),其计算方式是运用利克特的量表评定法对需要培训的任务及其所需要的知识、技术、能力等要素的重要性和任职者的工作熟练程度进行评定,然后按照计算公式分别计算

出任务及其所需要的知识、技术、能力等要素的 PNI。

威特金的计算公式为

$$PNI = I \times (I - D)$$

式中，I 表示任务的重要性；D 表示任职者的工作熟练程度（或难度）。

如果在对重要性与熟练程度赋值时，1 表示很不重要，7 表示非常重要，1 表示很不熟练，7 表示非常熟练，那么 PNI 越大就表示培训需求优先程度越大，应该优先考虑。赋值相反时，PNI 越小就表示培训需求优先程度越大。

例如，当对一组需要培训的主管进行培训需求优先程度排序时，假设平均给予主管某工作任务的重要性评定等级为 $I=7$，而该任务的工作熟练程度为 $D=5$，那么 $PNI = 7 \times (7-5) = 14$，主管的其他各项工作任务可以依次类推，最终比较各项工作任务的 PNI 数值大小，就可以得到培训需求的优先排序。

(二) 任务层次分析的信息来源和工具

任务层次分析的信息来源有多种，通常包括岗位说明书、直接观察、同事和上级反馈、绩效评估报告、客户反馈等（见表 4-3）。

表 4-3　培训需求分析任务层面的主要信息来源

信息来源	描述
岗位说明书	提供岗位的基本职责、工作环境、任职资格等基本信息，有助于明确绩效标准
直接观察	观察员工实际工作表现，识别技能差距
查阅相关文献	有助于分析比较不同的工作类型要求
同事和上级反馈	来自同事和上级对员工工作表现的评价
绩效评估报告	利用正式绩效评估过程中收集的数据，通过历史绩效数据识别技能差距和提升空间
客户反馈	了解客户对服务或产品的需求及满意度，间接反映员工应具备的能力
行业标准与最佳实践	参考同行业内的标准和成功案例，确定培训的方向
事故和差错记录	分析工作中出现的错误或事故，明确影响绩效的阻碍因素

在进行任务层次分析时，常采用的工具包括关键事件技术、任务调查问卷、任务评价法等。

1. 关键事件技术

关键事件技术（critical incident technique，CIT）是一种定性研究方法，由约翰·弗拉纳根和伯恩斯在 1954 年共同创立。关键事件技术实质上是一种访谈法，访谈对象是那些目睹过某情境下某项工作中的关键事件，并熟悉这些事件背景的人。关键事件是指在工作中表现出的特别有效率或特别无效率的行为。关键事件技术的主要内容包括确定工作行为的目的，针对目的收集与该行为相关的关键事件，分析相关数据，描述这些行为需要的素质特征。

例如，一家航空公司使用 CIT 来分析飞行员在紧急情况下的表现。通过收集飞行员在不同紧急情境下的行为记录，如恶劣天气、机械故障等，航空公司能够识别出飞行员成功处理危机所需的关键技能。基于这些信息，航空公司开发了一套针对性的培训课程，旨在提高飞行员的应急反应能力和决策技巧，从而提升飞行安全水平。

2．任务调查问卷

任务调查问卷是用于收集工作相关信息的工作分析工具，旨在通过员工反馈形成详细的任务清单。一般情况下，调查者提前一周通过邮件或其他方式向参与者发放问卷。任务调查问卷关注的内容大致包括九个方面：

(1)列出所有你主要的工作职责，然后按其重要性依次标出主次顺序。

(2)说明这些职责对你的工作如此重要的原因。

(3)说明在你的工作中需要使用的设备或工具。

(4)描述你工作中的一些特别任务。在每项任务完成后，列出执行该任务的频率。

(5)说明你需要掌握哪些知识以完成你的工作。

(6)说明你需要具备何种品质以确保顺利完成工作。

(7)说明你之前拥有的哪些知识、技术、能力有助于你完成现在的工作。

(8)列出你曾参加过的有助于你成功完成目前工作的任何课程、研讨会或培训项目。

(9)列出使你成功完成工作的任何其他因素。

3．任务评价法

任务评价法通过系统地评估工作任务的重要性、执行频率及所需时间等关键因素，来确定哪些任务应当纳入培训内容，并为培训需求的优先级排序提供依据。首先，基于一个可靠且有效的任务清单，将员工需要执行的各项活动编制成问卷。其次，向熟悉相关业务的组织成员或特定领域的专家发放问卷，请他们评估每一项任务的重要性、执行效率以及完成任务所需的时间等信息，目的是明确哪些任务对员工的工作最为关键。这种方法不仅确保了培训内容的相关性和针对性，还能够帮助组织合理分配有限的培训资源，专注于对业务影响最大的领域。

三、培训需求分析的人员层次

在完成了组织层次分析之后，为进一步改善员工的绩效情况，就必须分析员工所具备的知识、技术、能力、态度等是否足够，这需要人员层次分析来完成。人员层次分析的重点是分析员工个体现有状况与应有状况之间的差距，在此基础上确定谁需要和应该接受培训及培训的内容。人员层次分析最好由有机会定期观察员工绩效的人员进行，通常所有与员工个人业绩相关的人都可以成为个体需求分析信息的提供者。

(一)人员层次分析的构成

人员层次分析分为两个部分，即判别性人员分析和诊断性人员分析。

1．判别性人员分析

判别性人员分析用来判断员工个人整体绩效的水平，通过从总体上评估个体员工的绩效，将员工划分为业绩优秀者和业绩不佳者（或业绩一般者）两类。例如，对高校教师进行判别性人员分析，先由专家小组确定效标样本的选择标准，然后确定优秀组教师和普通组教师的具体条件。专家小组可以由教育学专家、心理学专家、行政管理者、教学和学术专家等组成。

专家小组确定进入优秀绩效组的教师必须满足以下三条标准：

(1)卓越的教学成果：在学生评价、教学创新、课程设计和教学成效上表现突出，能够显著提升学生的学习体验和成绩，获得学生和同行的广泛认可。

(2)显著的科研成就:在本学科领域内发表高质量的学术论文、著作,承担重要科研项目,取得创新性的研究成果,对学科发展做出重要贡献。

(3)良好的师德师风与社会服务:具备高尚的职业道德,积极参与社会服务和公益活动,对学校及社会有正面影响,且无任何违背师德的行为记录。

2. 诊断性人员分析

诊断性人员分析用来寻找隐藏在个人绩效表现背后的原因,通过确认导致员工行为的因素,了解员工的知识、技术、能力以及其他个人与环境等因素怎样结合在一起对工作绩效产生影响,进而将可以通过培训达到绩效改进的员工与不能通过培训提高绩效的员工分离开来,为改善员工绩效的干预方式提供参考依据。如基于诊断性员工分析结果,选择通过流程再造改善绩效、通过员工辅导与咨询改善绩效,或通过员工培训与开发改善绩效等不同的干预方式。

案例 4-2

某高科技制造企业注意到其研发部门的新产品上市周期较长,相比竞争对手缺乏时效性,影响了市场份额。为解决这一问题,公司决定采用诊断性人员分析来确定培训需求。首先,通过对比市场领先企业的研发流程,识别出自家公司在项目管理、创新思维及跨部门协作上的短板。其次,组织专家小组对研发团队进行深入访谈和问卷调查,发现项目延期主要归因于团队成员在时间管理、高效会议主持及跨职能沟通技巧上的不足。为此,公司定制了一系列培训:引入敏捷项目管理方法,提升团队快速响应市场变化的能力;开展创新工作坊,激发新思维并促进创意落地;组织跨部门沟通协作训练,加强团队间的有效协调。这些有针对性的培训旨在缩短产品开发周期,增强市场竞争力。

人员层次分析的结果表现为:对业绩优秀的员工进行分析,可以为如何改进或实现更高的绩效提供思路;对业绩不佳的员工进行研究,可以找到需要采取的相应干预措施。只有将判别性人员分析和诊断性人员分析结合起来,才能达到评定员工绩效、分析不良绩效背后原因的目的。

(二)人员层次分析的信息来源与工具

人员层次分析所需要的信息资料有多种信息来源,见表4-4。

表4-4 培训需求分析人员层面的主要信息来源

信息来源	描述
绩效评估报告	通过正式绩效评估过程中收集的数据识别技能差距和提升空间
员工自评或访谈	员工对自己工作技能和知识的自我评估,可以揭示员工个人对培训的看法和需求
能力测试和技能评估	可以使用自行编制的测验或标准化测验,测评员工的知识、技能、成就等
员工满意度调查	针对员工个体进行,有助于了解员工的士气、动机水平和满意度
员工职业发展路径	了解员工的职业规划和个人发展目标,以确定培训如何支持其职业成长
关键事件记录	记录员工在关键事件中的表现,特别是那些对组织目标起关键性作用的事件
同事和上级反馈	来自同事和直接上级对员工工作表现的评价,提供多角度的绩效信息
工作日志	员工对自己工作的详细记录

进行人员层次分析时,常采用的工具包括行为事件访谈、行为锚定等级评价法、360度评估等。

1. 行为事件访谈

行为事件访谈是关键事件技术的拓展,它在访谈过程中,要求受访者描述自己的许多行为片段,一般情况下是三件成功与三件不成功的事件,并详细报告每一件事当时发生的经过。受访者提供的行为事件描述,必须包括一个完整故事的所有要素,即包括事件及其发生的背景,受访者当时的感受、思想、行动、情感,事件结果。它通常采用STAR原则,即情景(situation)、任务(task)、行为(action)及结果(result)。为获得每一件事件中的这些因素,在访谈过程中,访谈者须提出一些探测性问题,才能得出答案。访谈者要对访谈内容进行内容分析,来确定受访者所表现出的胜任力特征。

2. 行为锚定等级评价法

行为锚定等级评价法是建立在关键事件技术基础之上的,通过用一些特定的关于优良绩效和不良绩效的描述性事例来对一个行为量化的尺度加以解释或锚定,将描述性的关键事件评价法和量化的等级评价法的优点结合在一起的方法。

建立行为锚定等级评价法通常要求按照以下五个步骤来进行。

(1) 获取关键事件。对某一职位比较了解的人(通常是职位承担者及其上级主管人员)先对一些代表该职位上的优良绩效和不良绩效的关键事件进行描述。

(2) 开发绩效维度。第一步中的这些人将这些关键事件合并成为数不多的几个绩效维度(如5个或10个),并对其中的每一个绩效维度(如"责任感")加以界定。

(3) 重新分配关键事件。另外一组同样对职位比较了解的人对原始的关键事件进行重新分类。他们会得到已经界定好的工作绩效维度以及所有的关键事件,然后将所有这些关键事件分别放入他们认为最合适的绩效维度之中。如果就同一关键事件而言,第二组中一定比例(通常是50%~80%)以上的人将其归入的绩效维度与第一组的结果相同,那么这一关键事件的最后位置则可以确定在这一绩效维度之中。

(4) 对这些关键事件进行评价。在用关键事件来描述行为之后,第二组人还要对这些行为在每一绩效维度方面所代表的有效和无效程度加以评定(一般采用7点评价尺度或9点评价尺度)。

(5) 建立最终的绩效评价工具。对于每一个工作绩效维度来说,选择6~7个关键事件作为其锚定行为。

下面以销售经理这一职位为例说明使用行为锚定等级评价法的操作过程:

第一,对销售经理的工作进行全面分析,识别出影响销售业绩的关键职责和任务,比如客户关系管理、销售策略制定、团队领导、市场分析等。通过观察和访谈,收集在这些领域内表现优秀和表现不佳的具体行为实例,即关键事件。

第二,基于关键事件,提炼出几个核心的评价维度,例如,客户关系维护能力、销售策略有效性、团队激励与管理。为每个维度设定一个评价等级量表,通常为5至9级,每一级都对应着具体的行为描述或锚点。

第三,为每个评价维度构建行为锚定等级表,将之前收集的关键事件分配到各个评价等级上,作为评分的标准。例如:

客户关系维护能力

1级(低):很少主动联系客户,对客户需求反应迟缓。

5级(中):定期跟进客户,能及时解决客户的一般问题。

9级(高):持续主动挖掘客户需求,提供超出期待的服务,维持长期忠诚客户关系。

第四,评价者(通常是直接上级或人力资源专员)根据销售经理在过去考核周期内的实际行为,对照行为锚定等级表,给予每个维度一个相应的分数。评价时需考虑销售经理的实际工作表现与锚定行为的匹配程度。

第五,完成评价后,与销售经理进行一对一的反馈会谈,讨论评价结果,指出强项与改进区域,并据此制订个性化的培训与发展计划。评价结果还可能与薪酬调整、晋升机会等挂钩,以激励销售经理持续提升绩效。

3. 360度评估

360度评估也称为360度绩效评价,已被越来越多的组织所采用。这是一种从多个评估者那里搜集绩效评估信息的方法。人们采用这种方法,可以从对员工绩效有所了解的重要信息源那里获得绩效评估的数据,这些信息来源包括上级、下属、同级、客户或组织内外的供应商和被评者本人。

让同级、下属和客户参与绩效评估的主要优点在于:这些评估者观察被评估者的角度是不同的,他们可以提供其他人无法提供的信息。比如,在评价员工的关系绩效时,如"组织公民行为"或"团队合作精神",与被评估者协同工作的人比被评估者的上级更有发言权,因为他们的日常接触更多。这些多元评估的方法可以互相验证不同来源的评估信息,让绩效评估更客观,更真实有效。

第三节 培训需求分析流程

由于培训需求分析是一项既复杂、技术性强又难的任务,因此培训需求分析应该遵循一定的流程。培训需求分析完整清晰的流程包括前期准备、制订培训需求分析计划、实施培训需求调查与分析、分析与输出培训需求分析结果、撰写培训需求分析报告以及结果的应用。

一、培训需求分析的前期准备

培训需求分析前期需要明确参与者、组织者角色定位,并通过筹备会议搜集信息。

(一)明确培训需求分析的参与者

培训需求分析需要多方面人员参与,这些人员主要包括培训主管部门工作人员、员工本人、上级、同级、下属、有关项目专家、客户及相关人员等。

(二)明确培训组织者的角色定位

培训组织者应该认识到培训是一种服务,需对组织进行连续的需求分析,应了解组织业务、人事变动及政策或程序的变化等,对组织变化了的需求做出及时反应。这样培训组织者不仅对培训需求做好了准备,而且能激发新的培训需求。

(三)培训需求分析筹备会议

进行培训需求分析,培训组织者首先要收集与培训有关的各方面信息,全盘了解培训项目所处环境,有条件的话最好通过召开一个准备会议来完成以下工作:明确受训员工的现状,讨论受训员工遇到的问题,了解受训员工的期望和"隐藏想法",总结汇报会议整体情况。

二、制订培训需求分析计划

(一)确定培训需求分析目标

培训需求分析应达到一个什么目标,一般来说完全取决于培训的需求。但培训需求在调查中会受到各种主客观因素的影响,这些影响应尽量排除,从而提高培训需求分析结果的可信度。

(二)确定培训需求分析内容

培训组织者先要分析这次培训调查要得到哪些资料,再根据已有资料确定需要调查的内容。培训需求调查内容不要过于宽泛。对于某一项内容可以从多角度调查,易于取证。

(三)选择合适的培训需求调查与分析方法

根据组织的实际情况以及培训中可以利用的资源选择合适的培训需求调查与分析方法。

(四)制订培训需求分析行动方案

对于重要的、规模较大的培训需求分析,需要制订一个行动方案,安排各项工作时间进度及应注意的问题等。

三、实施培训需求调查与分析工作

(一)征集培训需求意向或愿望

培训部门发出制订培训计划的通知,请各部门针对相应岗位工作需要提出培训意向或愿望。它应由理想需求与现实需求或者预测需求与现实需求存在差距的部门和岗位提出。

(二)调查、申报、汇总需求意向或愿望

相关人员根据组织或部门的理想需求与现实需求、预测需求与现实需求的差距,收集来源于不同部门和个人的需求信息,整理、分析、汇总培训需求的意向或愿望,并报告组织培训的管理部门或负责人。

(三)分析培训需求

各部门或岗位相关人员申报的培训需求意向并不能直接作为培训的依据,要从全方位整体考虑,需要由组织的计划部门、相关岗位、相关部门及培训组织管理部门共同协商确定。

四、分析与输出培训需求分析结果

(一)对培训需求调查信息进行归类、整理

培训需求调查的信息来源于不同的渠道,信息形式有所不同,因此有必要对收集到的信息进行分类,并根据不同培训调查需求进行信息归档。

(二)对培训需求进行分析、总结

对收集到的调查资料进行仔细分析,从中找出培训需求。此时应注意个别需求和普遍

需求、当前需求和未来需求之间的关系。要结合组织业务发展需要，根据培训任务的重要程度和紧迫程度对各类需求进行排序。

五、撰写培训需求分析报告与结果应用

培训需求分析报告是培训需求分析的最终结果体现，是下一步培训计划制订的依据。培训需求分析的结果可以用于培训计划的编制、培训内容的安排、培训方法的选择、培训课程设计和员工职业生涯发展等。

培训需求分析报告撰写要符合内容全面、层次清晰、分析透彻、切合实际、内容客观、用词准确、少用文字、多用图形表格、信息来源明确的要求。培训需求分析报告主要内容包括以下七部分：需求分析实施的背景，开展需求分析的目的和性质，需求分析实施的方法和过程，分析结果，对分析结果的解释和评论以及提供参考的依据，附录，报告提要。

第四节 培训需求分析主要模型

培训需求分析是培训的重中之重。除了第二节详细介绍的戈尔茨坦分析模型和改进型分析模型外，还有一些学者从解决问题的不同角度提出了多个培训需求分析技术模型。这些模型有助于企业确定培训的优先级、明确培训目标、优化资源配置，以提升培训需求的准确性和有效性。

一、培训需求的绩效差距模型

培训需求的绩效差距模型由美国学者罗伯特·戈特提出，是人力资源管理和培训需求分析领域中一项广泛应用的工具。该模型通过识别并分析实际绩效与期望绩效之间的差异，进而确定培训需求，旨在通过提升员工能力来缩小这一差距，实现组织目标与个人效能的同步增长。它一般遵循"识别绩效差距—分析差距原因—确定是否可培训解决—制订培训计划—执行与评估"步骤。

绩效差距模型的优点是实现了任务目标与期望绩效之间的联系，聚焦实际存在的绩效问题，针对性强，能有效增强培训效果。缺点是识别和分析差距原因可能涉及多方面因素，过程复杂且耗时，可能需要较多的人力、物力和财力投入。其他一些非培训因素如组织结构、领导风格等也会导致绩效偏差。所以，该模型应用时需要综合考虑组织的实际情况，并灵活调整，以克服其潜在的局限性。

在应用绩效差距模型时，组织应充分考虑自身资源和环境的实际情况，灵活调整分析和干预策略；同时，建立跨部门的协作机制，确保培训与组织其他管理职能的协调一致，以全面优化员工绩效，推动组织目标的实现；通过持续的绩效监测和反馈机制，不断迭代优化培训方案，确保培训效果的可持续性和最大化。

二、培训需求循环评估模型

培训需求循环评估模型是一种动态、迭代的培训需求分析方法，它确保组织能够定期并系统地识别、分析及满足员工的培训需求。该模型强调在组织、作业及个人三个层面上不断

循环进行需求分析,以保证培训活动与组织目标紧密相连,同时促进员工技能的持续提升。该模型的核心在于建立一个闭环的评估与反馈机制,使培训需求分析成为组织发展和人才培育过程中的常态环节,而非一次性的项目。

组织整体层面的分析是从组织战略出发,分析组织长期目标、市场趋势、技术变革等外部因素,以及组织文化、资源配置等内部条件,确定组织为达成战略目标所需的核心能力和培训重点。作业层面要聚焦到具体工作或部门,分析岗位职责、工作流程、绩效指标等,识别工作中存在的技能缺口或效率提升点,明确各岗位的特定培训需求。员工个人层面需要关注员工个体差异,通过能力测评、职业发展规划等手段,评估员工现有技能水平与岗位要求之间的差距,以及个人发展意愿和潜力,定制个性化培训计划。

培训需求循环评估模型强调持续改进的理念,通过定期重复上述三个层面的分析与调整,形成一个不断优化的培训需求分析与实施的闭环(见图4-1)。这一过程不仅促进了员工技能的动态提升,还增强了组织对内外部变化的适应能力,推动了组织向学习型组织的转型。

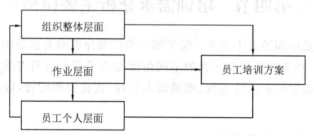

图4-1 培训需求循环评估模型

三、基于胜任力的培训需求分析模型

基于胜任力的培训需求分析模型,是一种旨在提升员工及组织效能的系统性方法,它侧重于识别员工现有能力与实现组织目标所要求的胜任力之间的差距,并据此制定培训策略。这一模型结合了胜任力理论与培训需求分析技术,强调以能力为核心,确保培训活动精准对接组织与个人发展需求。

该模型首先从理解组织的长远目标、业务战略及面临的外部环境挑战入手,明确组织期望达到的关键绩效领域及所需的核心竞争力。其次,基于组织目标,界定不同岗位或职级所需的胜任力框架,包括专业知识、技能、态度、自我管理能力及人际交往能力等。这通常涉及行为事件访谈、问卷调查、专家小组讨论等方法。再次,通过能力测评、绩效考核、360度评估等方式,对员工当前的胜任力水平进行全面评估,识别个体及团队的优势与不足。最后,将员工的胜任力现状与理想状态进行对比,明确能力差距所在,根据能力差距对组织目标的影响程度及紧迫性,确定培训的重点领域和优先级,优先考虑那些直接关联到关键业务成果的胜任力提升。

基于胜任力的培训需求分析模型不仅关注眼前的工作技能提升,更着眼于培养未来所需的综合能力,以适应快速变化的商业环境。它通过系统化、前瞻性的方法,助力企业精准投资于人才发展,驱动组织竞争力的持续增强。

四、前瞻性培训需求分析模型

前瞻性培训需求分析模型是一种超前于当前业务需求,旨在预测并准备未来所需技能的策略性方法。该模型强调"预见未来,提前准备",不仅关注组织当前的培训需求,更侧重于识别和应对未来变化所带来的能力挑战,确保员工及组织能够适应未来的工作环境(见图4-2)。

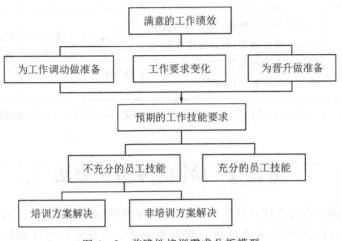

图4-2 前瞻性培训需求分析模型

①要进行环境扫描与趋势预测,全面审视外部环境,识别可能影响组织的未来趋势和潜在变化。②明确组织的长期愿景和战略方向,分析为了实现这些目标,未来几年内组织及员工应具备的关键能力与技能组合。③基于趋势预测和战略规划,定义未来的工作角色及其所需的关键胜任力,包括新兴技术的掌握、创新思维、跨文化沟通等软硬技能。④对比当前员工的能力状况与未来所需能力,识别存在的差距,这不仅包括技能短缺,也涵盖对新知识、新工具的适应能力。⑤根据能力差距对组织战略的重要性及紧迫性排序,制定针对性的培训策略和优先级,包括哪些能力需要立即培养,哪些可以逐步推进。

综上所述,培训需求分析的模型从不同角度对组织培训需求进行了阐述,在实际的运用中往往是多个模型综合运用。表4-5对各个模型的优缺点和适用范围进行了简要对比。

表4-5 培训需求分析主要模型的对比

模型	优点	缺点	适用范围
戈尔茨坦分析模型和改进型分析模型	从组织、任务和人员三个层次进行,分析系统化,能够全面诊断组织培训需求	工作量大,同时需要全员参与	所有组织类型
培训需求的绩效差距模型	能够有效诊断员工完成某项任务的知识或技能短板,针对性强	主要重视当前问题,忽视了组织长期发展	适用于团队发展
培训需求循环评估模型	形成定期的培训需求分析,注重培训发展的长期性	工作量大,需要专门人员定期进行,同时需要全员参与	适用于大中型企业的长期发展

续表

模型	优点	缺点	适用范围
基于胜任力的培训需求分析模型	操作性强,并通过建立员工胜任力素质模型,为员工未来发展提供学习和开发路径	构建胜任力模型难度较大,需要专业人士进行开发,且工作量大	适用于员工开发和职业发展
前瞻性培训需求分析模型	为未来发展做准备,使培训与开发更具有战略意义;促进企业发展目标与个人职业发展的有效结合,提高员工对组织的归属感	由于建立在未来的预测基础上,有时会出现偏差	适用于企业未来需要的高层管理与技术人才

资料来源:赵曙明,赵宜萱.人员培训与开发:理论、方法、实务[M].北京:人民邮电出版社,2017.

第五节 培训需求分析方法

企业通过培训需求分析能够找到符合企业实际发展的培训诉求点,为了保障这种培训需求点的有效性,可以采用多种方法进行培训需求评估。常见的方法包括观察法、问卷法、访谈法、讨论法、大数据分析法等。

一、观察法

观察法是一种通过直接观察员工在实际工作环境中的行为和表现来评估培训需求的方法。这种方法可以帮助培训管理者深入了解员工的工作流程、任务执行情况以及与同事的互动,从而识别出需要改进或提升的领域。

培训管理者亲自到工作现场,观察员工的工作行为、任务执行、问题解决能力以及与同事的沟通协作;关注员工完成任务的效率、准确性以及创新性,评估其是否达到了岗位要求;观察员工在执行任务时所运用的技能是否熟练,以及是否能够灵活运用这些技能解决实际问题;另外还要注意员工的工作态度、在团队中的互动和协作情况,识别员工在工作中遇到的问题以及如何解决这些问题;在观察过程中,收集员工对自己工作表现的反馈,以及他们认为需要改进的地方。

培训管理者在运用观察法时应注意以下问题:

(1)观察者必须对被观察的员工所进行的工作有深刻的了解,明确观察岗位的行为标准。

(2)观察者要在不干扰员工正常工作的前提下进行观察,避免员工因为被观察而改变其正常工作行为;避免在观察过程中侵犯员工的个人隐私。

(3)观察者要持续跟踪,观察不应是一次性的活动,而应是一个持续的过程,以便更准确地识别培训需求。

(4)观察法一般适用于容易被直接观察和了解的工作,不适用于技术要求较高的复杂性工作。对于复杂性工作,培训管理者最好结合其他培训需求评估方法,如问卷法、访谈法等,从不同角度综合评估培训需求。

二、问卷法

问卷法作为培训需求分析的重要手段,以其便捷性、广泛适用性和数据量化优势被广泛应用。该方法通过设计一系列结构化问题,以书面形式收集目标受训人员的反馈,从而系统性地识别培训需求。问卷法可通过电子或纸质方式迅速分发问卷,短时间内收集大量数据,尤其适合大型组织或分散的员工群体。

(一)问卷法的优缺点

问卷法的优点在于:费用低、效率高;便于对数据进行统计分析,易于发现普遍性问题和趋势,为决策提供量化依据;填写问卷时的匿名性,使员工更愿意真实表达意见和需求,有助于获取更客观的信息。

问卷法的缺点在于:可能遇到员工参与度不高、回应率低的情况,影响数据的全面性和代表性;高质量问卷的设计需要时间和专业知识;即便设计了客观问题,员工的个人感受、理解差异仍可能影响回答的准确性,导致数据偏差;难以深入探究某些问题背后的原因,限制了对需求的深入理解。因此问卷法经常和访谈法配合使用。

(二)问卷法的实施流程

为了提高问卷法的实施效果,其实施流程应遵循以下步骤(见图 4-3):①明确问卷调查的目标,根据培训需求分析的目标确定问卷涵盖的内容和维度;②结合岗位特点和培训目标,设计包含背景信息、技能评估、培训偏好等内容的问卷,注意问题的逻辑性和表述的清晰度;③在正式发放前,对问卷进行小范围预测试,根据反馈修订问卷;④选择组织中合适的渠道(如电子邮件、企业内部平台等)发放问卷,设置合理的回收期限,鼓励员工积极参与;⑤收集数据后,进行统计分析,识别需求趋势,提取关键信息,如使用频率分析、交叉分析等方法;⑥根据分析结果,撰写培训需求分析报告,明确培训的重点领域和目标人群,向管理层汇报,并为后续培训计划设计提供依据。

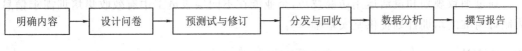

图 4-3 问卷法的实施流程

三、访谈法

访谈法是指培训者或访谈者根据与受访者面对面的沟通交流,从受访者的表述中发现问题,进而判断出培训需求的调查方法。作为传统培训需求分析调查的重要手段,访谈法在企业中广泛运用。访谈法可以分为结构化和非结构化两种,前者是指访谈者以标准模式向所有的受访者提出相同的问题,后者是指访谈者针对不同的受访者提出不同的开放式问题以获取所需信息。

(一)访谈法的优缺点

访谈法的优点是能够根据被访谈者的回答调整问题,捕捉非言语线索,也可即时追问,获取更深层次的理解和更丰富的信息。同时面对面的互动有助于建立双方的信任关系,提高访谈的真实性和深度。

访谈法的缺点是需要较多的人力和时间投入,特别是准备、执行和后续分析阶段;收集到的信息难以直接量化,需要进行文本分析;访谈结果可能受访谈者个人偏见或受访者表达能力的影响。

(二)实施流程

访谈者运用访谈法收集培训需求分析信息时,可以遵循如图 4-4 所示的流程。

图 4-4 访谈法的实施流程

(三)针对不同层级员工实施访谈的关键点

组织中不同层级的员工由于岗位内容和自身发展层次的不同,其培训需求侧重点也是不同的。因此,企业在进行培训需求调查时,应结合各自特点和要求选择访谈内容(见表 4-6)。

表 4-6 对不同层级员工实施访谈的要点

层级	访谈要点
基层员工	关注具体工作操作、遇到的挑战、技能提升需求和日常工作中的痛点。访谈采用鼓励开放分享的提问方式,营造轻松氛围
中层管理者	侧重于团队管理和协作能力的培训需求,了解他们对下属能力发展的看法,以及团队绩效提升的障碍。提问应涵盖团队建设、领导力需求等方面
高层管理者	探讨组织战略对培训的需求,关注行业趋势、组织变革对人才能力的影响,以及对组织长远发展所需的关键技能的看法。访谈应更注重战略视角和宏观层面的需求分析

通过细致规划和灵活运用访谈技巧,企业能在不同层级员工中有效收集培训需求信息,为制订精准的培训计划提供坚实基础。

四、讨论法

讨论法,也称为小组讨论法或者焦点小组访谈法,是从培训对象中选出一部分有代表性且熟悉问题的员工作为讨论代表,通过小组讨论来收集培训需求信息的方法。它鼓励参与者之间的互动,以激发新想法、深化理解并发现潜在的培训需求。

(一)讨论法的优缺点

讨论法的优点是小组讨论能够从多个角度获得信息,增加信息的多样性和深度,有助于发现更深层次的需求;相较于一对一访谈,同时访谈一组人可以节约时间和资源。

讨论法的缺点是可能存在群体压力,抑制部分人的意见表达,导致信息偏差;维持讨论的焦点和节奏需要主持人具备较强的引导和控场能力;后期的数据整理和分析可能较为复杂。

(二)讨论法的实施流程

(1)在开展培训前,培训管理者应根据培训内容和要求选拔部分讨论代表,并召集小组讨论成员,说明组织或员工的现实情况及存在的问题。

(2)小组成员对员工出现的问题、产生原因或相关情况进行讨论,寻找解决办法或视情况进行界定分析。

(3)小组成员汇总讨论的结果,最终判断培训是否为解决问题或改变现状的有效方法。

五、大数据分析法

大数据培训需求分析方法是一种先进的分析策略,它结合了传统的培训需求分析原理与大数据处理技术,旨在从海量数据中提取有价值的信息,识别出组织在大数据技术、应用、管理等方面的培训缺口,为制订个性化、前瞻性的培训解决方案提供依据。

(一)大数据分析内容

(1)环境扫描:分析行业趋势、技术进步、政策法规变化等外部因素,以及组织内部的战略调整、业务流程改进、技术更新等,以预测未来大数据技术的应用需求。

(2)绩效与技能评估:利用历史绩效数据、员工技能档案、项目完成情况等,评估员工在大数据领域的现有技能水平和绩效表现,识别技能差距。

(3)工作流程分析:通过数据挖掘和流程分析,识别大数据技术在各业务流程中的应用情况,以及优化空间,确定流程改进所需的特定技能培养。

(4)趋势预测:运用预测分析模型,基于历史培训数据和员工成长路径,预测未来一段时间内组织对大数据专业人才的需求。

(5)个性化需求识别:结合员工个人职业规划、学习偏好、先前培训效果反馈等个性化数据,设计符合个体发展的培训路径。

(二)大数据分析中的角色工作

大数据分析方法不单纯地依赖于软件支持,而需要培训管理者的参与,两者相辅相成,各自的工作如表4-7所示。

表4-7 培训需求大数据分析中的角色工作

培训需求分析各阶段	培训管理者参与方面	软件支持
数据收集	明确培训目标与预期成果,确定应收集哪些类型的数据以支撑这些目标;审批数据收集计划,确保数据的采集符合培训需求及隐私政策	自动执行数据抽取和初步整理,减轻管理者对技术细节的关注
数据清洗与整合	与数据分析师合作,定义数据质量标准,如哪些数据是关键且必须完整的;审核数据清洗报告,确认数据已准备好用于分析	执行清洗规则,处理缺失值、重复记录等,保证数据集的质量和一致性
分析与建模	基于业务理解,与数据团队讨论分析方向,如识别哪些技能对提升团队效能最为关键;参与解读分析结果,将数据洞察转化为实际的培训需求	自动执行复杂的分析任务,提供直观的图表和报告,辅助理解数据故事
需求识别与优先级排序	基于分析结果,结合组织战略和预算,决定哪些培训项目优先实施;考虑培训资源的最优配置,平衡短期需求与长期发展	提供数据驱动的建议,比如通过评分或排名显示技能需求的紧急程度,辅助管理者决策

目前，对培训需求进行大数据分析没有单一软件，往往是组织将大数据分析和处理平台集成到培训需求分析中。国外有名的大数据分析和商业智能软件有 Hadoop、Apache Cassandra、Zoho Analytics、Tableau 等，国内知名的有阿里云 Quick BI、华为 FusionInsight、思迈特 Smartbi 等，都可用于深度挖掘员工培训需求，支持培训需求的精准定位与分析。大数据培训需求分析方法不仅要求数据分析的专业技能，还要求对组织战略、业务流程及人力资源管理有深刻理解，以确保培训策略的有效性和前瞻性。

案例 4-3

某高科技公司专注于开发人工智能解决方案，并希望提升其员工的能力以适应不断变化的技术环境和市场需求。该公司意识到，随着技术的迅速迭代，员工的专业技能、办公软件使用能力和跨部门沟通技巧等都需要定期更新和提升。为了优化培训资源并确保培训内容的针对性，公司决定采用大数据分析来精确识别员工的培训需求。于是，公司人力资源部门与 IT 部门合作，收集了以下几个方面的数据：员工绩效数据、内部培训参与记录、员工满意度调查、行业趋势数据。运用大数据分析工具，人力资源部门进行了以下分析：

(1) 需求缺口识别：通过比较员工现有技能与岗位需求模型，发现"机器学习算法应用"和"云计算平台操作"是两大技能缺口。

(2) 主动与被动学习倾向分析：分析员工对培训的参与态度，发现尽管大多数员工（48 人）被动参与培训，但有 29 人表现出较高主动学习意愿，提示个性化培训方案的必要性。

(3) 培训效果关联性：通过回归分析，证明了培训后绩效提升与特定培训模块（如"沟通技巧"）之间的正相关性。

(4) 绩效考核影响：调研结果显示，35 人支持将培训成果纳入绩效考核，意味着员工对培训成果的认可与绩效挂钩持开放态度。

基于上述分析，人力资源部制定了以下培训策略：

(1) 优先培训领域：针对识别出的专业技能缺口，优先安排"机器学习算法应用"和"云计算平台操作"课程。

(2) 混合学习模式：鉴于员工不同的学习偏好，设计线上自学材料结合线下实操工作坊的混合式学习路径。

(3) 主动学习激励：为鼓励员工主动学习，设立"学习成就奖"，表彰完成额外学习任务的员工。

(4) 绩效考核机制：将关键技能培训的完成情况和掌握程度纳入年度绩效评估体系，以增强培训的实效性。

本章小结

培训需求分析既是确定培训目标、设计培训规划的前提，也是进行培训评估的基础，因而成为培训活动的首要环节。

培训需求分析是指在规划与设计每项培训活动之前，由培训部门、主管人员、工作人员等采用各种方法与技术，对各种组织及其成员的目标、知识、技能等方面进行系统的鉴别与分析，以确定是否需要培训及培训内容的一种活动或过程。

培训需求分析必须在组织、任务和人员三个层次上进行。

完整清晰的培训需求分析流程包括前期准备、制订培训需求分析计划、实施培训需求调查与分析、分析与输出培训需求分析结果、撰写培训需求分析报告以及结果的应用。

培训需求分析主要技术模型有培训需求的绩效差距模型、培训需求循环评估模型、基于胜任力的培训需求分析模型、前瞻性培训需求分析模型。

培训需求分析方法有观察法、问卷法、访谈法、讨论法和大数据分析法等。

 思考与讨论

1．假设你必须要对一家新建工厂的一项新工作进行培训需求分析，描述一下你会使用的方法。

2．为什么要在培训需求分析过程中包括高层管理者？

3．说明如何判断雇员是否具备参加一项培训项目所需的阅读水平。

4．假设你要让不经常使用计算机且年纪较大的雇员参加一个有关如何使用企业全球系统的培训进修班，你怎样才能保证让他们为培训做好充分准备？

5．电工这项工作所包含的具体任务及相应的任务得分情况，如表4-8所示。你认为在培训项目中应强调哪些任务？为什么？

表4-8　具体任务项各项得分

任务	重要性	频率	学习难度
1. 换零件	1	2	1
2. 修理设备	2	5	5
3. 定期进行安全检查	1	4	3
4. 使用小型工具	2	5	1

注释：①频率：1＝极不经常，5＝经常；

②重要性：1＝非常重要，5＝很不重要；

③学习难度：1＝容易，5＝很难。

 实训题

请选取某类企业某类员工运用培训需求分析方法写出培训需求分析报告。

 案例分析

第五章 现代培训环境支持体系

学习目标

1. 掌握培训环境构成及其与培训的关系;
2. 掌握培训环境的分类;
3. 掌握培训环境支持评价的指标及步骤;
4. 理解培训的学习环境及其构成;
5. 了解培训经费的获得及合理利用;
6. 讨论获得组织支持的基础及表现;
7. 能够建立培训环境支持体系。

开篇案例

小米公司的培训

小米公司虽然还很年轻,从 2010 年成立距今不过十几年而已,但是它已经成长为国内的头部企业之一。小米公司的快速发展,已然成为人们研究的热点。2019 年 8 月,小米公司正式成立"清河大学",目标是打造一所具有小米特色的企业大学。2021 年,因政策原因"清河大学"变身为集团学习发展部,作为组织小米集团层面培训活动的负责部门,持续为公司各部门、各级别员工提供线上线下培训并量身定制或升级各类培训计划。小米公司的发展不断加速,2019 年公司进入世界 500 强。公司员工人数从 2019 年的 18170 人,增加到 2021 年的 35415 人,两年的时间几乎翻了一倍。因此,小米公司在员工培训上的投入不断加大,直接反映到培训课程的数量、学习项目、员工受训平均小时数等数据都有不同程度的大幅增加。

2019 年,小米公司还只有针对应届生的"YOU"计划、针对管培生的"MI New Generation"计划以及针对管理层的星火计划和燃计划。到了 2021 年,面对日益庞大的员工队伍以及更为多样化的培训需求,小米公司在培训计划上更有针对性。

在小米集团提出的新十年战略背景下,集团学习发展部更加关注人才储备和梯队建设。针对不同的新入职员工,小米公司设计了繁星计划、TOP 高潜、小米实习生和社招四种培训项目。其中,繁星计划针对应届毕业生,从集团、部门和岗位三个级别开展大规模和系统性的培训,集团课程帮助应届生了解公司,融入文化,掌握小米办公及职场基本技能,并塑造良好的职场形象;部门课程帮助应届生了解部门,理解业务,掌握部门制度规范,以更好地适应工作环境;岗位课程帮助应届生掌握所在岗位的基础技能,助其尽快上岗开展工作。值得一提的是,为了能让繁星计划更有效果,规划培训方案之前,小米公司的培训项目组都会开展大量调研。在对 2021 年所有入职应届生进行问卷调研、一对一访谈,收集千余份调研结果并进行分析后,才会设计 2022 年的应届新员工培训方案。集团学习发展部会在当届入职的应届新员工中，根据绩效与个人能力测评成绩，选出5%~20%的员工进入TOP高潜项目进行初阶管理者能力培养。集团学习发展部为这一人群量身定制的人才培养方案，将助力集团攀登更高的山峰。另外，针对初、中、高不同级别的管理干部，公司也设置了不同的培训计划，并扩大了课程所覆盖的员工比例，以增强管理层的管理与业务能力。

第一节 培训环境与培训的关系

一、培训环境的含义与特点

1. 培训环境的含义

环境是指存在于某一事物或活动周围的一切情况和条件。所谓培训环境，是指直接或间接影响与作用于培训系统及其活动的诸要素的总和。理解这一概念应注意以下方面：

(1) 培训环境既包括培训的外部环境，即直接或间接影响与作用于培训系统及其活动的外部情况与条件；也包括培训的内部环境，即直接或间接影响培训系统及其活动的培训系统内部的情况与条件。

(2) 培训环境是由多种因素构成的复杂系统，如政治、经济、文化、人口及制度设计、组织支持等因素。

2. 培训环境的特点

培训环境作为环境的一种特殊子系统，具有如下特点：

(1) 复杂性。物质与精神、社会与自然、国际与国内，众多的环境因素在特定的培训活动中所产生的影响和作用不同，有的直接、重要些，有的间接、次要些。

(2) 变动性。培训环境因素会随时间、空间及其他因素的变动而变动。如古代的培训不重视制度设计的作用，而现代培训把制度设计作为培训环境的重要组成部分。

(3) 差异性。不同国家、地区、部门的培训环境有很大的不同，既表现在政治、经济、文化和技术等方面，也表现在培训人员、培训经费、学习环境等方面。不同的培训环境决定了培训活动的多样性与特殊性。

二、培训环境的分类

1. 培训的一般环境

培训的一般环境是指能够影响包括培训在内的一切教育活动的诸多因素。它主要包括文化环境、政治环境、经济环境、自然环境、教育环境、人口环境、技术环境和社会环境。

2. 培训的工作环境

培训的工作环境是指能够直接影响与作用于培训系统及其活动的各种制度的总和。培训的一般环境在既定的社会中对所有的教育活动都是一样的，而培训还有自己特有的、具体的工作环境。它主要包括以下几个方面：

(1) 制度设计，即能够直接影响与作用于培训系统及其活动的各种制度的总和。

(2) 学习环境，即能够直接影响与作用于培训系统及其活动的各种学习条件。

(3) 培训经费，包括获得来源及其合理使用状况。

(4)培训者,包括培训部门领导人、培训管理人员及培训教师三个方面。

(5)组织支持,包括工作人员、主管人员、经理人员及行政与高级经理人员的支持四个方面。

鉴于培训的工作环境对培训系统及其活动具有直接的影响作用,本章主要研究培训的工作环境的有关内容。关于培训的一般环境与工作环境对培训的影响关系,参见图5-1。

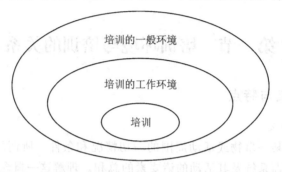

图5-1 培训的一般环境、工作环境与培训的关系

三、培训环境与培训的辩证关系

一般认为,培训环境与培训是辩证的关系。具体说来,二者的关系表现如下:

(1)培训环境决定、影响或制约培训系统及其活动。这种作用表现为三个方面:一是培训环境影响培训目标及其实现程度,培训目标的确立及其实现一般都要受到规章制度、培训经费多少及培训者素质高低的影响;二是培训环境能影响培训的组织结构及其建设;三是培训环境决定或影响培训过程和培训方法。

(2)培训必须适应培训环境的要求、条件和变化。

(3)培训对培训环境具有反作用。

培训环境与培训的辩证关系,要求培训必须适应培训环境的需要,建立科学的培训系统,以提高培训的质量和效果。

第二节 培训环境要素

一、制度设计

制度设计作为培训环境的重要组成部分,其根本作用在于为培训活动提供一种制度性框架和依据,促使培训沿着法治化、规范化轨道运行。制度设计主要包括人事培训的法律法规、人事培训的具体制度和政策两个方面。

(一)人事培训的法律法规

1. 国外人事培训的有关法律法规

人事培训的法律法规在不同国家可能存在差异,以下是一些国际上常见的与人事培训相关的法律和准则。

(1)1938年出台的美国《公平劳工标准法》：根据该法律，雇主必须支付员工参加与工作相关的培训期间的工资；培训时间必须被视为工作时间，雇主要按照法定最低工资标准支付工资；雇主不能要求员工在非工作时间参加培训。

(2)1963年出台的美国《职业教育法》：该法推动并支持成年人和青少年的职业培训和教育。该法规定了各州的职业培训计划的制订和实施，以满足就业市场的需求，提供了培训补贴和资金支持，以帮助个人获取技能和就业机会。

(3)2021年出台的英国《就业技能白皮书》：阐述了英国将如何改革职业技能教育，以支持人们获得国家经济所需的终身技能。其主要包括五大措施：将雇主需求放在继续教育体系的核心，提供先进技术和更高级别的技能培训，确保继续教育培训和学习的灵活性，改革继续教育的资助制度和问责制，支持继续教育的优秀教学。

2. 中国人事培训的法律法规

到目前为止，中国还没有出台专门的人事培训法律，但是现有立法中有涉及政府和企业职工培训的法律条文。

《中华人民共和国教育法》第二十条规定："国家实行职业教育制度和继续教育制度。各级人民政府、有关行政部门和行业组织以及企业事业组织应当采取措施，发展并保障公民接受职业学校教育或者各种形式的职业培训。国家鼓励发展多种形式的继续教育，使公民接受适当形式的政治、经济、文化、科学、技术、业务等方面的教育，促进不同类型学习成果的互认和衔接，推动全民终身学习。"

《中华人民共和国公务员法》第十章规定："机关根据公务员工作职责的要求和提高公务员素质的需要，对公务员进行分类分级培训。国家建立专门的公务员培训机构。机关根据需要也可以委托其他培训机构承担公务员培训任务。""机关对新录用人员应当在试用期内进行初任培训；对晋升领导职务的公务员应当在任职前或者任职后一年内进行任职培训；对从事专项工作的公务员应当进行专门业务培训；对全体公务员应当进行提高政治素质和工作能力、更新知识的在职培训，其中对专业技术类公务员应当进行专业技术培训。国家有计划地加强对优秀年轻公务员的培训。""公务员的培训实行登记管理。公务员参加培训的时间由公务员主管部门按照本法第六十七条规定的培训要求予以确定。公务员培训情况、学习成绩作为公务员考核的内容和任职、晋升的依据之一。"

《中华人民共和国劳动法》第八章规定："国家通过各种途径，采取各种措施，发展职业培训事业，开发劳动者的职业技能，提高劳动者素质，增强劳动者的就业能力和工作能力。各级人民政府应当把发展职业培训纳入社会经济发展的规划，鼓励和支持有条件的企业、事业组织、社会团体和个人进行各种形式的职业培训。用人单位应当建立职业培训制度，按照国家规定提取和使用职业培训经费，根据本单位实际，有计划地对劳动者进行职业培训。从事技术工种的劳动者，上岗前必须经过培训。国家确定职业分类，对规定的职业制定职业技能标准，实行职业资格证书制度，由经备案的考核鉴定机构负责对劳动者实施职业技能考核鉴定。"

《中华人民共和国全民所有制工业企业法》第四十二条规定："企业应当加强思想政治教育、法制教育、国防教育、科学文化教育和技术业务培训，提高职工队伍的素质。"

除了国家现有立法中有职工培训的内容与条文外，许多省市也制定了专门的职工培训地方性法规。这些地方性法规进一步明确了职工培训的原则、方针和政策，明确了各部门的职责、权限和程序,为实施职工培训以及调整各方面的关系提供了基本依据。

从全国来看,全国和地方的有关职工培训的法律法规对全国职工培训的确起过积极作用,使培训工作一定程度上纳入了法治化、规范化轨道。但我们不能盲目乐观,职工培训法治建设的任务还很艰巨,还需进一步完善。当前,完善中国的职工培训法治建设,首先是应制定专门的职工培训法,作为全国统一的法律性文件;其次是要充分激发地方立法的积极性,抓紧制定相配套的地方性法规;最后,除了制定法律法规外,还要完善职工培训的执法监督机制。唯有如此,才能做到职工培训有法可依、有法必依、执法必严、违法必究的基本要求。

(二)人事培训的具体制度和政策

人事培训的制度和政策是职工培训健康发展的根本保证,是地方、行业主管部门及事业基层单位在开展培训工作时要求人们共同遵守并按一定程序实施的规定、规则和规范。纵观世界各国的实际情况,它一般有以下几种。

1. "先培训,后上岗"与"先培训,后任职"制度

"先培训,后上岗"指的是新职工就业上岗前的培训,各类从业人员转岗前的培训,新技术、新工艺推广应用前的培训等。"先培训,后任职"主要针对准备提职或晋升的政府或企业等组织的各种工作人员。

2. 岗位工资制度

岗位工资制度是按岗位所处的环境、技术难易程度、所需资格条件、工作繁简及责任大小来确定工资,按贡献付酬的制度。职工通过培训,经过政治理论和业务知识考试、操作技能考核、劳动态度与日常表现等方面的综合考核,确定是否达到某一岗位的等级标准。

3. 考核制度

人事培训考核包括设定培训目标、学习评估、技能评估、反馈和评价、绩效考核、持续跟踪和评估以及培训效果评估等环节,旨在评估员工在培训中的学习成果、应用能力和绩效表现,以提高培训的有效性和贡献。

4. 奖惩制度

为使培训工作深入、持久、健康地发展下去,企业还必须建立奖惩制度,以调动广大职工的积极性。具体措施包括以下几个方面:

(1)将考核成绩纳入岗位责任制,与奖金挂钩。
(2)实行岗位津贴制,鼓励职工安心工作,钻研技术。
(3)对培训成绩优秀者给予奖金、奖品或证书等。

只有通过以上的奖优罚劣,建立起与培训相配套的奖惩制度,才能调动人们的培训积极性和主动性。

5. 证书制度

证书制度主要是指对经过培训的学员,发给成绩合格证书或荣誉证书,以此作为确定工资待遇及职务升迁的一种依据。

二、学习环境

学习环境是指在培训过程中能够影响或作用于学习方式、学习过程、学习效果等方面,进而影响培训系统及其活动的诸因素的总和。它主要包括受训者的初始状态、学习条件及

学习的转换三个方面。

（一）受训者的初始状态

1. 受训者的能力

由于受训者的初始状态在培训过程中影响重大，因此培训者必须关注受训者完成特定任务的能力。一些心理学家认为，受训者初始状态的差别主要是由于受训者以前学习的智力技能的数量和种类存在差别，如果受训者成功完成任务所必需的技能没有被考虑到，那么培训规划将归于失败。

如何确定受训者的能力呢？这主要是通过培训能力测试来完成的。培训能力测试不能代替整个培训规划，它只由能够反映达到某种工作绩效所必需的知识、技能、能力的任务样本构成。其目的是通过运用样本测试所获得的结果，来预测以后培训规划或现场工作的绩效。培训能力测试既可以提供关于培训和工作应该怎么样的一种期望，也能够为培训规划设计提供一种依据。一般说来，培训能力测试包括以下三个环节：

(1)应用一个标准化程序，指导者为受训者提供培训和示范；
(2)要求受训者自己在无人帮助的情况下从事一项工作；
(3)根据标准化清单，记录受训者的工作绩效。

2. 受训者的动机、态度

动机和态度是能够引起行为激励的持续性的一种心理过程。任何人的行为都受一定的动机、态度等心理因素的影响和制约。研究者认为，受训者的动机、态度等因素对培训的有效性有重大影响。一般说来，受训者的动机、态度等因素涉及以下几个方面：

(1)受训者是否相信培训的需求分析。
(2)受训者进行何种归因。内归因认为工作中出现的问题是由自己的行为造成的，因而能为自己所控制；外归因认为工作中出现的问题超出了自己的控制范围。基于此，内归因者一般都表现为较高的培训和学习动机，而外归因者则正相反。
(3)受训者是否认为他们能学习到培训内容。如果他们认为确实能学习到培训内容，则他们参加培训、学习的动机就高；反之，动机就低。
(4)受训者是否意识到培训环境的设计是对他们努力的一种反应。
(5)较好的工作绩效是否对受训者有某些价值。

（二）受训者的学习条件

受训者的学习条件构成了培训学习环境的主要内容，因而对培训及学习都有重要影响。它主要包括以下几个方面。

1. 学习内容

一般说来，学习内容主要包括以下五个方面：

(1)智力技能。这种技能包括概念、规则和程序。有时这种技能又称为程序知识。数学计算规则是一个较好的智力技能的例子。
(2)语言信息。语言信息有时也称为宣告信息。它是指个体宣告或陈述某种事物的能力，比如，陈述灭火器的主要类型及应用方法。
(3)认知策略。它是指这样一种思想：受训者不仅把智力技能和语言信息，而且把如何及何时运用这些信息的知识，引进到新的工作任务中去。在某种意义上，认知策略形成一种能够使受训者知道何时和如何选择智力技能和语言信息的策略知识。

(4)机械技能。这种技能主要包括写作、游泳、使用工具等一些人类基本的技能。

(5)态度。态度主要指人们对某件事情的看法和应采取的行动。

2. 学习阶段

一般来说,受训者的学习要经过以下三个阶段:

(1)陈述性知识阶段。这一阶段包括基于讲座和观察而获得对任务的基本理解,以及学习一些事实和指令,需要有较强的记忆能力。由于在这一阶段必须保持所学东西不忘记,受训者需要不断复习以加强记忆。

(2)知识转换阶段。这是把陈述性知识阶段获得的知识进行加工、整理,为过渡到下一阶段做准备。这一阶段主要由任务练习、尝试方法及运用获得知识构成。在这一阶段,任务及知识的记忆需求逐渐减少。

(3)程序性知识阶段。在这一阶段,受训者的知识、技能具有了自动性,在工作时较少注意,工作任务便能顺利完成。

3. 自动性

自动性是指工作人员在较少注意他们所从事的工作时也能够顺利完成任务的一种状态。自动性过程需要较少的注意力,因而即使人们还在从事其他工作,也能够很顺利、很迅速地完成既有工作。这实际上涉及对特定刺激的反应问题,而要达到这种状态,必须有大量的练习和训练。

4. 重视自我调整

自我调整是指受训者的经历能使他们开发技能以控制他们的绩效。也就是说,受训者能够迅速控制工作,准确判断困难,分配时间,评估进步及预测活动的结果。受训者在参加学习时,不但获得了知识,而且学到了能够使他们独立工作以及控制自己行为的技能。

5. 反馈

多数研究者认为,反馈在学习过程中具有重要作用。反馈过程把受训者的学习效果、培训效果传递给培训部门或其本人,培训部门或受训者能够根据反馈的信息及时调整自己的行为,从而使培训及学习活动顺利进行,获得较高的绩效。

6. 重视个体差别

在学习过程中,受训者的知识、能力、技能、性格等方面均不相同,这就决定了培训者要根据每个受训者的特点因人施教,充分考虑到受训者之间的个体差别。如果采用同一方式、同一内容对待具有不同特点的所有受训者,是不会取得较好的学习和培训效果的。

(三)学习的转换

人们期望受训者将在培训过程中学到的知识、技能和能力顺利应用到另一个环境,即现场工作中去,这实际上涉及学习的转换问题。

成功的学习转换,即正转换,需要一系列条件:

(1)在培训过程中,通过大量的练习和训练,获得某种任务的自动性。

(2)争取获得组织中各方面的支持,包括受训者、经理人员及主管人员的支持。

(3)培训前,必须明确对受训者及经理人员的期望。

(4)确认转换过程中的困难,并设法排除。

(5)在工作组织中,必须同经理人员、主管人员一起为维持受训者所学到的行为提供机会。

(6)争取形成一个持续学习的氛围,在这种氛围中工作人员能够感觉到持续学习的重要性。

三、培训经费

培训经费是开展培训工作的物质基础,是培训工作所必须具备的教学场所、教学设施、教师和教材等的资金保障。能否确保经费的来源和能否合理地使用经费,不仅直接关系到培训的规模、水平及程度,而且关系到具体培训部门、受训者及所在单位的积极性。

(一)培训经费投入的战略性意义

当今世界的发展已经表明,教育投资对社会、经济、科学技术的发展是极为重要的。科技的进步、经济的发展都是靠人来实现的,都取决于人的质量和素质的提高;无论何种竞争,都是人的素质的竞争。培训经费投入作为教育投资的一部分,理应受到人们的重视。但是,在现实生活中,仍有人把培训经费投入看成一种纯粹的消费性投入,从而否定或忽视了培训经费投入的战略性意义。

这种观点的产生是有原因的。原因之一是经验学派的理论。许多经理人员认为他们没有接受过什么培训,但是他们也升到了今天的位置,并且干得很好。原因之二是培训效果的周期性。从短期看,培训经费的投入的确是一种消费性投入,因为培训并不像生产物质产品那样,投资后短期内就可以生产出物质产品,取得可见的经济效益和社会效益。然而从长期看,培训经费的投入确实也是一种"生产性投资",它的"生产性"体现在,它的"生产"形式是培训,它的"生产"成果则是提高了素质的人,是适应社会发展需要、适应部门工作需要的人。

正是由于培训经费的投入是一种战略性投资,因此培训部门在争取培训经费时,一是要广泛宣传培训经费投入的战略性意义,使部门经理和管理人员意识到培训并不是一种纯粹消费性投入的奢侈品;二是想方设法获得公司高层领导者的支持,这就需要培训部门积极向公司高层领导者展示培训的成果;三是多渠道筹集经费,调动社会各方面参与培训的积极性;四是要合理分配和使用经费,以期用最少的投入获得最大的效益。

(二)培训经费的来源

培训经费的来源是多方面的,并且不同国家、不同性质的部门的经费来源形式也不一样。但一般说来,培训经费的投入大致可以划分为国家投资、部门投资、单位投资、社会赞助、个人投资等多种形式。

1. 国家投资

国家投资适应了国家对培训的需要,一般用于培训机构日常开支和专业团体的补助津贴,以及特殊情况下的设备和基建开支,资助办得好的学校,向隶属于国家的培训机构提供培训手段等。国家投资的款项主要来自税收。

2. 部门投资

部门投资主要是指一个国家的各级业务主管部门,结合本部门的实际,用于职工培训的基本建设、设备购置以及专项培训的财政性拨款。它带有明显的系统性和行业性的特点。培训机构掌握经费,统一管理、分级使用。如中国,中央组织部和农业农村部联合举办的全面推进乡村振兴专题视频培训班及中央和国家机关等单位选派驻村第一书记培训班等,都有专项经费。这类投资一般都是针对某一重大课题进行的,其特点是专款专用,带有很强的政策性。

3. 单位投资

单位投资是指一个国家的各级行政部门、企事业单位为培训本单位的职工,使之适应工作岗位的需要而进行的投资。

在国外,单位投资主要是指企业投资。由于企业领导者对职工培训认识的不断提高和有关政策法令的规定,企业支付的职工培训经费不断提高。近年来,美国企业界每年为职工培训投入高达 4000 亿～6000 亿美元。在中国,单位投资既包括行政部门的投资,也包括企事业单位的投资。如行政机关、企事业单位派出职工参加业务学习、技术培训,其学费、差旅费等均由单位支付。单位投资在职工培训中占有很大的比例。

4. 社会赞助

有关组织和个人对职工培训的捐赠款构成了培训经费的又一来源。在中国,社会赞助也取得了很好的效果。2021 年 9 月,欧莱雅集团与中国妇女发展基金会签署了"美丽事业,美好人生"美妆公益培训项目的"新五年"战略合作,并积极探索升级支持女性就业、创业的新思路——首次深入乡村振兴的主阵地西北地区,在宁夏成立首个培训点;深耕关键技能培训领域,增加电商技能培训;启动"美业孵化计划"试点,实现就业、创业的精准对接和输出,以期通过"深耕＋孵化"的"西北模式",帮助乡村女性拓宽职业道路,进一步激发她们就业、创业的能力、活力和潜力,促进乡村振兴释放澎湃动能。

5. 个人投资

个人投资是指培训学员在培训期间用于学习方面的各种费用支出。它也是职工培训经费的一个来源。美国、德国、英国、法国等职工培训所收的学费都直接作为收费单位的培训费用。中国培训学员的个人投资主要包括学费及与培训内容有关的书籍资料、文具用品等。

(三)培训经费的合理配置与使用

培训经费是培训工作能够顺利进行的必要条件。要搞好培训工作,必须合理配置与使用培训经费。

1. 明确经费使用范围

培训经费必须用于培训工作,不能挪作他用,这是培训经费使用的大前提,为此必须明确经费使用范围。一般说来,培训经费的使用范围包括以下几个方面:

(1)培训内容开发与实施费用。

①课程开发与设计费用:包括聘请专家、教师和开发教学大纲、教材、培训课件等所需费用。

②外部培训机构费用:企业或单位聘请外部培训机构提供专业的培训服务的,则支付这些机构费用。

(2)培训师资和讲师费用。

①工资和讲课费:支付内部或外部培训讲师的费用及相关讲师的津贴。

②师资培训费用:对培训师资的选拔、培训及继续教育等投入的费用。

(3)培训设施和设备费用。

①硬件设施费用:购买或租赁培训所需的设备,如计算机、投影仪、音响设备等的费用。

②软件支持费用:购买或租赁培训所需的学习软件、工具以及在线学习平台的费用。

③场地租赁费用:若培训场地需要外租,则包括租赁费用。
(4)教材和学习资料费用。
①教材和参考书籍费用:为培训学员购买或印刷教材、参考书、学习手册等费用。
②学习资料及工具费用:包括培训中需要使用的其他学习工具或材料的开支。
(5)考试与考核费用。
①考试安排费用:包括为培训学员安排资格考试、认证考试等费用。
②证书费用:如发放培训合格证书、职业资格证书等所需费用。
③考核设备和人员费用:考试和考核过程中所需的器材费用、人员费用等。
(6)培训人员的差旅费。这主要包括交通住宿费用,如教师、学员或培训人员的差旅费用。
(7)培训相关的管理费用。
①管理人员费用:用于培训组织和管理工作的人员工资、津贴等。
②行政和日常运营开支:如培训活动的场地布置、行政支持等费用。
(8)后期评估与反馈费用。
①培训效果评估费用:对培训效果的评估和反馈收集可能需要的费用,包括数据分析、调查表的设计与实施等费用。
②持续改进费用:根据评估结果,对培训内容、形式或材料进行改进和更新的费用。
(9)奖励与激励。
①奖励:为表现优秀的培训学员或培训人员提供的奖励,包括奖学金、奖金等。
②激励费用:对企业内部员工进行激励性培训时,可能涉及的激励费用。

2. 加强经费制度管理

(1)建立健全经费管理制度。培训经费的管理是一项具体细致的工作,如果没有一定的规章制度作保证,就很容易造成失误和浪费。因此,一方面要设置专门的经费管理机构,配置专职的财会人员,依照国家有关规定照章办事;另一方面制定经费管理的实施细则及严格的经费使用审批制度,以防止经费被挪用、滥用,从而保证经费的有效使用。

(2)培训经费的预算、决算制度。要保证培训工作有计划地进行,就必须结合培训工作的实际,在经费的使用上统筹兼顾,分清先后主次、轻重缓急,有计划、有目地使用培训经费。这就需要建立相应的培训经费的预算、决算制度。

培训经费预算大体由三部分组成:编制预算科目(款、项、目)和各项支出明细账;列出培训经费计划指标,包括经费的收入和支出;说明每一项目支出的核算根据。在编制预算时,要留有一定的机动经费数额,以便应付一些突发事件。经费预算要上报主管部门或有关部门,履行审批手续之后,才能执行预算。

培训经费决算是指对培训经费预算执行情况的总结,通常为年终总结。其目的在于通过经费收支数字的核对、检查,总结年度预算的执行情况,如各项收支平衡、经费收支比例等,为下一年度的经费预算提供参考。培训经费的决算,必须以详细的会计账簿记载和有关的会计报表材料为基础,由会计人员按实际收支项目数额核算,并以报表的形式经本单位审查后报主管部门。

3. 确定合理的培训规模及速度

培训经费的投入决定着培训工作的规模、速度和水平。反过来,培训的规模和速度对经费的使用效率具有很大影响。例如,在经费比较紧缺的情况下,为使经费得到最佳利用,宜选择较小的集中性的培训规模。如果在此情况下,搞大规模分散性培训,只能是蜻蜓点水、隔靴搔痒,使培训流于形式,不可能取得实际成效。

4. 明确经费的使用重点与方向

任何单位的培训经费都不可能取之不尽,用之不竭,都有一定的数量限制,因此经费的使用必须切合实际,具有明确的计划性和目的性,要突出培训的重点,并尽量统筹兼顾。培训经费的使用重点与方向同培训的效益密切联系在一起,经费使用重点、方向不正确、不明确,无疑会造成人力、物力及财力的浪费。因此,必须明确经费的使用重点及方向,以便使有限的经费充分发挥其应有的作用。

四、培训者

培训者这一概念有广义与狭义之分。从广义上看,培训者是指在培训过程中承担各种培训任务的个人或集团,它包括培训部门领导人、培训管理人员及培训教师等。从狭义上看,培训者主要是指培训教师。此处我们取其广义,简要介绍培训部门领导人、培训管理人员及培训教师的作用及必备的条件。

(一)培训部门领导人

培训部门领导人主要是指在培训部门中承担一定领导任务的人员,包括培训院校的院长、校长、副院长、副校长,培训中心的主任、副主任及经理、副经理等。培训部门领导人在培训工作中居于统辖全局的地位,因而必须具备相应的条件,才能胜任。

1. 培训部门领导人的地位和作用

(1)计划决策作用,即对整个培训工作进行系统的预测与规划,确定培训方案。

(2)组织落实作用,即对人、财、物予以适当的安排与配置,分工合作,以实现培训方案和培训目标。

(3)监督、检查作用,即对培训过程的各方面、各环节进行监督、检查,消除各种不利因素,保证培训目标实现。

2. 培训部门领导人应具备的条件

培训部门领导人并不是人人都能胜任的,必须具备一定的条件。

(1)热爱培训工作。从事培训这一职业,必须是自觉的决定,是发自内心而为的行为。为此必须热爱这一职业,唯有如此,才能产生事业心和敬业精神,才能全身心地投入工作中。

(2)要有培训的实际工作经验。只有这样才能对培训的各个环节、培训管理人员和培训教师应具备的知识以及受训者的要求等有恰当的了解。

(3)要以身作则,不能出现双重标准,即对下属及受训者是一种要求,对自己是另一种要求。应充分发挥个人的榜样示范作用,以身作则,率先垂范。

(4)要富有远见。重要的是要调查清楚按照中长期计划,组织有哪些培训要求,以此作为配备人员和提供资金的依据。

(5)要有高超的领导能力,主要包括多谋善断与组织协调的能力。

(6)要有良好的知识结构。除了自己的业务知识外,其他相关学科知识也应有所了解,只有这样,考虑问题才全面。

(7)要有良好的职业道德品质及身体状况。

(二)培训管理人员

培训管理人员主要是指在培训过程中为培训部门领导人、培训教师、受训者提供服务,从而使培训工作有效开展的人员。培训管理人员主要包括办公室人员、教学管理人员、班主任、后勤人员等培训辅助人员。

1. 培训管理人员的地位与作用

(1)推动作用。即协助培训部门领导人推动整个培训工作的开展。

(2)联系作用。即通过为各方面提供服务,从而把培训部门领导人、培训教师和受训者等有效地联系起来。

(3)提供必要的工作条件的作用。如秘书工作、财务工作、物资工作、信息工作等。

(4)提高效率的作用。即如果培训管理人员能够提供高效、优质、迅速的服务,那么整个培训工作就有可能有条不紊地高效运行。

2. 培训管理人员应具备的条件

培训管理人员除应具备培训部门领导人具有的热爱工作、有实际工作经验、良好的道德品质和身体状况外,还必须具备以下条件:

(1)要善于与人打交道。培训要取得较好的效果,必须使受训者具有一个适合学习的心境,这就要求培训部门尽可能帮助受训者消除焦急和疑虑。而受训人员与培训部门打交道时,一般最初都会遇到培训管理人员。因此,管理人员必须善于同受训者交流,必须具有一定的人际交往艺术。

(2)工作要主动积极。只有这样,才能在工作中处于有利的局面,不至处于被动而影响工作的开展。

(3)要学会保养和使用教具。保养视听教具通常是培训管理人员的责任,他们有责任保养好它们,若他们能使用这些设备,效果应更好。

(4)要有任劳任怨的精神。培训管理人员有时可能会受到领导人员、培训教师的不公正对待,以及培训管理工作的复杂性,都要求培训管理人员有任劳任怨的精神,不怕困难,兢兢业业。

(三)培训教师

培训教师是在培训过程中具体承担培训教学任务,向受训者传授知识和技能的人。培训教师在培训中处于关键地位,其素质高低、意愿能力及教学方法的选择都关系到培训效果的好坏及质量高低。因此,培训教师必须具备较高的素质,才能适应培训教学的需要。好的培训教师应具备以下特征:

(1)有效组织课堂;

(2)提供课堂大纲;

(3)为有效学习设计内容的顺序;

(4)强调对概念的理解;

(5)有效组织讲座,使受训者易于把握大纲;

(6)把讲座同课程的其他方面联系起来;

(7)清晰而全面地回答问题;

(8)应用事例;

(9)设置有一定难度但又能达到的目标;
(10)鼓励受训者应用他们的才能完成任务;
(11)向受训者指出他们学习的内容的实用性;
(12)鼓励课堂讨论;
(13)充分利用课堂时间;
(14)通过测验发现受训者的优点和缺点;
(15)解释课程的各个主题是怎么相互关联的;
(16)进行有效的准备;
(17)设计课程使受训者能够展示他们已经学习的内容;
(18)允许受训者说出与课程有关的问题;
(19)鼓励受训者分享相关的知识与阅历;
(20)在课堂中引进更多的知识和信息;
(21)能够有效地运用黑板和其他视听辅助设备;
(22)鼓励受训者学习课程内容;
(23)能够完成课程的目的和目标;
(24)表现出对课程的热情及兴趣;
(25)利用课外时间学习。

五、组织支持

组织支持是指在培训过程中政府、企业等组织的成员,如工作人员、主管人员、经理人员等对培训的支持,从而保证培训活动的顺利进行。组织支持贯穿于培训的全过程中,即贯穿于培训需求分析、培训规划设计、培训规划执行及培训规划评估等过程之中,并不局限于培训过程的某一阶段。组织支持作为培训活动的关键性影响因素之一,对培训具有重大作用。没有组织支持,任何培训都不可能进行,也不可能获得成功。因此,培训部门必须想方设法获得组织支持。

(一)获得组织支持的基础

1. 培训部门的声誉

在培训过程中,培训部门的声誉对获得组织支持是非常重要的。培训部门必须有较高的声誉,才能获得组织支持。而培训部门要获得较高的声誉,必须注意以下四点:

(1)培训者必须被认为是能够胜任工作并且适应时代需要的。这就要求培训者投入一定的时间、精力来提高他们的培训技能和知识。在培训期刊、地方或全国性会议等方面的投资也是非常必要的。因为虽然培训规则较少变化,但培训技术突飞猛进。

(2)培训者要对组织的基本要素有较深刻的理解。任何培训者都必须了解组织的一般管理框架,如组织的财务方面、信息系统、人事政策、组织计划等。尽管这些可能不是培训者的专业领域,但是忽视这些领域的基本知识,将会降低培训者在其他领域的可信度。

(3)培训部门必须把培训规划看成是提供的培训项目的核心。无论是在政府组织,还是在企业组织,培训部门声誉都是建立在它开发执行的培训规划基础之上的。培训规划必须是实际的、有效的,即它必须避免太多的理论与学术争论而保持相对短小和有意思。

(4)提升组织对培训部门的认同感。即提高培训部门在组织事务、会议及活动中的重要性并确保培训部门获取相关合作部门的支持。因为支持的本质在于对培训部门的理解和信任,所以必须将其视为组织不可或缺、相互依赖的一部分。增强其他部门对培训工作的理解,能够更好地促进合作,共同推动组织目标的实现。

2. 目标领域知识

在不熟悉的领域,培训人员通常负责制定培训规划,交由技术专家来具体实施。在这个过程中,培训者的主要任务是确保课程结构在逻辑上严谨,并通过适当手段提高受训者的兴趣,同时采用多元化的学习方式来满足不同的学习需求。

3. 培训机会和结果的公开性

把培训规划有效地公布于众,对增加人们的培训机会是非常重要的。培训规划公布于众的形式有以下几种:

(1)综合性目录。该目录列举了所有课程、课程说明及相应的培训政策与程序。

(2)培训布告。该布告列举了培训的日期、地点、指导教师、费用、新课程、政策及申请方式。

(3)广告传单。它主要用来进行一些新的或特殊的培训信息的传递。

(4)在引人注目的地方设置布告牌。这也是传递培训信息的有效方式。

撰写报告是公开培训结果的有效方式。因为这种报告对培训非常重要,所以报告中包含培训的投资收益分析信息是非常必要的。如培训结果报告必须证明生产力提高,问题和失误减少,错误率下降,怨言减少,或者主管人员发现了工作人员行为的巨大变化,即培训学习事实上已经产生了工作行为的变化。培训者即使正在进行需求分析,也必须计划和收集这些信息。他们在制定规划时也必须收集这些信息。

4. 政治性机智

其主要表现在五个方面:

(1)培训者培训的内容必须和受训者的水平相一致。这看起来简单,但做起来难,因为培训者有大量的"听众"。培训者必须根据受训者的不同水平不断调整指导内容,如对一些低技能的受训者,一开始只能传授一些基本技能知识。

(2)培训者必须削减一些不必要的规划。培训者把培训规划削减到最需要最好的课程,将会消除关于培训部门只是乐于增加它的培训服务的思想。通过削减一些规划,培训部门可以为新的规划提供一些资源。

(3)当进行探测性面谈和初步需求分析时,培训者重在倾听和观察,而不是说。首先他们必须让受访者解释其工作领域和需求。由于人们喜欢谈论自己的工作及需求,如果允许受访者首先说,他们就会较容易接受培训者及培训部门。培训者开始说话时就能调整讲话内容以适应受访者的需要。对于观察也是同样道理,即培训者在提出建议、大纲、计划等之前,首先观察一下。

(4)除了组织中的正式成员以外,确认组织中的非正式成员也是非常必要的。组织若不能确认组织中所有的关键成员,就可能导致培训部门的错误结论。一些行政或高级经理人员可以非正式地做出关于培训的决策,尽管这不在他的工作范围之内。一些关键成员在正式组织中可能地位不高,如具有丰富培训经验的年轻经理人员、劳工代表、咨询团体等,但他们在培训决策中具有与其地位不相称的发言权。

(5)培训者要注意那些做出培训决策的人。首先要了解这些人,如他们的教育、培训背景是什么,他们是否具有能影响他人决策的特殊的培训及教育经历,那些经历是什么,他们的培训偏好是什么。这些信息是非常有价值的。一旦了解了这些信息,培训者就能够把这些决策制定者以多种形式纳入培训规划中。

(二)组织支持的表现

让组织成员参与整个培训过程是获得组织支持的最根本的途径。根据参与培训的人们在组织中的不同地位,我们把组织支持的表现分为以下几个方面。

1. 工作人员(受训者)的支持

将要成为受训者的工作人员,在培训过程中是一个重要的参与者,获得他们的支持是非常重要的。在培训开始前,培训者应尽可能多地与潜在的受训者谈话,受训者会提供培训过程中一些必不可少的问题和事例。在培训过程中,培训者对他们从事的工作抱有极大热情,这种热情不但使培训有意义,而且会转换成受训者的积极参与和支持。不可避免的是,一些受训者或者没有被激励起来,或者对培训及其目标持怀疑态度。培训者不应忽视这些个体或与他们进行争论,而是必须对他们友好。在课堂上,培训者应该为学习有困难的受训者多提供一些例子。在课堂外,培训者应该征求受训者的建议。换句话说,这些受训者必须参与到培训中去,一旦人们开始支持一项规划,他们便不可能表现出消极态度。

获得受训者支持的另一个重要方面是确保受训者有一个被清晰地说明和评价的目标和目的。它像一面旗帜,成为受训者不断进步的动力。

2. 主管人员的支持

在工作人员的培训过程中,同主管人员加强联系,取得主管人员的支持是非常重要的,至少让一部分主管人员参与到培训规划设计过程中。因为大多数情况下,只有主管人员确信培训规划的有效性并批准以后,工作人员才能参加培训,因而主管人员的意愿和鼓励对培训具有决定性作用。

主管人员比较关注培训过程中消耗的时间,并且对那些能对工作人员产生直接、有形影响的规划感兴趣。在培训开始前获得主管人员的支持的一条途径是就培训的最佳时间请教他们。无意排定的工作高峰期的培训一定会引起人们的紧张。邀请主管人员旁听培训课程,也是非常有帮助的。通过对培训课程的了解,他们可以为培训规划设计提供建议,并且支持培训目标。

工作人员培训结束后,培训者可以询问主管人员关于工作人员的表现状况,如工作人员看起来是否有更多的知识和更高的技能,是否他们的绩效得以改进。这种信息的反馈功能,能够增加培训规划中的信息,并且促使主管人员继续参与培训活动。

3. 经理人员的支持

种种理由表明,经理人员应该参与培训过程,尽管他们并不总是做出关于特殊工作人员的培训决定,但他们决定培训政策及单位基调。经理人员经常要求主管人员参加培训,并且也经常被邀请旁听部分或全部培训课程。另外,经理人员比起其他任何团体来,本身就是接受更多培训的人。经理人员需要在技术领域保持其现代性、领先性,同时他们更需要投入几乎所有时间于另一个工作空间,即复杂的管理领域。

管理培训比起工作人员培训,较少强调行为而更多强调观念。经理人员对获取知识也非常感兴趣。因此,管理培训不能太学术化和理论化,学习目标要通过专门事例和实际练习达到。例如,在一个关于预算的课程学习中,受训者不应该把所有时间都花在讨论预算上,而应该把大部分时间花在编制预算练习上。一般说来,受训者在组织的等级节制层中越高,他们对培训的期望就越高。经理人员期望从那些培训中,获得比一般工作人员更好的证书和更多的经验,同时他们也需要一个高质量的培训规划说明。

4. 行政与高级经理人员的支持

行政与高级经理人员是参与培训过程的既特殊又重要的一个团体。他们很少直接派员参加培训,而且他们通常太忙以至于很少直接参与培训活动。另外,行政人员决定组织关于培训与开发机会的政策,这些政策影响到组织中的每一个成员。行政人员是强有力的角色,他们的激励具有很大的影响力。

一些用来吸引高级经理人员兴趣的技术应作为培训部门获得组织支持的总体战略的一部分。高级经理人员应该倡导实施培训规划,或在培训规划完成时颁发证书或奖品。同时要让高级经理人员相信,培训部门是帮助组织有效完成任务的战略性工具。培训者应该为行政人员或高级经理人员提供关于培训规划开始与结果的资料,并为他们提供培训与开发的机会。

由于在任何组织中行政人员或高级经理人员都很少,因此他们的培训与开发是在组织外部进行的。培训部门应通过选择可行规划和为行政人员或高级经理人员提供最佳选择的建议来促进培训活动。当行政人员或高级经理人员完成了有效运作的培训规划而获得了各方面的提高时,他们对培训活动便更加热情和有积极性。

第三节 培训环境支持性评价

员工培训是组织内发展和提高员工技能的重要手段。然而,仅仅提供培训课程是远远不够的。为了确保培训的有效性和成功,组织需要创建一个支持培训的环境。本章将介绍员工培训环境支持性评价的重要性,并提供一些评估方法和工具,以帮助组织评估其培训支持环境的现状,并提出改进建议。

一、支持性培训环境的定义

支持性培训环境是指组织为员工提供的促进学习和发展的各种资源、氛围和管理措施的综合体,通常是指一个开放的、相互信任的培训环境,参与者在这样的环境下学习最有效,在这样的环境下参与者感到自己是受支持的,不必设置各种防御机制来保护自己。

支持性培训环境对培训的有效性和员工发展至关重要。良好的支持性培训环境能够提供以下好处:

(1)提供适当的培训资源和设施,创造良好的学习条件。首先,要确保企业拥有先进的培训设施,如培训教室、电脑、网络连接等,以支持员工的学习需求;其次,提供高质量的培训教材、课程资料和学习工具,确保员工能够获得有效的培训资源。除此之外,领导者要建立与培训相关的设施管理制度,保持设施的良好状态和可持续使用。

(2)建立积极的培训氛围,鼓励员工参与学习和知识分享。领导者要培养学习文化的氛围,强调学习的重要性,并将其纳入公司的核心价值观和绩效评估体系中;鼓励员工参加培训课程、学习小组和研讨会,提供学习交流的机会。领导者和管理层要以身作则,展示他们自己的学习和知识分享的行为,激发员工的学习兴趣。

(3)提供必要的培训支持和激励机制,增强学习动力和积极性。领导者要为员工制订个人发展计划,并与其共同制订培训目标和计划。为了进一步鼓励员工积极参与培训,领导者应提供经济和非经济的激励措施,如培训津贴、晋升机会、学习奖金等。

(4)有效的培训管理,确保培训的规划、组织和评估。领导者要制订全面的培训计划,根据员工的需要和公司的战略目标确定培训重点和优先级。领导者既要组织培训活动,包括课程安排、讲师选择、学员招募等,确保培训的顺利进行,还要不断跟踪员工的学习进展和发展需求,及时调整培训计划,确保培训与员工的成长保持同步。

二、员工培训环境支持性评价的意义

1. 确定培训需求

员工培训环境支持性评价可以帮助组织更好地了解员工的培训需求。通过对培训资源、培训氛围和培训管理等方面进行评价,组织可以确定员工所需的培训内容和方式,以便提供有针对性的培训计划和资源。

2. 提高学习效果

员工培训环境支持性评价有助于发现和解决学习过程中的问题和障碍。通过评价,组织可以识别培训资源的不足、培训氛围的影响因素以及培训管理的不当之处,并提出改进建议,从而提高学习的效果和员工的学习动力。

3. 优化资源利用

员工培训环境支持性评价还可以帮助组织优化培训资源的利用。通过评价培训资源的有效性和效率,组织可以确定资源的合理配置和利用方式,从而提高培训的效益和效果。

三、培训环境支持性评价的指标和步骤

(一)关键指标

(1)培训设施和设备:评估培训场所的舒适度、安全性和适用性,检查培训设备的完好程度和现代化程度。这些因素对于提供良好的学习环境至关重要。

(2)培训材料和工具:检查培训材料的质量、适用性和更新频率,评估培训工具的可用性和有效性。优质的培训材料和工具能够支持和辅助员工的学习过程。

(3)培训规划和组织:评估组织对培训的规划和组织程度,包括培训需求分析、培训计划制订和培训资源调配等方面。有效的培训规划和组织能够确保培训的针对性和连贯性。

(4)培训评估和反馈:检查组织对培训效果的评估和反馈机制,包括培训评估工具的使用、学习成果的跟踪和反馈的及时性。培训评估和反馈能够帮助组织了解培训的成效,并及时调整和改进培训计划。

(5)培训文化:评估组织中的学习文化和知识共享氛围,包括员工对学习的态度、学习的重视程度以及知识分享的机制和活动。

(6)培训激励机制:检查组织是否提供相应的培训激励机制,如导师制度、奖励制度、晋升机会等,这些机制能激发员工的学习动力和积极性。

(二)步骤

1. 确定评价目标和范围

明确评价的目标和范围,确定要评估的培训支持环境的方面,例如培训资源、培训氛围

和培训管理,确保评价的目标明确,并与组织的培训战略和目标相一致。

2. 选择评价方法和工具

根据评价目标和范围,选择适当的评价方法,可以采用多种方法,如观察评估法、访谈法和焦点小组访谈法、问卷法和标杆对比法等。根据需要可以结合定性和定量方法,以获取全面的评价结果。

3. 收集数据

运用选择的评价方法和工具,收集与培训支持环境相关的数据和信息,确保数据的准确性和客观性。如果使用问卷调查或评估工具,要确保样本的代表性,并鼓励员工提供真实和诚实的反馈。

4. 进行数据分析和解释

对收集到的数据进行分析和解释,使用适当的统计方法和分析工具,比较不同数据来源的结果,找出共性和差异。识别培训支持环境的关键问题和改进方向,并形成数据驱动的结论和建议。

5. 提出改进建议

基于评价的结果和分析,提出具体的改进建议。针对发现的问题和改进的机会,制订相应的行动计划和措施。确保改进建议具有可行性和可操作性,并与相关部门和利益相关者进行沟通和达成共识。

6. 实施改进计划

将改进建议转化为实际行动,实施改进计划。分配资源,制定时间表,并监督和跟踪改进项目的进展。确保改进措施得到有效实施,并持续监控和评估改进效果。

7. 定期评估和更新

培训环境支持性评价是一个持续的过程。培训部门要定期进行评估,跟踪和评估改进的效果,并根据需要更新和调整,保持对员工培训支持环境的关注和改进,以不断提升培训的质量和效果。

四、培训环境支持性评价的方法

1. 观察评估法

观察评估法,是指评估者在培训进行过程中和培训结束后,观察学员在培训过程中的反应的一种方法。评估者通过观察培训场所、设施和员工参与培训的情况,记录环境的特点、员工的行为和反应等信息。观察和记录可以提供直观的数据,揭示培训支持环境的实际情况。

2. 焦点小组访谈法

焦点小组访谈法是通过与员工、培训师和管理人员的访谈,了解他们对培训支持环境的感受、看法和建议的一种方法。这种方法可以提供深入的洞察和意见,帮助识别潜在问题和改进机会。

3. 问卷法

问卷法是借助预先设计好的问卷,设计并分发问卷调查包含关于培训支持环境的多个方面的问题的一种方法。此方法的关键在于设计一份有效的问卷,并按照调查对象和调查目的的不同进行设计。

4. 标杆对比法

组织除了考虑从内部对培训支持环境进行评价外,也可以在组织外部选取行业标杆组织或者区域标杆组织进行比较。该方法的关键是选取标杆组织以及组织中的相关培训环境数据。由于很多企业对其内部数据保密,该方法主要用于大型集团内部各个子公司之间的比较。

五、培训环境支持体系的建立

在知识经济时代,人是企业最重要的资产,员工培训是对人力资源最重要的投资。员工的培训开发是提供信息、知识及相关技能,增强企业竞争力的重要途径。怎样设计和建立一个适应企业发展需要的员工培训的环境支持体系,就成为摆在每一家企业面前的重要课题。企业员工培训环境支持体系的建立应从以下几个方面展开,如图5-2所示。

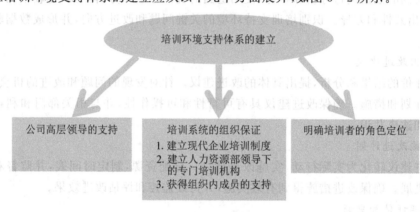

图5-2 培训环境支持体系的建立

(一)公司高层领导的支持

公司高层领导的支持对培训工作起着举足轻重的作用,他们往往决定组织关于培训与开发的政策,这些政策影响到组织中的每一个成员。他们还是强有力的行为榜样,具有很强的激励作用和影响力。培训部门要注意吸引高层对教育培训的兴趣,应为高层领导提供关于培训规划的开始和结果的资料,并为他们提供培训与开发的机会,使公司高层相信,培训部门是帮助组织有效完成任务的战略性工具。

(二)培训系统的组织保证

1. 建立现代企业培训制度

现代企业培训制度是企业转换经营机制、发展和深化市场经济的产物,是开放式、法治化、规范化的新型企业培训制度。现代企业培训制度能够直接作用于培训体系以及各种培训活动。培训制度的建立是一项战略性的任务,这项工作首先要突出培训对象的重点,包括企业高层管理人员、科研人员和技术工人;其次要注重质量,要完善优化培训系统的各环节,形成良性的闭合回路;最后,企业培训要注重实效,在人员素质、产品质量、工作效率、经济效益等方面体现出来。企业要建立"先培训,后上岗"的制度使员工真正具备新岗位所要求的技能。

另外,企业还要建立相应的岗位工资制度,将培训和岗位工资结合起来,凡是经过培训达到某一岗位等级标准的,将其工资升至该岗位起点工资标准;建立考核制度,使培训制度化、规范化、经常化;建立有关培训的奖惩制度和证书制度等培训制度。总之归为一点就是从机制和制度上,保证培训的效果,保证员工和组织绩效。

2. 建立人力资源部领导下的专门培训机构

为了适应激烈的市场竞争对人才管理的需求,公司应组建在人力资源部下具体分管培训的管理部门,具体负责公司的整个人力资源培训工作。培训机构的管理者要提高自身素质,认清当前公司战略与员工培训的关系,明晰整个培训的工作流程,制定出符合公司实际需求的培训战略;同时要善于发现公司培训工作中出现的新问题,根据公司的实际状况不断进行调整。培训机构的管理者还要与公司的其他部门保持良好的沟通,了解他们的真实需求;培训部门的人员要做好工作分工,不断提高自身素质和工作要求,提高工作积极性和工作效率。

(三)明确培训者的角色定位

为了营造一个支持性的培训环境,培训者必须明确自己的角色定位。在参与式培训中,培训者的定位是"协助者""协作者",而不再是传统意义上的"教师""专家""信息发布者""标准答案的核实者"。作为"协助者",参与式培训者有自己特定的角色定位、职责范围和权力限度。首先,培训者应该为自己的权威"祛魅",消除参与者对自己的"迷信",促使他们对自己的学习负责。其次,培训者不要希冀利用自己的权力满足自己某些情感上的需要,如要求参与者注意自己,尊重自己,或者与自己交朋友。再次,培训者作为协助者,并不意味着培训者有资格做一名心理咨询师。当参与者直接或间接地带着自己的情感需要接近培训者时,培训者要特别小心。最后,培训者需要使参与者了解自己是做什么的,正在做什么,这么做的目的是什么,自己打算如何满足他们的需要,可以给他们什么帮助,不可以满足他们什么需求。无论培训者对参与者做什么,参与者都有权利要求培训者对自己所做的事情负责。

作为"协助者",培训者在培训过程中的主要作用是引导和支持参与者学习。在一个具体的培训活动中,培训者的作用主要表现在如下三个方面或三个不同的阶段。

(1)"发动"阶段。培训者需要设法让每一位参与者都产生安全感和受尊重感,觉得自己是非常重要的,自己的观点是有价值的,是受大家重视的。

(2)"维持"阶段。培训者需要引发参与者之间的互动,使大家相互对话;同时及时地为参与者提供反馈,或调动参与者相互提供反馈。

(3)深化阶段。培训者需要在达到培训目标的前提下,让参与者畅所欲言,自由、开放地表达自己的看法;培训者不应过早对参与者的观点做价值判断,更不要轻易否定他们的观点;而应该引发参与者对不同观点的讨论,在大家充分发表意见的基础上进行概括和必要的理论提升。

企业员工培训中的环境支持体系是企业培训体系的重要组成部分,它能够为企业的员工培训提供制度、组织、经费、学习与工作环境等方面支持与保障,它是企业员工培训的一项基础性工作,应该引起企业管理者的足够重视。

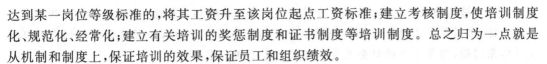
本章小结

员工培训越来越受到企业的重视,怎样建立一个适应企业发展需要的员工培训环境支持体系,就成为企业培训中的重要问题。本章从界定培训环境以及培训的概念出发,剖析了培训环境与培训的关系，详细介绍了培训环境支持体系的相关概念，并从公司高层领导对培训的支持、培训系统的组织保证与培训者的角色定位三个方面入手探讨企业培训中的环境支持体系问题，指导企业做好企业员工培训的基础性工作。

思考与讨论

1. 培训环境与培训的辩证关系是什么？
2. 培训环境的要素包括哪些？受训者的学习条件包括哪些方面？
3. 什么是支持性培训环境？举实例说明。
4. 培训环境支持性评价的指标包括哪些？如何营造支持性培训环境？

实训题

调研一家你所熟悉的高新技术型企业，选择合适的指标与方法，针对该企业的培训环境进行评价，并写一篇报告。

案例分析

第六章 培训计划制订与培训项目设计

学习目标

1. 掌握培训计划的概念和类型；
2. 掌握培训规划设计的流程与方法；
3. 掌握年度培训计划的基本内容和制订流程；
4. 掌握培训项目智能设计的概念和内容；
5. 能够设计企业培训规划；
6. 能够制订企业年度培训计划；
7. 能够进行培训项目的智能设计。

开篇案例

名企高层培训计划

1. 惠普的"向日葵计划"

在惠普，员工当上部门负责人后，惠普为了帮助年轻的经理人员成长，有一个系统的培训方案——向日葵计划。这是一个超常规发展的计划，可以帮助中层的经理人员从全局把握职位要求，改善工作方式。员工进入惠普，一般要经历四个自我成长的阶段：第一阶段为自我约束阶段，不做不该做的事，强化职业道德；第二阶段为自我管理阶段，做好应该做的事——本职工作，加强专业技能；第三阶段即自我激励阶段，不仅做好自己的工作，而且要思考如何为团队做出更大的贡献，思考的立足点需要从自己转移到整个团队；第四阶段是自我学习阶段，学海无涯，随时随地都能找到学习机会。具体点来说，在惠普，一个经理人不单自己要学习成长，更重要的是让团队成员成长。经理更注重员工培养，当一名新员工入职后，经理会和其一起制定试用期工作目标及相应能力提升培训计划。每年制定年度绩效与发展目标时，经理会就部门业绩指标与部属一起讨论，让每一位员工了解自己的工作职责与绩效，让员工更清晰自己对本部门、对公司的经营发展所起的作用，更有一种荣誉感和责任感。经理通过一对一的绩效访谈，确定绩效目标和培训发展目标。在日常工作中，经理都要花时间对员工进行指导及听取反馈，采用灵活的培训形式，对员工进行培养，以帮助员工达成绩效。惠普的经理有这样一句话："功归他人，过归己任。"惠普的经理更多地提供资源支持及协调统筹，帮助员工达成高绩效是他们的重要工作职责。

2. 英特尔的"一带一"的手法

英特尔公司对于人才培养的独到之处在于他们制造的"一带一"的手法。他们为了保持公司文化和辉煌的成就延续，采用了"一带一"的手法去培养经理人。公司前CEO（首席执行官）格罗夫曾多次说过，任何管理者的部分关键工作就是为继任者铺路，而为继任者铺路的最好方式就是平稳过渡，即当铺路者仍然工作的时候对继任者起推动作用。英特尔公司对人才的最高要求并不是经验,而是学习能力。英特尔公司的经理人通常会经过三个阶段的培训。第一阶段是经理在公司做事的一些流程和制度培训,让经理人更深入地了解管理层的事情;第二阶段是管理任务周期培训,此过程是管理业务技能的训练,即告诉管理者如何去管理;第三阶段是人员管理培训,这一阶段会主要练就沟通、辅导和发展员工的能力。此外,对经理人还有五个环节的培训:第一步是制定工作目标;第二步是完成计划;第三步是如何帮助别人共同解决问题;第四步是对员工如何实施管理;第五步是如何进行员工的激励训练。

企业培训是人力资源管理的核心之一,也是一切人才发展的立足点,有效的企业培训是实现企业战略和经营目标的重要条件。培训的重点必须把握企业所处的阶段及业务发展重点,以及组织管理所需的能力。此外,培训要与员工职业发展、绩效管理相结合。

第一节 培训计划的概念和内容

计划是管理学的一个基本概念,是指制定目标并确定为达成这些目标所必需的行动。计划工作给组织提供了通向未来目标的明确道路,给组织、领导和控制等一系列管理工作提供了基础。培训计划更是如此,通过制订科学的、具体的培训计划,企业可以掌控培训的过程,及时调整不合理的地方,从而提高培训的成效。

一、培训计划的概念

培训计划是根据全面、客观的培训需求分析,从企业组织战略发展出发,对培训时间、培训内容、培训方式、培训师、培训对象、培训经费等方面进行系统的设定。

企业在编制培训计划时,需要充分考虑企业及员工的需求、企业现有的资源条件、员工自身的工作能力、企业在经营和培训过程中的各种不确定因素等。

二、培训计划的类型

根据计划的时间跨度不同,培训计划一般可分为长期培训计划、中期培训计划和短期培训计划。一般来说,中长期计划也是培训规划,短期计划主要指年度培训计划和年内计划。培训规划侧重于整体的教学设计和组织安排,是培训工作的总体规划和布局方案。它涉及确定培训项目的优先次序、开发培训内容、设计实施过程、选择评估手段、筹备培训资源和预算培训成本等多个层面。年度培训计划则是根据培训规划制订的全年运作计划,本质上属于作业计划。它更侧重于具体的培训内容、方式、时间和地点等教学安排,是培训工作的具体实施方案。培训规划的深度和广度相对较大,覆盖从宏观到微观的全方位规划,确保培训活动的系统性和连贯性。年度培训计划一般是对某一具体的培训活动进行具体的规划和安排,其深度和广度相对较小,更加聚焦于短期内的工作安排和执行。培训规划和年度培训计划都是为了实现组织的培训目标和员工的发展需求。年度培训计划是培训规划的具体化,是确保培训规划中的长期目标得以实现的年度操作计划。

三种不同时间跨度的培训计划的目标都是一致的,只是每种计划有各自不同的重点。按照细化程度来排列,中期培训计划是长期培训计划的细化,而短期培训计划是中期培训计划的细化。

1. 长期培训计划

长期培训计划一般是指时间跨度为 3~5 年的培训计划。长期培训计划的重要性在于明确培训的方向、目标与现实之间的差距和资源的配置。长期培训计划需要明确的不是企业培训的细节问题，而是为实现企业在未来一段时间内的目标而制订的长期培训方案。同时，长期培训计划不是设计具体的培训，而是根据企业现状和发展趋势为培训方向制订的，具有战略意义。因此，长期培训计划的时间不宜过长，一般为 3~5 年，否则就会由于太多的不确定性因素而导致培训计划不切实际；长期培训计划的时间也不宜过短，否则就会失去培训计划的发展性和战略性。

长期培训计划需要明确的事项包括：①组织的长远目标分析；②个人的长远目标分析；③外部环境的发展趋势分析；④目标与现实的差距；⑤人力资源开发策略；⑥培训策略；⑦培训资源配置；⑧培训支援的需求；⑨培训内容整合；⑩培训行动步骤；⑪培训效益预测。

2. 中期培训计划

中期培训计划的时间跨度一般为 1~3 年。它起到了承上启下的作用，是长期培训计划的进一步细化，同时又为短期培训计划提供了参考。因此，它并不是可有可无的。与长期培训计划相比，中期培训计划的目标更加具体，不确定性因素比较少。通常情况下，中期培训计划需要明确的事项包括：①培训中期需求；②培训中期目标；③培训策略；④培训资源分配；⑤培训支援的需求；⑥培训内容整合；⑦培训行动步骤；⑧培训效益预测；⑨培训效果预测。

3. 短期培训计划

短期培训计划是指企业在 1 年及以内的培训计划，主要指年度培训计划、季度培训计划、月度培训计划和周培训计划。与中长期培训计划不同的是，短期培训计划需要明确的事项更加具有可操作性。

短期培训计划需要明确的事项包括培训的目的与目标、培训时间、培训地点、培训者、培训对象、培训方式、培训内容、培训组织工作的分工和标准、培训资源的具体使用、培训资源的落实等。另外，短期培训计划需要制订培训效果的评估和反馈计划。

三、培训计划的作用

培训计划是顺利开展培训工作的先决条件。培训计划就如同地图，为日后培训项目设计、管理和控制指明了方向。培训计划的作用包括以下三点。

1. 确保培训项目零缺陷

培训项目涉及各个方面的事项，如果单凭印象，在实施过程中难免出现缺漏。培训计划可以帮助培训实施人员核实每一个培训环节，避免因为缺漏而造成培训效果打折扣。

2. 确定培训各方的职责

培训涉及的人员范围很广，内容很多，企业中每个职能部门的员工负责计划的哪部分内容、每个学员的培训过程的各阶段由谁负责，都需要通过培训计划逐一加以明确。培训计划可以将具体责任落实到各个职位，使培训相关部门和相应培训师的职责一目了然，从而便于培训的管理，保证培训每一步都能够得到监督，确保培训的顺利进行。

3. 为培训效果评估设立标尺

培训计划会做出对培训结果的预期,为培训实施人员设立目标,让培训实施得更有方向性,同时为培训结果的评估设立标准。如果培训结果与预期不符,那么培训就没有完全达到效果,培训就有待改进。因此,在培训计划实施过程中,培训部门需要对培训中的每一个环节进行检查,找出问题产生的原因。

四、制订培训计划时需要考虑的关键因素

制订培训计划时需要考虑的关键因素包括员工的参与、管理者的参与、培训的时间和培训的成本。

1. 员工的参与

鼓励员工参与设计和制订培训计划,不仅能够加深员工对培训内容的了解,还能够提升他们对培训计划的兴趣。此外,员工的参与可使培训课程设计更符合员工的真实需要。

2. 管理者的参与

对于部门内员工的培训需求,各部门主管通常比培训专员或最高管理层更清楚。因此,邀请他们参与、支持及协助培训计划的制订,将有利于提高培训计划的成效。

3. 培训的时间

在制订培训计划时,培训部门必须准确预测培训所需时间及该段时间内人手调动是否有可能影响组织的运作。课程编排及培训实施必须严格依照预先拟定的时间表执行。

4. 培训的成本

培训计划必须符合组织的资源限制。有些计划可能很理想,但如果需要庞大的培训经费,就不是每个组织都负担得起的。能否确保经费的来源以及能否合理地分配和使用经费,不仅直接关系到培训的规模、水平及程度,还关系到培训师与学员能否有很好的心态来对待培训。

五、培训计划的制订过程

企业在建立培训系统时都会按照事先提出的培训计划来进行。企业的培训计划是依据企业宏观环境提出的,在切实进行培训项目设计时会存在与计划不相符的情况。培训计划作为企业培训的关键部分,需要深刻了解企业运作的情况,避免出现"假、大、空"的现象。

一个完整的培训计划应由课程设置、培训对象、时间、地点、培训师、培训方式、培训预算、培训估计和培训计划表九个方面构成。一般来说,制订企业培训计划通常包括五个步骤,即找准培训需求、落实课程、制定预算、编写与审批培训计划、管理培训计划。

1. 找准培训需求

培训计划的制订是从培训需求开始的。培训需求包括两个层面:①年度工作计划对员工的要求;②员工为完成工作目标需要做出的提升。这两个层面的分析可以得出企业的培训需求。

当每个部门把培训需求上报以后,人力资源部要进行培训需求汇总,然后结合企业的目标任务,与培训需求进行对比,找出其中的合理部分并汇总整理,形成培训需求汇总表。负责培训的人员要选定分类标准,把培训需求分好类别,并在此基础上确定培训的课程。培训课程可以按照培训的内容来分类,如财务类、人力资源管理类、营销类、执行类、管理类、战略

类等。

找准培训需求,就是要掌握真实需求,要了解各个部门当前的工作中最迫切的培训需求,而不是关注时下有哪些最流行的课程和哪些最知名的讲师。很多企业容易犯一个错误,就是在进行培训需求调查时并不从公司的业务出发,而从培训提供商出发,不考虑员工的工作需要什么培训,而从一些培训机构的来信来函中列举的课程出发,把这些课程重新编排,作为需求调查的内容。而实际上,只有从员工绩效出发的培训需求才是最真实的需求,也是企业最需要的。从这个观点出发,人力资源部在设计培训需求调查表时,就要从员工的绩效出发,设计结构化的培训需求调查表。

2. 落实课程

根据确定的培训需求,选择合适的课程,列出培训目标、课程大纲、培训课时以及实施时间。在设计培训课程时,要注意课程的先后逻辑关系,做到循序渐进、有条不紊。在培训方式的选定上,也要根据参训人员的不同,选出最适合的方式。例如,中层管理人员的培训重点在于管理者能力的开发,通过培训激发管理者的个人潜能,增强团队活力、凝聚力和创造力,使他们加深对现代企业经营管理的理解,了解企业内外部的形势,树立长远发展的观点,提高他们的计划能力和执行能力。

另外,还需要落实讲师资源,是从外面请专业的培训师还是由企业内部的培训师来讲,或者为节省开支而购买培训师的光盘在企业内部播放,或者采用线上课程,这些都是培训主管应该考虑的事情。

3. 制定预算

根据确定的培训课程,结合市场行情,制定培训预算。培训预算要经过相应领导的审批。在制定培训预算时要考虑多种因素,如公司业绩发展情况、过去培训总费用、人均培训费用等,在以往经验的基础上根据培训工作的进展情况考虑按比例加大或缩减培训预算。

培训主管做培训预算时应与财务沟通好科目问题。一般培训费用包括讲师费、教材费、差旅费、场地费、器材费、茶水及餐饮费等,一项培训课程应全面考虑这些费用,做出大致预算。在预算得出后,可在总数的基础上上浮10%~20%,留一些弹性的空间。

4. 编写与审批培训计划

在以上工作的基础上,培训主管根据企业的实际状况编写培训计划。初步制订出来的培训计划先在内部进行审核,由人力资源部的负责人和主管一起分析、讨论该年度培训计划的可执行性,找出存在的问题,进行改善,确定一个最终版本,再提交给培训工作的最高决策机构——总经理办公会(或者董事会)进行审批。公司高层要从公司长远发展的角度出发,制定公司员工培训的长远规划,并写进公司的培训计划中。

5. 管理培训计划

首先,企业要组建培训计划项目管理小组,确定项目小组成员。人员确定到位后,每人各司其职,明确自己在项目小组中的工作内容和责任。其次,项目小组要制订工作计划,项目小组成员全程参与计划制订,直到计划完成。项目小组的组长要控制培训项目的实际进程,使小组能在预算指标内按期完成任务。

制订培训计划要本着有利于实现公司总体目标和有利于提高竞争能力、获利能力的原则,以员工为中心,切实提高和改善员工的态度、知识、技能和行为模式。良好的计划是成功的一半,当培训计划在为企业经营和业务发展提供帮助、在为管理者提高整体绩效服务时,培训将发挥最大的效用。

第二节　培训规划设计流程与方法

培训规划是指根据企业的发展规划,针对员工工作过程中出现的各种现象,结合公司发展规划和总体发展战略,突出人才培养及专业技术力量储备,为公司打造高绩效团队提供合适的人力资源,全面提升公司员工的综合素质和业务能力,为员工学习和成长而设定和安排的中长期职能性计划。

作为企业人力资源开发的重要组成部分,员工培训规划设计在企业培训管理活动中具有极为重要的地位和作用。它是在培训需求分析的基础上,从企业总体发展战略的全局出发,根据企业各种培训资源的配置情况,对计划期内的培训目标、对象和内容、培训的规模和时间、培训评估的标准、负责的机构和人员、培训师的指派、培训费用的预算等一系列工作所做出的统一安排。

一、培训规划设计的原则

培训规划是根据组织目标和对组织员工培训需求的预测而设计的关于未来培训活动的方案。培训规划设计是一个由计划、发动、形成、实验、反馈、再实验,直至最终定型的过程。只有这一过程各环节及其衔接都成功,培训规划设计才能取得预期效果。何谓"成功"设计?主要有三条原则,即系统性、普遍性和有效性。其中每条原则又分别包含着几项具体要求,见表6-1。

表6-1　成功培训规划设计的标准

原则	具体要求
系统性	标准化、广泛性、一致性、可靠性
普遍性	适于不同的工作、适于不同的学员、适于不同的培训需求
有效性	针对工作、相关性、高效性

1. 系统性

系统的设计必然是标准化的、广泛的、一致的和可靠的。

(1)标准化。标准化要求设计过程具备大量非常正式的规则。这些规则制约着设计过程的所有决定,如做什么、何时做、如何做、何时换种方式做、要达到什么结果、适用什么标准、下一步做什么等。规则是标准化的关键因素。

某种情况下,设计主要依赖于设计者个人的独特技艺。此时,不管设计者个人的职业化程度如何,他们进行的设计过程及其结果都会有巨大差异。正式规则仿佛不起作用了,起着微弱的约束作用的只有不成文规则。它们也能导致标准化。

(2)广泛性。一次设计牵涉到很多项活动。由于它们之间的密切联系,其中任何一项活动的成功都依赖于他项活动的成功。对任何一项活动的忽视,都会使整个设计过程中出现一个薄弱环节。为确保整个设计的成功,必须全面考虑所有问题。设计过程和制约它的规则,必须涵盖所有重要活动。

(3)一致性。大多数活动都基于前一活动的结果之上,因而有必要制定正式规则,以加强各项活动之间、各个设计者之间的联系。这样,所有的活动就能有序进行,整个设计就能协调一致地完成。

(4)可靠性。仅仅制定规则是不够的,欲使设计过程达到预期效果,设计者就必须"坚持"它们。所有的设计者必须按同一种方式来遵守和应用规则,同一设计者必须在不同情景中以同一种方式来遵守和应用它们。只有规则被实际应用,也只有这种应用是持续的、可靠的,培训规划设计才能有效。

2. 普遍性

要达到普遍性,培训规划设计必须适应不同的工作、不同的学员和不同的培训需求。

(1)适于不同的工作。有效的设计能应用于不同的培训工作,如技能培训或智能培训,以事实知识为中心的培训或者以问题为中心的培训,遵循既定规则的培训或制定规则的培训,讲授式培训或人际交往培训,等等。设计者要明确每一项培训工作的要求,然后去适应它们。

(2)适于不同的学员。无论学员有没有语言或视觉技能,有没有学习兴趣和正确的学习态度,有效的设计都能适应他们。

(3)适于不同的培训需求。不同的培训类型、不同的培训工具及不同的培训程序都会提出各自不同的要求,设计者必须明确满足它们。

3. 有效性

(1)针对工作。培训规划必须明确取得工作绩效所应具备的知识和技能。因而,培训规划设计必须明确什么是"针对工作"的,什么不是。要做到这一点,设计者必须掌握收集工作需求信息的方法,这样所确定的培训课程的范围才能真正基于人们的实际工作之上。

(2)相关性。即使设计者自觉地遵从了培训规划设计的规则,依然有许多问题存在。这个东西有何意义?人们进行的学习需求分析是否有用?他们采用的用来满足那些要求的措施是否能使学员满意?设计者提出的这些问题与提出这些问题的方式必须相关联。

(3)高效性。培训规划设计的效果只能通过实证来估计,我们不能光凭主观来下结论。培训规划设计结果应在实践中进行评价。

从技术观点看,针对工作和相关性是高效性的前提条件。没有它们,培训规划设计就不能对培训工作绩效产生积极的影响。在对待效果上,技术观点和管理观点相辅相成。

二、培训规划的基本内容

培训规划主要包括以下内容:

(1)培训项目的确定。这是培训规划的基础,涉及选择哪些项目或课程进行培训。

(2)培训内容的开发。根据选定的项目,进一步开发具体的学习内容和教材。

(3)实施过程的设计。它包括培训的时间安排、地点选择、教学方法和材料的使用等。

(4)评估手段的选择。确定如何评估培训的效果,包括学员的学习成果和培训目标的达成情况。

(5)培训资源的筹备。它包括师资力量的准备、教学设施的配置等。

(6)培训成本的预算。对培训所需的各项费用进行预算,可以确保培训规划的财务可行性。

此外,培训规划还应包括培训目的、培训目标、培训规模、培训时间、培训对象等要素,以确保培训活动的针对性和有效性。这些要素共同构成了培训规划的完整框架,指导着整个培训过程的实施和执行。

三、培训规划设计的流程与方法

培训规划设计是个复杂的过程。为了叙述方便,这里将它分为九大步骤,其中每个步骤都有自己的目标和实现目标的方法。在实践中,这几个步骤是不能截然分开的,每个设计者可根据自己的爱好与习惯适当调整部分步骤的先后顺序,还可以根据需要来确定是否跨过或重复其中一个或几个步骤。培训规划设计的流程与方法见表6-2。

表6-2 培训规划设计的流程与方法

步骤	目标	方法
培训需求分析	明确员工现有技能水平和理想状态之间的差距	测评现有绩效,估计其与理想水平的差距
工作说明	收集有关新工作和现在工作要求的数据	观察或查阅有关报告文献
任务分析	明确工作对培训的要求,预测培训上的潜在困难	对将要涉及的培训进行分类和分析
学习任务排序	排定学习各项任务或议题的先后次序	界定各项任务或议题的地位及其相互关系,据此进行排序
陈述目标	编制目标手册	回顾任务说明和有关摘要,润色、加工说明文字
设计测验	创制测评工具(来评估培训规划)	设计测验以获取或模拟目标规划的成绩
制定培训策略	挑选能够适应由工作技能带来的培训要求和学员特征的方法	回顾任务分析结果以界定必须适应的"条件"和介绍"措施"
设计培训内容	将策略转化成具体的培训	创制或选择有关工具、技术或培训类型、培训内容
实验	通过实验发现优缺点,并进行改进	规划实验,对培训规划进行诊断和修改

(一)培训需求分析

培训的目的在于提高学员的绩效。欲证明这点,就需要有一种机制来决定学员现有绩效是否需要提高,以及在哪些方面和何种程度上来提高。在培训规划设计过程中,这种机制就是需求分析。

(1)目的。设计者寻找现有绩效缺陷的有关证据。他们收集数据以判断现有绩效水平和理想的水平之间是否存在着差距,工作的哪些方面存在差距,哪些工作人员对这些差距负责。显示现有绩效和理想绩效之间差距的有关证据能决定是否需要培训、需要在哪些方面培训、需要多少培训,以及哪些工作人员需要培训。

(2)结果。有关员工现有绩效水平的数据资料,能够表明全体员工中有多少人未达到、达到或超过了理想的绩效水平及具体差距程度。

(3)方法。需求分析可以运用从纯粹的主观判断到客观的定量分析之间的各种方法。如果某项工作绩效要求已被界定,那么就可以向专家请教所需培训的类型;如果某项工作的要求是已知的,那么可以请组织的领导者对实际绩效进行分等。这两种方法中,优先顺序的确定都依赖于对于整个工作中"哪些工作领域是最重要的和哪种培训效果是最好的"判断。然而,最可靠的需求分析基于实证性的数据。我们要尽可能客观地收集和分析数据,并在此基础上决定是否真正需要培训。

(二)工作说明

要想判断某一培训规划应包括什么和不包括什么,就需要有一种机制来说明什么与培训有关或无关。在培训规划设计中,这种机制就是工作说明。

(1)目的。工作说明有时也被称为"任务说明",是界定工作要求的基础。设计者收集关于工作活动的数据,他们提出的问题、选择的答案、使用的工具、做出的分析,所有这些全都是为了形成一份客观的、全面的、可靠的关于工作活动的说明。

(2)结果。工作说明的结果就是工作活动一览表,这个一览表可以是一个树形图,也可以是一个工作流程图。工作说明应包括以下主要内容:工作人员所面临的资源状况,他们必须做出的决策,他们必须采取的行动,每项行动的结果,每项行动或每个结果的标准。实际上,工作说明描述的就是熟练工是如何工作的。

(3)方法。工作说明可以运用从直接观察熟练工的实际工作到收集熟练工的介绍等间接资料之间的各种方法。有些方法注意熟练工的外显行为,有些方法则注意熟练工工作时的精神活动。当工作说明根据实证数据来决定什么与培训目的相关、什么不相关时,它才是最可靠的。我们要尽可能收集客观的、全面的数据。

(三)任务分析

要想为某项工作制定合适的培训方法,就需要有一种机制来分析特殊的培训需求。在培训规划设计中,这种机制就是任务分析。岗位任务内容不同,对培训的要求也就不同。有些工作任务可能要求培训提供专业知识的支持,有些工作任务需要提供专业技能的训练。因此,我们需要对岗位的工作任务进行分析。

(1)目的。任务分析由一系列相互联系的问题组成,例如,此项工作需要哪些技能,这些技能在何种条件下运用,它们是否有某些特征不利于学习,受训者的特征是有利于还是不利于学习。

(2)结果。任务分类表或任务所需技能统计表这两种表都包括可能存在的困难以及对应措施。此外,受训者的特征也应详细列出。

(3)方法。①列出工作人员的实际表现,对它们进行分类,并分析技术构成。②列出工作人员工作中的心理活动,对它们进行分类,并分析技术构成。

(四)学习任务排序

学习顺序非常重要,确定学习的次序有助于提高学习整体效果。

(1)目的。它力图发现实际工作中的任务适用于上述哪种方式,努力发现多重任务间的内在联系,这种内在联系是决定学习优先次序的首要因素。

(2)结果。学习流程图包括所有的学习活动以及排序。

(3)方法。它依赖于对任务说明结果的检查与分析。

(五)陈述目标

目标是对培训结果或由培训带来的岗位工作结果的规定。

(1)目的。陈述目标就是翻译和提炼早期收集的信息,并将其转化为在培训中易于操作的指导方针。

(2)结果。它包括:①工作人员面临的情境;②使用的辅助工具或工作助手;③对每种情境所必须做出的反应行为;④每项行为的辅助工具;⑤行为及其结果的标准。

(3)方法。它依靠工作说明的结果进行转换。

(六)设计测验

对培训结果进行评估,必须评测受训者经过培训后有多少进步。

(1)目的。在培训设计时,它证明设计的培训规划是否符合要求;在培训规划使用时,它为设计者提供反馈,帮助设计者修改、调整规划以及做好下一次规划。

(2)结果。测验与工作对绩效的要求越接近,其结果就越能代表实际工作的绩效,也就越具有可测性。测验时只有一个标准,即必须和"陈述目标"中规定的一致。

(3)方法。设计测验的方法即是测试学的检验方法。

(七)制定培训策略

制定培训策略就是根据培训面临的问题环境来选择制定相应的措施。

(1)目的。培训策略根据工作对培训提出的要求,规定培训的类型。策略越成功,培训就越能满足工作的需要。例如,某项培训目标要求应用知识,而不是简单地回忆它们。此时,一种合适的策略就是为学员提供一个示范性的情景,在这种情景中知识得以或未得以应用。培训策略还必须适应构成培训问题环境的其他因素,如学习某一特殊工作技能的阻碍因素、学员的学习能力、培训设备等。

(2)结果。培训策略规定了学员将要参加的培训的性质、类型和特征。它明确了学员将要参加哪些活动,培训内容是什么,培训以哪种方式进行,以及培训中应使用哪些媒介工具。

(3)方法。设计者回顾前面几个步骤的结果,分析所必须适应的问题环境。工作说明、目标陈述和设计测验的结果规定了工作要求的类型,任务分析的结果规定了基于工作要求的学习目标,学员分析的结果明确了可能影响学生达到培训目标的因素,排序的结果明确了实现所有目标的最优次序排列。培训策略就要适应这些条件,最好的策略能在这些条件和对应措施间进行最适宜的搭配。

(八)设计培训内容

培训策略必须转化成具体的培训内容和培训程序才能被执行和运用。在培训规划设计中,这种转化就是设计培训内容。

(1)目的。培训规划必须将培训策略中所列的各项规定加以应用。培训策略只规定了所需培训的大致框架,培训内容的设计则将这个框架充实、填满。培训内容包括哪些因素

(知识、技能、能力)？它们以什么方式表现(文字、图画、情境)？它们的出现顺序如何？内容设计必须对这些问题予以详细的回答。

(2)结果。培训内容设计的结果就是一份培训教案。教案设计了一个个活动情景，这些情景告诉学员应做什么、如何做、做的结果是什么，做的过程中可能会出现什么困难，以及应怎样处理它们、应遵守什么规则，等等。总之，教案提供给学员的就是搞好工作所必需的知识、能力、技能和其他心理品质。

(3)方法。通常的方法是根据工作要求确定培训内容的性质和类型，然后对这些内容进行分析，将其分解成一个个细节，并根据学员的心理发展规律、内容之间的联系来确定各个细节的先后顺序，再选择适宜的工具和方式来展现这些细节。

(九)对计划进行实验

按照上述步骤设计的培训规划，从理论上讲可能尽善尽美，但是它是否考虑了不该考虑的因素而没有考虑该考虑的因素？它是否能在实践中起到预期的作用？为了回答这些问题，我们需要将培训规划进行实验，然后根据实验结果对之进行改善。培训规划最后的一个机制，就是实验。

(1)目的。设计者找来一小组学员(实验组)，根据设计好的培训规划对他们进行培训；然后，利用设计好的测验来检验学员是否学到了他们该学的东西，以及学得有多好；再根据测验结果来诊断培训规划的缺点并改进它。如果时间和经费允许，可以进行多轮实验和改进，这样做能保证培训规划最有效。

(2)结果。实验的结果是根据实验加以改进的培训规划。改进的内容可能有：增加新内容，重新安排议题和各项议题的顺序，增添新型教具，改进测验系统，等等。这些改进必须针对实验中诊断出的明显存在的问题。

(3)方法。实验的对象要从将要参加培训的学员集体中选取。实验的环境条件、方法步骤、内容形式、设备工具要尽可能和真正的培训一样。实验数据的收集要全面、真实、准确。我们也可以在多轮实验中变换实验方法和工具，然后将各自的结果加以比较分析。在实验数据的统计分析中要充分照顾到来自学员方面的信息。学员关于培训内容的难易程度、各部分内容的特点和问题、培训方法、培训环境、教师以及改进方式等方面的看法，一定要充分反映到培训规划的改进中去。

前面我们较详细地介绍了培训规划设计过程的九个步骤。严格地讲，这九个步骤中的第一个，即培训需求分析，并非属于培训规划设计的范畴，它只是培训规划设计的前提和基础。培训规划设计的核心是分析培训的问题情境和规定相应的措施。为了保证对培训的问题环境分析的科学性，我们对学员所从事的工作进行分析，明确工作的任务；同时，为了保证提出的对应措施的有效性，我们对这些措施进行实验论证。整个培训规划设计活动的内容如图6-1所示。

正如我们在本部分开头所指出的，这里所说的培训规划设计过程的九个步骤在实践中并不是截然可分的，设计者可以根据自己的意愿来对其进行处理。然而，任何设计过程都要进行上述的活动，而且完成它们时都要采用上文所列的方法(理论方法和事实方法)，这是培训规划设计过程的基本规律。

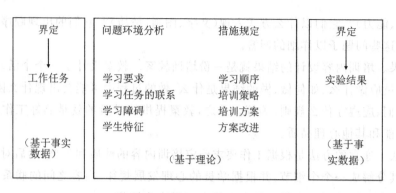

图 6-1 培训规划设计过程中的重要活动

第三节 年度培训计划的制订

编制年度培训计划是培训部门的重要工作。年度培训计划的内容与培训文化、培训体系密切相关。企业培训文化越成熟,培训体系越完善,年度培训计划就越复杂。简而言之,年度培训计划可视为对未来要做的几个培训项目的时间安排和经费预算的简单罗列。

一、年度培训计划编制的原则

编制年度培训计划是一项复杂的工作。为了保证年度培训计划的质量和可操作性,培训部门在制订年度培训计划时,应该遵循以下原则。

1. 全面性原则

全面性原则就是年度培训计划应该涵盖组织的各个方面,不留死角,具体体现在两个方面:①全员性原则。高层管理者、中层管理者、基层管理者及普通员工都应该积极参与,从各自的视角,结合自身的特点,提出培训的需求。②全方位原则。培训计划既要针对组织当前的培训需求,也要兼顾组织未来发展的培训需求,同时既要考虑个人当前的培训需求,也要兼顾个人职业生涯发展过程中的培训需求。参与年度培训计划制订的人越多,年度培训计划在实施过程中就越容易获得支持。

2. 多样性原则

多样性原则要求年度培训计划必须根据组织内不同群体的培训需求设计不同的培训层次、培训目标、培训类型、培训内容和培训形式等,具体表现在以下几个方面:①培训层次可以分为高层管理人员培训、中层管理人员培训、基层管理人员培训、普通员工培训、新员工培训;②培训目标可以分为知识培训、技能培训、态度和观念培训;③培训类型可以分为强制培训、可选培训和择优培训等;④培训内容可以分为通用类型培训和专业类型培训,通用类型培训还可以细分为新员工入职培训、商务礼仪培训、时间管理培训、情绪管理和压力管理培训、团队管理培训等,专业类型培训还可以细分为管理人员专业培训、营销服务人员专业培训、财务人员专业培训、生产人员专业培训、技术人员专业培训等;⑤培训形式可以分为在职培训与脱产培训、课堂面对面培训与网络在线培训等。

3. 重点突出原则

由于企业的培训经费和培训资源是有限的,为了让有限的资源发挥最大效益,培训必须在全面性和多样性的基础上抓住重点,以点带面,才有可能获得最大的收益。培训重点主要有两个方面:①各层次领导力发展培训。古语有云:"一将无能,累死三军",组织各级、各部门的负责人的领导力培训是推动组织发展的核心,是组织培训的关键。各级部门的负责人培养好了,他们会慢慢把其他人带动起来,最终提升整个企业的水平。②关键人才与继任人才的培训。企业竞争力是由其核心能力支撑的,而企业核心能力的本质就是关键人才素质及其团队作战能力。因此,企业必须重视对关键人才的培养。没有关键人才,企业的核心能力就会丧失殆尽。然而关键人才也有其生命周期,在其年龄过大、身体虚弱或者其发展遇到瓶颈,企业又无法提供更好的平台时,他们有可能离开,这时候继任人才的作用就体现出来了。搞好对继任人才的培训,可以避免企业出现人才危机。

4. 系统性原则

企业的年度培训计划是企业整个计划系统的一部分,必须要考虑与企业其他计划的配合。①企业年度培训计划应该根据企业的年度经营计划来制订,支撑企业年度经营计划的落实;②企业年度培训计划必须考虑各部门的工作计划对培训工作的要求和影响,应注意培训活动与企业正常运营活动之间的平衡,培训活动不仅不能影响企业的正常运营活动,而且要成为企业正常经营活动的助推剂;③年度各种培训活动的实施需要调动各种资源,因此,制订年度培训计划时应该以可控制的资源为依据,以保证计划的顺利实施。

要保证上述原则,最关键的就是要做好培训需求调查分析。如果没有严密的培训需求调查分析,就不可能制订出有针对性和操作性强的年度培训计划。

二、年度培训计划的基本内容

一旦培训需求确定,就可以编制年度培训计划。一个良好的年度培训计划能使受训人员真正学有所获且激起受训人员继续学习的欲望,从而促进培训过程的良性循环。同时,一个成功的培训计划能使企业领导注意到培训开发的重要性,提高培训开发部门在企业中的地位。因此,制订培训计划是培训者最重要的工作之一。

一般来说,编制年度培训计划主要有九个方面的内容,可以用"6W3H"表示。其中"6W"指的是:①why——为什么培训,即培训的目的和目标;②what——培训什么,即培训内容;③whom——培训谁,即培训对象;④who——谁来培训,即培训师是谁;⑤when——何时培训,即培训的时间,包括培训的时间安排和培训时间长度;⑥where——何地培训,即培训的场所与设施安排。"3H"指的是:①how much——培训预算;②how——如何培训,即培训形式与方法;③how evaluate——如何评价,即培训评估。

1. 培训的目的和目标

培训的目的和目标主要回答的是为什么需要培训这个问题。目的与目标有差别,一般来说目的比较抽象,是某种行为活动的普遍的、统一的、终极的宗旨或方针;目标是某种行为活动的特殊的、个别的、阶段的追求。某一行为活动目的的最终实现有赖于许多隶属的具体行为活动目标的实现,目的内涵的精神是贯穿于各个具体目标之中。目的告诉我们培训的价值何在,目标则告诉我们如何衡量培训是否达到预期的目的。企业培训的基本目的是通过培养人才、解决企业面临的实际问题,来支撑企业战略的发展和打造企业核心竞争力。在这个基本目的下,我们关注的重点是培训的目标。培训的目标是指培训活动结束之后,完成培训计划能够给受训人员、相关部门和企业带来什么样的收获。培训目标为培训者和实施者提供了共同努力的方向,也为评价计划的成功提供了基准。

在培训计划中,一个合理的培训目标,必须对培训计划完成之后的培训成果有具体的说明。一般来说,培训目标所指向的成果有五类:①认知成果,即学员在培训后对事物的原理、事实、技术或过程等的熟悉程度;②技能成果,即学员在培训后技能的习得和技能的迁移两个方面的情况;③情感成果,即学员在培训后态度和动机的变化情况;④绩效成果,即相关学员在接受培训之后带来的绩效变化;⑤投资回报率,即培训给企业带来的货币收益与培训成本的比率。

目标的设置对培训或人力资源开发项目的成败起着关键的作用。明确的、具体的目标可以向员工表明组织的期望,起到塑造员工行为的作用。有了培训目标,员工学习才会更加有效。因此,确定培训目标是员工培训必不可少的环节。组织不仅以目标为基础去选择项目的内容和方法,而且参照目标对项目进行评估。此外,它还有利于受训人员将注意力集中在目标上,根据目标进行学习。确定年度培训计划的培训目标要注意以下问题:

第一,分清目标的主次关系。在制定培训目标的时候,要分清目标的主次,不是所有的培训都要达到同样的层次,也不是在一个培训中要掌握所有的知识。对于一个培训来说,要分清一定要掌握的知识技能和可以了解的知识技能,这样可以使员工在培训的时候把握重点,提高培训的效率。

第二,检查目标的可行程度。制订培训计划时,培训目标的设置一定要合理可行,符合实际情况,不仅要充分考虑到员工接受知识、技能的能力和速度,也要考虑培训内容和目标的匹配度,确保绝大部分员工都能在培训之后达到设定的培训目标。

第三,培训是一个循序渐进的过程。很多培训都是环环相扣或者需要一定基础的。在制定目标时,要界定清楚培训目标的层次,在此基础上才能更好地达到设定的目标。

2. 培训内容

年度培训计划对培训内容的描述不需要很详细,只需要表明培训主题和培训需要解决的基本问题就可以了。真正的难点在于,年度培训计划中的培训内容一定要具有系统性、适用性、超前性。所谓系统性,就是企业的年度培训计划的内容必须完整,包含企业各个部门的培训需求,以便统一组织开展,尽量减少临时的培训计划。所谓适用性,是指企业的年度培训计划必须切合企业各部门的实际情况,满足各部门的培训需求,这就要求企业在对各部门进行详细分析调查的基础上制订培训计划。所谓超前性,就是企业年度培训计划,不能只顾眼前的培训需求,还必须同企业战略目标与经营计划相一致,考虑到企业未来的发展和人才队伍建设。

3. 培训对象

年度培训计划中并不需要明确培训对象,只需要指明哪些部门、哪些群体需要哪些培训就可以了。这就需要对不同部门、不同特征的群体进行分类,分清楚需要接受培训的培训对象具有什么特征,以及在某类培训或某个培训项目中,哪些人必须强制参加,哪些人可以选择参加,哪些培训可以择优参加。准确地选择培训对象,有助于控制培训的成本,强化培训的目的性,增强培训效果。

一般来说,年度培训计划中的培训对象主要根据企业的战略目标和年度经营任务要求决定,但是培训管理人员还应该主动发掘值得培训的对象,为企业解决潜在的问题和培养后备人才。在年度培训计划中,有三类培训对象可以重点关注:①可能改进目前工作的人,从而更加熟悉工作和技术;②有能力而且组织要求他们掌握另一门技术的人,以便胜任更重要、更复杂的岗位;③有潜力的人,最终促进发展,加速成长。

4. 培训时间

培训时间是培训计划的一个关键项目,包括两个方面的内容:一是选择恰当的培训时机,二是决定培训的持续时间。

选择恰当的培训时机是指要根据培训需求部门和人员的要求安排培训项目,时间既不能超前,也不能滞后,否则培训效果达不到预期。常见培训时机有新员工加入时,组织引进新技术、新设备或变更生产工艺流程时等。

决定培训的持续时间是指每个培训项目需要进行多长时间的培训,培训持续时间的长短同培训内容的繁简程度、培训对象的接受程度、受训学员的工作情况、培训工作的开展难易,以及培训的经费等都有密切的关系,培训管理人员要努力找到最佳的培训持续时间。

5. 培训场所与设施

不同的规模、培训方式、培训内容和培训对象对培训场所和培训设施往往有不同的要求。比如,一个需要视频才能展示清楚的技能培训,若被安排在一个没有多媒体的教室就会严重影响培训效果;而角色扮演、拓展训练等体验式培训也不适合在普通的教室里开展。选择一个合理且舒适的环境会使员工的学习效率提升。在编制年度培训计划时,培训部门要根据现有的培训资源、培训经费、培训内容和方法等因素,来说明某个培训大体上会选用何种培训场所和设施。

6. 培训师

年度培训计划中一般也无法明确培训师是谁,因而只需要指明某个培训项目打算从内部还是从外部去选聘培训师就可以。内部培训师和外部培训师在培训效果和培训成本方面各有优势和不足。编制年度培训计划时,培训部门应根据企业的实际情况选择,确定内部和外部培训师的恰当比例,做到内外搭配、相互学习、共同进步。

7. 培训的形式与方法

在年度培训计划中,就培训的形式而言,培训有脱产培训和在职培训两种基本形式,进一步细分的话,脱产培训可以分为全脱产培训和半脱产培训;就培训的方法而言,培训可以采取课堂讲授、体验式培训、师傅带徒弟或者网络在线培训等方法。

培训的形式与方法直接影响到受训人员对培训内容的接受程度。编制年度培训计划的过程中,针对不同的培训对象和不同的培训课程,应该采用不同的培训形式与方法使培训的形式、方法和内容能够统一。

8. 培训预算

年度培训计划不能突破组织资源的限制。培训预算是编制年度培训计划的首要问题,能否确保经费的来源和能否合理地分配和使用经费,不仅直接关系到培训的规模、水平和程度,而且关系到培训师与学员能否树立正确的心态对待培训。

年度培训计划中对培训经费的描述,大体上集中在三个方面:①确定培训经费的来源,主要来源有企业承担、企业与员工分担和社会集资;②确定培训经费总量及在各个培训项目中的分配情况;③说明培训预算的方法。

有人把企业预算编制与执行的水平分为三个层次。第一个层次是单项培训预算层次。该培训预算根据每次培训活动的需要单独编制,不按年度或季度制定,缺乏计划性和整体性,具有一定的随意性。第二个层次是软培训预算层次。企业尽管年初都编制了固定的培训预算,但在执行过程中却常常大打折扣,不仅修改频繁,有时还会因为企业财务问题而取消。第三个层次是硬培训预算层次。此类培训预算经过了充分的调研与科学的分析,并经过了层层审核,一旦最终批准,就会坚决执行。无疑,年度培训计划中的培训预算应该努力达到第三个层次。常见的年度培训预算方法有固定比率法和项目预算加总法两种。前者是从整体到部分的分解,由企业财务部门负责;后者则是由下而上的整合,由培训部门负责。

9. 培训评估

培训评估是年度培训计划中比较容易受到忽视的一部分内容。人们常常把培训评估等同于培训效果评估,实际上培训效果评估只是培训评估的一部分内容。年度培训计划中的培训评估主要是指培训计划执行情况的评估,也就是要对年度培训计划如何实施、如何落地,提出一些管理控制标准,以推动培训计划的严格执行。相比之下,培训效果评估在年度培训计划中反而不是很重要,因为培训效果评估是指收集企业和培训对象从培训当中获得的收益情况,以衡量培训是否有效的过程,这往往需要在一个培训项目结束之后才能进行。而在年度培训计划中,很多培训项目的具体内容都无法确定,提前确定如何评估培训效果就显得没有什么必要了。

三、年度培训计划的制订流程

培训应该按照计划开展。一般来说,企业在年初制订年度培训计划,或者在年末制订下一年的年度培训计划。凡是列入年度培训计划的培训都由人力资源部统一调配经费、场地设施与人员等资源组织实施。没有列入年度培训计划的临时培训,要么由各部门自己想办法解决,要么由各部门提出申请,通过培训部门的审核和领导审批,才能安排。企业制订年度培训计划具体可参照如下流程:

(1)培训部门发出制订培训计划的通知,请各级、各部门责任人针对相应岗位提出培训意愿。一般来说,培训部门会发放个人培训需求表(见表6-3)和部门培训需求表(见表6-4)给各级、各部门的负责人,让他们组织填写这两张表。

表6-3 个人培训需求表

姓名		学历		
年龄		工龄		
培训目的	培训内容	培训时间	培训方式	备注

表6-4 部门培训需求表

部门名称:		填表日期:		部门经理签名:
培训内容	拟参加人员名单	培训时间	培训方式	备注

(2)各部门提出培训意愿。考评部门可根据招聘考评、转岗考评等情况提出培训意愿，战略部门可根据企业战略规划及实施情况提出培训意愿，各岗位相关任职者及培训部门可为提升员工素质等提出培训意愿。

(3)培训部门汇总培训意愿并进行大体的分类。比如将培训意愿分出轻重缓急，对各种培训项目做一个时间上的初步安排，也可把培训意愿划分为专业类培训意愿和通用类培训意愿，对不同培训项目实施的责任做初步的安排。一般专业类培训将由各部门直线经理负责组织实施，通用类培训将由培训管理部门负责组织实施。需要注意的是各部门申报的培训需求意愿并不能直接作为培训的依据，因为培训需求常常是由一个岗位或一个部门提出的，存在着一定的片面性，这就需要培训部门站在企业的层面上，整体考虑培训需求，对培训意愿进行审核。有些部门培训需求或者个人培训需求可能存在不合理或者相互冲突的情况，这就需要培训部门把不同部门的培训需求，以及部门培训需求与个人培训需求进行整合。培训管理人员要善于区分部门培训需求和个体培训需求的正当性、合理性与可行性，只有这样才能形成系统完整的组织培训需求。

(4)培训部门把审核意见同各个相关部门进行广泛的沟通，达成共识，明确合理的部门培训需求和个人培训需求，确认培训部门和各个相关部门在年度培训计划的各个项目中的责任。

(5)培训部门同各个相关部门一起进行培训需求分析，明确年度培训中各个培训项目的基本要求。

(6)根据培训需求的重要程度排列各个培训项目，并依据所能搜集到的培训资源，初步确定培训预算。

(7)培训部门尽可能地细化公司通用类年度培训计划，并帮助各部门制订部门专业类培训计划。各部门的主要工作包括：第一，将本部门专业类培训分为可以或者需要交给培训部门统一组织的培训计划，以及依靠自身可以组织开展的培训计划；第二，综合分析本部门专业类培训需求，拟订本部门详细专业类年度培训计划的初稿，并说明其轻重缓急；第三，各部门将初稿反馈给培训部门。

(8)培训部门根据可能的培训经费和培训资源，对通用类培训计划、专业类培训计划进行统筹安排。

(9)培训部门将培训需求、培训方式(内部培训还是外部培训)和预算等重要内容编制成为年度培训工作计划并报领导审批。

(10)培训部门根据确认的培训时间编制培训安排次序表，并通知相关部门和相关岗位人员。

(11)培训部门根据确认的培训经费和资源，组织企业内部培训并确定培训师，联系外派培训工作；联系有关后勤部门，对内部培训的有关场地设施及食宿交通等进行安排落实。

(12)培训部门组织培训师编制或者选定教材，确定培训方式。

(13)培训部门形成正式完善的年度培训计划。

需要强调的是，公司年度培训计划制订后要经过系列审批程序，不同部门或人员负责审核不同的内容，如表6-5所示。

表 6-5　公司年度培训计划分部门审核表

主要审核部门或人员	审核内容
高层管理者	从培训的主次安排、培训计划与公司发展战略是否相匹配等方面进行审核
财务部门	从培训预算的额度、使用程序和合法性等方面进行审核
培训部门	对培训计划的整体内容负责,对培训需求、方式、预算等各个方面进行全面考察和衡量,并进行适当调整

　　常规培训计划制订步骤具体,侧重于实际操作层面,如找准培训需求、落实课程、制定预算、编写和审批培训计划、管理培训计划。其中,中长期培训计划即培训规划制定步骤更加宏观,它涉及更长的时间跨度,以及对组织内外部环境的综合考量,从而为年度培训计划的制订提供指导和方向。制订年度培训计划是在培训规划基础上对全年培训任务的统筹具体安排。

第四节　培训项目智能设计

一、培训项目智能设计的概念

　　培训项目设计是根据企业现状及发展目标,系统地制定各部门、岗位的培训发展计划。培训项目智能设计是培训项目设计的进一步发展,是利用人工智能和数据分析技术来优化和改进培训项目设计的方法。它结合了教育和技术领域的知识,旨在提供个性化、高效和有效的培训体验。

　　培训项目智能设计通过收集、分析和利用学员的数据,包括学习历史、学习行为、兴趣爱好、学习目标等方面的信息,为每个学员提供量身定制的学习路径和内容。它基于学员的个体特征和学习需求,提供个性化的学习资源、教学活动和评估方式,从而最大程度地满足学员的学习需求。

　　培训项目智能设计的目标是通过个性化、智能化和数据驱动的方法,提供更有效、高效和符合学员需求的培训体验。它可以帮助培训者和学员更好地实现学习目标,提升学习成果和满意度。

二、培训项目智能设计的作用

　　企业安排员工进行培训的出发点是弥补员工的能力缺口,培训项目智能设计工作应由专门从事培训项目设计工作的人力资源管理专家或人员负责。培训项目智能设计主要有以下五个方面的作用。

　　(1)自适应学习:智能设计可以根据学员的个性化需求和学习进度,自动调整课程内容和难度,提供个性化的学习体验。通过智能设计,可以更好地满足学员的学习需求,提高学习效果和效率。

　　(2)智能评估:智能设计可以利用数据分析和人工智能技术,对学员的学习情况进行实时评估和反馈。通过智能评估,可以及时发现学员的学习问题和困难,提供针对性的辅导和支持,帮助学员更好地掌握知识和技能。

　　(3)个性化辅导:智能设计可以根据学员的学习情况和需求,提供个性化的学习辅导和指导。通过智能设计,可以根据学员的弱点和优势,为其量身定制学习计划和学习资源,帮助其更好地提升能力和技能。

(4)实时反馈:智能设计可以实时监测学员的学习进度和表现,及时给予反馈和建议。通过智能设计,可以帮助学员及时发现和纠正学习中的问题,提高学习效果和质量。

(5)智能化管理:智能设计可以提供全面的学员管理和培训项目管理功能。通过智能设计,可以实现学员信息的自动化管理、课程资源的智能分配和调度、学习数据的统计和分析等,提高培训项目的管理效率和效果。

三、培训项目智能设计的原则

培训项目智能设计的原则旨在提供指导和规范,确保智能设计的有效性和可行性。以下是培训项目智能设计的原则。

1. 个性化原则

培训项目智能设计应该以学员为中心,注重满足每个学员的学习需求和特点。个性化原则要求根据学员的学习目标、背景和能力水平,为其设计个性化的学习路径和内容。通过个性化设计,可以提供更精准、有针对性的学习体验,提高学员的学习效果和满意度。

2. 数据驱动原则

培训项目智能设计应依赖于学员数据的收集和分析。数据驱动原则要求收集和利用学员的学习历史、学习行为、兴趣爱好等数据,通过对这些数据的分析,为学员提供个性化的学习支持和优化的学习体验。数据驱动原则强调通过数据的挖掘和分析,不断改进和优化培训项目,提升学员的学习效果。

3. 灵活性原则

培训项目智能设计应具备一定的灵活性,以适应学员的多样性和变化性。灵活性原则要求培训项目设计能够根据学员的需求和反馈进行调整和优化。例如,根据学员的学习进度和反馈,调整学习资源的难度和顺序;根据学员的兴趣和偏好,调整学习内容的选择和呈现方式。

4. 持续改进原则

培训项目智能设计是一个持续改进的过程。持续改进原则要求通过对学员数据和项目效果的监测和评估,发现问题和改进点,并及时进行调整和优化。持续改进原则强调不断迭代和优化培训项目,以提供更好的学习体验和效果。

5. 透明性原则

培训项目智能设计应该尽可能透明,让学员了解智能设计的原理和过程。智能设计的原理是基于人工智能和机器学习技术,通过对大量数据的分析和模式识别,以及对用户行为和反馈的理解和学习,来实现个性化的设计和决策。透明性原则要求向学员解释智能设计的工作方式、数据收集和使用方式,以及个性化推荐和反馈的依据。透明性原则有助于建立学员的信任,并使学员更加愿意接受和参与智能设计的学习过程。

这些原则提供了指导和参考,帮助设计师和培训者在实施培训项目智能设计时考虑关键要素,并确保设计的有效性和可行性。根据具体情况和需求,培训部门还可以结合其他原则和方法进行智能设计的实践。

四、培训项目智能设计的内容

培训项目智能设计涉及培训过程的方方面面,其中包括培训内容、培训方法、培训师、培训对象、培训资源等,这些方面在培训项目中互相影响、互相融合,因此,培训项目智能设计的内容必须顾及各个方面,以保证培训的顺利实施。

1. 培训内容的设计

培训内容的设计影响着培训的有效性。培训内容的选择不是按照管理层臆想的内容进行设定,而是要找出员工现有的工作水平与要求的工作水平的缺口,进而设定培训的内容。培训部门可以使用智能化工具和技术,如数据分析和人工智能算法,对员工的现有工作水平和要求的工作水平进行分析。这些智能化工具可以从员工的绩效评估、培训记录、学习历史等数据中提取关键信息,确定员工的培训需求和缺口。因此,在培训项目设计进行之前必须做好培训前的员工需求分析,将需求分析的结果整理成报告作为安排培训内容的依据。依据二八原则,企业在设计培训内容时应该考虑占企业比例20%的管理人员的培训,因为把这部分培训内容做好,就可以实现整体培训效果80%的收益。企业中层管理人员培训内容设计如表6-6所示。

表6-6 企业中层管理人员培训内容设计

培训模块	培训目标	培训内容	培训要点
政治素质培训	提高政治能力	政策法规、政治理论等	必要的政治理论知识
专业知识培训	更新知识,传递信息,提高专业能力	提高不同岗位对专业知识的要求,确定培训内容	岗位的基本专业知识、技能、智能化学习资源推荐
自我管理能力培训	提高自我管理水平	时间管理、角色分析等	必要的时间管理和自我管理技能
绩效管理能力培训	提高绩效管理水平	目标管理、激励等	有效管理目标和实现激励的方法
团队管理能力培训	提高团队合作水平	团队沟通与合作等	提高团队管理效率、质量的方法和智能化团队协作平台的使用
组织领导能力培训	提高组织领导水平	领导科学与艺术、有效领导等	智能化领导力模拟训练
应急应变能力培训	提高应急应变水平	突发事件、紧急任务处理培训等	提高紧急情况处理能力的方法
解决问题能力培训	提高解决问题的能力	疑难问题、复杂任务的处理	有效解决工作问题的方法和措施
长期学习能力培训	提高与时俱进的能力	行业趋势、时事新闻分析等	与行业发展和部门发展相关的前沿理论和政策等
工作态度培训	端正工作态度	原则性、责任感、职业操守等	职业道德操守内容强化培训

2. 培训方法的设计

随着管理理念的不断更新,培训方法也层出不穷、多种多样。智能设计系统可以根据员工的个性化特点和场景要求,智能地推荐和优化培训方法,使培训更加智能、个性化和高效。企业在开展培训时要根据员工具体的培训需求,运用合适的培训方法,而不是一味地追求新颖的培训方法,关键还要配合培训内容、学员、场地、经费和时间的要求。

3. 培训师和学员的确定

培训师的合适与否会直接影响培训的效果。因此,企业在邀请培训师时要确实了解培训师的专业培训方向,然后将培训内容和接受培训的学员的相关资料提供给培训师,培训师可以基于人工智能学习模型,构建智能化员工培训系统。

企业能够给培训提供的资源不是无限的,因此企业在选择接受培训的员工时也要慎重。一般而言,学员可以是新员工、即将变换岗位的员工、负责重大项目的员工等。学员的确定可以方便企业有针对性地进行培训需求的调查和培训内容的设定。

4. 培训资源的合理分配和使用

企业在提供培训时涉及经费、时间、场地、工作任务等方面的安排。培训不是铺张浪费,而是让企业的经营更上一层楼。因此,企业需充分利用智能设计元素,确保每一笔培训经费的有效利用,以达到最大的性价比。智能设计系统可以分析企业的培训需求和目标,并根据可用经费进行智能规划,可以考虑不同培训方法的成本和效益,提供经费分配建议,以确保培训经费的最大化利用。

通过智能设计的应用,企业可以更加精确地规划培训经费和管理培训时间,以确保培训的效果和经济效益最大化。智能设计系统可以智能地分配任务和责任,确保员工在培训期间的工作任务和责任得到合理安排,从而最大限度地减少因培训而对企业的不良影响。

五、培训项目智能设计的流程

培训项目智能设计过程包括以下九个步骤:

(1)明确目标和需求:确定培训项目的整体目标和学员的学习需求,了解培训项目的目的、受众和预期结果以及学员的背景和特点。

(2)数据收集与分析:收集与学员相关的数据,包括学习历史、学习行为、兴趣爱好等,通过数据分析和处理,提取有用的信息,建立学员的个体特征模型。

(3)个性化学习路径设计:基于学员的个体特征模型,设计个性化的学习路径;根据学员的学习目标、背景和能力水平,选择和安排适合的学习资源、教学活动和评估方式。

(4)智能推荐系统设计:设计智能推荐系统,根据学员的个体特征和学习数据,提供个性化的学习资源和活动推荐;选择适当的推荐算法和机器学习技术,实现推荐系统的功能。

(5)实时评估与个性化反馈:设计实时评估和反馈机制,监测学员的学习进度和表现;根据学员的学习数据,提供个性化的评估和反馈,帮助学员克服学习困难和问题。

(6)系统开发与集成:基于设计的要求,进行系统开发和集成;开发智能化的学习平台或集成智能设计模块到现有的培训平台中,确保系统能够支持智能设计的功能和需求。

(7)测试与优化:进行系统测试,验证智能设计的效果和功能是否符合预期;根据反馈和评估结果,进行适当的调整和优化,确保系统的性能和用户体验。

(8)部署与实施:部署智能设计系统并开始实施培训项目;提供必要的培训和支持,确保培训师和学员能够充分利用智能设计系统进行学习和教学。

（9）监测与改进：监测智能设计系统的运行情况和学员的学习效果；收集反馈数据，评估系统的效果，并根据监测结果进行持续改进，优化培训项目的智能设计。

这些步骤提供了一个基本的指导框架，但实际的培训项目智能设计过程可能会根据具体的培训项目和需求而有所不同。灵活性和持续改进是智能设计过程中的重要原则，可以根据实际情况进行调整和优化。

本章小结

作为企业人力资源开发的重要组成部分，员工培训计划制订与培训项目设计在企业培训管理活动中具有极为重要的地位和作用。它是在培训需求分析的基础上，从企业总体发展战略的全局出发，根据企业各种培训资源的配置情况，对计划期内的培训目标、对象和内容、培训的规模和时间、培训评估的标准、负责的机构和人员、培训师的指派、培训费用的预算等一系列工作所做出的统一安排。本章介绍了培训计划的概念与设计的要求，以及结合企业实际如何设计企业的培训规划与年度培训计划，还介绍了培训项目智能设计相关内容。

思考与讨论

1. 简述培训计划的概念。培训规划设计的流程是什么？
2. 年度培训计划制订的流程是什么？原则包括哪些？
3. 培训项目设计与培训项目智能设计是什么关系？如何区分？
4. 培训项目智能设计的原则包括哪些？如何设计一个培训项目？

实训题

调研一家你所熟悉的制造型企业，根据企业发展战略、阶段、文化、员工素质需要等，收集所需数据，选择合适的方法，制订企业的年度培训计划。

案例分析

第七章 培训课程开发与教学设计

学习目标

1. 掌握培训课程与培训课程开发的含义；
2. 掌握培训课程开发常用的模型；
3. 掌握培训课程开发的流程；
4. 掌握培训教学设计的含义；
5. 了解培训课程开发模式；
6. 能够设计培训课程目标；
7. 能够运用培训课程的开发模型；
8. 能够设计培训教学程序。

开篇案例

康佳集团的新员工入职培训教学设计

康佳集团自成立之始，就相当重视新员工的入职培训，一直把它作为集团培训体系中的重点，给予了相当的关注，而且专门成立康佳学院来统筹安排并规划新员工的入职培训。多年的新员工入职培训的组织实践，使康佳学院针对企业用工的特点，摸索出了一套行之有效的新员工入职培训方案，最大限度地发挥了新员工培训的作用，使新入职的员工通过康佳学院的系统培训，能够迅速地转变为具有康佳企业文化特色的企业人，敬业爱岗，为企业的发展做出应有的贡献。

康佳集团新员工入职培训的最大特色是能够针对不同的新员工类型，规划出不同的新员工培训方案，而且运用多种培训手段和培训方式来实施新员工培训。针对新员工的学历、岗位及工作经验的不同，将新员工培训分成一线员工入职培训、有经验的专业技术人员入职培训和应届毕业生入职培训三种类型。不同类型的培训的培训内容和培训重点也各有不同。针对一线员工的入职培训，除了共同性的企业文化、人事福利制度、安全基本常识、环境与质量体系等内容以外，还设计了一线优秀员工座谈、生产岗位介绍、生产流程讲解、消防安全演练等课程，而且采用师带徒的方式，指定专人对新员工进行生活和工作方面的指导；对于有经验的专业技术人员的入职培训，除了共同性的必修内容外，更多地增加了企业环境与生产线参观、企业历史实物陈列室讲解、集团未来发展规划、团队建设与组织理解演练、团队与沟通技能训练、销售与开发介绍及公司产品销售实践等课程；而对于应届毕业生的入职培训，除了一些共同的课程外，还针对其特点，安排有校友座谈、公司各部门负责人讨论、极限挑战、野外郊外活动等，同时规划有三个月生产线各岗位轮流实习、专业岗位技术实习等内容，采取导师制的方式，派资深员工辅导新员工进行个人职业生涯规划设计，并对其一年的工作实习期进行工作指导与考核，使其能尽快熟悉企业，成为真正的企业人。

另外，针对企业用工的特点，康佳学院还配合人力资源部，对不定期招聘的单个新员工采取报到教育的方式。每一个新招聘的员工，不管是从何时进入企业，在办理入司手续之前，必须经过康佳学院的报到教育，由康佳学院指派专人进行个别的单独培训，培训时间安排为3小时，培训内容包括新入职的员工必须掌握的内容，如上下班时间与规定、公司基本礼仪、办公室规定、公司基本组织架构等。只有等新员工人数达到康佳学院规定的培训人数后，才针对新员工的类型，组织实施新员工入职培训。

通过不同形式、不同内容的新员工入职培训方案的实施，有效地贯彻了集团公司选才、用才、留才的人力资源宗旨，并且通过培训，缩短了新入职人员在公司实习过程，使部分有能力、有才干的人能够很快脱颖而出，成为公司的骨干，降低了招聘成本，规避了选才风险，成为公司人力资源管理中最为重要的一环。

第一节　课程与培训课程开发

企业培训是企业根据需要所进行的培训人的教育活动，是企业人力资源开发的重要环节。本章从界定企业培训课程以及培训课程开发的概念出发介绍了企业培训课程开发的流程与原则。

一、课程与培训课程

(一)课程

1. 课程的定义

课程有三种含义，一是指为实现教育目标而选择的各种教育内容的总和，如学校所设立的各门学科和有目的、有计划、有组织的课外活动；二是指某一门学科，如人力资源管理、理论力学等；三是指特定的一两堂课。

2. 课程的类型

(1)学科课程。学科课程是以科学的系统知识为中心设计的课程，它分别从各门学科体系中选择一些相关内容组成各种不同的学科，并在一定教学时间和学习期限之内完成。此类课程十分注意各门学科本身的内在联系，在学习中侧重于各学科领域所使用的基本概念的研究及其运行。在学习方法上严格按教育心理学的规律来组织教学，既注重学员思维能力发展又注意知识的积累、储备。因而，学科课程具有很强的科学性、系统性和连贯性，适用于学校教育和培训。

(2)综合课程。综合课程也称合科课程或广义课程，是将几门相邻学科的知识进行合并，既保留了原学科课程分科教学的长处，又克服了学科课程过细的问题，最适合以提升综合素质为目标的企业培训工作。

(3)活动课程。活动课程亦称经验课程，是一种与学科课程相对应的课程。其特点是以学生的兴趣和动机为基本出发点，以学生发展为中心来组织教学科目。它不预先规定应该学什么，也没有特定的教学用书，教师也仅仅是参谋和顾问，基本上取消了班级教学建制，学生基础知识和基本技能的学习主要围绕各种活动进行。它提倡从实践活动掌握基础知识和基本技能。

(4)核心课程。核心课程亦称轮形课程，是以人类的基本活动为核心而组织的课程。它以一个学术领域或主题为核心重新组织有关学科，从而形成学科之间的新联系。核心课程是一种介于学科课程和活动课程之间的课程类型。它以学生的兴趣和动机为设置课程的基本出发点，主张以学生的活动作为组织教学活动的形式；反对由学生自己决定活动内容，主张由教育者按照社会活动需要来决定；强调预先规定课程，并将预先组织的教材作为教学的基本教材，但在教学中应十分注意学生的个性，教师和学生共同规划学习活动。

3．课程的组成

美国课程理论家泰勒(Taylor)在1949年出版的《课程与教学的基本原理》中提出编制课程必须考虑的基本问题：一是教学要达到的教育目标；二是为达到这些目标可提供的教学经验和资源；三是经验与资源的有效组织；四是检验教学目标是否达到；五是学生与课程以及他们与社会、环境的关系。从泰勒这五个基本问题可以看出，课程由以下几个部分组成：一是对学生和环境的假定所组成的框架；二是宗旨和目标；三是内容或学科内容及其选择范围和顺序；四是执行模式；五是课程评价。

(二)培训课程

培训课程是一个直接服务于社会和组织成员的课程系统。相对于一般课程来说，培训课程具有服务性、经营性、实践性、针对性、经验性、功利性及时效性等特征。培训课程的特征源于培训活动的本质属性——培训既属于一种教育活动，又是企业的一种生产行为。

(三)培训课程与学科课程的比较

培训课程具有一般课程共同具有的本质特征，但由于培训课程是直接面向企业和社会的课程，因此培训课程又有其不同于一般课程的其他特征，这主要体现在培训课程组成的不同特点上。

1．组织和培训者的需求差异性

培训课程相对于学科课程来说，更加具有时效性。随着科学知识的不断发展和快速变化，培训作为一种组织投资，能够满足组织员工的急需，有强烈的功利性，这就要求培训课程与组织员工的需求变化相适应。而教育活动作为一种公益性的长期投资，具有相对稳定性，因此培训课程周期相对学科课程的周期要短。

对于学校教育中同一年龄段的学生来说，知识需求具有共性；然而培训的对象是成年人，其选择培训的目的是解决自身知识、技能或其他各方面的短缺需求，其个体差异性较大。所以，进行培训课程设计时，我们要根据培训对象的不同，设计出不同的培训课程，以满足不同的培训对象的需求。

2．课程的宗旨和目标的具体性

学科的宗旨大多是总体性的，其目标也较宽泛。从总体上看，学科课程的目标一般都是较宏观的；从教学目标分类来看，学科课程的目标主要集中在认知、技能和态度三个方面，体现对一定教育阶段的学习者在德、智、体或某一方面期望达到的程度。

培训课程的宗旨则是具体的，其目标范围较窄，具有极强的针对性。培训课程的目标一般都比较直观。虽然有诸多性质不同的培训课程，但就每一个课程而言，其目标都是非常明确、简单的，即提升组织成员某一方面的技术能力或改变其思想观念，为实现组织目标而服务。大多数的培训课程都希望目标能够在近期内全部得以实现,从而提高组织的适应能力。

3. 课程内容的针对性

学科课程的内容以学科的体系和结构编排,课程重点也是根据学科体系的重点而形成的。教科书的编排形式是从这门学科的历史沿革、理论渊源论起,直到原理、原则、要点、难点、结论以及推理等,注重课程的完整性、逻辑性和推理性。课程的设计者也对学科内容做了选择,但这些选择是在本学科有限的范围之内,根据学生的实际状况和学习能力,在难度和顺序上做出的一些选择和组合。

培训课程的内容虽然也是以某门学科内容体系为主体,但培训课程更多的是跨学科的内容组合。课程的重点是根据培训目标的具体化,而有针对性地加以选择的。培训课程也有一个完整的内容体系,但此内容体系往往不是原学科内容的体系,它是一个由跨学科内容重新组合的系统。培训课程也有其自身的课程教学大纲,培训师根据大纲的要求设计与之匹配的培训课程教材,而这个教材也有别于与学科相配套的教材。

4. 课程执行模式的成人认知性

学科课程的执行模式是课程设计者为向学习者灌输学科内容而向教师推荐的一套教学方法。执行模式的选择依据是课程设计者所持的教育哲学。课程设计者所设计的、自认为最符合学习者认知规律的教学方法,也就是其向教师推荐的、符合其教育哲学的一套教学方法。这套教学方法一定要与本课程的适用对象相适应,与课程内容相吻合。由于学科课程的适用对象为青少年,因此,教学方法选用也必定是符合未成年人认知规律的教学方法。

培训课程虽然不是以问题为中心的经验课程,但由于它的主要接受者是成年人,他们或多或少都有过社会和职业经历,都有自己的学习经验,都或深或浅地具有自己的一套惯用的学习方式。对这样的人群,在选择执行模式时,必须注意尽量遵从成人的认知规律,注意选择那些可以调动学习者积极性的教学方法,使他们能尽快尽好地切入学习过程。

5. 课程评价的经济性

学科课程的评价主要有检查性评价和总结性评价。检查性评价指的是在课业的进程期间,分阶段、分单元对学生的学习情况、教师教学目标的完成情况进行评价;总结性评价指的是在课程完成之后的综合性评价。传统的学科课程的评价就是对学生的考试与测验。所谓检查性评价就是单元测试,所谓总结性评价就是本门课程的考试。测验与考试的成绩既作为评价学生水平的依据,也作为评价教师业绩的依据。这些评价的标准、评价的方法是在课程设计时与课程目标、课程内容、执行模式等同时制定的。评价的执行者是教师和教育管理机构。

培训课程的评价,从形式上看,也有检查性评价和总结性评价。检查性评价是一种过程性评价,将起到随时监控和调整的作用;总结性评价是一种综合性评价,是使课程质量不断提高必不可少的环节。培训课程评价与学科课程评价不同的地方表现在培训课程的评价标准和评价方式上。当然,这些标准与方式也应当在培训课程设计时与目标、内容、执行模式等同步设计。培训课程评价的主要标准应当是质量和效益,而不应当是分数。检查性评价的重点在教学质量,即注重受训者是否按课业进度学会了应该学的。总结性评价的重点在效益,即检查受训者获得的新能力是否符合课程的实际指标,是否达到实际工作的需求。培训课程评价的方式与内容不是为了获得分数,而是一个训练其能力的过程。

二、培训课程开发的概念和特点

1. 企业培训课程开发的概念

培训课程开发是在特定的教育理念和课程思想指导下,以满足社会组织和学习者对课程学习的需求为起点和最终目标,对课程的目的、目标、内容、教学方式和方法、时间与空间安排以及所需的人力资源和物质资源、资料进行全面规划和设计,进一步形成具体的课程文件,并按照设计的学习活动流程实施课程,最终对课程效果进行评估等一系列涵盖课程设计、编制、实施和评价等多个环节的过程。

2. 企业培训课程开发的特点

企业培训课程开发除具有一般课程开发的特点外,还应有符合企业培训自身的特点:针对性强、专题性强、案例教学多、学生参与程度高等。

企业培训课程开发的目的是提高企业竞争力,开发过程要遵循学员的特点,特别注重企业的培训需求,强调与企业产品开发、技术储备或企业战略密切相关,是企业战略的一个重要组成部分。由于企业培训课程是为成员的继续学习服务的,因此所有课程的开发必须以成人教育心理学为基础,考虑学员的学习特点。

企业培训应有很强的针对性,而不是普通的基础教育。课程的设计多为短期化专题性课程,强调以问题为中心。短期课程学习将成为企业培训课程的重要形式。开发精练实用、短期的专题性课程,将是企业培训课程建设中的一个重要课题。参加培训的成员有着良好的经验基础,他们的学习并不是以学科结构为重点的,因此课程的设计并不是以章节为线索,而是通过具体的问题来组织的。企业培训课程的针对性强,课程的实施应基于案例教学并开展课题研究。

员工花大量时间来参加培训,其最终目的是增长知识,提高工作技能。对理论的学习提高固然重要,学习其他成员的先进实践经验更为重要,这更有利于实际问题的解决。因此,实施企业培训课程时要包括大量的案例、实例,使学员在学习过程中有比较具体的范例参考。而开展课题研究是将所学知识有效地应用于工作实践的最好方法。因此,课题研究成为企业培训课程的重要组成部分。

学员参与课程开发的各个阶段。与基础教育不同,在企业课程开发中,学员的主动性强,能参加学习的成员不仅是课程的使用者,也是课程的开发者。他们根据自己的工作经验,对课程开发提出建议,影响着课程开发的方向和内容。

三、培训课程开发的原则

企业要开发出符合企业现实需求的优质培训课程,应遵循许多原则,其中,应特别注意以下几个方面。

1. 战略性原则

企业培训的目的之一就是通过培训让员工适应企业未来的发展方向,因此,企业培训课程的设计及开发应具备一定的前瞻性和战略性,能创造性地将企业的未来发展目标很好地融入企业培训课程中,让员工在课程学习中潜移默化地体会及把握企业的发展动向。

2. 立足实际的原则

培训课程开发必须立足企业发展的实际情况及员工的现实情况,详细地做好课程开发前期的需求分析工作,以便开发出能够解决实际问题的具有针对性的培训课程,充分节约和利用企业的宝贵资源达到企业的培训目标。

3. 以学习者为中心的原则

员工是企业最重要的资源,同时员工拥有的宝贵工作经验、生活阅历、见解感悟等也是培训课程开发最实用的资源。企业在课程开发过程中应积极引导学习者结合工作实际发表自己对课程设置、设计及实施的看法与建议,激发学习者的主人翁精神,让学习者明白自己不仅是培训课程的学习者,也是培训课程的开发者。

4. 以绩效为导向的原则

培训的目标是促进员工知识、技能和态度的转变,因此,企业在开发培训课程的同时应注重评价的设计,让学习者通过评价发现自己的不足进而加以改正。评价方法应力求全面、全程,确保目标达成,提高培训投资效益。

5. 注重活动设计的原则

为了保证培训效果,培训课程开发应不仅注重让学习者在课程中学,而且要让学习者在课程中做。课程中穿插的活动应将趣味性、教育性结合起来,让学习者通过活动去理解、运用所学的知识、技能,促进学习成果的转化。

6. 个性化原则

个性化原则就是应针对不同的目标、不同的学习者开发不同的培训课程,符合个体不同的学习需求。

第二节 培训课程开发常用模型

培训工作越来越受到企业重视,而企业培训首先需要的就是课程,如何开发适合企业自身、切合员工需求的课程呢?本节将详细介绍几个经典模型,以期为企业培训课程开发提供参考。

一、ISD 模型

1. ISD 模型的含义

教学系统化设计(instructional system design,ISD)模型,是以传播理论、学习理论、教学理论为基础,运用系统理论的观点和知识,分析教学中的问题和需求并从中找出正确答案的一种理论和方法。

2. ISD 模型的操作步骤及内容

(1)分析:对教学内容、学习内容、学习者特征进行分析。

(2)设计:对学习资源、学习情景、认知工具、自主学习策略、管理与服务等进行设计。

(3)开发:根据设计内容进行课程开发。

(4)实施:根据课程开发的成果实施培训。

(5)评估:对开发的课程进行评估并形成评估报告。

3. 企业 ISD 模型设计示例

ISD 模型在企业培训中的应用流程如图 7-1 所示。

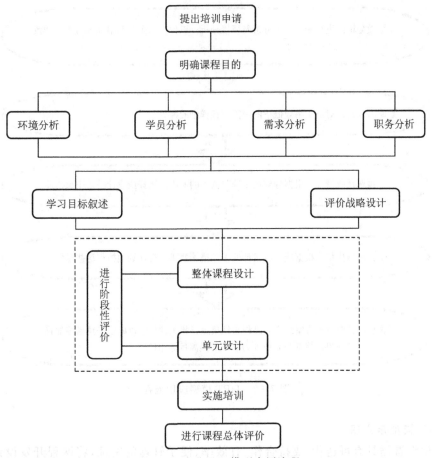

图 7-1　企业 ISD 模型应用流程

二、HPT 模型

人员绩效技术（human performance technology，HPT）模型通过确定绩效差距，设计有效益和高效率的干预措施，以获得所期望的人员绩效。HPT 模型不再局限于对绩效因素的分类，而是致力于消除绩效差距。

HPT 模型展现了绩效改进的整个流程，它以模块的形式将绩效改进的分析、设计、开发、实施和评价都加以规划，还用箭头指明了解决问题的脉络，使绩效人员在实施时更加有章可循。

HPT 模型应用流程如图 7-2 所示。

三、SA 模型

SA 模型在课程开发中引入了迭代的概念，受到大量企业培训课程开发人员的关注。持续性接近开发（successive approximation，SA）模型，是一种将课程拆分成碎片化的部分，采取较少的步骤，通过快速试验的方式找到正确的课程解决方案并证实预期的设计效果，然后通过各阶段不断循环来持续优化设计，最终实现新型课程开发的一种技术。同其他课程开发模型相比，SA 模型最为突出的特点是将评估环节放置在课程实施之前的设计阶段，借助团队协同的优势，通过每一步骤的小型迭代，完善每一个步骤的项目，最终开发出接近优选课程设计标准的课程。

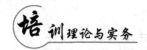

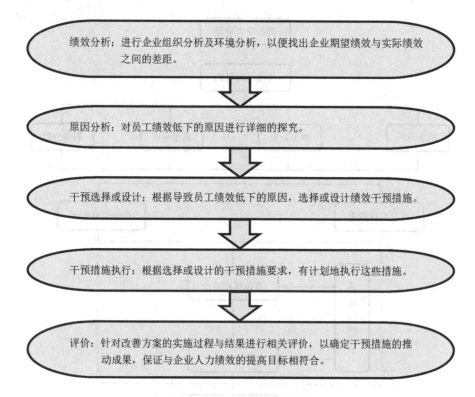

图 7-2 HPT 模型应用流程

1. SA 模型示意图

SA 模型遵循具有可迭代、支持合作、有效率、便于管理的特征,将课程开发设计分为三个阶段、八个步骤、七项小任务,如图 7-3 所示。

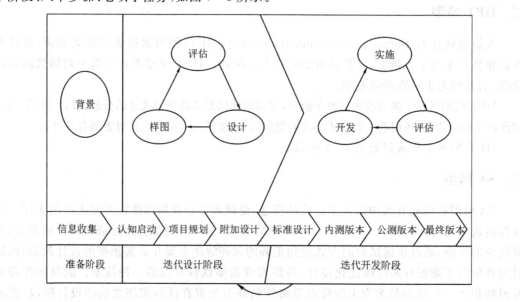

图 7-3 SA 模型示意图

SA 模型分为两个部分：一是按照八大步骤依次对课程进行设计和开发；二是自认知启动阶段开始，采用小型迭代的方式来完成课程的开发工作。

(1) 八大步骤。八大步骤如图 7-4 所示。

① 信息收集：收集项目背景信息，明白过去做过什么、现在有什么，弄清谁负责、目标对象是谁等内容。

② 认知启动：成立启动团队，召开启动会议，通过评估背景信息，讨论解决方案，生成初步创意。

③ 项目规划：基于认知启动的结果，起草内容开发计划，讨论时间表，并对余下内容进行估计。

④ 附加设计：团队对认知启动会议中产生的创意利用迭代方法细化设计，制作各类专用样图。

⑤ 标准设计：根据设计阶段编制的标准，制作最终样图，若不合格返回设计阶段重新设计。

⑥ 内测版本：根据标准设计，开发教学应用的第一个完整版设计，并对版本进行评估，发现偏差。

⑦ 公测版本：在对内测版本进行评估的基础上，对其进行改进，并进行公开评估。

⑧ 最终版本：在对公测版本评估的基础上进行改进，形成最终应用版本。

图 7-4 八大步骤

(2) 小型迭代。为了避免课程在实际运用到培训以后才发现设计偏差，SA 模型在认知启动阶段后的每一步具体操作中都采用了快速迭代的方式进行课程的设计和开发。

快速迭代是指在进行某一步骤的课程设计与开发时，采用团队协作的方式，在预期的时间和预算内进行高效的评估、设计、开发、再评估，如此不断循环，直至产生最终产品的过程。一个基本迭代包括评估、设计、开发三个部分。完成快速迭代至少需要进行三次基本迭代。快速迭代的过程如图 7-5 所示。

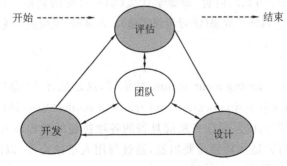

图 7-5 快速迭代过程

2. SA 模型应用要点

(1) 发挥团队协同的优势。从认知启动阶段开始,所有的设计与开发都是由团队协作产生的。虽然以往的模型也都是由团队开发的,但其团队成员一般只是课程开发的技术人员和授课老师,缺乏培训对象的及时反馈,以及其他参与者的互动,从而导致课程的设计和期望有所差距。在 SA 模型中,主办方、受训人员、专家都被纳入团队中,主办方提供企业需求,受训人员提出个人需求,专家对课程内容的前瞻性和专业性进行把握等。同时,项目组对整个团队进行全局把控,控制课程开发的总体节奏,以确保保质保量地完成课程开发任务。

在保证团队成员结构不变的情况下,团队具体成员可以根据需要进行替换,其目的是更好地解决各阶段出现的各种问题(见表 7-1)。

表 7-1 SA 模型开发各阶段成员需要解决的问题

阶段	需要解决的问题
准备阶段	培训资源不充足,课程目标把握不准确
设计阶段	课程内容是否专业、逻辑是否严谨、是否切合受训人员的需求
开发阶段	课程结构是否完整、科学、是否存在衔接不合理的地方

(2) 运用迭代方式进行培训课程的设计与开发。SA 模型最大的特点就是快速迭代开发。在使用 SA 模型进行课程开发时,每个阶段都要根据阶段要求进行迭代开发。

迭代的设计与开发还要避免对完美主义的偏执。迭代是为了更好更快速地开发课程,而不是一味地追求最理想的方案,而且完全符合理想的方案的出现往往带有很大的偶然性,因此偏执地追求最优方案的做法是与快速迭代的初衷相背离的。所以,根据 SA 模型的要求,迭代应在可控的次数内依次进行,将过多时间停留在某一阶段是不可取的。如果想要产生最佳产品,企业可以在流程之外利用绩效数据和反馈再进行更多的迭代。

(3) 正确使用评估。SA 模型将评估纳入设计环节,降低了开发出现失误的概率,有效控制了开发成本。SA 模型最主要的一点就是让受训人员加入课程设计环节,参与设计的评估。

四、ADDIE 模型

ADDIE 模型是一套系统地发展教学的方法,是指从分析(analysis)、设计(design)、开发(development)、实施(implement)到评估(evaluate)的整个过程。培训课程开发人员利用此模型需掌握的知识领域很广,一般包括学习理论、传播理论、接口设计、应用软件、信息系统以及人力资源发展等。

ADDIE 模型包含三个方面的内容,即要学什么(学习目标的制定)、如何学(学习策略的应用)、如何判断学习者已达到学习效果(学习考评实施)。ADDIE 模型的实施流程如图 7-6 所示。

五、DACUM 模型

DACUM 是英语 developing a curriculum 的缩写,汉语翻译为"课程开发"。它是能力本位课程模式(competency-based education and training model)中一种以委员会的形式进行职业任务分析,从而获得完成某项任务所应具备的各项技能的过程和方法。

DACUM 模型的精髓是从社会需要出发,通过与用人单位合作,以能力培养为中心来设计课程、实施课程与评价课程。

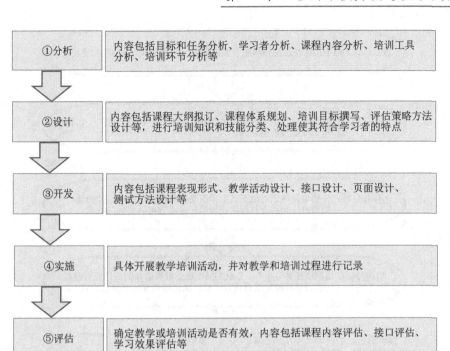

图 7-6　ADDIE 模型的实施流程

1. DACUM 模型示意图

DACUM 模型示意图如图 7-7 所示。

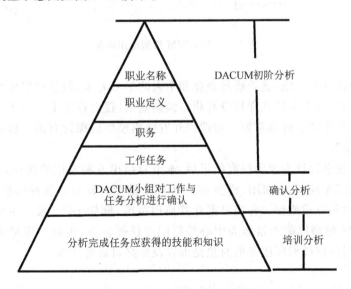

图 7-7　DACUM 模型示意图

2. DACUM 模型应用流程

DACUM 模型应用流程如图 7-8 所示。

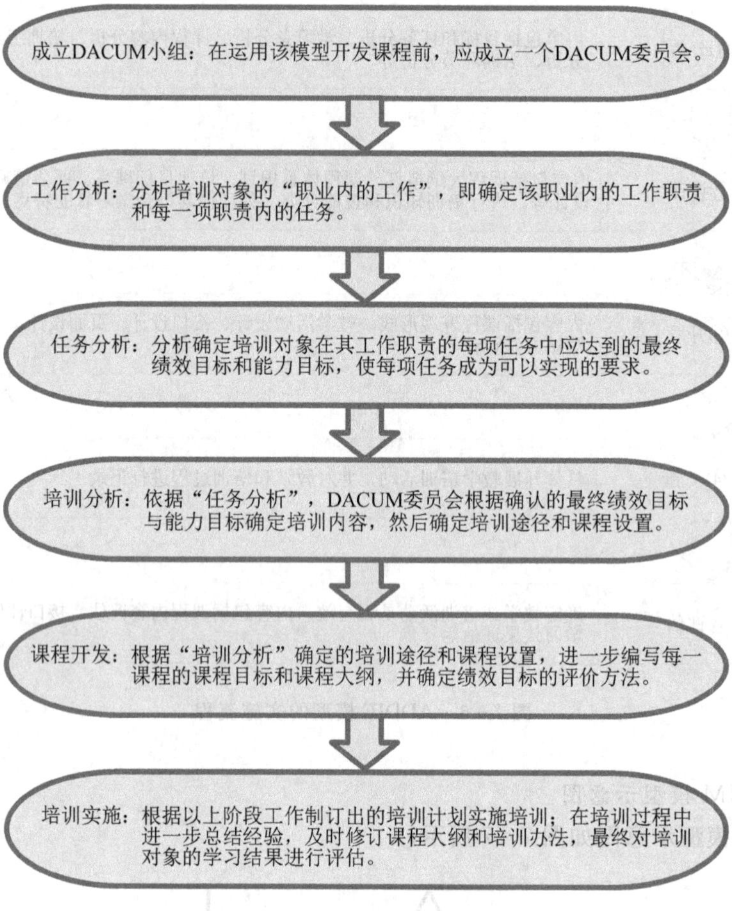

```
┌─────────────────────────────────────────────┐
│ 成立DACUM小组：在运用该模型开发课程前，应成立一个DACUM委员会。│
└─────────────────────────────────────────────┘
                      ↓
┌─────────────────────────────────────────────┐
│ 工作分析：分析培训对象的"职业内的工作"，即确定该职业内的工作职责│
│           和每一项职责内的任务。                    │
└─────────────────────────────────────────────┘
                      ↓
┌─────────────────────────────────────────────┐
│ 任务分析：分析确定培训对象在其工作职责的每项任务中应达到的最终│
│           绩效目标和能力目标，使每项任务成为可以实现的要求。│
└─────────────────────────────────────────────┘
                      ↓
┌─────────────────────────────────────────────┐
│ 培训分析：依据"任务分析"，DACUM委员会根据确认的最终绩效目标│
│           与能力目标确定培训内容，然后确定培训途径和课程设置。│
└─────────────────────────────────────────────┘
                      ↓
┌─────────────────────────────────────────────┐
│ 课程开发：根据"培训分析"确定的培训途径和课程设置，进一步编写每一│
│           课程的课程目标和课程大纲，并确定绩效目标的评价方法。│
└─────────────────────────────────────────────┘
                      ↓
┌─────────────────────────────────────────────┐
│ 培训实施：根据以上阶段工作制订出的培训计划实施培训；在培训过程中│
│           进一步总结经验，及时修订课程大纲和培训办法，最终对培训│
│           对象的学习结果进行评估。                  │
└─────────────────────────────────────────────┘
```

图 7-8 DACUM 模型应用流程

企业培训能否有效实施，能否满足企业和个人的学习需求，归根结底依赖于各类课程的成功开发。在实践中，不少培训课程没有获得预期效果，很大程度上是由于课程开发者缺乏对课程开发应有程序的了解和掌握。对课程开发经典模型的探讨有助于提高企业培训课程开发的"技术含量"。

综合国内外教学设计专家的研究结果后，本节总结出五种常用的课程开发模型，即 ISD 模型、HPT 模型、SA 模型、ADDIE 模型和 DACUM 模型。针对这五种模型，本节介绍了其含义、模型示意图和应用流程。各模型都有其使用范围，例如 HPT 模型主要用于消除绩效差距，而 DACUM 模型以能力培养为中心进行职业任务分析，也就是说培训者在选择应用模型时，首先要明白该模型所服务的对象是谁以及最终目标是什么。

第三节 培训课程开发流程

企业培训的主要目的是提高效益。在人力资源开发领域，设计和开发各种课程以提高员工的工作效率是一项重要的工作。本节参照第二节提出的企业培训课程开发模型，运用系统控制方法，详细讨论企业培训课程开发的具体流程。

一、培训课程目标确立

目标是"活动预期要达到的结果"。在企业课程开发的整个过程中,课程目标的确立非常重要。因为只有确立目标,才能使抽象的培训目的转化为明确的教学要求,再通过实际的课程实施来完成。培训课程的目标指导课程开发的所有环节。

1. 项目目标和学习目标

在企业课程开发中,企业课程目标可以分为项目目标和学习目标。

(1)项目目标。项目目标是指某一项目学习的总体目标,即要明确学员完成培训后能够做什么,是培训最终要达到的目的。其指向是较为长期的,表述是较为笼统的,它由组织需求和学员个人需求共同决定。方案设计者应根据时间、资源、可行性、紧迫性和重要性确定目标的优先顺序。虽然项目目标是决定课程设计的依据,但不具有指导具体课程设计的功能。由于学员的年龄不同和学习能力不同,在培训中一定要区别对待。为学员设置明确的、具有一定难度的项目目标,可以提高培训的效果,但培训的目标太难和太容易都会失去培训的价值。因此,项目目标的设置要合理、适度,同时与每个人的具体工作相联系,使接受培训的学员感到目标既来自工作,又高于工作,能够促使自己的发展。

(2)学习目标。在开发课程中,有效地确定学习目标,可以实现真正意义上的全员多层次的个性化学习。学习目标是在具体的课程之内展开的,它与课程关系最为直接和密切,它必须对某一具体课程的学习要求做非常细致的分解,它是项目目标的具体化,是项目目标在每一个学习过程中所要求达到的目标。

研究表明,具有一定挑战性且具体的目标比模糊的没有吸引力的目标更能激发高水平的绩效。只要学员全身心为目标努力,目标就会带来高绩效。通过培训前的需求分析设定的明确的学习目标,不是"提高管理素质"之类的不清楚的目标,而是具体的涉及知识、技能、态度、行为方式方面的目标,是培训后的绩效目标,它包括行为目标、生成性目标和表现性目标。行为目标理论对于克服课程实践中学习目标设计的模糊性和盲目性,对于科学地、客观地评价学习的成果,提高学习的成效起到了积极的作用。对于任何成人教育课程而言,行为目标应该是一种普遍性控制学习质量的目标设计,可以应用于一切领域的学习,尤其适合操作性技能的培训。生成性目标更适合于认知领域或情感领域的体验性课程,而表现性目标则更适合于培养人的自主性和创造性。

2. 学习目标的确定

学习目标的确定一般要包含三个内容:在什么条件下,做什么,达到什么程度。

由于对学员的要求不一样,学员自己的学习需求也有所差异,因此学习内容的分层次设计,既有助于开发者在设计教学策略、收集资料时能够做到主次分明,也有助于学员选择自己想学的内容,真正实现个性化学习。比较下面两个学习目标:一是通过专业技能训练达到具有本岗位的上岗能力;另一是通过专业技能训练达到本岗位的中级工水平。我们可以从中明显看出,学习目标的不同,对掌握的程度要求就不一样。

利用层次推进法分析学习目标,可以把学习内容一层一层细化。层次推进法,顾名思义是指对学习内容通过分析后,分层次达到不同的学习目标。

下面利用图说明如何利用层次推进法分析学习目标。总目标是给出一门课程的内容,选择合适的媒体来体现。如图7-9所示,学习目标可以分为三个层次:首先,能够列举出可利用的媒体;其次,能够使用一定的媒体完成任务;最后,学习目标再定得高一些的话,要能够描述各种媒体的使用环境。每一层次又可以继续进行分析。随着这样的分析,知识点就逐渐形成了,而且都是独立的知识点,体现在课程中就是一个独立的超链接,学员在将来的学习中可以根据自己的情况酌情选择学习。学习目标的分层次分析充分体现了以"学"为主的学习思想。

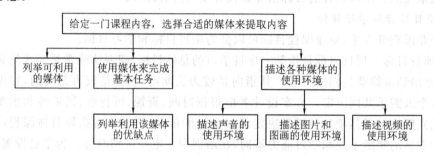

图 7-9 学习目标的分析

同样道理,在设置培训课程时,可针对一些重要的培训内容设置一系列不断提升的培训课程,让处于不同岗位的成员或同样岗位的成员能根据自身情况,有选择地在不同阶段参加不同层次的培训。通过分层次分阶段的培训,学员在理论知识和实际应用方面可达到一个螺旋攀升不断提高的培训目标。

二、培训课程的设计编排

目标确定以后,我们就要开始收集与课程内容相关的信息和资料。我们既可以从组织内部各种资料中查找自己所需的信息,征求培训对象、培训相关问题专家等的意见,借鉴已开发出来的类似课程,也可以从组织外部可能渠道挖掘可利用的资源。

培训课程设计编排涉及很多方面,我们可以将其分成不同的模块分别进行设计。当然,模块设计不能脱离于这个课程系统之外,它们之间也具有关联性。具体的课程设计编排包括课程内容、课程教材、教学模式、教学活动、课程实施以及课程评估的设计编排等方面。

(一)课程编排的基本原则

培训课程编排的基本原则是培训管理者需要掌握的基本知识之一,这有利于检查课程的编排顺序、课程内容、课程的时间分配等方面是否合理。具体情况可参照下列内容:

(1)基础培训课程内容安排在前面的课程中。
(2)培训课程之间具有相关性,前面课程是后面课程的铺垫,后面课程是前面课程的延续。
(3)课时与授课内容多少相符。
(4)课程编排完整。

(二)培训课程的规划分类

1. 培训课程的纵向结构

培训课程在纵向结构上可以分成长期培训课程和短期培训课程。它们之间是一种从属的包含关系,长期培训课程并不是短期培训课程之外的课程,而是短期培训课程的进一步细化或具体化。

长期培训课程的重要意义在于在充分分析企业内外部环境的发展趋势、充分考虑组织以及员工个人的长远目标(个人职业生涯设计)的基础上,明确培训所要达到的目标与现实之间的差距以及培训资源的配置等方向性和目标性的问题。因为培训的方向性、目标与现实之间的差距以及培训资源的合理配置,这三项内容是影响培训最终结果的关键性因素,因此特别重要,需要引起企业决策者和培训管理者的特别关注。一般长期培训课程的期限为3~6个月,时间过长有些变化因素无法做出预测,而时间过短则长期培训课程的制定就失去其意义。

短期培训课程必须考虑的两个要素是可操作性和培训效果。因此,短期培训课程实施的前期准备工作非常重要,这些准备工作必须要保证课程中的每一项都得到实施。

2. 培训课程的横向结构

培训对象总体上可以分为两类:一是内部培训对象,主要是指企业内部员工;二是企业外部人员,主要是指企业外部顾客以及经销商、代理商等。对内部培训对象一般又有两种分类方法,一是按进入企业的时间长短分为新员工、老员工,二是按工作性质不同分为生产操作人员、管理人员及其他人员等。

新员工培训是企业内部最为常见的培训项目。在知名跨国公司中,企业对新员工的培训投资是非常巨大的,这也正说明了新员工培训的重要意义。对新员工课堂讲授方面的培训相对于其他的培训项目应少一些,新员工的培训应主要体现在企业概况认识、企业文化、企业管理制度、工作岗位职能等方面,新员工更多地应到企业的各个相关部门进行实习,以便对企业尽快有全面深入的了解。新员工培训课程的编排可参照表7-2设计。

表7-2 新员工培训课程编排

序号	新员工培训课程编排内容
1	岗前引导
2	企业规章制度
3	法律法规常识
4	岗位职责描述
5	工作程序
6	企业文化
7	岗位技术与技能

对老员工的培训,则更重视引导他们自我学习,强化他们的学习能力。老员工培训课程编排可参照表7-3设计。

表7-3 老员工培训课程编排

序号	老员工培训课程编排内容
1	行业发展动态
2	现代管理理论、方法、手段和经验
3	企业文化的深入引导
4	沟通能力的强化
5	团队精神建设
6	基本技能强化与更新
7	决策创新能力培养

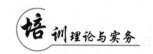

对外培训主要是指对经销商、代理商和直接消费者的培训。其培训课程编排可在如表7-4所示的培训内容中根据培训对象不同分别进行选择。

表7-4 一般客户培训课程安排

客户培训课程编排内容	培训对象
企业的发展与企业文化	经销商、代理商与消费者
企业产品	经销商、代理商与消费者
营销管理制度	经销商、代理商与消费者
服务与技术培训	经销商、代理商与消费者
产品推广的方式与方法	经销商、代理商与消费者
促销活动与终端展示	经销商、代理商与消费者
销售渠道开发与售后服务	经销商、代理商与消费者
参观企业生产研究基地	经销商、代理商与消费者

培训对象课程编排横向结构还可以按员工的工作性质分为生产操作人员、管理人员和其他人员加以考虑。

(1)生产操作人员的培训课程。对生产操作人员的培训除了人际关系和创新能力方面的培训以外,主要侧重的是技术能力的培训,所以这类培训通常称为岗位练兵。这类培训主要根据岗位技能分析所确定的培训需求来制定培训课程的内容。各技术岗位的要求不同,所培训的内容也不同。需要注意的是,制造单元这一概念的引入,使得对员工特别是对生产操作人员的培训也要做相应的改革,配套全面质量管理紧密相连的生产管理系统——适时生产系统。在适时制下,整个生产系统由若干个"制造单元(若干项作业)"负责一种产品或一组同类产品的生产,然后配备一群机器设备,从事不同的生产作业,产品生产所需的全部加工程序都在一个"制造单元"内完成。这样一来,分配到"制造单元"中工作的工人,就不仅限于操作某一部机器,而是要求能操作"单元"中所有的机器,还能根据工作的需要进行"单元"内设备的检查、维修和调整准备工作以及其他各种支援服务。因此,与之相适应的教育培训开发系统中,技术人员的培训不应仅仅局限于本岗位的技能培训,还应该对员工进行相关岗位或岗位相关技能的培训。相应地在人力资源管理的绩效考核过程中,对员工的评价也不应以员工的工作业绩为基础,而应考虑他所掌握的岗位技能有多少。目前,大多数企业还没有实施适时生产系统,或者说"制造单元"的生产组织方式尚不普及。但对员工进行相关岗位技能或岗位相关技能的培训却有利于缓解在市场供需关系骤然变化、某项生产作业需要满负荷或超负荷生产情况下人员不足的巨大压力,使企业在出现异常情况下或者根据生产发展需要,能迅速组建起多支符合企业需求的生产队伍,以解企业燃眉之急。

(2)管理人员的培训课程。管理人员的培训课程,可以按照岗位职责和管理者在企业管理中所处的层次来确定。根据工作岗位需要,常见的培训分为培训管理者和培训师培训、常规管理培训、营销管理培训、生产管理培训、财务管理培训、采购及物流管理培训、人力资源管理者培训和行政文秘人员培训。

(3)其他人员的培训课程。这主要是指对企业的销售人员和其他服务人员的培训。

除以上培训课程外,对以上各类人员通常还应进行企业文化与团队精神方面的教育与培训。

三、培训课程评价

培训课程评价是企业培训课程开发系统中必不可少的控制反馈策略,它以课程目标为基本依据,通过信息反馈的过程,不断促使课程的各项活动逼近和达到目标。作为课程开发系统中重要的控制系统,培训课程评价不仅是对培训结果的评价,也是对课程开发过程中各项工作的有效性、合理性的检查,它贯穿了企业培训课程开发全过程以及循环往复必要的一些活动,如图7-10所示。

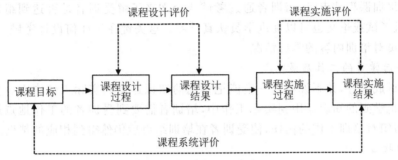

图 7-10 培训课程评价实施流程

从图 7-10 中可以看出整个课程系统由两个子系统构成,有三个反馈回路,这三个回路通道提供了反馈的动态循环和控制课程系统的基本过程。这三个回路也正是按课程系统的结构功能划分的课程设计评价、课程实施评价、课程系统评价。培训评价是一个运用科学的理论、方法和程序,从培训结果中收集数据,并将其与整个组织的需求和目标联系起来,以确定培训项目的优势、价值和质量的过程,其本质上是对有关部门培训信息进行效益评价的过程,通过培训效果的评价来明确培训是否达到了应有的目的。

(一)培训课程评价的作用

培训课程评价可以为决策者提供有关培训项目的反馈信息,从而做出正确的判断。它可为在不同的培训项目之中选择最为科学的培训方案,或对时间跨度较长、投入资本较多的培训项目做出是否继续的决定提供较有价值的参考意见。培训课程设计评价可以帮助培训管理者对培训需求的确定、培训课程的调整、培训资源的控制等所有影响最终培训效果的工作提供改进的信息,同时使培训管理者从培训评价中吸取有价值的经验教训,以便更好地进行下一步的培训管理工作。

培训课程实施评价信息的交流,培训心得的交流,参加培训后运用培训所学取得工作进步的展示,可使培训资源得到更广泛的推广和共享,同时使培训对象更加清楚自己的培训需求与目前水平的差距,从而产生参与下一阶段培训的愿望。

培训系统评价,可以实现对培训过程的全程质量控制,从而使培训需求更加准确、培训动员更加有效、培训课程更加符合实际需要、培训资源分配与培训投资(经费与时间)更加有效。

(二)培训课程评估层次

对课程培训效果进行评价主要从五个方面进行。

1. **课程评价的设计**

对培训项目的评价是在课程总体设计时就做好相应的评价方案,并在整个培训过程中一直进行课程评价工作。培训者不断从各方面得到反馈,对培训效果进行评价,对培训项目做出改进。

2. 受训者的反应

培训者向受训者发放问卷,通过调查问卷方式可以快速、简便地了解到受训者对培训课程的反应。但这种方式的缺点是培训可能更多地从受训者角度考虑问题,从而迎合受训者愿望,而不重视课程培训的目的。

3. 受训者掌握的情况

在每次培训课程结束时,培训者通过考试或论文来了解受训者是否达到组织的课程培训目标,而且考试或论文也可以促进学员认真学习。这关键在于如何设计考题,考题是否能全面反映学员对培训内容的掌握情况。

4. 培训后学员的工作质量

学员考试成绩好,并不说明就一定能把学到的知识运用到实际工作中去。为了掌握受训者是否能把学到的知识运用到实际工作中,培训者需要到受训者的工作地点进行跟踪调查,并增强组织对培训工作的信任,使受训者在培训结束后仍然得到相应的帮助。

5. 组织收益

这是指培训为整个组织带来的经济效益,例如劳动生产率提高、产品质量提高、次品减少、单位成本降低和顾客满意程度提高等。在这些效益中,哪些是培训带来的却很难确定,但我们可以通过数理统计的方法,通过建立数学模型评估培训为组织带来的收益。

值得强调的是跟踪评价最重要的作用是为改进培训提供科学依据。开展培训评价是为企业生产发展与经营管理服务的。用科学的方法和程序获取信息,综合分析,对培训效果做出客观评价,是改善培训决策的重要依据,更是提高培训质量的重要环节和技术保障。跟踪调查,收集来自学员及单位各方面对培训效果的评价意见,具有一定的可信度和权威性,能帮助培训部门确定导致培训成功与不足的主要原因。科学地评价培训活动的实际效果,有助于培训部门客观地评价自己的功过是非,从中吸取有益的经验教训,使培训向着更加良好的方向运转。

第四节 培训教学设计

一、培训教学设计的含义与特征

培训教学设计是以传播理论和学习理论为基础,应用系统的观点与方法,分析培训教学中的问题和需求,从而确立目标,明确解决问题的措施与步骤,选用相应的教学方法和教学媒体,然后分析、评价其结果,以使培训教学效果达到最优化的过程。

培训教学设计的主要特征有:①培训教学目标建立在对培训系统内外环境分析的基础之上;②培训教学目标用可观察的行为术语来描述;③培训教学的计划、开发、传递和评价以系统理论为基础;④研究重点放在培训教学计划、方法和媒介的选择上;⑤教学评价是设计和修改过程的一部分。

二、培训教学设计的原则

培训教学设计受社会生产力发展水平、教育方针、培训政策以及各国历史文化传统等因素的制约和影响。在现阶段,培训教学设计应遵循如下原则。

1. 系统综合原则

培训教学是一个涉及方方面面的大系统,因此,在进行教学设计时,必须考虑系统中各要素及其相互间的关系,要综合培训问题对立统一的各个方面,对培训教学的各个方面、各个环节既不能以偏概全,也不能无所侧重。

2. 针对性原则

培训教育是继续教育的一个组成部分,它不等同于单纯的学历教育,因此,培训教学活动也应针对培训工作的性质、特点和各种培训对象的不同,设计出不同的教学计划,安排不同的教学进度,选择不同的教学方法和教学媒介。

3. 最优化原则

最优化原则是培训教学设计的中心指导思想,是培训教学设计活动所要解决的核心问题。20 世纪 60 年代,系统方法的建立和发展,大大推动了最优化思想的研究,越来越多的教育学家们致力于探讨教学最优化问题,即帮助教师寻求完成复杂教学任务的捷径。培训教学最优化,其实质是探索在培训教学中如何花费最少的时间而获取最大的效果。

要达到培训教学的最优化,培训部门必须考虑在培训过程中抓住最主要、最本质的东西,要做到正确分析培训对象特点、科学设置培训课程、合理安排教学进度以及有效选择教学方法与教学媒介等。

三、培训教学设计的基本内容

针对不同的培训对象,培训教学设计的具体方法和步骤可能会有所不同,但其基本内容是一致的。培训教学设计主要包括以下内容:

(1)期望学员学习什么内容,即教学目标的确定。
(2)为达到预期目标,如何进行教学和学习,即教学策略与教学媒体的选择。
(3)在教学过程中,如何合理安排时间,即教学进度的安排。
(4)在进行培训时,如何及时反馈信息,即教学评价的实施。

教学设计的以上基本内容,可用图 7-11 表示。

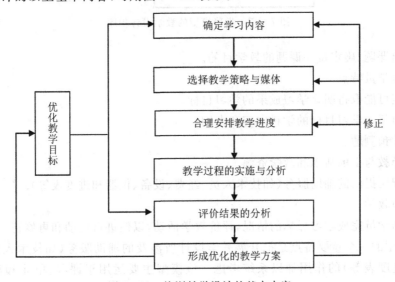

图 7-11 培训教学设计的基本内容

四、培训教学设计的程序

由于培训对象和培训任务的不同,培训教学设计的程序也各不相同。下面介绍几种常见的培训教学设计程序模式。

1. 肯普的教学设计程序

肯普(J. E. Kemp)的教学设计过程模型是早期教学设计模型中步骤最明确的一个,其着重解决三个基本问题:①学习达到怎样的熟练程度?②教学程序、教材和人员如何组合才能最佳地实现目标?③使用什么手段来评价学习结果?

肯普模型的具体步骤如图7-12所示。

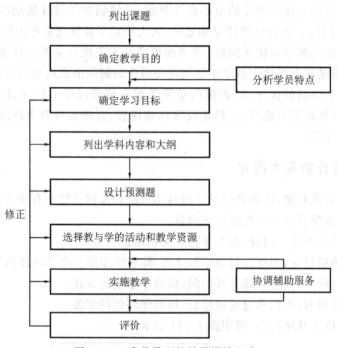

图7-12 肯普模型的教学设计程序

(1)列出课题,确定每一课题的教学目的。
(2)分析学员特点。
(3)确定可能取得明显学习成果的学习目标。
(4)列出每一学习目标的学科内容和大纲。
(5)设计预测题。
(6)选择教与学的活动和教学资源。
(7)协调所提供的辅助服务(如技术人员、经费、设备、仪器和进度表等)。
(8)实施教学。
(9)根据学员完成学习目标的情况,评价教学活动,以便进行反馈和再修正。

肯普模型的一个重要特点是把开展教学设计所涉及的辅助服务(如技术人员、经费、设备、仪器和进度表等)的作用加以系统考虑。该模型主要运用于课程、单元和课堂教学的设计。

2. 加涅和布里格斯的教学设计程序

美国教育心理学家加涅和布里格斯把教学设计程序分为十四个步骤,它们分属于系统级、课程级和课堂级。该设计程序从整个教育系统的设计到课堂教学设计均适用。其具体步骤如下:

(1)系统级:规划设计阶段。①分析教学需求、目的及其需要优先加以考虑的部分;②分析教学资源和约束条件以及可选择的传递系统;③确定课程范围和顺序,设计传递系统。

(2)课程级。①确定某一门课的结构和顺序;②分析某一门课的目标。

(3)课堂级。①确定行为目标;②制订课堂教学计划;③选择教学媒体与手段;④评价学生行为。

(4)系统级:实施评估阶段。①进行教师方面的准备;②进行形成性评价;③进行现场试验及修改;④进行总结性评价;⑤进行系统的建立和推广。

3. 迪克和凯里的教学设计程序

迪克(W. Dick)和凯里(L. Carey)提出的教学设计程序是一个偏重于行为主义的模型,其强调对学习内容的分析和鉴别,强调从学生的角度收集数据以修改教学。该模型深受加涅和布里格斯观点的影响,其具体步骤如图7-13所示。

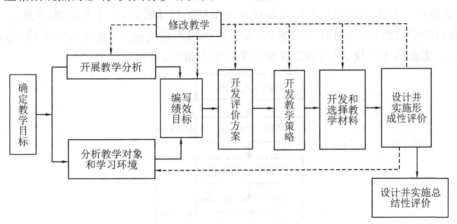

图7-13 迪克和凯里的教学设计程序

(1)确定教学目标。该模型的第一步是确定学生通过教学以后能做什么。教学目标的来源虽然是多样的,但在这里教学设计者关心的仅仅是使教学目标明确化。

(2)开展教学分析。即在培训教学目标确定以后,剖析达到该教学目标所需掌握的知识和技能。教学分析与教学对象分析密不可分。

(3)分析教学对象。即分析教学对象的生理、心理和社会特点,测定他们原有的知识与技能储备,以便确定培训教学内容的起点。教学对象分析与教学分析同步进行。

(4)制定具体的行为目标。即根据教学分析与教学对象分析结果,制定出为最终达到教学目标而需达到的具体的、精确的行为目标。行为目标是对总的教学目标的分解,其用可观察的行为术语具体规定受训者通过学习以后应能够做什么,在什么条件下能这样做及其可接受的标准是什么。

(5)设计标准参照测试。即以具体行为目标为依据,设计测试工具,被测试行为必须与行为目标所描述的行为相一致。

(6)设计教学策略。即根据教学对象的特点、行为目标的要求等,设计相应的教学形式,选择合适的教学手段与有效的教学方法。

(7)开发和选择教材。即在确定教学策略以后,设计与制作教学组件(module),其主要由学生用书、测试题、教师用书等几部分组成。教学设计者要根据已有教学资源情况,或选择教材,或开发新的教材。

(8)设计和开展形成性评价。教学组件原型制作完毕后需经历一个试用与修改的过程。形成性评价可分为个别评价、小组评价和实地评价。教学设计者要从各个不同的方面与角度评价学习及教学系统的效果,以达到进一步修正教学组件的目的。

(9)修改教学。即通过形成性评价,发现问题,分析原因,并对教学内容、教学方法、教学媒体等做相应的修改,以逐渐实现教学活动的最优化。

(10)对教学进行总结性评价。在教学设计开发完成之后,就要通过总结性评价对所开发的教学活动和程序进行最终评价,以确定它在现实教学中是否具有有效性。为了追求评价的客观性,总结性评价一般请外部评价人员担负评测工作。

4. 现代常用的教学设计程序

在中国学校教育与培训教学中,流行一种比较简单实用的教学设计程序。该程序既适用于一门课程和一个教学单元的设计,又适用于一节课的教学设计,其主要步骤(见图 7-14)如下:①确定教学目的;②阐明教学目标;③分析教学对象的特征;④选择教学策略;⑤选择教学媒体;⑥实施具体的教学计划;⑦评价学生的学习情况,进行反馈修正。

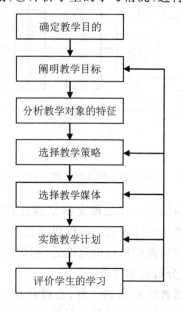

图 7-14 现代常用教学设计程序

本章小结

企业培训能否有效实施,能否满足企业及员工的培训需求,归根结底依赖于培训课程的开发。企业培训课程的开发是实现企业发展战略的桥梁,是连接培训目标与微观层次的教学、训练、教育实践活动的纽带,是员工获取信息、知识从而形成相关技能的重要途径。培训课程开发的成功与否,直接关系到培训的效果,影响到企业的发展。进行培训课程开发的研究对提高培训质量、改善企业效率和效益具有重要的意义。本章从界定企业培训课程以及培训课程开发的概念出发,剖析了企业培训课程开发的原则,根据企业培训课程开发类型,运用系统控制方法,详细讨论了企业培训课程开发过程中的具体流程。

思考与讨论

1. 学科课程与培训课程有哪些区别?
2. 培训课程开发的模型有哪些?
3. 培训课程的目标如何设定?培训课程开发的流程是什么?
4. 培训教学设计的原则是什么?培训教学设计程序模式分为哪些?

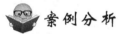
实训题

调研一家你所熟悉的制造型企业,收集所需数据,选择合适的方法,针对某类人群或岗位设计某类课程体系。

案例分析

第八章 培训方法与技术

学习目标

1. 掌握讲授法的基本原理;
2. 掌握研讨法的基本概念、程序和组织形式,探讨其实施过程所需的一些技巧;
3. 掌握角色扮演法、案例教学法和游戏模拟法等的适用范围和应用程序;
4. 掌握行动学习法的含义和实施步骤;
5. 掌握引导式培训的关键要素;
6. 掌握数字化培训中各类培训的特点;
7. 掌握混合式培训的关键环节。

开篇案例

海尔的开放研发创新赋能营

海尔集团在员工培训方面一直走在行业前列。尤其是"开放研发创新赋能营"项目,充分体现了将培训与实际业务紧密结合的理念。该项目专门针对产品研发人员,旨在通过场景化学习和实际问题解决,提升员工的创新能力和业务适应能力。在这个项目中,海尔创新培训中心首先通过罗斯韦尔4W模型深入分析业务部门存在的问题,明确学员的能力不足之处,并设定明确的学习目标。项目特别邀请用户代表参与,让他们直接参与到产品设计过程中,拉近了学员与用户的距离,确保培训内容与市场需求高度契合。

"开放研发创新赋能营"项目的一个重要特色是场景化学习设计。海尔创新培训中心通过还原员工在实际工作中面临的情景和挑战,创建接近应用场景的学习环境。例如,方法论课程在教室中进行,而用户需求洞察则在卖场或用户家中开展。这种灵活的培训方式使得员工能够在真实的业务环境中进行学习和实践,提升了培训的有效性。此外,海尔还结合线上线下学习,利用数字化培训平台为员工提供丰富的学习资源和实时支持。通过这种混合式培训方法,员工可以随时随地进行学习,极大地提高了学习的灵活性和便利性。

第一节 传统培训方法与技术

一、讲授法

讲授法是人类最古老的培训方法之一。人类历史面貌日新月异,讲授法在几千年里却几乎没有什么变化。古代中国的私塾和古希腊学园的面貌,现在仍然清晰可辨,依然是一个讲台,几十个排成方形、圆形或其他形状的座位。教师在台上讲,学生在座位上听。师生可以发生一些信息交流,但整个培训过程的进度、气氛总体上是由教师来控制的,学生始终是被动的。近年来,随着现代科技的迅速进步和人本主义的兴起,讲授法受到了越来越多的批评。

(一)讲授法的优点和缺点

有资料显示,95%(在某些组织里是100%)的成人训练在教室里进行。讲授法应用如此广泛,因为它具有以下优点:

(1)易操作性。只要拥有一间教室、一位教师并聚集一些学生便可进行课堂讲授。而要找到一间教室,再容易不过。它可由贮藏室、旅馆、会议室来充当。

(2)经济性。讲课无须过多的花费。准备一堂课的费用,比起录制一个同等的电视节目,或制作一套教学软件的费用,要少得多。它也不需要现场实习所必须消耗的生产原料。

(3)高效性。许多人在同一时间、同一场所,接受同一训练,而这只需要一位教师即可。

(4)源于习惯。对许多人,尤其是教师们来说,演讲是最习惯不过的传递信息的方式。新的教育方法可能有效得多,但教师们需要花费相当时间和精力去学习和适应新的教育理论、方法和技术,因而教师们宁愿使用他们早已得心应手的讲授法。

上述优点并不能抵消从中世纪以来就一直兴起的批评。这些批评主要集中于以下几点:

(1)讲授法从本质上说是一种单向性的思想交流方式。它所传递的知识的性质、速率和供给量取决于处于主导地位的教师。学生控制课堂讲授效果的唯一方式就是不去理会讲授内容。单向性的思想交流缺乏必需的师生间相互作用和反馈,这是讲授法的致命所在。如果过量地使用讲授法,就会助长精神上的被动性,走向培训目的的反面。讲授法在运用中可使用一些技巧,如注意提问、注意学生表情、鼓励学生参与等,这些技巧虽然不能从根本上改变讲授法的本质,但它们有助于减轻一些负面的影响。

(2)讲授法的适用范围具有确定的界限。某些知识和技能需要学生的直接体验,在此方面依靠言语媒介的讲授法是无能为力的,因而人们在课堂上常使用一些图形、影像以抵消这些不足。

(3)讲授法在记忆方面的效果很差。学生常常忘记或永远学不到讲授的内容。这一点,在时间较长的讲授中尤为明显。

(二)课堂讲授的构成因素

1. 教师

课堂讲授的构成因素中首要的因素是教师。教师可能不是课堂讲授的最重要因素,但是教师的个体经验是造成讲授法与其他培训方法相区别的重要因素。

教师讲授给学生知识和经验,他们的经验通常比学生多。如果某位教师的实际经验没有学生的多,他(她)可能拥有更多的"有意义的经验",即已组织好以供与别人共享的经验。学生可能尊重或可能不尊重这些知识和经验,这要视教学活动结果而定。教师通常和学生保持一些距离,但不应和学生完全隔开,和学生共享所讲授的知识是正当的,但一个教师如果完全融于学生集体当中,就会影响讲授效果。

2. 学生

课堂讲授的第二个构成因素是学生,正是他们使训练活动成为可能。优秀的教师经常提醒自己要意识到这一点。没有两个学生能完全相似,每个学生都有自己的学习目的、学习能力、学习背景和学习后将要进入的环境,没有一项技术对他们能产生同样效果。学生由诸多个体组成,但在一个教室的环境下很难将其当作个体来区别对待。讲授法要努力克服这种困难。

3. 内容

课堂讲授的第三个构成因素是所要讲授的内容。培训的目的是弥补知识和能力上的短缺,致使行为改变。最理想的情况就是教师和学生都知道学生缺乏什么知识和能力,他们的行为要转变到哪种状态。为此,我们需要确定学生现有的知识和能力水平,了解工作、生活和个人发展对他们提出的新要求。讲授内容的选择,要根据它们对培训目的的效用而定。

4. 环境

课堂讲授的第四个构成因素是讲授的环境。它包括教室温度、通风、光线、桌子、椅子等。不仅如此,它还包括"学习气氛",一个难以测量但又重要的因素。学生能否自由提问,他们能否自由验证答案,班级文化是否阻止学生参与课堂讨论,以上这些都是环境的重要因素,需要教师在设计讲授时予以考虑。教师实施讲授法时要注意改善环境。不要忘记,即使是最优秀的教师,也难使学生在一个烟雾弥漫、闷热、嘈杂的教室里集中注意力。

(三)教室布置

1. 教室布置的心理

教室布置首先要明确几点。第一,没有一种布置方式能适合所有培训的需要。第二,对学生来说,座位的不同意味着他们对教师角色的感觉和视觉的不同。第三,教室空间的大小在某种程度上决定着教室的布置。第四,教室布置大致可分为两种类型:以教师为中心的和以学生为中心的。

(1)以学生为中心的教室布置,即允许学生参与和易于使学生能彼此相互影响的教室布置方式。在这种类型中,教师的可视范围较小,各项活动的转换和衔接比较自然。当然,教师并不是真正地失去了控制。例如,在下面将要介绍的 U 形布置中,教师只要轻轻地进入 U 形里面再出来,就能轻而易举地重新获得学生的注意,由于学生们不愿围着教师谈话,他们立刻会安静下来。

(2)以教师为中心的教室布置。以教师为中心的教室布置不必担心学生会脱离控制问题。传统的"座位一律面向前方"式的布置就是最好的例子。教师站在教室前面,居高临下地监视每位学生,后者也都面对着他。

2. 几种常见的教室布置方式

(1)传统布置法。传统布置即学生面向教室前面,分排就座(见图 8-1)。这种方法既有长处也有短处。例如,就空间利用论,这是最有效率的布置方式,它只要求在教室中间留下一条通道的空间。桌椅向前可排列至离教师讲台一米左右远,向后可排至后墙。中间过道可放置放映设备,悬挂式放映机不会遮挡视线,这样所有空间均可利用。但是,在整个过程中,教师始终处于核心地位,不利于调动学生参与的积极性。

(2)臂章形布置法。这种方法与传统布置法的区别在于,这种布置将桌子靠中间过道的一头向后稍移一定的角度,以使同一排的学生能相互看见(见图 8-2)。和传统的布置方式相比,它能带来学生更多的自愿反应,传统布置方法所具有的优点它都具备,只是不那么明显。研究显示,谈话会越过过道进行,因为学生更愿意与他们看得见的人交流。

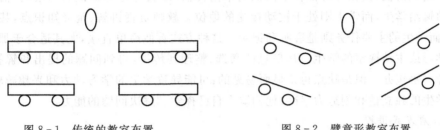

图 8-1 传统的教室布置　　　　图 8-2 臂章形教室布置

(3)环形布置法。教室中的可视性非常重要,因为教师选择哪种教室布置方式,将决定学生是能更好地看见教室前面而看不清同学呢,还是能更好地看清同学而看不清教室前面。在环形布置(见图 8-3)中,如果不移动桌椅,就有将近一半的学生看不见教室前面。

(4)U 形布置法。U 形布置法(见图 8-4)能使邻近的学生相互清楚地看到,且至少教室前面的中心地带清晰可见。但由于视线被遮挡,教室前面靠边的空间不能很好地得以利用。此外,处在 U 形两边的学生,由于不能看见同排的非近邻伙伴,只能与对边的同学交流;而位于 U 形后边的学生也更倾向于与老师进行交流,而非同排同学。这也算是一个短处。

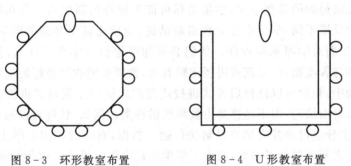

图 8-3 环形教室布置　　　　图 8-4 U 形教室布置

(5)V 形布置法。V 型布置(见图 8-5)能更充分地利用教室前面的空间,但学生彼此间见得更少。很明显,U 形布置和 V 形布置的空间利用效率最低,因为教室的整个中部地带基本上没有利用。

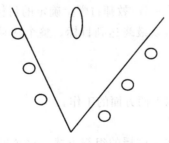

图 8-5 V 形教室布置

(四)课堂讲授方式

根据教师和学生在课堂讲授期间的活动状况,课堂讲授可分为四种方式。

1. 灌输式讲授

灌输式讲授，其核心特征在于知识的单向传输，即教师作为知识的源泉，将信息源源不断地灌输给学生，而学生则处于被动接受的地位。教师负责讲解、阐释知识点，甚至是推导结论，而学生的主要任务则是聆听和记录。这种方式看似简单直接，尤其适合于那些不善于独立学习或主动探索的学生。从信息的筛选、整理到传授，再到问题的提出和解答，一切都由教师一手包办。但是缺点也是显而易见的：可能导致学生的学习动力和兴趣减弱，不利于培养学生的独立性和创造力，导致他们缺乏自己探索和解决问题的能力。

2. 启发式讲授

在启发式讲授中，学生参与程度较高。教师首先提供一些新信息和结论，然后提出一些问题，以考查学生是否掌握了新信息和结论。如果学生没有掌握，教师则以较易的表达方式（通常是更简单的语言和更基本的思想），努力使学生听懂。这种方式比第一种高级，因为学生在参与过程中获得了更多的自主性。只有当教师以演讲或其他方式提供新的内容、思想和结论，并且接着使学生以问题或讨论的形式反馈它们时，这个过程才算是启发式讲授。启发必须以学生的反馈为基础。然而，如果学生已得出了新结论，教师就不要再继续使用启发式讲授了。

3. 发现式讲授

发现式讲授指学生在教师的指导（而非控制）下进行学习，并试图得出自己的结论。教师只提供学生无法得到的某些事实，学生要尽可能多地得出新发现。与在启发式讲授中只对"旧"信息进行反馈不同，学生们独立探求新结论、新概念甚至是新的事实。在此，记忆更加持久，因为学生们对学习承担责任。他们必须知道他们已学会了什么，他们将要学习什么。就学生的参与程度而言，发现式讲授比较有效，教师也能收到良好的反馈。

在课堂讲授中，教师可以选择启发式讲授或发现式讲授。发现式讲授鼓励学生通过自主探索和思考来得出结论，而不是直接由教师提供答案。例如，教师可以通过提出实际案例或问题，引导学生分组讨论并尝试自己解决问题。然而，有些教师担心学生能力有限，在学生尚未充分思考之前就提供了答案，减少了学生的自主探索机会。这种情况下，教学方式实际上更偏向于启发式甚至灌输式讲授。为了有效实施发现式讲授，教师应在设计有意义的问题、提供适当支持的同时，适时介入指导，并最终帮助学生总结和反思。

4. 开放式讲授

开放式讲授与其说是一种讲授方式，不如说是一种学生活动方式。在这种活动中，学生首先就活动目标及测评标准达成一致；教师将学生确定的目标进行任务分解，并设计一定的活动，让学生分头完成这些任务，以最终达到目标。整个活动的主体是学生，教师只起到制定规则、检测鉴定的作用。

(五) 课堂讲授的实施

课堂讲授的实施主要包括以下两方面的工作。

1. 准备工作

课堂讲授准备工作的重心在于讲授的组织方式。这个问题又可分为两个小问题：讲什么和如何讲。

首先应该考虑讲什么。衡量一堂课的价值，可能有两个标准：一是讲了多少有价值的东西；二是听众吸收了多少有价值的东西。有人认为这两条标准是一致的，其实不然。心理学有关听觉和记忆的规律告诉我们,人在一定时间内靠听觉接收并能贮存的信息是极其有限的,讲得多,并不见得接受得多。讲授一个论题可以分为导论、主体和结论三个部分,运用不同的讲授方式来组织它们,都可得到较好的效果,关键在于教师个人判断。

下面分别以灌输式讲授法和发现式讲授法为例,看看这三个部分是如何组织的。

灌输式讲授以原理为中心。教师从陈述一般性概括——对基本点的陈述开始讲授,讲授的主体部分是给学生提供能够证明这个基本论点的材料。讲授可采用多种技法来证明:①解释,用于弄清并确定这个基本论点,它是各部分与整体的关系。②类比,用以提出已知的某些事物与未知的某些事物之间的相似之处。形象类比在不同种类的两个事物间做比较(如心脏像发动机),文字类比则比较同类的两个不同事物(如两个城市)。③例证,是以举例子的方式来说明某个论点或假设。④摆事实,是列举各种各样的统计数字、事实材料或来自第一手的观察者和专家的证据。讲授的结论用来总结这个说明,并且复述这个基本观点。整个过程如图8-6所示。

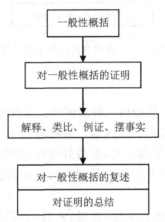

图8-6 灌输式讲授的组织结构

发现式讲授以问题为中心,将学生由一个问题引导到得出解决办法。它以提出问题开始,这个问题必须是对学生有意义的,就像挂在枝头的桃子对于馋嘴的小猴子一样,这样才能激起学生解决问题的动机和欲望。然后,教师把导致结论的证据和实例组合在一起,以使即便是水平一般的学生也能发现问题的解决办法。最后,教师指出最优的解决办法(最优办法可能不止一个)。其过程如图8-7所示。

讲授的第二个准备工作就是对学生的分析。早在两千多年前,先哲孔子就告诫我们要"因材施教"。只有了解自己的学生,并使要传递的信息适合于不同性别、年龄、背景和兴趣的学生,讲授才能获得成功。了解学生是不太容易的,就成人培训而言,在培训之前和培训对象的主管加强联系是非常必要的;查阅一些档案也能使人获益匪浅。

讲授的准备工作还包括准备必要的材料和设备,分析课堂环境并在此基础上准备相应的措施等。值得一提的还有对课堂中发生的突发事件的准备,包括心理准备和可能的措施准备。对突发事件的处理通常被认为属于教师讲授艺术的范畴,与教师本人的经验、能力不太相关。但无论如何,多考虑些偶然因素并做必需的准备工作,还是很有必要的。

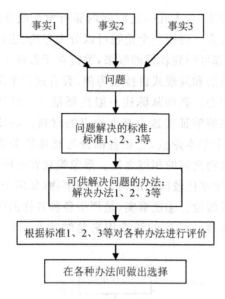

图 8-7 发现式讲授的组织结构

2. 运用讲授技巧

一堂课可以采用多种技巧中的任何一种来讲授。讲授可以是朗读、逐字背诵、没有任何专门准备的临时演讲或不用讲稿的即席发言。这些技巧中,最容易且最受欢迎的是即席发言。教师运用这种方式备课,要仔细研究,准备好提纲,并准备好一组简短的注意事项作为发言的向导。注意事项可以写在页边空白处,按时间和进度把发言划分开来。即席发言便于教师适应当时的各种条件。

在讲授过程中,教师要注意语言速度、音量、音高、节奏和语气,教师要根据学生的反应对它们进行调整。为了引起学生足够的注意,教师可以以某种方式对重点部分予以强调。稍稍停顿、加大音量、提问、提醒、手势、复述等都是常见且有效的方式,板书也能起到强调的作用。

态势语言在信息交流中也起着非常重要的作用。教师的外表、气色、姿势、手势、动作、目光和表情,对学生有着微妙的、有时是光凭言语所不能造成的影响。态势语言的基本要求是大方、自然和充满活力,机械的或造作的动作往往令学生反感。

对教师来说,对付学生的厌倦情绪是一个要长久留意的问题。学生在一堂课的最初 10 分钟能集中最大的注意力。此后注意力将逐渐减少,只是在讲课即将结束时,注意力会突然增强一阵子。要保持学生长久的兴趣,教师可采用下列手段:一是让学生积极参与课堂;二是通过生动的语言或一些直观教具增强直观性;三是制造一些悬念和幽默。当然,最重要的还是增强学生的学习动机。

(六)讲授法的适用范围

讲授法并非在任何情况下都适用。

1. 内容

有人曾研究了讲授法与研讨法对学生成绩的影响,发现就与事实有关的知识而言,讲授法比研讨法的效果要好;就较高级的认知学习和态度、动机学习而言,研讨法的效果会更好些。如果知识是最新的,而且不能很快从印刷品或其他形式中得到的话,那么讲授法是最有用的。

讲授法能给学生提供一种基本的概念框架,为以后的学习做好准备,起到一种概述或定向的作用。课堂讲授也能与其他方法结合,如研讨或放幻灯片之前,做些详细的说明;游戏或角色扮演之后,讲授一些背景知识或做些总结都是常见的。在与其他方法结合时,课堂讲授应提出一个有助于学生理解各种经验的概念框架,新知识的讲授应服从这一目的。

对于事实知识以外的其他内容的学习来说,讲授法就不太有效,此时必须以其他方法为主。

2. 学生

在这方面的研究成果几乎一致认为:那些需要组织或指导的学生,或者不大容忍分歧的学生,往往喜欢听讲而不喜欢自学;性格内向者从听讲中比从讨论中学得多些,性格外向者则相反;较刻板或焦虑的学生觉得讲授法有效些,灵活的学生更喜欢独立学习或讨论。因此,总的说来,讲授法能适应学生的某些个性,而不适应所有个性,其他培训方法也是如此。

教师在试图按照上述规律去做时,至少面临着两个问题:一是学生的个性难以测定;二是即使第一个问题解决后,教师可能会发现上述两种类型的学生都有。是不是适用讲授法,不能仅仅考虑学生这个因素。

3. 教师

有些教师,可能因在课堂讲授中发挥主导作用而得到满足,但也有些教师也可能会因一直处在学生注意的中心而感到惴惴不安,不是所有的教师都能熟练有效地运用讲授法。讲授法的运用,要受到教师个人的知识、经验、性格、能力和意愿、兴趣的限制。

4. 环境

环境既包括教室、空气、光线、音响、设备、班级规模等外部环境,也包括学生与学生之间及学生与教师之间的地位和关系的感觉、学生和教师的习惯等内部环境。过高的室内温度、暗淡的灯光和其他引人入睡的条件当然会限制讲授的效果。不少人可能没有意识到,过近的心理距离和教师过分地平易近人,也可能不利于课堂讲授。

二、研讨法

在成人培训中,研讨法是仅次于讲授法的广泛使用的方法。它在培训中起着重要的作用,因为讲授只向学生传输信息,而研讨则让学生积极地从事学习;讲授要求学生听,而研讨则鼓励学生提问、探求并做出反应。

(一)研讨会的类型

1. 以教师为中心的研讨会和以学生为中心的研讨会

以教师为中心的研讨会意味着学生的注意力集中于教师。学生可以控制讨论的议程和进度,但教师是信息的主要来源。在此类研讨中,各种问题并不一定由学生首先提出来。教师用苏格拉底式的问答提出一系列问题,引导出解决问题的办法,从而起到中心的作用。以教师为中心的讨论可以采用复述方式。复述时,教师先指定阅读材料,围绕材料提出问题,并要求学生回答。教师作为正确答案的拥有者,对学生的回答做出评价。

以学生为中心的研讨会意味着学生的注意力集中于他们的同伴,而不是教师。学生不仅主导着研讨的进程,还负责搜寻信息,并提出解决办法。由于一切都由学生负责,因而学生对研讨的目的更加明确,行动也更积极。以学生为中心的讨论有两种方式:一是由教师提出问题或任务,学生们独立提出解决办法;另一种是不规定研讨的任务,学生就某议题进行自由讨论,彼此吸收经验和知识,并培养一种集体氛围。

上述两种类型的研讨会的特征比较见表8-1。

表8-1 两种类型研讨会的特征比较

类型	研讨者	信息源	研讨过程	研讨方式	结论方式
以教师为中心的研讨	以教师为主体	教师	结构化	①问答式;②苏格拉底式;③复述式	有明确结论
以学生为中心的研讨	以学生为主体	学生	非结构化	①问题解决式;②启发式	不一定有明确结论

2. 目标-过程两维模型

研讨会通常有两种取向:任务或目标取向和过程取向。这两种取向可将研讨会分成以下三种类型(见图8-8)。

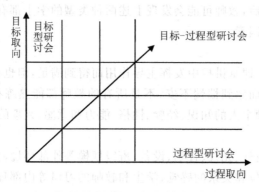

图8-8 研讨会的目标-过程两维模型

(1)目标型研讨会。目标型研讨会着眼于完成任务。这个任务是由教师确定的,它可以是一个结论、一种或几种答案,或是一个解决问题的方案。只要能确保研讨会目标的达成,教师可以不管研讨过程如何。此类研讨处在教师的有力控制之下,具有高度的结构化,各个环节均按预定的时间表进行。

(2)过程型研讨会。过程型研讨会重视研讨过程中学生之间的相互影响。其要旨在于,通过鼓励学生参与,鼓励学生彼此借鉴和吸收有益的知识经验、增进情感,来满足学生的心理需要。因而,是否达成由教师定下的目标倒在其次。

(3)目标-过程型研讨会。如果某一研讨会既能实现预定目标,又能有效促进学生参与,那么这个会议将更有效率,学生也会更热心地支持此类会议。这种研讨会就是目标-过程型研讨会。此类研讨会需要教师有丰富的经验和充分的准备。

(二)研讨会的形式

1. 演讲-讨论式

这种形式包括两个部分:首先由某个专业人士就某议题发表公开演讲,随后听众就此议题和前面的演讲进行自由讨论。它提供少量的双向沟通。组织此类形式的研讨会须注意，在演讲者之外还应安排一个主持人，以掌握会议规则，控制会议进程。

2. 小组讨论式

小组讨论式又可分为三种形式。第一种是选择在某一方面有特长、对此感兴趣且长于言辞的几个专家（通常是3～6个），就这方面的某个主题进行讨论。讨论小组坐在台上，其中有位主持人以提问的方式来发起和引导讨论的进行。观众通常只是听，并不参与讨论。

第二种形式是在第一种形式的小组讨论基础上，增加一段由听众参与的自由、公开讨论。小组讨论后，听众可以将问题写在卡片上，由讨论主持人转交小组进行辩论、回答；或听众直接提出问题，并与小组或小组中某个成员进行公开讨论。

第三种形式变化较大。挑选6～8个人，其中，三四个是专家，其工作如第一种形式；另外三四个人代表观众，提出问题，发表意见，引发争执，以留待专家处理。主持人坐在会台中央的一张小桌前，控制研讨进程。专家们共用一张长桌，面向观众坐在主持人的左后方，观众代表共用的长桌也面向观众，放在主持人的右后方。观众们通常只是听，偶尔也在主持人的引导下参与讨论。这种形式的一个独特优点在于它消除了广大观众和台上专家小组之间自然形成的障碍，增进了专家和观众的联系。

3. 沙龙式

沙龙式研讨会通常由2～5个专家就某议题的不同方面或相关的话题分别发表的系列演讲组成。每场演讲的时间，因演讲者的数量、允许支配的总时间和议题的性质而从3分钟至20分钟不等。演讲者彼此不交流意见，他们只向听众奉献自己的心得。现代的沙龙式研讨会，通常也设主持人。

沙龙式研讨会也有一些变体。例如，沙龙举行完后，可以紧跟一场由听众参与的自由公开讨论。此时，主持人就成了听众和专家之间的联系人，他（她）必须具备娴熟的引导听众、激励听众参与的技艺。与小组讨论的第二种形式一样，这种沙龙式研讨会也提供了少量的双向沟通。

4. 集体讨论式

通常的集体讨论由2～20人组成。这些人在一个训练有素的同伴（领导者）的带领下，就相互感兴趣的话题进行专门探讨。发言机会最大限度地提供给每个人，以便使他们在参与中彼此吸收思想和经验。这种集体讨论通常作为成人培训项目和课程的一个部分出现。领导者在集体讨论中的作用特别重要，要是可能的话，最好能事先对领导者进行专门训练。

有种集体讨论会由2～50人组成。这些人分别代表不同的组织、部门和观点，但他们拥有一些共同的兴趣和背景。他们收集信息，探讨问题，希望最后得出合理的解决办法。界定问题和找到最终的解决办法是此类研讨会的一般目标。有时，它也被用作交流信息和改进合作。

5. 委员会式

委员会由任命或选举的一小群人组成，来完成较大集体所不能有效完成的工作。委员会通常由某个较大集体任命和赋予权力并对后者负责，委员会的领导由委员会或较大集体选任。委员会就某一特殊问题进行研究，在此基础上得出结论，并在被授权的情况下采取行动。委员会最终向较大集体提交一份报告。

6. 系列研讨式

系列研讨会用来提供某一专门领域工作的有关信息和训练。这些研讨会既可按计划在一天内召开,也可持续数周、数月或数年。权威性指导在这里受到相当重视。有关知识被组织好后直接呈现给学生,有关问题也被列举出来以供他们思考。前面几种组织形式在此综合运用,学生们既可以以集体为单位进行活动,也可以以个人为单位进行活动。长期的系列研讨会结束时,学生们常常能得到结业证书。

7. 攻关小组式

攻关小组由专家学者领导的一群人组成,专门研究某个问题。其工作的常规程序如下:界定和探讨问题,讨论或列举必要的课题,进行研究,组员间交换和共享研究结果,在研究的基础上得出结论。

(三)研讨会的组织和实施

1. 计划

研讨会能否成功,在很大程度上依赖于会前的计划和准备工作做得如何。计划工作的首要步骤是确定研讨会的目标。目标与研讨会的参加者、内容和环境有关。研讨会经常用于传递信息、训练、计划、澄清谬误、创新、解决问题和做出决定。

要确保会议效率,与会者的人数必须有个限制。上面所列各种目的的会议,从上至下,与会者在数量上应依次减少。例如,很多人可以参与以"传递信息"为主要目的的研讨会;而在以"解决难题"为目的的研讨会中,只有一小批人能有效参与。当然,任何一个研讨会可以同时完成多项目标。

研讨会目标确定后,还需仔细审视研讨会是否是达成此目标的最好方式。毕竟,不一定在所有情况下都需要研讨。

2. 开始

教师开始讨论的方式是很关键的。如果做得好,学生就会知道自己的角色和责任,就会理解会议的规则,也就会按照要求参与会议——以恰当方式表述自己的见解、怀疑或无知。如果做得不好,讨论的开始可能就是会议的终结。

教师应该说明这些研讨的目的或目标,以此来开始讨论。教师可以通过提出一个启发性的问题、说明一个问题,或者描述可能产生的结果来做到这点。研讨的目标、规则(如"最初10分钟不要争论""别人说完后才能发问"等)以及时间安排最好写在黑板上,以使学生注意不要偏离目标。提出问题时,教师应避免提出只有一个答案的问题,避免讲出自己的看法,避免泛泛地提出问题(如"对我们刚才看的这部电影,你有什么看法?")。

问题提出后,教师根据学生集体的成熟度,决定是留在集体旁继续发挥作用,还是走开让集体独自商讨。

3. 订立"合同"

与学生订立"合同"将有助于明确即将讨论的目标,了解学生对活动的期望,检验目标是否能达到标准,也有助于了解学生的需要。

4. 注意倾听

对参与讨论的所有成员(无论是教师还是学生)来说,注意倾听非常重要。由于不能倾听别人的意见,我们可能会误解别人,不能吸取有益的经验和知识,甚至可能损伤别人的自尊和感情,研讨也就失去了意义。然而,并不是所有人都能够做到注意倾听。教师可以通过确定下列规则来帮助学生培养注意倾听的技能：

(1) 注视正在谈话的人的面部，也不时环顾一下其他人；

(2) 转身朝向正在谈话的人，身体倾向他；

(3) 对正在谈话的人做出积极的反应，可以对他微笑、点头，或回答"嘿""噢"或"好""是"；

(4) 复述某个要点并加以强调；

(5) 提出一些问题，引导谈话继续进行下去；

(6) 如果存在某项疑问或不清之处，谈话者要加以解释和详细说明；

(7) 如可能，用笔记下谈话要点，以备最后整理所谈内容，同时以示重视。

5. 信息控制

在以教师为中心的研讨会里，学生倾向于向教师提出他们的看法和经验，他们也希望教师能提供"正确的答案"、某些关键性的背景知识，或者是教师自己的看法。教师应当尽量鼓励学生将讨论的对象转向自己的同伴，至少在一般情况下不要提出自己的看法或正确的答案。所谓特殊情况，只有在如果教师不提供信息，讨论便会失败时才存在。

在以学生为中心的研讨会里，教师作为一个局外的专家或顾问而存在，学生集体已有丰富的经验和独立活动的能力。此时，教师可以应学生之邀提供一些必要的信息。教师要注意不要树立自己的权威地位，否则学生的独立性与参与的热情将受到影响。

6. 控制进度

在过程型的研讨会中，只要学生能积极参与且能获得心理上的满足，就可以看作已经达到目的。因此，它不需要严格控制时间和进度。然而，在目标型和目标-过程型研讨会中，为了最终得出结论，时间和进度控制便显得十分重要。

欲保证研讨会按既定的时间表进行，教师需要注意以下几点：一是尽量让学生参与时间表的制订，这样学生便对时间表的意义认识得更深刻，也更乐意恪守。二是让学生尽量保持对时间表的注意力。教师可将研讨会的各项议程与时间安排写在黑板上，也可印刷后分发给学生。三是尽量让讨论集中于主题。如果学生扯得太远，教师可委婉地予以提醒；如果学生为某个细节争执得太久，教师可设计一些活动来打断它们，如宣布短暂休息等。

7. 对感情的反应

有时讨论的专题要涉及对某一经验或情境的感情，因而注意照顾和鼓励学生表达他们的感情成了教师的职能之一。对有些感情，教师可以不去反应；有些感情，不符合讨论目标或者起反作用，教师可以表示：这种感情是可以理解的，但最好将其放在他处他时来处理；有些感情本身就是讨论的中心或感情阻碍了讨论的继续进行，教师可以详细描述这种感情，允许集体对它做出反应。教师在讨论期间要保持一个理性的、稳妥的、和谐的和开放的环境。

8. 把关

成功的教师应有这样的本领：保证那些应该参与讨论的人去参与，阻止那些"过度参与"的人去这样做。这个本领包括一种敏感性——教师在整个研讨会期间应知道，每个学生在任一时刻应该做什么，整个学生集体在任一时刻应该做什么。

通常教师需要创造正确的讨论气氛，即教师应不断邀请安静的学生参与讨论，阻止那些抓住机会就侃侃而谈的学生。

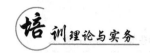

9. 处理好冲突

任何一场有活力的讨论，其中心必然是矛盾冲突和意见相左，对意见冲突不应听之任之。如果处理得好，它可能是促使讨论继续的动力；处理得不好，效果可能会适得其反，甚至损害集体的团结。

处理好冲突，最重要的是教师要保持冷静和公平的心态。教师可以请对立双方重新阐述自己的见解，还可以请第三方发表意见。如果这种意见是关于事实的不一致，教师可以提供有关事实资料，或让学生去查阅有关文献；如果这种意见冲突是由价值观引起的，那么教师应引导学生认识到冲突背后的价值观，并鼓励学生去正确理解、宽容和评价对方的价值观。如果这种意见冲突是关于学生集体的规则、目标、措施的，教师可以寻求一种折中的办法：既可以用"暂时搁置"的办法将问题留待以后处理，也可以用集体投票表决的办法来确定结论。无论哪种办法，教师都要慎重考虑。因为处理得不好，就可能会危及集体的团结和集体的发展。

10. 提供反馈

及时提供反馈有利于控制讨论的方向，也有利于激发学生的积极性。反馈的方法，或者是总结整个集体讨论所取得的成就，或者是表扬某个学生的行为。表扬可以是明显的（如言语），也可以是不明显的（如报以更多的微笑等）。受表扬的可以是符合目标的议论，也可以是促进集体讨论的行为。

11. 总结

总结是教师的一项重要责任。它有助于教师有效地控制研讨会，使讨论目标能顺利达到。总结包括：讨论进行到了时间表上的哪一点，是否该做出结论了，是否该转移议题，或某个学生的行为如何，等等。一般来说，学生自己进行上述活动，结果应更好一些，但学生可能由于"身在庐山中"而做不好。在任何情况下，掌握好总结的技术，将有助于教师更有效地控制研讨会。

12. 记录

有些人认为正式记录太费时间，但它是达到研讨会目标和合理利用研讨会时间的保证。此外，当不止一个学生参与交流过程时，误解就可能产生。因此，记录是实际工作中检验讨论是否达到目标的重要环节。

简单的研讨会记录包括以下内容：得出的结论，活动项目和责任分配，未解决的问题，下次研讨会的日期和具体时间。

较详细的研讨会记录包括：研讨会的日期、具体时间和地点；目标；与会人员名单；依次讨论的各个问题，包括参加讨论者的观点；研讨会使用投票表决时，投票表决者的姓名，投票结果；安排的活动项目及其日期、预期结果；未涉及或推迟讨论的问题及相关解释；下次研讨的日期、具体时间、地点和议程。

（四）研讨会的后勤工作

研讨会的后勤工作也是必须关注的，包括膳宿方面等。

三、角色扮演法

（一）角色扮演法的含义

角色扮演法是指在一种培训中给一组人提出一个情境，要求一些成员担任各种角色并出场演出,其余人在下面观看,表演结束后进行情况汇报,扮演者、观察者和教师共同对整个情况进行讨论。

该方法的精髓是"以行动和行为作为练习的内容来展开想象"。也就是说,它不是针对问题相互对话的,而是针对问题采取某种实际行动,从而提高学员水平。它给学员提供了一个机会,在一个逼真而没有实际风险的环境中去体验、练习各种技能,而且能够得到及时的反馈。

(二)角色扮演法的作用

角色扮演法能增进人们之间的感情和合作精神。它还能用来研究困难情境中不同行为的可能结果,并由此为个人发展和增加自己与他人感情的感受力提供一个潜在的机会。人际关系培训的许多目标都能通过角色扮演来实现。

(三)角色扮演法的实施

角色扮演法的有效实施需要注意以下几个方面:

(1)最重要的是在角色扮演的全过程中要始终保持明确的目标,要使学员成为注意中心,激发学员直率地、没有焦虑地进行表演,不致迷失目标。

(2)角色扮演的环境应该是大家所熟悉的,具有信任、安全、能够容忍失败的特征,可使学员轻松自在地进入所扮演的角色。

(3)角色扮演的准备材料要充分,如情境道具、角色说明书等。

(4)角色扮演的最后汇报总结是十分重要,也是十分必要的。只有这样,才能对各种行为态度加以考察和澄清。

四、案例教学法

(一)案例教学法的含义

案例教学始于20世纪初的哈佛商学院,是为了使商业人才培养更符合实际运作需要,建立起的一套以企业实际运作方式为教材内容的教学方式。案例教学是一种互动式教学模式,它以企业的具体经营事实与经营经验作为讨论的依据,让学习者更具体地体验到企业的真实情况;同时要求学习者主动地发掘、分析、判断企业经验与潜在问题,这将有助于学习者分析能力的发挥;并以课堂内外讨论方式,鼓励学习者提出自己的观点与意见,让学习者体验到从不同角度对问题分析的观点。因此,案例教学方式对管理培训所希望实现的独立分析、团队合作、决策行为等能力的培养有显著的效果。

案例教学以描述企业经营的事件情境与过程为内容材料,引导学习者主动发现其中潜在的问题,分析讨论问题的可能解决方案,并以课堂互动讨论的方式达成既定的教学目的。因此案例教学的目的,并不在于陈述真知灼见,也不是提供唯一的真理,而在于学习者经过自我学习、群体学习和培训教师的一些引导,逐渐培养自己对企业经营问题的分析与决策的能力。因此,培养学习者的分析问题能力与决策能力才是案例教学的最主要目的。

(二)案例教学法的优缺点

案例教学法的优点是使学员努力获得分析案例所需的信息和方法,在应用这些方法和知识的过程中,通过对案例中的情况所进行的分析而得到锻炼;它要求学员积极地讨论,使其不仅能从讨论中获得知识、经验和思维方式上的益处,增强人际交流,还可以养成向他人求教的精神;它更为直观,易被学员所认同。

案例教学法的缺点是案例所提供的情景毕竟不是真实的情景,有的与实际情况相去太远,这就大大限制了案例或培训的效果。

(三)案例的内容构成

案例通常包括以下四个有机组成部分:

(1)说明。案例中的说明包括案例的目的和使用范围、案例的使用建议、案例的内容梗概以及案例的版权说明和作者简介等。

(2)正文。正文是案例内容的详细介绍,应具有相对独立和完整的情节。

(3)附件。附件是与案例内容有关的规章制度、文件、决议、合同摘要、有关报表、照片和资料等一些与案例分析密切相关的图文资料。

(4)思考题。例如,案例是否违反了职业准则的规定;分析案例中的单位和人员的行为与动因;如果你是案例中的角色,你该如何办;说说案例对你的启示;等等。

(四)案例的选择

1. 案例选择的原则

用作不同教学阶段的案例,选择时应遵循真实性原则、针对性原则和理论性原则。

(1)真实性原则。案例是理论应用的实证材料,而真实性是实证材料的基础。管理培训的案例教学是给学习者提供企业实际运作的背景材料,帮助学习者认识了解企业管理实践,加强学习者分析问题、解决问题的思维能力的培养。因此,案例必须具有真实性,只有实际发生过的真实事件,才可选作案例,用于课堂教学。

(2)针对性原则。所选择案例必须具有较强的针对性,必须服从理论教学的需要,必须考虑学习者的知识水平和能力,必须很好地体现相关的知识点,并且难度适宜。

(3)理论性原则。案例教学中选择的案例要将适宜的基本理论和方法融会于具体实例之中,或者明确地指出案例剖析所运用的理论和方法以及准则,以便于学习者掌握并善于运用所学的理论知识,有效演绎出复杂实际问题的处理程序与措施。

2. 案例的选择标准

案例难度的高低并不代表案例质量与水平的高低,而是作为案例教学进度与选择对象的标准。对于一般管理者的管理教育而言,教师应选择难度较低的案例作为教学材料。比如,案例不仅指明问题,而且说明企业采取的解决方案以及执行过程,学习者只是分析评论解决方案的质量,并提出其他的解决方式。随着管理教育的深入,以及管理课程中案例讨论经验的增加,案例内容的难度应不断增加。对于中高级管理者的管理教育,教师可以选择中高难度的案例,因为他们具有丰富的经验与知识,中高难度的案例反而更能增强学习的效果。例如,案例仅说明企业的活动事实与经营情境,而完全未说明问题的存在及可能的解决方案;或案例涉及较广泛的领域与较深奥的专业知识、综合性强,且要求的分析技巧较复杂,通常需要收集许多补充材料以及教师的进一步指点,才有能力进行案例分析,或案例提出了问题,学习者要寻求可能的解决方案;或案例涉及的领域虽然单一,但是仍较复杂深奥,需经由小组共同讨论才容易掌握,非单个人研读案例就可以进行分析。

(五)案例教学的组织实施

1. 知识储备

案例教学着眼于提高成人分析问题和解决问题的能力,有关知识讲解不再是教学的重心,但成人学员必须具备与案例相关的理论知识和一定的生产经营实践经验。

2. 案例说明

教师应对案例的种类、性质、内容和对分析评价的要求等进行必要的简明介绍,以有助于成人学员运用所学的理论知识正确分析和评价案例。

3. 案例讨论

案例讨论旨在说明存在的问题,提出解决的途径和措施。成人学员从自身角度来剖析案例,阐述自己的看法,不同意见相互辩论,形成热烈的探讨问题的气氛。教师则努力把握和指导好案例讨论,让学员成为案例讨论的主角,并注意掌握案例讨论的方向和主题。应注意,教师只是在必要时起指导作用。

4. 讨论小结

教师归纳总结,阐明案例分析和评价的重点、难点,指出学员分析评价结论中的优缺点,并可提出需要进一步深入思考的问题。

(六)案例教学法实施条件

案例教学法的实施需具备以下条件:

首先,学习者具有一定的实践经验和理论知识。案例教学要求学习者提出自己的观点,因此学习者要具有一定的实践经验和一定的理论知识,以此作为学习的基础。

其次,学习者要主动参与。案例教学要求学习者提出自己的观点和意见,也让其他学习者体验到从不同角度对问题进行分析。因此,它要求学习者能主动参与案例的讨论,提出自己对问题的分析观点。

最后,教师要具有引导技巧。案例教学不能沦为培训教师主导案例讨论、评价企业经营经验与总结管理知识的传统学习方式,教师也不宜主观提出论点或强制学生接受其论点。因此,案例教学要求教师具有恰当的引导技巧,引导学习者主动参与而教师不再主导,并使学习者在课程讨论中有所收获。

五、游戏模拟法

(一)游戏模拟法的含义

游戏模拟法是指由两个或更多的受训者在一定规则的约束下,相互竞争着达到某种目标的训练方法,是一种高度结构化的活动方式。由于游戏本身的趣味性,这种训练方法能激发受训者的学习兴趣,使其在不知不觉中学习,巩固所学的知识、技能,开阔思路,提高解决问题的能力。游戏模拟法是员工培训中常用的一种辅助训练方法。

(二)游戏模拟法的基本程序

(1)培训者介绍游戏规则和方法;
(2)培训者将受训者分组或让受训者以个人形式进行比赛;
(3)培训者进行评价总结。

(三)游戏模拟法的实施要点

(1)游戏的选用：游戏必须根据培训目标、培训内容的需要适当选用；在整个培训过程中，进行游戏的时机应慎重选择，应与培训内容、游戏的目的和效果结合起来。因此，培训者在制订培训计划时，应认真考虑在培训的哪个阶段加入何种游戏。

(2)培训者的职责：培训者在游戏中充当组织者和观察者的角色，要充分了解游戏方法、规则、目的、效果及各种游戏的优缺点，针对培训目标、内容选择恰当的游戏，合理安排游戏的插入点并保证游戏的顺利进行，使游戏起到应有的辅助训练的作用。

六、实践法

实践法是通过让学员在实际工作岗位或真实的工作环境中，亲身操作、体验，掌握工作所需要的知识、技能的培训方法。实践法在员工培训中应用最为普遍。这种方法将培训内容和实际工作直接结合，具有很强的实用性，是员工培训的有效手段。

实践法的主要优点如下：一是经济。受训者边干边学，一般无须特别准备教室等培训设施。二是实用、有效。受训者通过实干来学习，使培训内容与受训者将要从事的工作紧密结合，而且受训者在"干"的过程中，能迅速得到关于其工作行为的反馈和评价。

实践法具体包括以下几种方法。

(一)实习法

这种方法是由一位有经验的工作人员或者直接主管人员在工作岗位上对受训者进行培训。指导者的任务是教授受训者如何做，提出如何做好的建议，并对受训者进行激励。这种方法并不一定要有详细、完整的教学计划，但应注意以下培训的要点：第一是关键工作环节的要求；第二是做好工作的原则和技巧；第三是须避免、防止的问题和错误。这种方法应用广泛，可用于基层生产工人和各级管理人员培训。

(二)工作轮换

工作轮换是让受训者在预定时期内变换工作岗位，使其获得不同岗位的工作经验。以利用工作轮换进行管理培训为例：受训者有计划地到生产、销售、财务等各个部门学习，以便了解所在部门的业务，扩大对整个企业各个环节工作的了解。

这种方法的优点在于：能丰富受训者的工作经验，增加其对企业工作的了解；使受训者明确自己的长处和弱点，找到自己适合的位置；改善部门间的合作，使管理者能更好地理解相互间的问题。此法的不足之处在于鼓励"通才化"，适合一般管理人员的培训，不适合职能管理人员的培训。

为提高培训效果，工作轮换实施时应注意以下要点：第一，工作轮换计划需要根据每一个受训者的具体情况制订，应将企业的需求与受训者的兴趣、能力倾向和职业爱好相结合。受训者在某一部门工作的时间长短应视其学习进度而定。第二，为受训者配备有经验的指导者。受训者在第一岗位工作时，应由富有经验的指导者指导。指导者最好经过专门训练，负责为受训者安排任务，并对其工作进行总结、评价。

(三)特别任务法

企业通过为某些员工分派特别任务对其进行培训，此法常用于管理培训。委员会或初级董事会是为有发展前途的中层管理人员提供分析全公司范围问题经验的培训方法。一般

"初级董事会"由 10~12 名受训者构成,受训者来自各个部门,针对高层次管理问题提出建议,将这些建议提交给正式的董事会。这种方法可为这些管理人员提供分析高层次问题的机会以及决策的经验。

第二节　新型培训方法与技术

一、行动学习法

(一)行动学习法的含义

行动学习法(action learning)是一种将实际问题解决与个人及团队发展相结合的学习方式。作为一种深植于实践土壤的教育与培训理念,其本质是对传统教室学习模式的一次革新。它由英国管理学家雷格·瑞文斯于 20 世纪 40 年代提出。其核心理念是"从行动中学习"(learning by doing),强调通过实际操作、反思和团队协作来促进知识获取和能力提升。

行动学习法的核心理念是:学习是通过行动实现的,问题解决过程中的反思是学习的关键部分。简而言之,即"做中学,学中做"。它摒弃了纯理论传授的孤立模式,主张学习应当是一个动态、互动的过程,通过将学习者置于充满挑战的真实情境之下,激发他们的主动探索精神和问题解决能力。这种学习方式深刻体现了"实践出真知"的智慧,认为掌握知识和技能的最有效的方式是直接参与、亲身体验和反思实践。

(二)行动学习法的具体实施步骤

行动学习法的实施是一套系统而细致的过程,旨在通过解决实际问题来促进学习者的能力提升和组织的持续改进。以下是行动学习法实施的详细步骤。

1. 问题定义与项目启动

行动学习的第一步是识别真正值得解决的问题。这要求组织高层、直线经理和潜在的行动学习小组成员共同参与,确保所选问题既有挑战性,又与组织战略目标紧密相关,能够激发学习者的兴趣和责任感。问题一旦被清晰定义,需正式立项,明确项目的目标、预期成果、资源需求以及时间框架。

2. 组建行动学习小组

接下来是确定行动学习小组的规模和成员构成,确保团队中包含不同专业背景、经验层次和思维方式的人员,这有助于形成丰富的知识结构和视角多样性。明确小组内的角色分工,包括但不限于催化师、记录员和项目协调人等。催化师尤为重要,其职责在于引导讨论、促进反思,而非提供直接答案。

3. 初步分析与规划

小组成员共同对选定问题进行深入分析,使用如 SWOT 分析、鱼骨图等工具,明确问题的根本原因及影响因素。基于问题分析的结果,团队制订详细的操作计划,包括目标设定、任务分配、时间安排和资源调配。计划应具备可执行性,同时留有灵活性以应对不确定性。

4. 行动与执行

每个成员按照计划执行自己负责的任务,同时作为团队一员支持他人。在这一阶段,重要的是保持沟通畅通,及时解决执行过程中出现的问题;并且设立定期的检查点,评估项目进展,监测结果与预期目标的偏差,根据实际情况适时调整策略。

5. 反思与学习

行动学习的核心在于反思,团队应定期召开反思会议,分享各自的经验、感受、成功与失败。催化师引导成员通过提问而非直接指导,促进深度反思。鼓励成员记录个人学习历程,包括行动前后的想法变化、情绪体验和新学到的知识点,这有助于深化个人对学习过程的认识。

6. 成果展示与评估

项目完成后,行动学习小组向组织管理层或更广泛的同事群体汇报成果,分享学习经验和实践心得。这不仅是展示成果的机会,也是促进组织学习和文化传播的时刻。通过定性和定量的方法评估行动学习项目的成效,包括问题解决的程度、团队能力的提升、组织绩效的改善等。评估结果反馈至组织,作为未来项目改进和决策的依据。

7. 知识转移与持续改进

行动学习小组将项目经验整理成案例、手册或工作坊等形式,在组织内部传播,促进知识共享和最佳实践的应用。行动学习不应是一次性的活动,而应是嵌入组织文化中,成为持续学习和组织发展的重要组成部分。企业应鼓励员工将学到的思维方式和解决问题的方法应用到日常工作中,形成持续改进的良性循环。

(三)行动学习法的适用范围

行动学习法因其独特的实践性、互动性和高效性而使用范围广泛,几乎涵盖了所有需要提升解决问题能力、促进团队合作、加速个人成长和推动组织创新的领域。在企业界,它被广泛应用于领导力发展项目中,帮助管理者和未来领导者在面对复杂管理挑战时,通过实战演练提升决策能力、团队协作和变革领导力。在项目管理、产品创新和市场营销等领域,行动学习小组通过解决具体业务问题,不仅推动了项目或产品的成功,还促进了跨部门沟通与协同工作的能力提升。

教育机构也将行动学习融入课程设计,特别是在MBA(工商管理硕士)、高管教育项目中,通过解决真实世界的商业案例,让学生在模拟或实际情境中学习,增强其解决实际问题的能力,培养批判性思维和创业精神。政府和非营利组织同样受益于行动学习法,它帮助公务员和公益工作者在社会服务、政策制定和社区发展中,通过解决社会问题,提升公共服务质量和效率。

此外,行动学习法在个人职业发展规划、团队效能提升、企业文化建设等方面也展现出了巨大价值。它鼓励员工主动学习,通过参与解决公司面临的真实挑战,加速个人职业成长,同时增强团队凝聚力和组织整体的适应性与创新能力。在快速变化的科技、医疗、金融等行业,行动学习法成为快速迭代知识、技能和应对市场变化的重要手段。

行动学习法以其强大的适应性和有效性,跨越了行业与学科界限,成为从高等教育到企业培训,从公共管理到社会创新等多个领域的首选学习和发展策略。无论是提升个人能力,还是推动组织转型,行动学习法都展现了其作为现代化学习方法的强大潜力和深远影响。

(四)行动学习法的优势和局限性

1. 优势

首先,行动学习法作为一种深受赞誉的现代教育和培训模式,其核心优势体现在通过将学习者直接置于解决实际问题的前线,极大促进了实践能力与创新能力的双重提升。这种"做中学"的模式促使学习者在面对复杂挑战时,能够迅速成长,发展出灵活应变、创新思考的能力。它不仅仅聚焦于单一技能的习得,而是全面培养学习者的综合能力,包括决策能力、问题解决策略、团队协作技巧等,这些都是在快速变化的工作环境中不可或缺的关键能力。

其次,行动学习法强调在多元化的小组环境中工作,促进不同背景和专业领域的成员之间知识和经验的交流共享。通过团队合作解决实际问题,学习者不仅能获得技能上的提升,还能在沟通、领导力、冲突解决等方面获得显著进步。团队内的深度互动与反思促进了成员间的相互理解与信任,增强了团队凝聚力,形成了更加高效的工作模式。

最后,行动学习法对组织层面的影响尤为深远。它不仅是一种人才培养策略,更是推动组织变革与战略落地的有效工具。通过解决组织面临的实际问题,行动学习项目直接贡献于企业的绩效提升和目标实现。这一过程中的知识创造与传播,有助于构建学习型组织文化,鼓励持续创新和适应性学习。同时,行动学习项目作为组织内部的桥梁,促进了跨部门合作,增强了组织的整体协同效应,使得战略目标的实现有了更加坚实的团队基础和执行力量。

2. 局限性

尽管行动学习法表现出显著优势,但也存在一些局限性,主要体现在资源密集性、实施难度与评估挑战三个方面,需要在应用过程中予以考虑。

首先,行动学习法的实施是一个资源密集过程,它不仅需要投入大量的时间和精力去识别适宜的挑战性问题,还要确保团队成员有足够的时间从日常工作中抽离,专注于项目。此外,聘请经验丰富的催化师或外部专家来引导过程,以及可能涉及的技术和物质资源支持,都是不小的开销。对于资源有限的小型组织或预算紧张的时期,这可能成为一个重要的阻碍因素。

其次,行动学习法的成功高度依赖于团队动力和成员的积极参与。团队成员若缺乏足够的积极性、开放性或合作精神,可能会导致项目推进缓慢、动力不足,甚至最终失败。此外,成员间的多样性虽然有利于创新,但也可能因观念差异引发冲突。如何有效管理团队动力和冲突,成为项目成功的关键,却也是实施的一大挑战。

最后,行动学习法的成果评估相对复杂且主观,难以采用传统量化指标精确衡量。由于学习过程和成果往往涉及个人成长、团队协作、组织文化等多维度的软性变化,这些变化虽对组织长期发展至关重要,却不易直接量化。因此,如何建立一套既能反映学习成效,又能得到广泛认同的评估体系,成为实践中的一大难题。

二、引导式培训

(一)引导式培训的含义

引导式培训(facilitative training)是一种以学员为中心的培训方法,它强调通过引导和促进而非传统的传授方式来帮助学员发现、理解和掌握新的知识、技能或态度。引导式培训方法已被广泛应用于企业培训、成人教育、领导力发展、团队建设等多个领域。教育机构、咨询公司和企业内部的培训部门都在实践中采用了引导式培训的理念和技术,以提高培训的参与度、有效性和持久性。

引导式培训的核心理念在于相信每个学员都有内在的学习动力和解决问题的能力。培训师的角色更像是一个"引导者"或"促进者",而不是传统意义上的"讲师"。引导者的主要任务是创建一个支持性的学习环境,通过提问、讨论、反思和实践等活动,激发学员的好奇心,鼓励他们探索未知,分享经验,从而达到自我学习和成长的目的。

引导式培训与行动学习法在理念上有很多相通之处,两者都强调学习者的主动参与和实践体验。然而,引导式培训更侧重于通过有效的引导技巧来激发学员的思考和创新,而行动学习法则更聚焦于解决实际问题的过程。在引导式培训中,引导者可能会使用更多的开放式问题、角色扮演、案例研究等技巧,来帮助学员深入理解概念,培养批判性思维和创造性解决问题的能力。

(二)实施引导式培训的关键要素

1. 建立安全的环境

培训师确保每位学员都感到被尊重和接纳,敢于表达自己的想法和疑问,鼓励开放的沟通和无惧犯错的心态。一个支持性的环境能够激发参与者的主动性和创造力。

2. 设定清晰的目标

在培训开始前,培训师与学员共同确定培训的目标和期望结果。这有助于确保每个人对学习的方向和目的有清晰的理解。

3. 采用互动的教学方法

培训师鼓励学员通过小组讨论、头脑风暴、角色扮演、案例分析等方式积极参与,鼓励学员之间的交流和合作,而不仅仅是被动接收信息。通过参与,学员可以更好地内化知识,提高技能。

4. 促进反思和总结

在培训过程中,培训师应安排时间让学员反思学习过程中的收获和挑战,总结经验教训,评估自己的理解程度和应用能力。这有助于巩固学习成果,促进深度学习。

5. 提供及时的反馈

在培训过程中,培训师应给予学员正面的鼓励和建设性的反馈,帮助他们调整学习策略,克服困难,提高学习效率。

案例 8-1

某科技公司是一家专注于软件开发和云计算服务的高科技企业。近期,公司在尝试进入物联网(IoT)市场时遇到了挑战,如何设计一款既满足市场需求又具有创新性的 IoT 产品成为摆在团队面前的难题。

为了解决这一问题,该公司决定采用引导式培训方法,激发员工的创新思维和团队协作能力。培训师首先通过一个引人深思的开场,提出了问题:"为什么我们很难在物联网市场上找到突破点?我们的竞争优势在哪里?"接着,参与者被分成若干个小组,每个小组分配了不同的用户群体和市场场景,他们要从用户需求出发,设计一款创新的 IoT 产品。

在培训过程中，培训师没有直接给出解决方案，而是通过一系列启发式提问，如"如果用户的需求是××，那么我们的产品应该如何回应？""市场上已有的产品有哪些不足？我们能否从中找到机会？"等，引导小组成员进行深入讨论和思考。此外，培训师还安排了角色扮演环节，让参与者从潜在客户的角度出发，体验和反馈产品设计的优劣，以期在实践中发现问题和机会。

经过一天的紧张工作，各小组呈现了他们的设计方案，包括产品概念、功能特点、市场定位等。全体参与者对每个方案进行了点评和投票，最终选出了最具创新性和市场潜力的设计。这次培训不仅解决了公司面临的实际问题，还大大提升了员工的创新思维和团队协作能力，为公司进军物联网市场奠定了坚实的基础。

(三) 引导式培训的挑战和局限性

引导式培训虽然在促进主动学习和提升培训效果方面具有显著优势，但也面临着一系列挑战。首先，它要求培训师具备较高的引导技巧和灵活性，能够在不直接传授答案的情况下，通过提问和引导激发学员的思考和讨论，这对培训师的专业素养提出了较高要求。其次，引导式培训通常需要较长的时间和充分的准备，因为它依赖于深度讨论和实践操作，这在快节奏的工作环境中可能难以实施。再次，对于习惯于传统讲授式培训的学员来说，引导式培训的参与性和互动性可能需要一段时间的适应，尤其是在初期可能会出现参与度不高或学习效果不佳的情况。最后，引导式培训的效果很大程度上取决于学员的主动性和开放性，如果学员缺乏参与意愿或不愿意分享，可能会影响培训的整体效果。

引导式培训也有一些固有的局限性。引导式培训强调实践和探索，它可能不适合那些需要立即应用技能或知识的紧急培训需求。对于一些需要快速掌握大量事实或理论知识的培训，传统的讲授方式可能更为有效。引导式培训的效果在很大程度上依赖于小组讨论和团队互动，在学员人数过多或过少的情况下，可能难以达到最佳的学习效果。此外，引导式培训往往需要较多的资源投入，包括时间、人力和财力，这对于资源有限的组织来说可能是一个不小的负担。

三、数字化培训

数字化培训是指利用数字技术、互联网平台和多媒体资源进行教育和技能培训的过程。它将传统培训内容转化为数字格式，通过在线平台、移动应用、虚拟现实（VR）、增强现实（AR）等手段，为学习者提供灵活、高效、个性化的学习体验。数字化培训的核心在于融合现代信息技术与教育培训实践，打破物理空间和时间限制，使学习资源和教学活动能够在全球范围内便捷访问。这种培训方式利用云计算、大数据、人工智能等技术优化教学内容、过程管理和学习评估，能够提升培训效率和质量。

(一) 在线平台培训

在线平台培训指的是利用网络平台，提供包括课程内容、互动交流、学习资源、评估测试等在内的全方位培训服务。这些平台可以是专为在线教育设计的网站、应用程序，或是集成学习管理系统的企业内部网等，学习者只需通过网络连接，即可随时随地参与学习。在线平台培训是数字化培训的一种主要形式，它通过互联网技术和平台为学习者提供远程、互动式的学习体验。随着互联网的普及和技术的进步，尤其是在移动互联网、云计算、大数据等技术的推动下,在线平台培训已经成为现代教育和企业培训中不可或缺的一部分。

1. 特点

在线平台培训最大的优点是具有很强的便捷性与灵活性,学习者可以根据自己的时间安排学习节奏,选择最适合的学习时间与地点。在线平台通常提供多样化的课程内容,涵盖从基础知识到专业技能的广泛领域,许多平台还支持多媒体资源,如视频讲座、互动模拟、动画演示等,使学习更加生动有趣。通过在线论坛、即时消息、视频会议等功能,学习者可以与教师、同学实时互动,进行问题讨论、团队合作,甚至跨国界交流,增强了学习的互动性和社群感。在线测试、自动评分系统和学习进度跟踪功能可以及时反馈学习成果,帮助学习者和培训管理者了解学习效果,调整学习策略。相较于传统的面对面培训,线上培训通常能大幅降低场地、交通、师资等成本,同时扩大培训规模,提高资源的利用效率。许多在线平台还能利用大数据和人工智能技术分析学习者的行为和表现,推荐个性化学习资源和路径,以适应不同学习者的需求和能力。

2. 应用场景

在线平台培训可以广泛应用于学校教育和企业培训。许多大学提供在线课程和学位项目,满足远程学习者的需求,推动教育资源的全球化共享。企业使用在线平台进行员工培训,包括新员工入职、技能提升、领导力发展等,以适应快速变化的市场需求和提升团队竞争力。同时学习者个人也可以根据自身兴趣选择合适的在线平台进行自我提升。在线平台培训以其独特的价值和优势,已经成为现代教育体系中一个重要的组成部分,不断推动着教育方式的创新和学习边界的拓展。

(二)虚拟现实和增强现实培训

虚拟现实和增强现实培训是近年来迅速崛起的新型教育技术,它们利用先进的计算机图形技术和交互设计,为学习者营造沉浸式、互动性强的学习环境,极大地丰富了培训的体验和效果。

1. 虚拟现实培训

虚拟现实培训是一种利用虚拟现实技术构建的仿真学习环境,使学习者能够通过视觉、听觉乃至触觉等多种感官体验,沉浸在模拟的三维空间中进行互动学习。这种培训方式打破了传统教室或在线学习的二维界限,为学习者提供了接近真实操作的训练体验。

(1)特点。该方法具有沉浸性、互动性、安全性、可重复性和灵活性等特点。VR培训能够阻隔外界干扰,学习者通过头戴式显示器、耳机等设备,完全沉浸在虚拟环境中,增强学习体验的真实感和参与度。学习者可以在虚拟世界中与环境及其他虚拟对象互动,通过模拟操作学习技能,比如操作复杂的机械设备或执行特定的医疗程序。对于高风险职业的培训,如飞行驾驶、火灾救援等,VR提供了一个零风险的模拟环境,允许学习者在不造成实际损害的情况下练习应对紧急情况。并且VR的同一场景可以无限次重复练习,直到学习者完全掌握所需技能,这对于需要大量实践才能熟练的技能尤为有效。虚拟环境可以根据培训需求灵活设计,创建各种复杂或罕见的场景,满足不同行业的特殊培训需求。

(2)适用范围。虚拟现实培训可用于职业技能培训,比如飞行员培训、军事训练、工业维护、危险化学品处理等,提供安全、低成本的模拟训练;也可以用于外科手术模拟、临床诊断训练、紧急救护流程练习,提高医疗人员的技能水平和应急反应能力;或者是在天文学、生物学、考古学等领域,可以重现难以实地考察的场景,提供直观的学习体验;以及在心理治疗与康复中通过模拟真实情境帮助患者克服恐惧症、创伤后应激障碍等心理问题,或在物理治疗中提供虚拟康复环境。

(3)优缺点。虚拟现实培训优点很多:通过模拟实际操作,学习者能更快掌握技能,提升学习效率。VR 技术也减少了培训所需的物理空间和材料,降低了培训成本。沉浸式的体验使学习过程更加生动,有助于增强记忆和深层次理解。虚拟现实培训不受地理位置限制,学习者可以在任何地点接入 VR 设备进行学习,非常灵活。

但现阶段的虚拟现实培训也存在一些缺点:高质量的 VR 设备和软件开发成本较高,对于一些小型机构或个人来说可能是一大负担。目前的 VR 体验仍可能受限于分辨率、延迟等问题,影响沉浸感。现阶段尽管可以模拟多人互动,但与现实世界的社交体验相比,虚拟环境中的社交互动仍有限。另外,长时间使用 VR 设备可能导致晕动病、眼睛疲劳等不适。

虚拟现实培训作为一种前沿的教育技术,正逐步改变着培训行业的面貌。它以独特的沉浸式体验、高互动性和安全经济性,为众多领域带来了革命性的培训解决方案,尽管存在一定的局限性,但随着技术的不断成熟和成本的逐渐降低,其应用前景极为广阔。

2. 增强现实培训

增强现实培训是一种融合了现实世界与虚拟信息的教学方式,通过移动设备、智能眼镜或其他可穿戴设备,将数字信息如图像、视频、3D 模型等实时叠加到用户的实际环境中,为学习者提供即时、直观、情境化的学习体验。AR 技术的引入,为传统培训模式增添了互动性和现实感,拓宽了学习的维度和深度。

(1)特点。AR 技术最显著的特点在于它能够将虚拟内容无缝集成到现实场景中,使学习者在熟悉的真实环境中接收和处理信息,增强了学习的直观性和情境性。学习者可以直接与虚拟内容互动,比如通过手势控制、语音指令等,这种即时反馈机制可以提高学习的参与度和有效性。AR 系统也能感知位置,能够根据学习者的位置和视角调整显示的内容,确保信息的呈现与实际环境相匹配,提升了学习的个性化和实用性。由于大多数 AR 应用可通过智能手机或平板电脑运行,学习者可以在任何地点进行学习,无须专门的硬件设施,提高了培训的灵活性和可及性。

(2)应用场景。增强现实培训可以广泛运用到工业生产、医疗健康、教育领域、应急响应培训等相关场景。比如,利用 AR 技术进行解剖学教学、手术模拟,医学生和医生能更好地理解人体结构和手术过程;AR 还能模拟自然灾害、突发事件,让参与者在安全的环境中学习危机管理技能。

(3)优缺点。增强现实培训通过直观的视觉呈现来增强学习体验,可以模拟真实工作场景,使学习者在实际操作前就能获得近似实战的训练,大幅提升培训效率,降低成本风险,促进学习者的自主学习。虽然 AR 技术日益成熟,但高质量的 AR 应用开发需要专业知识,初期投入成本较高。目前专业 AR 眼镜等高端设备尚未广泛普及,限制了某些高级应用的推广。

VR 更侧重于创造一个与现实隔离的完整虚拟环境,适合高风险、高成本或难以模拟的培训;而 AR 则侧重于现实环境的增强,使学习更加贴近实际工作和生活,适用于需要即时信息支持和现实场景下的知识传递。两者各有千秋,要根据培训的具体需求选择合适的技术手段。

(三)移动微学习

移动微学习指的是利用智能手机、平板电脑等移动设备,随时随地进行短时间内完成的、针对性强的学习过程。这是一种现代学习模式,它结合了移动学习的灵活性与微学习的内容精炼特性,强调在移动设备上进行简短、集中、即时的学习活动。

这种学习方式特别注重学习内容的微型化,学习材料被设计成简短、精炼的形式,如微课程、短视频、音频摘要等,每个学习单元通常不超过几分钟,便于学习者在有限的时间里快速吸收和理解,将学习活动嵌入日常生活的间隙中,如通勤途中、等待间隙等,有效利用碎片时间。

一些企业专门开发了企业内部的移动微学习应用程序,只针对内部员工的移动学习,如中建信和学堂。企业也可以选择公共培训平台为员工提供培训,比如简一云商学院、时习移动学习等。移动微学习以其灵活性、高效性和个性化适应了现代人多样化的学习需求,成为促进终身学习和知识更新的重要工具。

四、混合式培训

混合式培训是一种结合了传统面对面教学(线下学习)和在线学习(线上学习)两种模式的教育培训方式。这种方式旨在通过整合线下互动教学的深度与线上学习的灵活性,为学习者提供更加丰富、多元和个性化的学习体验。混合式培训不是简单地将线上和线下学习相加,而是有机融合两种学习模式的优势,创造出一种更为高效和适应性更强的培训方案。它要求培训设计者精心策划学习活动,确保线上资源和线下活动相互补充,形成一个连贯、协同的学习流程。

(一)混合式培训的关键环节

企业要根据需求分析和培训目标,设计线上线下结合的学习路径。

1. 内容规划

企业要分析哪些内容可以通过线上资源(如视频课程、电子书籍、在线测试)实现,哪些任务必须进行线下活动(研讨会、实践操作、角色扮演),合理规划线上自学与线下集中学习的时间比例,确保学习的连续性和节奏感。

2. 平台与资源准备

对于线上资源,企业要选择或搭建合适的在线学习平台,如学习管理系统,确保学习资源易于访问;制作高质量的线上学习材料,包括视频、PPT(演示文稿)、文档等,并上传至平台。

3. 实施与执行

在培训计划进行时,学习者在线上通过视频、阅读材料完成基础理论学习,再通过线下或线上小组讨论,组织学习成果展示会或在线分享,促进知识分享与深度理解;教师或导师在线上线下提供及时反馈和指导。线下可以进行实操训练、模拟演练或现场教学,加深学习者的理解。

4. 评估与反馈

企业通过在线测试、项目作业、同行评审等多种方式评估学习成果;收集学习者对混合式培训模式的反馈,了解体验与改进建议;根据评估结果和反馈,调整培训内容与流程,持续优化学习体验;可以建立线上社群,鼓励持续学习和经验交流,形成学习型组织文化。

整个混合式培训流程是一个循环迭代的过程,强调灵活性和适应性,确保培训能够有效响应学习者的需求变化和技能提升的要求。

(二)特点

1. 灵活多样

混合式培训能够根据学习者的时间、地点和学习习惯,提供多样化的学习资源和途径,既包括线上的视频教程、互动论坛、在线测试,也包括线下的研讨会、工作坊、实地考察等。它能够更好地适应不同学习风格和能力水平的学习者,通过调整线上内容的难易度和线下活动的深度,确保每位学习者都能找到适合自己的学习节奏。

2. 互动性强

线上利用论坛、即时消息、视频会议等工具,促进学习者与教师、同伴间的即时交流与协作,打破地域限制;线下通过小组讨论、角色扮演、实操演练等形式,深化理解,增进师生面对面的情感联结与反馈效率。这种双轨互动模式,不仅增强了参与感与归属感,还通过多元化互动提升了学习效果与实践能力。

3. 个性化学习

借助智能学习平台与数据分析技术,培训内容和路径能根据每位学习者的能力、兴趣和进度定制。线上模块自适应调整难度,推荐适合的学习资源;线下活动则聚焦个性化辅导与能力强化。这种精准匹配的学习方式,确保每位学习者获得最符合自身需求的知识与技能,促进高效、深层次的学习体验。

混合式培训模式顺应了信息技术和网络技术发展的趋势。随着科技的进步,这一模式将持续进化,融合更多新兴技术,如虚拟现实、增强现实等,以提供更多元化的学习体验。

第三节 培训方法与技术选择

一、选择培训方法与技术的原则

(一)科学性

在选择培训方法时,科学性是一项至关重要的原则,它涵盖了两个关键方面:方法的科学性和流程的科学性。科学的培训方法应充分考虑学员的认知特点、学习风格和能力水平,以及企业的具体需求和环境条件。培训方法不仅要具有针对性和有效性,还要能够促进知识的深度理解和技能的迁移应用。科学的培训流程需要遵循学习规律,设计合理的课程结构和进度安排,确保从基础知识到高级技能的有序过渡。这包括采用适当的评估手段监测学习进展,及时调整培训策略,以实现最佳的教学效果。流程的科学性还体现在对培训资源的合理利用上,如合理分配时间、人力和物力,避免不必要的浪费,确保培训投资的高效回报。

(二)可操作性

在选择培训方法时,可操作性是另一个不可忽视的原则。这一原则强调的是培训方案的实用性和执行性,即所选方法必须能够有效地转化为具体的行动和结果,真正提升员工的综合素质和企业的人力资本价值。为此,在选择培训方法时,企业需深入分析自身的组织文化、业务特点、员工需求及现有资源条件,确保所选方法不仅契合企业战略目标,而且具备实施的可能性和可行性。培训方法应具备一定的灵活性,能够根据不同岗位、不同层级的员工需求进行个性化调整,避免"一刀切"的做法,确保每位员工都能从中受益。

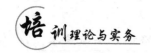

(三)经济性

经济性直接关系到培训活动的性价比和企业的成本效益。企业选择培训方法时要关注培训投入与产出的最佳匹配,判断哪种培训方法最符合成本效益原则,确保每一分培训费用都能够转化为实实在在的员工能力和企业绩效提升。企业也可以采取灵活多样的培训策略,以最小的投入获得最大的培训效果。例如,利用内部培训资源,发挥企业内部专家的作用;采用在线学习平台,在降低培训成本的同时扩大覆盖范围;或是与其他企业合作,共享优质培训资源,共同分担成本。

二、影响培训方法与技术选择的因素

(一)培训目的

企业在重点考虑企业目标的基础上,兼顾员工个人成长,根据企业和员工两方面的培训需求情况优选培训方法。比如,如果培训目的是提升员工在某一专业领域的技能,如编程、财务分析等,可以选择讲授法与案例分析相结合的方式。讲授法适用于理论知识的快速传递,而案例分析则能加深对理论的理解,并锻炼实际应用能力。当培训目的是增强团队协作精神或提升领导力时,角色扮演法与行动学习法是理想的选择。如果培训目的是激发员工的创新思维,引导式培训与游戏模拟法将是有力工具。

(二)培训对象

培训对象的情况包括年龄、学历、行业、岗位和规模,这些因素都直接影响到培训需求和学习偏好,进而对培训方法的选择产生重要影响。比如年轻一代员工可能更倾向于数字化和互动式的学习方式,如在线学习平台、微学习和游戏化培训,因为这些方法与他们日常接触的数字媒体更为贴近,易于激发学习兴趣;相比之下,经验丰富的老员工可能更偏好传统的讲授法和研讨法,因为他们可能更习惯于面对面的交流和深度讨论。一线操作员工可能更需要实践操作技能的培训,适宜采用角色扮演法和实践法;而管理层则可能更侧重于领导力和战略思维的培养,适宜采用引导式培训和行动学习法。

(三)培训内容

培训内容的性质和深度对培训方法的选择具有决定性影响。不同的培训内容要求不同的学习行为和认知过程,进而影响培训效果。基于学习理论的视角,分析企业培训内容与有效学习行为之间的规律,是优选培训方法的重要依据。比如,事实性知识的培训,讲授法和数字化培训是高效的选择,因为它们能够迅速、准确地传递大量信息;引导式培训、行动学习法和游戏模拟法是创新和解决问题能力培训的优选方法;操作性培训可以采用角色扮演法、AR 和 VR 培训。

(四)培训时间

培训时间的安排是培训计划中的关键要素之一,它受到多方面因素的影响,包括培训内容的深度、培训成本、参与者的学习准备度等。合理规划培训时间不仅能够确保培训目标的实现,还能最大限度地减少对日常工作流程的干扰,提高培训投资的回报率。比如企业可以采取混合式培训策略,结合线上和线下资源,提供灵活的学习路径。

(五)培训预算

培训预算的考虑是培训计划中的一个关键环节,它直接关系到培训方法的选择和整体培训项目的可行性。不同的培训方法在资源消耗、人力成本和设施需求上存在显著差异。在预算有限的情况下,企业可以优先考虑内部讲师资源,利用企业现有的会议室进行培训,或采用在线学习平台和微学习资源,减少场地和师资成本。

(六)师资力量

师资力量是确保培训质量和效果的关键因素之一,培训师的专业水平、教学经验和人格魅力直接决定了培训内容的传递效果和学员的学习体验。在选择培训方法时,充分考虑师资力量的实际情况至关重要。不同培训师拥有不同的教学风格,有的擅长理论讲授,有的擅长互动式教学。企业在选择培训方法时应考虑培训师的教学偏好和专长,以发挥其最大优势。企业还可以利用技术手段,如在线课程和虚拟现实培训,引入全球范围内的优秀师资资源,打破地域限制,提升培训的国际视野和前沿性。

三、培训方法与技术比较

各种培训方法与技术比较如表8-2所示,企业可以根据培训对象、培训内容具体情况及不同方法的利弊优选培训方法与技术。

表8-2 各种培训方法与技术适用范围和利弊比较表

培训方法与技术	适用范围	利	弊
讲授法	理念性知识	系统接受新知识	效果受培训师影响
研讨法	管理人员技能培训或专题培训	提高学员责任感、改变工作态度	不利于系统掌握知识技能
角色扮演法	人际关系技能	及时认清自身问题并改进	不具有普遍性
案例教学法	中层管理人员管理技能	主动参与	来源不能完全满足培训需要
游戏模拟法	管理技能或调动学习积极性	主动性强、学习气氛好	实施范围有限
实践法	培训一线员工	培训师与学员易形成良好关系	有些师傅不愿倾全力
行动学习法	中高层管理者培训、解决企业战略与运营问题	理论与实践紧密结合	对培训师的要求非常高
引导式培训	深层次技能提升、创新思维与问题解决、文化塑造	促进学员主动学习	对培训师、学员、时间、费用的要求都较高
数字化培训	各类组织与个人技能提升需求	提供灵活学习时间与个性化内容,增强互动与学习效率	对数字资源要求高,减少人际直接交流从而影响社交能力培养
混合式培训	绝大多数培训场景	增强学员主动学习与实践能力	依赖教师信息技术能力与高质量数字资源,可能遭遇技术障碍

本章小结

1. 讲授法具有易操作性、经济性和高效性。研讨会可分为以教师为中心的研讨会和以学生为中心的研讨会。

2. 角色扮演法的精髓是"以行动和行为作为练习的内容来展开想象"。案例教学是一种互动式教学模式，它以企业的具体经营事实与经营经验作为讨论的依据，让学习者更具体地体验到企业的真实情况。游戏模拟法是通过将游戏元素融入学习过程，来提高学习者的参与度和动力，使学习变得更加有趣和互动。实践法是通过让学员在实际工作岗位或真实的工作环境中，亲身操作、体验，掌握工作所需要的知识、技能的培训方法。

3. 行动学习法以解决问题为导向，将学习者置于充满挑战的真实情境之下，强调"做中学"，通过小组合作解决真实工作挑战，既提升了解决问题的能力，又加强了团队合作与反思学习。引导式培训通过专业的导师或教学材料为学习者提供清晰的学习路径和逐步指导，帮助他们系统地掌握知识、技能和经验。这种培训方式强调实践操作和即时反馈，能够有效提升学习者的参与度和学习效果。数字化培训利用网络平台、多媒体资源及虚拟现实和增强现实技术，为学习者提供随时随地的学习机会，为学习者提供生动的情境化学习体验，以其灵活性、个性化和内容丰富性革新传统教育模式。混合式培训结合线上自主学习的便利与线下互动体验的优势，通过多元化的教学方式，最大化学习效率与实践应用，适合追求全面发展的学习者与多样化培训需求。

4. 每种培训方法各有优劣，我们要在比较各种培训方法优缺点的基础上，根据培训目标、对象、培训内容和培训资源进行培训方法的优化选择。

思考与讨论

1. 在什么情况下传统的座位安排形式要比扇形座位摆放方式好？
2. 下列培训内容应选用何种培训方式（从培训者、受训者两方面分析）：
(1) 消费者心理和行为分析；
(2) IT技术人员的软件开发培训；
(3) 企业社会责任。
3. 互联网对企业培训的影响体现在哪些方面？我们应该如何应对？

实训题

假设你是一家快速发展的科技公司的培训与发展部门负责人。公司近期招聘了一批新的人力资源管理部员工，他们具备一定的专业背景，但缺乏实际操作经验和对公司文化的深入了解。请你为这批新员工选择合适的培训方法并说明依据，帮助他们快速融入公司。

案例分析

第九章　培训成果转化与培训效果评估

学习目标

1. 掌握培训成果转化模型与影响因素；
2. 掌握培训成果转化促进策略与方法；
3. 掌握培训效果评估的含义与层次；
4. 掌握培训效果评估的流程与方法；
5. 能够运用培训成果转化模型分析影响因素；
6. 能够运用培训成果转化方法；
7. 能够运用培训效果评估的模型；
8. 能够运用培训评估数据收集方法；
9. 能够运用定性定量方法进行培训效果评估。

开篇案例

A公司员工培训

A公司是一家生产制造公司，拥有员工200名左右，年销售额可以达到上亿元，企业的发展势头非常好。公司领导王总是一个非常喜欢学习的人，只要听说或者从网上发现哪里有好的培训课程，不仅自己积极参加，还要求各部门经理、主管都去学习。一年下来，光培训的交通费、食宿费就花了近150万元。

如今的企业，领导爱学习确实是件非常难得的事情。企业之间在各个方面和各种能力上都要进行竞争，学习力也是一个重要竞争点。但是，投入这么高额的培训费用之后，王总发现没有得到应有的培训效果。每次去听课程，经理、主管们在课堂上都表现得非常积极，而且感觉确实学到了很多东西，可回公司后却缺乏实际行动，公司的问题还是很多。有些部门经理找借口和找理由的水平"提升"了，还有些主管听完课后跳槽的动机更强烈了，王总对此感到非常迷茫。

一方面，成功的企业都提倡建设学习型组织；另一方面，企业花巨资培训却得不到培训效果，产生不了培训效益。该企业的培训到底还要不要继续做？应该如何将培训成果应用到工作中？如何科学评估培训效果？

培训作为人力资本投资的重要手段，在现代企业中占据了举足轻重的地位。企业投入大量的人力、物力和财力进行员工培训，其最终目的就是要将培训成果最大限度地转化为实际工作中的应用，以提升员工的绩效和整体竞争力。与其他投资不同的是，培训投资的效果并非直观可见，而需要通过科学的评估方法来检测。这就要求企业建立完善的培训效果评估体系，以确保培训投资的合理性和有效性。科学的培训效果评估对于了解培训的效果、界

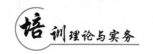

定培训对组织的贡献非常重要,培训效果评估是企业培训管理的重要环节。

第一节　培训成果转化的影响因素与过程

一、培训成果转化的定义

早在20世纪80年代,学者就提出了培训成果转化的含义,即参加培训的学员可以把在培训中学到的知识、技能、行为和态度应用于日常工作的程度。后来,这个概念被鲍德温(Baldwin)进行了拓展,他认为员工在培训中所学到的知识和技能在工作中应用并得以保持,才是有效的成果转化。也就是说,受训者在培训中所学能否在工作中得以应用,以及经过一段时间后行为能否维持,是培训成果转化的关注重点。

培训成果转化的定义从强调受训者学习的有效性,延伸到强调运用培训所学的行为的持久保持性。培训成果转化的共同要素包括在非工作环境中的学习、需要在实际工作场所中加以运用和评估成果转化的有效性以及运用维持时间的持久性。

二、培训成果转化理论

(一)同因素理论

同因素理论最早由桑代克和伍德沃思共同提出,他们认为只要两种环境条件下的各种因素相同,转换便能发生。这些相同的因素包括目标、方法和途径。后来这些相同的因素被概括为刺激与反应,即只要具有相同的刺激及反应,转换就能发生。该理论认为当学员的培训环境与工作环境的相似性达到一定程度时,培训成果转化才会发生。这种相似性可从两个方面来衡量:一是物理环境逼真,指培训的外在条件,如设备、任务、环境等与实际工作的相似程度;二是心理环境逼真,指学员在培训中的心理状态与实际工作中的心理状态的相似程度。同因素理论强调培训环境与工作环境的相似性,在培训成果转化中属于近距离转化,其适用于状态稳定且可以预测的工作环境。企业在培训中要依据同因素理论模拟搭建无限逼真的仿真场景,尽可能给学员真实的代入感,使学员掌握基本理论与具体操作技能,使其明确将在何时、何地、以何种方式将培训所学应用于实际工作当中,这样才能极大地促进培训成果转化。

(二)规则转换理论

同因素理论的批评者认为,转换的分析不必局限于两种具有相同因素的环境,由此他们提出规则转换理论。该理论认为培训应该集中在学习一项任务必需的一般规则,这样受训者可以应用它们解决转换任务中的问题。该理论还认为,只要能够运用基础性规则,就有可能在不需要太多关心转换因素相似性的情况下设计培训环境。

(三)激励推广理论

激励推广理论认为培训成果转化取决于学员掌握培训内容的核心特征和一般原则的水平。当学员掌握了这些核心特征和一般原则,即使工作环境与培训环境有所差别,依然可以通过创造性运用这些核心特征和一般原则,在变化的工作环境中来解决不同的问题,达到举一反三的效果。激励推广理论是培训环境和工作环境相差较大的培训项目成果转化的重要依据,它更加强调学员的"自我转化"能力,适用于工作环境不可预测且变化剧烈的情境,例如人际关系技能的培训等。

(四)认知转化理论

认知转化理论的基础是信息加工模型,学员在接收新信息时会联系已有的旧信息,不断打破原有旧信息结构并与新信息加以整合,最终完成新旧信息的同化,即认知转化,因此该理论建议在培训过程中为学员提供有意义的学习素材或培养学员对所学技能进行编码记忆的技巧。认知转化理论可以应用于培训活动的全过程,特别是在培训项目的设计和培训方式的选择方面,对学员的教学起着重要的指导作用。例如,在培训过程中培训师可以让学员列举工作中遇到的问题与困难,通过向学员提供促进记忆的学习材料和编码策略,来引导学员建立培训内容与工作内容之间的联系,以此增加学员在实际工作中运用所学技能的机会,进一步提高培训成果的转化率。

三、培训成果转化的模型及影响因素

(一)诺埃(Noe)的培训迁移模型

Noe 提出的培训迁移模型是关于培训迁移最早的综合模型之一。在此模型中,Noe 确定了数个个体差异变量,这些个体差异变量往往被假设对培训效果能够产生影响,该模型的核心作用是确定个体特征对培训技术能力转化动力与学习动力的影响。该模型中存在两个核心的动力基础,即转化动力与学习动力。学习动力即学员对培训的重视程度,即学员是不是重视培训经验,其主要受四个变量的影响,具体为:①工作参与度;②培训与评估的可信度;③学员期望;④组织支持。而转化动力即学员在工作中应用所学技能的愿望。

该模型明确包含了学员期望、态度、培训前后的动力等因素,考虑了培训前、培训中和培训后发生的影响培训结果的相关事件。不过在 Noe 构建的上述模型中,还存在若干个有关因素(包括组织支持与组织氛围等相关的组织特征)没有被提及与验证。与此同时,从该研究来看,其对个体特征做出的总结未提及目标设定与自我效能等相关因素,因此也没有对上述因素与培训迁移效果间的关联性进行假设与证明。

(二)鲍德温和福特(Ford)的培训迁移模型

Baldwin 和 Ford 在早期关于培训成果转化的研究文献的基础上,对培训成果转化影响因素进行了进一步的分析和研究,发现早期的研究强调以下几个主要变量因素:①培训输入(受训者的动机、能力);②培训设计(需求分析、方法和内容);③培训环境(转换氛围、支持、执行机会)对培训输出(学习、保存)和培训成果转移(可泛化性、可保持性)的作用。于是他们提出了培训的研究模型,模型中培训成果的转化会受到若干因素的影响,这些因素主要有受训者特点、培训项目的设计和工作环境三个方面。

(三)福克森(Foxon)的培训成果转化模型

该模型分别提出了支持和阻碍培训成果转化的具体因素,其中,阻碍因素包括不良的气氛、无转化动机、管理人员反对等,支持因素包括组织氛围愉快轻松、培训内容与实际高度相关、渴望运用新技能、成果转化策略等。

(四)霍尔顿(Holton)的培训转化模型

Holton 的培训转化模型在 Baldwin 和 Ford 的基础上,更加关注个人绩效,将学习和个人绩效以及组织成果都视作培训产出。其模型的重点在于由学习所带来的个人绩效如何影响组织成果。其中,组织成果、个人绩效与学习绩效是培训的核心过程的相关象征性表现。而个体在培训学习之后掌握新技能、新知识与更加积极向上的态度等,这些在工作中加以运用,能够对自身的绩效进行改善,进而整体上提高了组织绩效。在该模型中,Holton 强调了三种影响培训迁移的主要因素,即动机因素(学习动机、迁移动机、预期的效用)、环境因素(反应、迁移气氛、外部事件)和能力因素(能力、迁移设计、与组织目标的连接),它们直接对输出结果产生作用和影响。个性特征、干预手段的准备程度和实现程度、工作态度等通过影响三种主要因素来影响输出结果。

(五)LTSI 模型

Holton 提出了经典的 LTSI(learning transfer system inventory,学习迁移系统量表)模型,该模型认为企业培训是通过影响员工的能力、动力和工作环境,来提升企业的培训成果转化,并且改善个人和组织的绩效。在 LTSI 模型中,影响培训成果转化的因素可分为四大类。

第一类是能力因素。能力因素可能是导致培训活动无法取得满意效果或无法在工作中学以致用的首要影响因素,它包括两个影响学以致用的因素,分别是缺乏运用的机会和缺乏尝试运用的能力。

第二类是动力因素。学员既需要有学以致用的能力,也需要有学以致用的动力。学员的动力一般来自两个方面:学员相信自己付出的努力会改进自己的工作绩效,工作绩效的改进会带来有价值的结果。

第三类是工作环境因素。工作环境往往会成为学员学以致用的巨大障碍。工作环境包括三个核心因素:第一个因素是激励机制,可理解为企业是否有支持培训成果转化的政策和制度。激励机制又包括两个方面:员工运用培训内容带来的积极结果和员工运用培训内容带来的消极结果。第二个因素是团队氛围,可理解为团队中的主管和同事对培训成果转化的支持程度。团队氛围包括两个方面:同事们对学员在工作中使用新技能的支持程度,团队对变化的接受程度。第三个因素是学员与主管的关系,这层关系又包括三个方面:主管通过反馈和绩效辅导来帮助员工运用培训内容,主管为员工运用培训内容提供支持,主管对员工运用新知识和新技能的反对程度。

第四类是次要因素,包括学员的培训准备度和自信心。培训准备度是指学员需要在培训开始前做好准备,积极地投入培训过程中,这样才能取得好的培训效果,有利于培训成果的转化。自信心属于自我效能,学员需要有自信心,相信自己能够通过培训成果的转化来提高工作绩效。

(六)王鹏的培训迁移氛围模型

王鹏和其他学者基于鲁伊勒(J. Z. Rouillier)和 I. L. Goldstein 的培训迁移气氛结构模型的分析,提出并验证了作为环境变量的迁移气氛和个人因素会影响迁移行为,同时迁移气氛也会通过影响个人因素进而影响迁移行为。迁移气氛包含情境线索和结果线索。情境线索指用于提醒受训者应用受训内容的线索,包含目标设置、社会支持和任务线索;结果线索指受训者在实际工作中应用培训所学后得到的各种反馈,包括正反馈、负反馈以及零反馈。个人因素包括成就动机、灵活性、自我效能以及对训练实用价值的看法。

(七)郑晓明的培训成果转化模型

郑晓明提出了培训成果转化模型。该模型认为影响培训成果转化的因素包括六个方面,分别为转化气氛、技术支持、管理者的支持、同事的支持、自我管理的能力及运用所学技能的机会。

四、培训成果转化的过程

Baldwin 和 Ford 的研究提出了培训成果转化的过程模型,如图 9-1 所示,包括培训投入因素(学员个人特征、培训项目设计、工作环境)、学习和保存(培训的学习所得)、推广和维持(培训成果转化的条件)三大元素。以上这三大元素共同作用,完成了培训转化的过程。

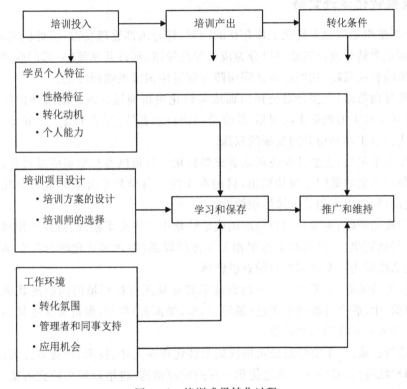

图 9-1 培训成果转化过程

其中,培训成果转化不可缺少的条件包括将保存下来的学习所得(知识、技能、态度、行为)推广到实际的工作中,并能够维持该学习所得在实际工作中的应用。推广是指学员在遇到与学习环境类似的问题和情况时,将学习所得应用于工作环境中的过程。维持则是指学员长时间持续应用新获得的能力的过程。

培训资源等投入因素就位后,学员还必须通过培训学习并保存所学的各种能力,才能为培训成果(新获得的各种能力)的推广和维持做好铺垫。换句话说,培训投入因素是培训成果转化的基础,培训所得的保存是培训成果转化不可缺少的"原材料",而培训成果的转化条件则是获得培训成果的必经路径。

从图 9-1 可知,学员个人特征、培训项目设计、工作环境分别对学习和保存、推广和维持产生间接或直接的作用。另外,培训成果转化不是一个单向的过程,现实中的培训成果转化是一个反复循环的过程。成果的保存、转化推广过程中可能会遇到各种阻碍因素或出现新的问题,为此需要进行实时的信息反馈,加强学员、培训师及管理者之间的沟通,解决新问题,扫除障碍,共同促进培训成果的转化,同时也为下一次培训项目的设计提供经验借鉴。

因此,培训成果转化是一个将培训内容保存,再推广到工作中,并能够维持所学的内容,同时进行实时的信息反馈,通过调整实施再学习、再推广的循环过程。

第二节　培训成果转化的方法

一、培训成果转化促进策略

通过分析组织培训成果转化工作存在的问题,综合内部管理特点、所处的发展环境和战略规划,培训成果转化促进策略可以分为成长导向策略、利益共享策略、部门联动策略、环境支持策略、风险管控策略,这些策略共同保障和促进培训成果顺利转化。

(1)成长导向策略:主要针对公司培训成果转化中培训设计缺乏战略性的问题提出,目的在于紧密联系员工的职业生涯规划,结合公司岗位职责特点,给予员工自我学习和职业发展的指导,达到员工和公司共同发展的双赢。

(2)利益共享策略:主要针对公司培训成果转化中各角色参与培训成果转化的激励动力不足、利益分配不清晰等问题现状提出,目的在于建立科学公平有效的权益分配体系,保障系统稳定发展,同时提高相关主体的积极性。

(3)部门联动策略:主要针对公司培训成果转化中主体关系松散、协同作用较弱、缺乏统筹协调组织等问题提出,目的在于密切相关主体的联系,促进多元化的合作联动,使公司培训成果转化系统成为一个协同高效的有机整体。

(4)环境支持策略:主要针对公司培训成果转化缺乏支持环境的问题现状提出,旨在通过优化培训前、中、后全过程的全角色(领导、同事、受训者)参与,促进相关主体的功能发挥,完善公司培训成果转化的基础建设。

(5)风险管控策略:主要针对公司培训成果转化存在人才、技术、经费等方面的风险缺少管控的问题现状提出,目的在于通过优化一系列管控措施,将培训成果转化可能产生的风险降至最低,以保障公司培训成果转化的整体收益。

二、培训成果转化方法

(一)转变培训观念,明确各方职责与作用

作为企业中的一项人力资本投资,培训的价值在于满足企业发展和个人成长的需要,促使员工不断学习,不断保持良好的工作思维和工作习惯。因此,组织培训的领导者和管理者要加深对培训价值的认识,摒弃原有的将培训看作是一种无用消费的旧观念,应基于本企业发展的实际需要,将培训与企业的发展规划紧密结合起来,统筹规划培训事宜,明确相关人员的职责和作用。首先,企业高层领导是培训活动的第一责任人,应从战略的高度关心、关注公司培训,结合企业发展规划安排培训活动,并做好财力物力的支撑;其次,培训部门的相关责任人,即培训活动的直接设计者、组织者和实施者,应在深刻领会领导的想法后,结合工

作的实际开展情况,协调各部门和各类人员的工作,为培训活动提供保障;最后,企业其他部门的主要负责人要大力支持和配合培训部门的相关培训工作,并组织好本部门员工做好培训需求分析,准确把握培训需求重点。公司各部门一起转变观念、深化认识、明确责任,发挥合力,培训必将获得最大效益。

（二）进行组织分析

企业要科学分析培训需求,精选培训内容与方法。培训活动的培训内容与方法是培训成果顺利转化的重要因素。一方面,企业应强化培训开始前的培训需求分析,使培训内容的选取符合企业的实际需要,适合员工的工作特点;另一方面,企业应在培训认知转化理论的基础上,依据学员的学习特征,选取那些与学员工作、生活紧密相关的知识、信息与素材等,将其转化为教学案例穿插在培训课程内容当中,加强员工已有经验与新内容的有效联结,促进员工信息"同化"。为了保证学员能够有效记忆、掌握、应用培训成果,企业在培训的实施过程中应依据同因素理论创设和工作环境相近的学习情境,灵活使用主题研讨、角色扮演、案例分析、情景模拟和行为模仿等教学方法,有条件的还可利用 VR 技术、AI 技术等将教学环境与工作环境高度融合。

（三）激发培训对象的学习动机

企业要健全激励体系,激发学员的培训热情。培训激励机制是指通过与企业内部的其他管理机制相配合,强化学员培训转化行为的一系列制度与保障。需求理论指出,当一个人的主要需求得到满足时,就会激发他的动机和积极性,因此组织培训活动必须考虑是否能满足和实现从安全到自我实现等不同层次的需求。因此,企业应该完善培训激励制度,并制定配套的培训考核机制和奖励措施,督促学员落实培训内容以取得实际成果。企业在工作中要不断向学员渗透培训的益处,包括提高岗位胜任能力、提升职务、增加工资、受到同事与领导的认可以及证明自己的价值等,以此激发学员的培训热情;同时,将培训转化结果与薪资挂钩,将员工工资与培训技能等级水平结合,从而使员工积极参加培训并取得相应技能培训等级证书,持续且有效地将培训内容用于实践,最终提升企业的整体效益。

（四）改进培训项目的设计

企业的培训管理通常包括培训需求分析、培训计划制订、培训实施与管理、培训成果转化与培训效果评估等环节。培训成果转化是培训管理的环节之一,企业在实施培训活动之时,必须给员工创造有利于培训成果转化的条件。然而,部分企业的培训体系仅有培训需求分析、培训方案设计与开发、培训计划实施与培训效果评估,缺乏员工培训的保障体系。

有的企业的培训内容与工作任务缺乏关联。培训内容应与组织生产经营实践相结合,在精准进行需求分析的基础上,根据组织、岗位和个人的需要制定。但是,很多企业通常没有事先进行培训需求分析,甚至因为市场上的某种培训很流行,就盲目跟风或者照搬,导致所学无用武之地,造成培训成本增加,从一开始就埋下了培训成果难以转化的隐患。

有的企业的培训方法选择不当。培训方法应根据企业培训的目的和内容进行选择,但很多企业往往应用比较传统的讲授法,或者比较流行的户外拓展法。然而,培训方法与其适用条件各异,培训成果也就难以甚至不能实现培训的有效转化或迁移。

（五）为培训成果转化创造有利的工作环境

企业要优化成果转化的环境,构建学习型组织。学习型组织善于获取、创造和转移知识,并且以新知识和新见解为指导,修正组织的行为,强化内部职工的学习流程和实践活动,领导和鼓励员工学习。由此可见,学习型组织能够有意识地、持续地吸收、积累、分享与运用各种知识与技能,实现生产与学习的最大化。所以在企业培训中优化培训成果转化的环境,构建学习型组织,在一定程度上有助于培训成果的转化。企业可以建立鼓励和奖励个人及团队学习的工作氛围,支持和鼓励员工学习,包括支持创造性的学习,成功或失败都能视为学习的契机。在培训课程体系中,学习和业务要相关联。这种学习型组织能够深刻地认识到培训学习有利于提升业务水平,从而增强培训成果的转化力。

(六)为培训成果转化创造有利的组织环境

企业要构建培训文化,营造优异的转化环境。培训文化是企业在培训活动中逐步形成的关于培训活动的共同价值观、行为准则等,是一个企业自身文化的重要组成部分。优秀的培训文化应该对培训持正面积极的态度,肯定培训对员工个人成长与公司的价值,肯定接受各类培训而不是否定排斥。积极正面的培训文化源于培训的实际效果,培训部门应集思广益,创新培训活动,提升培训实际效果,给员工创造真实可感的价值,营造优异的转化环境。首先,企业可以聘请内部管理者作为培训师直接参与培训,或者让管理者先接受培训再让其将培训所学分享、传递给下属,这样管理者与员工共同学习、共同成长,将极大地强化所学技能的应用价值。其次,企业应增加学员应用所学知识与技能的机会。学员的实践机会越多,越容易掌握和理解所获得的能力。同因素理论认为,只有当培训环境与工作环境相似程度极高时,培训成果才能发生转化。因此,为了增加学员的实践机会,必要时企业可以对员工的工作内容重新调整与分配,确保其可以在工作中熟练应用培训所学。最后,企业在学员中建立学习小组。学员之间以线下学习小组或线上联网学习的形式互相鼓励、监督,交流培训和实践心得,共同促进培训成果的转化。

(七)及时跟踪调查培训成果转化的进度

企业要制定效果评估机制,提高培训转化效率。培训效果评估是指通过建立培训效果评估指标和标准体系,对学员培训是否达到预期目标、培训计划是否有效实施等进行全面的检查、分析和评价。因此,企业可以运用柯克帕特里克模型对培训进行全面的跟踪与评估。该模型主要用于测定学员在日常工作之中是否自觉地运用了培训所学的知识和技能。企业可以运用观察法、绩效考评法等方法,促进学员把培训所获运用于实际工作环境中。

1. 培训前置评估

培训前置评估包括情景维度评估和投入维度评估两部分。①情景维度评估是指利用当前已获信息来指导培训需求和目标,目的在于考察工作环境下培训的真实需求。它一方面是指受训者的工作环境与课堂学习相比较更利于他们掌握培训知识技能,因为专业知识技能的掌握依赖于工作环境的再现,在培训过程或结束时,受训者通过学习实践学会专业的知识技能和职业态度等;另一方面指受训者的真实培训需求建立在对目前和预期的培训需求与其自身能力相比较的基础上,即对自身能力与工作需求差距的评估,分析自身能力和公司及岗位需求的匹配度,从而确定培训需求。②投入维度评估是指确定学习中的可能性,其关键的任务有两个方面:首先,调研组织内部和外部范围中可用的学习资源,分析可用的人力物力资源,并制定解决相应问题的措施;其次,对可用的培训资源进行利弊评估分析,考察资源的可行性与经济性,从而进行选择,或进行开发与重构。

2. 培训过程评估

培训过程评估包括对培训项目满意度的评价和对培训过程满意度的评价两个方面。①对培训项目满意度的评价，主要是对培训组织形式、现场氛围和实施效果等方面进行一定的评估。它包含员工的培训积极性以及对培训内容的认知，需要在培训过程中考虑到员工的工作反应及工作表现的变化。培训积极性表征为情感层面的评价，而培训内容的认知表征为评价性反馈。②对培训过程满意度的评价，主要是收集和统计员工在培训过程中的评价和反馈信息，并据此做出对应性评估，对培训方法进行创新，提升培训效率。它主要包括员工对培训教材、培训设备、讲师以及课堂互动氛围相应的感受。在这个环节完成之后，培训部门对其做好反馈工作，利用收集的信息来改进培训的评估程序，使得其在后续的培训过程当中能够得到改进和提升。

3. 培训成果评估

成果评估是效果评估中最重要的部分之一，其用来考查培训的有效性以及合理性。培训成果主要通过以下几个方面进行评估：①对受训者知识获得情况的评价，即评估培训对象通过培训掌握了哪些技能，学习了哪些知识。针对受训者知识获得情况的评价主要通过写心得体会、笔试或测验、案例分析研究等方法进行。②对受训者行为改善情况的评价，即观察受训者在实际工作中的表现，评估受训者在参加培训后是否有行为的改变，受训者能否在实际工作中运用所学内容，以及培训成果转化持续的时间有多久。针对受训者行为改善情况的评价主要通过现场观察、深度访谈、知识测试等手段进行。③对受训者绩效提升情况的评价。参加培训不是单纯地学习，其目的是使员工在实际工作中的工作行为及态度发生转变，从而实现工作业绩上的改变。对受训者绩效提升情况的评价是通过量化后的指标，对受训者在培训结束后个人与组织绩效表现和提高的程度进行评价。针对受训者绩效提升情况的评价主要通过其在培训结束后的生产效率、准确率、事故率等定量指标进行。

第三节　培训效果评估的内涵与层次

培训成果转化明晰了在培训活动之后如何将学员的培训所学应用于实际工作。那么如何评价培训活动的效果，界定这种投资行为是否起到作用，培训与员工绩效提升的关联度如何等，是投资培训的决策层应该明晰的问题。培训效果评估是培训活动的一个必要环节，对整个培训体系高效运转有着重要意义。

一、培训效果评估的内涵

(一)培训效果评估的概念

1. 培训评估

培训评估是企业在员工培训过程中，依据培训的目的和要求，运用一定的评估指标和评估方法检查和评定培训效果的活动过程，即对员工培训活动的价值做出判断的过程。

2. 培训效果

培训效果是企业和受训者从培训当中所获得的收益。即通过系统的培训，员工可以端正工作态度，学习新的行为方式，掌握新的技术技巧；而企业则可以提高产品质量，增加产

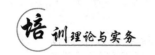

量,提高销售额,提高顾客的满意度,取得更高的社会效益和经济效益。

3. 培训效果评估

培训效果评估是针对一个具体的培训项目,企业通过系统地收集和分析资料,对培训效果的价值及其价值的程度和培训质量的好坏高低等做出判断,其目的在于指导今后的培训决策和培训活动。它主要包括为什么评估、谁来评估、评估什么、如何评估四个方面的内容。

(二)培训效果评估的原则

1. 定量评估与定性评估相结合的原则

为了避免单纯定性评估的主观性,克服单纯定量评估的机械性,培训效果评估必须坚持定量与定性相结合,形成一个完整的评估过程。培训效果评估可以在第一阶段先进行定量分析,将培训成果分解为多项评估要素,再为每项要素赋值,最后计算出培训成果的得分。只要以上操作环节比较精确科学,得到的数值就可以在相当程度上反映出培训成果的水平与价值。定量评估是定性评估的基础和依据。定性评估是培训效果评估的第二阶段。这个阶段要对培训成果的整体水平做出判断,确定出培训成果的等级。

2. 实用性原则

实用性原则是指评估要易于被培训双方接受,评估所需费用和时间要比较合理,评估方法要操作方便,评估要有利于降低成本,总之评估要切实可行。所以评估不能走极端,不能为了获得资料与信息,把评估变成科学研究,把评估复杂化。评估人员没有必要像科学家那样,总是进行复杂的分析,应努力使资料的收集和分析清晰易懂。

3. 连续性原则

连续性原则是指培训效果评估应是长期的、连续的,只有这样,培训效果评估才能真正发挥作用,给予管理者、受训员工、培训讲师持续的压力和动力,进而提高培训质量。培训效果评估如果仅仅是一次性的,则其建设性远远不如破坏性强,因为员工可以从中感觉到领导的不重视和形式主义,从而产生一系列的消极行为。

4. 评估标准的科学性与可测性原则

正确地评估培训效果是一个复杂的过程,这是因为培训效果具有多因素、多变量、界限模糊等特点,科学地进行定量分析是比较困难的。坚持评估标准的科学性就是要努力做到合理分解评估项目与要素,合理确定各项评估指标的权重,合理确定各等级评估要素的分值。评估标准不但要具有科学性,而且要有可测性。因此,评估人员要对每一具体评估要素做出定性规定,使评估指标具有可操作化的定义。

5. 评估的测验性和诊断性原则

一般说来,培训效果评估的过程,先是确定评估的目的,然后根据特定的目的来进行评估目标的具体分析,再通过测验或观察收集有关评估对象的资料,最后根据相互关联的评估标准对资料进行科学的解释,做出客观的评估,并以此为基础,对以后的培训工作采取切实可行的改进措施。在这个过程中,诊断贯穿于评估的全过程,评估的过程也是诊断的过程。可见,诊断性原则,要求客观地收集评估资料,并对此进行具体分析,做出科学的判断,分清评估结果的优劣,以利于今后培训工作的改善。

6. 综合评估与重点评估相结合的原则

所谓综合评估,是指不仅要对培训的计划、组织管理、方法、效果进行评估,还要对培训开发的教材、教学的组织计划、培训者、受训者等进行评估,从而使评估工作贯穿于培训工作的全过程。重点评估是指应突出对培训效果的评估,即培训效果评估的关键是观测通过培训,员工的知识、技能是否有所增加,工作态度是否有所改善,员工的工作绩效是否有所提高,是否实现了培训的目标。

7. 客观性原则

客观性原则即实事求是的原则,是指评估人员在进行检测评估时,一定要坚持实事求是的态度,排斥主观臆断,真实反映培训的客观效果。这条原则是最重要的原则,因为评估的实质是对所实施的培训活动的效果进行科学的判断,这种判断只有是客观的、实事求是的,对培训活动的价值判断才有可能符合实际,从而推动培训计划的有效开展和组织目标的实现。

(三) 培训效果评估的意义

培训效果评估的意义在于使企业管理者能够明确培训项目的优劣、了解培训预期目标的实现程度,为以后培训需求分析、培训计划的制订与实施等提供有益的借鉴。

1. 是提高企业培训质量的有效途径

培训效果评估就是对培训活动实际绩效的考查和测定。培训活动的任何环节出现问题和不足,最终都会影响到培训的效果并表现为培训效果的不佳。因此,培训效果是检验培训活动成败的主要标准,效果评估所获得的信息又是改善培训决策的主要依据。培训效果评估不仅能对培训效果做出恰当的评价,而且评估过程能帮助管理者发现培训环节中的具体问题,从而把改进培训的计划和措施建立在科学的基础上。

2. 可以改善企业人力资源开发的程序与成效

企业通过对人力资源开发的预期目标的判定、成本与效益的比率分析、培训程序的审视等,就可以对组织人力资源开发的目标、程序、成效进行逐一分析与比较,评定各个阶段与整个培训计划的优缺点及可改进的措施,找出问题和漏洞的根源,以期改进和完善人力资源开发的程序,提升人力资源开发成效。

3. 可以作为企业人力资源开发的参考

通过对培训效果的评估,企业可以得知受训员工吸收与应用新知识的情形,可以以此为依据来决定将来参与培训的人选,做到因材施教。同时,每一次评估活动之后,企业都会将其记入员工培训档案库,而员工培训档案库的建立,不仅能够深入了解员工的知识技能特长,还有助于开发员工的潜能,对组织人力资源的长期规划具有重要参考作用。

二、培训效果评估的层次

对培训效果评估主要分宏观和微观两个层次。指标法是针对组织整体培训与开发活动进行宏观层面评估的方法。对企业来讲指标法简单且易于采用,多种指标结合在一起能够全面反映一个培训与开发活动的完整画面。微观层面的评估主要是针对项目的评估,评估对具体项目的诊断非常有用,清楚地显示了每一个项目的成果和不足。但是,微观层面的评估很难反映组织整体培训与开发活动的情况。

(一) 宏观层面

宏观层面的培训与开发活动效果评估指标法主要包括 ASTD(美国培训与发展协会)法、人力资源指标法、经济增加值(EVA)法和知识资本法。

ASTD是全球最具影响力的培训行业协会之一。通过对全美企业培训与开发信息的收集和分析,它每年会发布培训与开发评估的指标。这些指标反映了组织层面的培训与开发情况,既可以作为组织内部纵向比较的依据,也可以发掘与行业平均水平或标杆企业的差距。

人力资源指标法是基于平衡计分卡的应用,利用关键指标来衡量企业范围内培训与开发水平及其效率。在具体使用时,评估者应根据企业具体情况,采用尽可能多的指标来反映培训与开发的全貌。

经济增加值法是一种财务评估方法,它通过计算组织培训与开发活动的成本与收益之间的差额,来评估培训与开发活动的财务价值。这种方法可以帮助组织确定培训与开发活动的经济效益,从而为组织创造更大的价值。

知识资本法是一种评估组织知识资产价值的方法,侧重于评估培训与开发活动对组织知识资产的积累和利用效果。通过这种方法,组织可以了解培训与开发活动在提升组织知识水平、促进知识共享和创新方面的作用。

(二)微观层面

微观层面的培训与开发项目效果评估方法主要有柯克帕特里克的四层次评估模型、菲利普斯的五级投资回报率模型等。微观层面评估方法可以参照本章第四节内容。

第四节 培训效果评估的内容和模型

在系统了解培训效果评估的内涵与层次基础上,评估者需要进一步把握培训效果评估的内容和模型。

一、培训效果评估的内容

培训效果评估是企业为了特定的目的,运用科学的方法获得各种信息数据,对评估对象的运动状态和价值进行科学判断的过程。要进行培训效果评估就必须要有相应的评估对象和评估内容。

(一)培训效果评估的对象

培训效果评估的对象有别于培训对象,一是对培训对象——受训员工在培训前、培训中和培训后的效果评估,它包括受训员工对培训的反应、学习的成果和培训前后工作绩效变化等;二是对培训本身的效果评估,即培训的成本效益分析。

(二)培训效果评估的内容

培训效果评估是指对培训项目或培训活动的过程和效果进行评价,主要目的在于通过对培训前后培训对象在素质和能力等方面的变化及提高程度的观察、评价,来确定某一个培训项目的实际成效。培训效果评估主要包括以下三个阶段。

1. 培训前评估

(1)评估内容。培训前评估的内容主要包括以下方面:

①培训需求的整体评估;

②培训对象知识、技能和工作态度评估;

③培训对象工作成效及行为评估;
④培训计划评估。
(2)作用。培训前评估的作用主要包括以下方面:
①保证培训需求确认的科学性;
②确保培训计划与实际需求的合理衔接;
③帮助实现培训资源的合理配置;
④保证培训效果测定的科学性。

2. 培训中评估
(1)评估内容。培训中评估的内容主要包括以下方面:
①培训活动参与状况监测:目标群体的确认,培训项目的覆盖效率,培训对象参与的热情和持久性。
②培训内容监测:培训的构成或成分,培训强度,提供的培训量,培训的频率,培训的时间安排。
③培训进度与中间效果监测:培训组织准备工作评估,培训学员参与培训情况评估,培训内容和形式的评估,培训讲师和培训工作者评估,现代培训设施应用的评估。
④培训环境监测。
⑤培训机构和培训师监测评估:培训机构的规模和结构特征,培训机构的内部分工状况,培训机构服务网点分布状况,培训机构的领导体制,沟通和协调机制,培训师的素质和能力,培训师工作安排,培训师的工作态度。
(2)作用。培训中评估的作用主要包括以下方面:
①保证培训活动按计划进行;
②进行培训执行情况的反馈和培训计划的调整;
③可以找出培训的不足,归纳出教训,以便改进今后的培训,同时能发现新的培训需要,为下一轮的培训提供数据;
④过程监测和评估有助于科学解释培训的实际效果。

3. 培训后评估
培训结束后,企业要对培训活动的各个方面进行系统的考察和评价。这是培训评估的最重要的内容,主要是对培训活动的直接产出进行确认和度量,对培训活动的客观影响进行测定,确定培训活动和客观影响之间的因果关系,同时对培训效率、培训执行者的工作绩效等进行评估。
(1)评估内容。培训后评估的内容主要包括以下方面:
①培训效果反应评价:主要通过受训者的情绪、注意力、赞成或不满等对培训效果做出评价。效果反应的评估主要通过收集受训者对培训内容、培训教师、教学方法、材料、设施、培训管理等的反应情况,进行综合评价。
②学习效果评价:主要检查受训者学到了什么知识及掌握知识的程度,培训内容和方法是否合适、有效,培训是否达到了目标要求等。
③行为影响效果评价:主要衡量培训是否给受训者的行为带来了新的改变。如安全教

育培训的目的是使受训者树立安全意识,改变不安全行为,提高安全技能。因此,评价培训的效果应看受训者在接受培训后其工作行为上发生了哪些良性的、可观察到的变化,这种变化越大,说明培训效果越好。

④绩效影响效果评价:工作行为的改变将带来工作绩效的变化。如受训者安全意识和安全技能提高,不安全行为改变后,相应的工作绩效体现就是违章减少、安全事故降低、事故损失减少等。

(2)作用。培训后评估的作用主要包括以下方面:

①对培训效果进行正确合理的判断,以便了解某一项目是否达到原定的目标和要求;

②确认受训者知识技术能力的提高或行为表现的改变是否直接来自培训本身;

③检查培训的费用效益,评估培训活动的支出和收入的效益,有助于资金得到更加合理的配置;

④客观地评价培训者的工作。

二、培训效果评估模型

培训效果评估模型产生于20世纪50年代,经过半个多世纪的发展,经历了从定性评估到定量评估、分层次评估到分阶段评估的阶段。当前在培训效果评估模型中占主导地位的仍然是柯克帕特里克的四层次评估模型,但是也有不少研究者提出了自己的评估模型,主要有菲力普斯的五级投资回报率模型、考夫曼的五层次评估模型、CSE评估模型、CIRO评估模型、CIPP评估模型、重要因素评估模型等。

(一)柯克帕特里克的四层次评估模型

目前,国内外运用得最为普遍的培训评估模型是由威斯康星大学柯克帕特里克教授于1959年提出的四层次评估模型。柯克帕特里克将培训效果分为四个递进的层次,见表9-1。

表9-1 柯克帕特里克的四层次评估模型

评估层级	评估内容
1. 反应层	受训员工对培训课程、培训师与培训组织的满意度
2. 学习层	对培训内容、技巧、概念的吸收与掌握程度
3. 行为层	员工培训后行为改变是否因培训所致
4. 效果层	培训对公司业绩的影响

1. 反应层评估

反应层评估是指评估受训员工对培训项目的印象,包括其对培训科目、讲师、设施、方法、内容、自己收获大小等方面的看法。反应层评估的主要方法是问卷调查。问卷调查是在培训项目进行和结束时,收集受训员工对培训项目的效果和有用性的反应,受训员工的反应对于重新设计或继续培训项目至关重要。问卷调查易于实施,通常只需要几分钟的时间。如果设计适当,问卷调查也很容易分析、制表和总结。问卷调查的缺点是数据的主观性较强,建立在受训员工在测试时的意见和情感之上,个人意见的偏差有可能夸大或缩小评定分数。

在培训课程结束前的最后一节课,受训员工对课程的判断容易受到经验丰富的培训协调员或培训机构领导者富有鼓动性总结发言的影响。这可能在评估时减弱受训员工原先对该课程的不好印象,从而影响评估结果的有效性。因此这个层次的评估可作为改进培训内容、培训方式、教学进度等方面的建议或综合评估的参考,但不建议作为评估结果。

2. 学习层评估

学习层评估是目前最常见也是最常用到的一种评价方式,它测量受训员工对原理、技能、态度等培训内容的理解和掌握程度。学习层评估可以采用笔试、实地操作和工作模拟等方法来考查。培训组织者可以通过这些方法,了解受训员工在培训前后知识和技能的掌握有多大程度的提高。笔试是了解知识掌握程度最直接的方法,而对一些技术性工作,如工厂里面的车工、钳工等,则可以通过实地操作考核来了解他们技术的提高程度。另外,强调对学习效果的评价,也有利于增强受训员工的学习动机。

3. 行为层评估

行为层评估是指评估受训员工培训后在实际岗位工作中行为的变化,以判断所学知识、技能对其实际工作的影响。可以说,这是考查培训效果的最重要的指标。评估往往发生在培训结束后的一段时间,通过受训员工的上级、同级同事、下属或客户观察受训员工的行为在培训前后是否有差别,是否在工作中运用了培训中学到的知识。这个层次的评估可以包括受训员工的主观感觉,上级、下属和同级同事对其培训前后行为变化的对比及受训员工本人的自评,评估通常需要借助于一系列的评估表。这种评价方法要求人力资源部门建立与职能部门的良好关系,以便不断获得受训员工的行为信息。培训的目的,就是要改变员工工作中的不正确操作或提高他们的工作效果,因此如果培训的结果是员工的行为并没有发生太大的变化,在一定程度上说明过去的培训是无效的。

4. 效果层评估

效果层评估是把培训效果上升到组织的高度,即判断培训是否对企业经营成果有具体而直接的贡献。效果层评估可以通过一些指标来衡量,如生产率、员工流动率、工作质量、员工士气以及企业对客户的服务等。通过设置这样一些组织指标,培训人员就可以分析培训能够为企业带来的收益,例如可以分析事故率的下降有多大程度归因于培训,从而确定出培训对组织整体的贡献。

柯克帕特里克模型中有两个隐含的假设:一是学习的每一步骤都依赖于前一个步骤,即除非受训员工对培训反应良好,否则就学不到知识;除非受训员工学到了知识,否则其工作表现不可能改善;除非受训员工的工作表现有了改进,否则组织的绩效就不能提高。二是如果这个关系被接受,那么就应该认为组织绩效是衡量培训效果的最重要因素,工作表现次之。

柯克帕特里克的四层次评估模型也存在一些不足:一是现实中存在着这个模型不能解释的例子,如军训,军训并不要求受训者反应良好,但却能取得很好的组织绩效;二是在有其他干扰变量的情况下,难以获得较为真实的评估结果。

(二)菲力普斯的五级投资回报率模型

绝大多数企业的培训效果评估,通常是在培训结束后,只评估培训成本、培训时间和参加培训的人数,而没有提供培训给企业带来的价值、参与者所学习到的东西以及由于培训带来的投资回报。近年来,理论界和实务界特别强调要对培训发展的投入进行评估,因此投资回报率就成为评估的关键因素。菲力普斯于1996年提出五级投资回报率模型。该模型在柯克帕特里克的四层次模型上加入了第五个层次——投资回报率,因此就形成了一个五级投资回报率模型,见表9-2。

表9-2 菲力普斯五级投资回报率模型

评估层级	评估内容
1. 反应和既定的活动	评估受训员工对培训项目的反应以及实施的明确计划
2. 学习效果	评估受训员工技能、知识或观念的变化
3. 在工作中的应用	评估受训员工在工作中行为的变化及对培训资料的确切应用
4. 业务结果	评估培训项目对组织业务的影响
5. 投资回报率	评估培训结果的货币价值以及培训项目的成本,往往用百分比来表示,投资回报率=培训项目净效益/培训项目成本×100%

第一级评估的是受训员工反应和既定的活动。它所评估的是受训员工的满意程度,同时还有一个关于受训员工计划如何应用所学知识的清单。几乎所有的组织都实施第一级评估,即在培训项目结束后,实施普通的问卷调查。作为对受训员工满意程度的评估,这个级别的评估虽然重要,但是良好的意见反馈并不能确保受训员工学到新的技能和知识。

第二级评估的是受训员工的学习效果。即利用测试、技能实践、角色表演、情景模拟、小组评估和其他评估工具,对受训员工在培训中所学到的内容进行评估,检验学习内容对保证受训员工吸收所学内容、了解如何应用所学的知识都是有益的。然而,有关这个级别的评估的正面结果并不能保证这些资料会在工作中得到应用。有些研究表明,并不是所有的学习成果都能被应用到工作中去。

第三级评估的是在工作中的应用。即用各种后续跟踪手段来确定受训员工是否将所学到的知识应用到实际工作中去。尽管第三级评估对评估培训内容的应用是否成功至关重要,但是这仍然无法保证培训会对组织产生积极的影响。

第四级评估是对业务结果的评估。评估的重点是受训员工应用培训知识后对组织所产生的实际效果。典型的第四级评估标准包括产量、质量、成本、时间和客户满意程度。尽管培训项目可能产生了可以衡量的积极的业务影响,但是也许培训项目本身成本很大。

第五级评估是培训结果的货币价值及其培训成本。它往往用百分比表示,重点是将培训所带来的收益与其成本进行对比,来测算有关培训投资回报率指标。只有当第五级评估结束之后,整个评估过程才算完成。由于投资回报率是一个较为宽泛的概念,可以包含培训项目的任何效益,这里将投资回报率看作培训项目效益和成本相比后所得出的实际价值。五级投资回报率模型也是目前比较常用的一种评估方法。

(三)考夫曼的五层次评估模型

考夫曼扩展了柯克帕特里克的四层次模型,他认为培训能否成功,培训前各种资源的获得是至关重要的,因而应该在模型中加上这一层次的评估。并且培训所产生的效果不应该仅仅对本组织有益,它最终会作用于组织所处的环境,从而给组织带来效益。因而他加上了第五个层次,即评估社会和客户的反应,如表9-3所示。

表 9-3 考夫曼的五层次评估模型

评估层级	评估内容
1-1. 培训可行性	人力、财务和物力资源投入的质量和获取性
1-2. 反应	方法、手段和过程的可接受度和熟练度
2. 获得	个体和小群体技能与胜任力
3. 应用	组织内个体效用和小群体（产品）效用
4. 组织产出	对组织的贡献和回报
5. 社会产出	社会和顾客的反应、结果和回报

(四) CSE 评估模型

CSE 评估模型是以美国洛杉矶加利福尼亚大学评估研究中心（Center for Study of Evaluation）命名的一种评估模型。该中心自 20 世纪 60 年代后期以来一直在研究和推广这一评估模型。CSE 评估是一种综合性的评估，是针对整个培训过程进行的分阶段培训评估，所以不受时间和条件限制。与其他评估模型相比，其主要优势体现在阶段性、综合性与全程性评估相结合上。由于 CSE 评估模型将整个培训的发生、发展过程分阶段进行评估，从而可以有效地获得整个培训过程中的各个阶段、各个环节的可靠信息，达到不断控制、调整和改进培训工作的目的。CSE 评估模型是一种较为实用的评估模型，它包括四个活动阶段，基本操作步骤如图 9-2 所示。

图 9-2 提供了一个培训全过程评估操作的基本步骤框架。这个步骤框架是多个子评估项目的组合体，CSE 评估模型中的每一项都是培训评估所关注的重点内容。

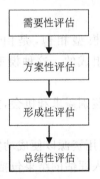

图 9-2 CSE 评估模型

第一，需要性评估。即自我发展需要评定，是指受训员工对自我发展目标的认定，也就是问题的选择阶段。

第二，方案性评估。受训员工自己对实现自我发展目标方面成功的可能性进行评定。这是计划的选择阶段。

第三，形成性评估。受训员工在实现自我发展性目标过程中发现成功和不足之处，及时修改自己的行动方案，从而保证发展目标的实现。这是计划的修正阶段。

第四，总结性评估。受训员工对自我发展性目标的达成情况进行全面的调查和判断，通过反思，调整自己的发展目标，使自己的专业素养不断发展。这是计划的批准或采纳阶段。

（五）CIRO 评估模型

CIRO 评估模型是沃尔（Warr）、伯德（Bird）和拉克姆（Rackham）三位专家提出的四级评估模型。这个模型描述的四个基本的评估级别，是由背景（context）、投入（input）、反应（reaction）和输出（outcome）的首字母组成的。这种方法认为评估必须从背景、投入、反应和输出四个方面进行。这四个评估级别分别对应于培训需求分析、培训资源和培训方法确定、受训员工对培训的反应、培训结果收集四个阶段。CIRO 评估模型实际主张培训效果评估贯穿于整个培训工作流程，应与企业培训工作同步开展。

背景评估是指获取和使用关于当前操作环境的信息，以便确定培训需求和培训目标，这种评估实际上是进行培训需求分析。在此过程中，需要评估三种目标：最终目标（组织可以通过培训克服或消除的特别薄弱的地方）、中间目标（最终目标所要求的员工工作行为的改变）和直接目标（为达到中间目标，员工必须获取的新知识、技能和态度）。

投入评估是指获取和使用可能的培训资源来确定培训方法。这种评估涉及对可用的内部资源和外部资源的分析，以及确定如何开发这些资源，以便有最大的可能性来达到预定目标。

反应评估是指获取和使用参与者的反应来提高培训过程质量，这个评估过程的典型特征是依赖于学员的主观信息。如果用系统和客观的方法对这样的信息进行收集和利用，他们的观点将会非常有用。

输出评估是指收集和使用培训结果的信息。输出评估被认为是整个评估中最重要的一个部分，它包括以下阶段：界定趋势目标，选择或构建这些目标的测量方法，在合适的时间测量和评估结果以改善以后的培训。

（六）CIPP 评估模型

CIPP 评估模型与 CIRO 评估模型相似，是由背景（context）、输入（input）、过程（process）和成果（product）的首字母组成的。这种模型认为评估必须从背景、输入、过程和成果四个方面进行。

背景评估旨在确定相关的环境，鉴别需求和机会，并且对特殊的问题进行诊断。需求分析是背景评估最常见的例子。

输入评估可以提供如何最佳地使用资源以便成功实施培训的信息。对输入信息进行评估有助于制订培训项目计划，通常输入评估的结果包括制度、预算、时间安排、建议书和程序等方面的内容。

过程评估可以向负责培训实施的人员提供反馈，它可以监控可能的失败来源或给预先的决策提供信息。

成果评估是对培训目标结果进行测量和解释，包括对预定目标和非预定目标进行衡量和解释，这个级别的评估既可以发生在培训之中，又可以发生在培训之后。

总之，背景评估有助于形成目标，输入评估帮助设计培训项目计划，过程评估引导培训实施，成果评估有助于审视决策。

（七）重要因素评估模型

重要因素评估模型作为一种评估单一的培训活动的工具，主要应用于较为单一的学习层次评估。重要因素评估模型如图 9-3 所示。

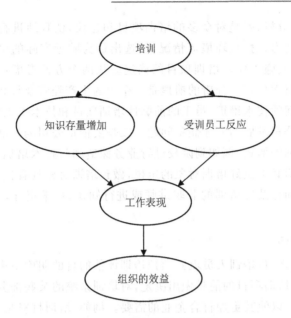

图 9-3 重要因素评估模型

由于现实中存在着很多不同培训类型、目的的培训活动,这些培训对知识、技能、态度、行为反应等方面的重要性要求是不同的。如在营销人员业务水平培训中,相关产品知识和营销态度可能是最重要的因素;在技术工人更新知识培训中,知识和技能可能是最重要的因素;在技术工人操作性培训中,行为反应和技能可能是最重要的因素。因此,企业在培训的具体评估中不必遵循特定的模式,而应该针对不同的培训目标、培训对象对重要因素要求的不同进行适当的修正,并制定符合培训评估实际的多层次评估体系。

第五节 培训效果评估的流程与方法

通过学习培训效果评估内容与培训效果评估模型,我们可以系统了解培训效果评估的具体内容以及通用的培训效果评估模型。但针对具体的企业,培训效果评估应当如何开展?本节将系统介绍企业实施培训效果评估时整体的流程与方法。

一、培训效果评估的流程

科学的培训评估对于了解培训的效果,界定培训对组织的贡献,以及证明企业员工培训所做出的成绩,都非常重要。培训效果评估主要包括以下步骤。

(一)分析培训需求

进行培训需求分析是培训项目设计的第一步,也是培训效果评估的第一步。不管一个培训项目是由什么原因引起的,培训人员都应该通过培训需求分析来确定员工具体的知识、技能和态度的缺陷,培训需求分析中所使用的最典型的方法是问卷调查法。调查的对象主要集中在未来的受训人员和他们的上级领导。同时,培训人员还要对工作效率低的管理机构及员工所在的环境实施调查,从而确定环境是否会对工作效率有影响。

科学的培训需求分析,就是对众多的培训项目和建议,认真地进行科学系统的分析,根据培训工作的人力、物力、财力、环境等情况,筛选出最为贴近实际的培训项目,列入培训的计划任务并积极做好实施工作。培训项目的确定应从两个方面考虑:一是对收集到的若干培训需求信息,进行科学分析。分析的前提是对企业的生产经营及设备运行状况、维护现状及员工素质、单位之间的技术维护、员工的前瞻性培训项目和技术工人的前瞻性培训进行深入的需求分析,解决公司发展的人才储备问题。二是要依据公司的发展规划,选择培训项目及具体内容,确定培训的形式,例如到院校进行业务深造和新技术培训、到厂家学习、请专家教授来企业讲课等,但必须做好培训对象的定位,做到培训对象具有代表性或是岗位技术骨干,学习后能充当全面普及性培训的兼职讲师或进行知识、技术指导,为开展全员培训工作做好培训讲师储备。

(二)确定评估目的

在培训项目实施之前,培训人员就必须把培训评估的目的明确下来。多数情况下,培训评估的实施有助于对培训项目的前景做出决定,对培训系统的某些部分进行修订,或是对培训项目进行整体修改,以使其更加符合企业的需要。例如,培训材料是否体现公司的价值观念,培训讲师能否完整地将知识和信息传递给受训者等。重要的是,培训评估的目的将影响到培训数据收集的方法和所要收集的数据类型。

(三)建立培训评估数据库

进行培训评估之前,企业必须将培训前后发生的数据收集齐备。培训的数据按照能否用数字衡量的标准可以分为硬数据和软数据两类。硬数据是改进情况的主要衡量标准,通常以比例的形式出现,是一些易于收集的无可争辩的事实,这是最需要收集的理想数据。硬数据可以分为产出、质量、成本和时间四大类,几乎在所有组织中这四类都是具有代表性的业绩衡量标准。有时候很难找到硬数据,这时软数据在评估人力资源开发培训项目时就显得很有意义。常用的软数据类型可以归纳为工作习惯、氛围、新技能、发展、满意度和主动性六个部分。

1. 培训评估信息的收集渠道

科学的培训评估源于正确的评估数据,而培训评估的内容不同,其信息收集的渠道就会有所不同。其对应关系如表 9-4 所示。

表 9-4 培训评估内容与培训评估信息收集渠道

培训评估内容	信息收集渠道
培训需求评估	1. 企业决策者 2. 培训对象 3. 培训管理者
培训对象知识、技能和工作态度评估	1. 培训管理者 2. 培训对象 3. 培训对象领导与下属
培训对象参与培训情况评估	1. 培训现场 2. 培训对象 3. 培训实施者

续表

培训评估内容	信息收集渠道
培训内容和形式评估	1. 培训现场 2. 培训对象 3. 培训实施者
培训效果效益综合评估	1. 所有培训前、中、后的有关信息 2. 培训对象的领导或下属
培训环境和现代培训实施应用评估	1. 培训现场 2. 培训对象 3. 培训实施者

2. 培训评估的信息收集方法

培训评估信息的收集渠道确定以后,下一步应根据培训评估的内容和收集渠道来确定培训评估的信息收集方法,如表9-5所示。

表9-5 培训评估的信息收集方法

培训评估的信息收集方法	收集内容
通过文档资料与问卷收集	1. 培训方案资料 2. 有关培训的调查问卷原始资料和统计分析 3. 有关培训的考核资料
通过观察收集	1. 培训实施现场观察 2. 培训对象参加及反应情况观察 3. 观察培训后一段时间内培训对象的变化
通过访谈收集	1. 访谈培训对象、培训实施者、培训管理者 2. 访谈培训对象的领导和下属
通过培训调查收集	1. 培训需求调查 2. 培训组织、内容及形式调查 3. 培训讲师调查 4. 培训效果综合调查

培训数据收集的关键是培训人员与直线部门人员良好的配合。例如,培训需求来自直线部门,他们知道员工技能的差距,他们能够指出员工技能改善的方向和预期改善目标。培训人员只有与直线部门人员配合,才能更好地把握培训方向。收集的数据最好是在一个时段内,以便进行实际分析比较。例如,前六个月的不满意数量,上年处理的失误次数,上一个季度事故发生的次数,或过去年份平均每月的销售成本等。

需要强调的是,评估中软数据和硬数据都很重要。当评估行为或技能发生变化时,使用软数据的效果最好,而其他培训项目的评估主要依赖于硬数据作为度量标准。人们之所以优先选择硬数据是因为硬数据具有明显的优点和可信度。由于软数据多数为无形衡量指标,因此很难用货币价值衡量,但它们确实是总体评估过程中的一个重要部分,是对培训项

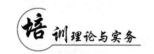

目总体效果的重要补充,如果与货币效益结合起来使用,那么它们就能提供对结果的均衡评价。因此培训人员平时要对组织的记录档案和报告进行管理,因为这些数据容易收集,并且往往反映企业的业绩信息。另外,培训人员还可以从受训员工那里得到丰富的数据。受训员工的同事通过观察受训员工在培训中用到的知识和技能,也可以提供大量数据,这些数据可为培训效果评估提供有力的支持。

(四)确定培训效果评估的层次

关于培训效果评估层次,最著名的模型是柯克帕特里克的四层次评估模型。培训人员要确定最终的培训评估层次,因为评估层次决定要收集的数据种类。关于不同层次适合的问题、可采用的评估方法、评估时间以及评估单位的具体内容如表 9-6 所示。

表 9-6 柯克帕特里克四层次评估方法

评估层次	可以问的问题	评估方法	评估时间	评估单位
反应层	受训员工喜欢该项目吗?对培训员工和实施有什么意见?课程有用吗?他们有些什么建议?	问卷、访谈、观察、综合座谈	课程进行时	培训单位
学习层	受训员工在培训前后知识及技能的掌握方面有多大程度的提高?	提问、角色扮演、笔试、演讲、模拟练习、心得报告与文章发表	课程进行时、课程结束时	培训单位
行为层	培训后受训员工的行为有无不同?他们在工作中是否使用了在培训中学到的知识?	问卷、观察、访谈、绩效评估、管理能力评鉴、任务项目法、360度评估	培训后三个月或半年	受训员工的直接主管上级、同级同事、客户和下属
效果层	组织是否因为培训而经营得更好?	满意度调查、客户与市场调查、成本效益分析、离职率、个人与组织绩效指标、生产率	培训后半年或一二年	受训员工的单位主管

(五)选择评估衡量方法

在决定对培训效果进行评估后,评估工作在培训进行时就可以开始。这时采取的方法主要是培训主管部门或有关部门管理人员亲临课堂听课,现场观察受训者的反应、培训场所的气氛和培训师的讲解组织水平。但是,因培训还未结束,此时现场获得的一手数据不能直接用于评估,除非特别要注意的重大培训项目。为获得完整数据,评估一般在培训结束后才开始进行。

评估内容主要包括对培训课程本身的评估和对培训效果的评估。评估按时间分为培训结束时进行的评估和受训者回到工作中一段时间的评估。评估的方式有评估调查表填写、评估访谈、案例研究等。

需要说明的是,评估是为了改进培训质量、提升培训效果、降低培训成本。针对评估结果,重要的是要采取相应的纠偏措施并不断跟踪。

(六)撰写培训评估报告

培训人员对前期的培训评估调查表和培训结果调查表进行统计和分析,将收集到的问卷、访谈资料等进行统计分析、整理合并,剔除无效资料,同时得出相关结论;之后,结合受训者的结业考核成绩,对培训项目出具公正合理的评估报告。培训人员还可以要求培训机构基于培训项目的评估提交报告书,对培训项目做出有针对性的调整。在认真地对评估数据、评估问卷进行考查之后,培训项目若得到了受训者的认可,收效很好,则这一项目继续进行。如果培训项目没有什么效果或存在问题,培训机构就要对该项目进行调整或考虑取消该项目。如果评估结果表明,培训项目的某些部分不够有效,如内容不适当、授课方式不适当,或受训者本身缺乏积极性等,培训人员就可以有针对性地对这些部分进行重新设计或调整。

(七)沟通培训评估结果

很多企业虽然重视培训评估,但是其评估却与实际工作脱节。因为培训效果的检验仅仅局限于培训过程中,并没有在实际的工作中进行,造成了培训与实际生产服务脱节。在培训效果评估过程中,人们往往忽视对培训评估结果的沟通。尽管经过分析和解释后的评估数据将传递给某些人,但当应得到这些信息的人员没有得到这些数据时,就会出现问题。在沟通有关培训效果评估信息时,培训部门一定要做到不存偏见和有效率。

一般来说,企业中有四种人是必须要得到培训效果评估结果的:

(1)培训人员。他们是非常重要的一类人群。因为他们需要这些信息来改进培训项目,只有在得到反馈意见的基础上精益求精,培训项目才能得到提高。

(2)管理层。他们是另一个重要的人群。因为他们当中有一些是决策人物,决定着培训项目的未来。评估的基本目的之一就是为决策提供参考依据。

(3)受训员工。他们应该知道自己的培训效果怎么样,并且将自己的业绩表现与其他人的业绩表现进行比较。这种意见反馈有助于他们继续努力,也有助于将来参加该培训项目学习的员工不断努力。

(4)受训员工的直接上级。受训员工的直接上级也需要知道培训效果评估结果。这有助于他们掌握受训员工的学习状况,为以后的工作提供指导,同时也可作为对下属进行绩效考核的参考因素。

(八)调整培训项目

培训评估报告反馈后,要采取相应的纠偏措施并不断跟踪。这时培训人员就可以根据培训的效果对培训项目进行调整:对收效大、员工反映好的项目加以保留;对某领域欠缺的项目进行增补;对于培训项目中不够有效的部分,可以有针对性地进行重新设计或调整;对没什么效果或者存在问题的项目,就要考虑将其取消。

培训评估应该是一个完整的循环,任何一项评估都是一个长期的、连续不断的过程。要使培训评估起到应有的作用,就必须使培训评估系统化、科学化。

二、培训效果评估的方法

培训效果评估的具体方法很多,大致分为定性方法和定量方法两类。

(一)定性方法

培训效果评估中采用定性方法是目前我国绝大多数企业所采取的一种做法。定性方法是评估者在调查研究、了解实际情况的基础之上,根据经验和相关结果,对培训的效果做出评价的方法。这种方法所做出的培训效果评估既是一种价值判断结论,也是对培训项目实施效果做出的一种方向判断,但却不能得到量化结果,所以无法对培训效果所能达到的程度做一个准确的表述。

定性方法的优点在于简单易行,所需要的资料和数据较少,并且可以考虑很多因素。定性方法的最大缺点在于其评估结果受到评估者个人主观因素、经验和知识水平影响很大,不同的培训评估者可能由于其工作不同、经历不同、实践经验不同、知识水准不同,对同一个问题产生不同的判断结果。

1. 绩效观察法

绩效观察法是指评估者在培训结束后,为了解培训的效果,亲自到培训对象所在工作岗位上,通过观察记录受训员工在工作中的表现和工作绩效,并把受训员工培训前的工作绩效与培训后的工作绩效进行对比,来衡量受训员工培训效果的方法。绩效评价法是由绩效分析法衍生而来的,它主要用于评估受训者行为的改善和绩效的提高。绩效评价法要求企业建立系统而完整的绩效考核体系,这个体系中要有受训者培训前的绩效记录。在培训结束三个月或半年后,对受训员工再进行绩效考核时,只有对照以前的绩效记录,评估者才能明确地确定出培训效果。

2. 关键人物评价法

所谓的关键人物是指与受训员工在工作上接触较为密切的人,可以是他的上级、同级,也可以是他的下级或者顾客等。有研究发现,在这些关键人物中,同级最熟悉受训员工的工作状况,因此,可采用同级评价法,向受训者的同级了解其培训后的改变。这样的调查通常很容易操作,可行性强,能够提供很多有用信息。同其他培训效果评估方法一样,同级评价法也有缺陷,尽管同级间相互很了解,但由于存在竞争,有时会导致评估结果失真。而让上级来评估培训效果同样避免不了局限性,因为有的上级不太了解全面情况,或者会主观臆断。因此,企业可采用360度评价法,由受训员工的上级、下级、顾客、同级,甚至培训管理者等从不同角度来评估受训员工的变化,这种方法对了解工作态度或受训员工培训后行为的改变比较有效。

3. 测试比较法

无论是国内还是国外的学者,都将员工通过培训学到的知识、原理和技能作为企业培训的效果。测试比较法是衡量员工知识掌握程度的有效方法。实践中,企业会经常采用测试法评估培训效果,但效果并不理想,原因在于没有加入任何参照物,只是进行简单的测试。而有效的测试法应该是具有对比性的测试比较法。测试比较法有多种不同方案,其中事前、事后测试法主要是在参加培训前后对受训者分别进行内容相同或相近的测试,这样可以体现出受训者受训前后的差别,但这也不乏缺陷——不能体现参加培训与未参加培训的员工间的差别。为克服这一缺点,企业可以将参加培训的员工组成培训组,另外再挑选一组与培训组素质相近、未参加培训的员工组成对照组,分别对这两组员工进行测试。有研究显示,分组测试的方案有时也不能测出真实的培训效果,因为会出现霍桑效应——受训者可能因为有机会参加培训而积极性高涨,工作绩效得到提升,但这与培训本身的关系并不大。为克服这一误差,学者所罗门(Solomon)设计了"所罗门四小组"方法(见表9-7),通过增加对照组的数量,尽量减小测试误差。

表 9-7 "所罗门四小组"方法

小组	培训前	是否培训	培训后
培训组	测量	是	测量
对照组 1	测量	否	测量
对照组 2	不测量	是	测量
对照组 3	不测量	否	测量

4. 跟踪考察评估法

对回到工作岗位后的受训员工进行跟踪考察是评估培训成果的最好方法之一。尽管它是一种最好的方法,但却是一种实际采用得最少的方法,因为它既费时又要有一定的人力、物力保证。

一般来说,跟踪考察在培训结束后一段确定的时期内进行,且可进行多次,如 3 个月时段内的跟踪考察已足以判断受训员工进步的程度,但有时也许要等待 6 个月甚至更长的时间。如果受训员工参加的是一个以提高口头和笔头交流能力为目的的长期培训班,那么最终成果也许要在好几个月后才能知道。

跟踪考察可通过电话、正式的书面表格或电子邮件等方式进行。由于对培训成果的真正检验是受训员工回到工作岗位后的实际表现如何,因此与在培训期间和在培训刚结束后对受训员工进行的业绩考试的结果相比,向主管人员调查所得的结果更能说明问题。

(二)定量评估方法

定量方法是用数理统计或数学模型等方法,对所收集的数据进行处理,对培训效果进行评估的一种方法。

1. 成本收益分析法

成本收益分析法又称投入产出分析法,是通过会计核算决定培训的经济收益的方法。成本收益分析有两种判断途径,一是计算培训项目的培训收益,二是计算培训项目的投资回报率,两种方法基本相同。

(1)培训项目的培训收益。培训项目的培训收益是指培训所获得的总收益减去总成本之后所得到的净收益。培训收益越高,培训项目经济效果越好。培训项目的收益可用下列公式计算:

$$\Delta U = T \times N \times d_t \times SD_y - N \times C$$

式中,ΔU 为培训收益;T 为培训将产生效益的时间(年);N 为受训者数量;d_t 为效用尺度,即接受培训者与未受培训者工作成果的平均差,$d_t = \dfrac{\overline{X}_e - \overline{X}_c}{SD \sqrt{R_{YY}}}$,其中,$\overline{X}_e$ 为已培训者平均工作效率,$\overline{X}_c$ 为未接受培训者平均工作效率,SD 为未接受培训者平均工作效率的标准差,$\sqrt{R_{YY}}$ 为工作效率评价过程的可行性;SD_y 为未受培训者工作成绩的差别(标准差,约等于年工资的 20%);C 为人均培训成本。

(2)培训项目的投资回报率。培训项目的投资回报率是指用于培训项目的每单位投资所获得的收益,可以作为衡量培训成果的一个指标。投资回报率越高,培训效果越好。投资回报率可用下列公式计算。

$$\text{IR} = \frac{E}{C} \times 100\%$$

式中，IR 为投资回报率；E 为培训净收益；C 为培训成本。

$$E = (E_2 - E_1) \times S \times T - C$$

式中，E_1 为培训前每个受训者一年产生的效益；E_2 为培训后每个受训者一年产生的效益；S 为培训人数；T 为培训效益可持续年限。

例如：有家公司进行了一次销售员的销售技能培训，受训的销售员有 20 人，用了三天的时间，培训的费用是 10 万元，受训前每个销售员的年销售净利润为 10 万元，受训后每个销售员的年销售净利润是 11 万元，培训效果可以持续 2 年。那么根据上面的公式，我们不难得到

$$E = (11 - 10) \text{万元}/(\text{人} \cdot \text{年}) \times 20 \text{人} \times 2 \text{年} - 10 \text{万元} = 30 \text{万元}$$

通过这次的销售技能培训，该公司培训效益为 30 万元。

投资回报率＝30/10×100％＝300％

2. 假设检验法

假设检验法要求评估者通过定量分析来确定培训效果是否显著，从而做出接受或拒绝的判断。下面通过企业的实际案例来说明假设检验法在培训有效性分析中的具体应用。

某企业为提高产量，决定对部分职工进行为期三个月的培训。为了了解培训效果如何，从经过培训的员工和未经过培训的员工群体中各随机抽取 12 名（假设这两组成员在培训前的个体差异很小，甚至没有。当然，如果该企业的前期工作做得比较细致的话，也可直接对比其记录的培训者培训前后的产量，这样就从实际上排除了个体差异），记录当月产量，得到有关样本数据如表 9－8 所示。又假定这两组工人的实际产量均近似服从正态分布，且其标准差分别为 $S_1 = 9.96, S_2 = 6.77$。

表 9－8　培训前和培训后工人月产量　　　　　　　　　　　　　单位：件

项目	1月	2月	3月	4月	5月	6月	7月	8月	9月	10月	11月	12月
培训后月产量	100	97	95	110	109	91	118	102	90	108	106	112
培训前月产量	92	90	101	92	99	89	86	95	97	109	96	98

现在我们通过这些统计数据来判断该企业的培训效果，也就是说检验培训对工人产量提高有无显著性影响。

运用 SPSS 统计软件包处理可得到如表 9－9 和表 9－10 所示的结果。

表 9－9　描述性统计结果

项目	N	均值/件	标准误差	最小值/件	最大值/件
培训后	12	103.17	8.78	90	118
培训前	12	95.33	6.18	86	109

表 9－10　检验统计结果

统计量	培训前月产量－培训后月产量
Z 值	－2.358
双侧近似 P 值	0.018

进行配对实验时,由表 9-10 可知:秩 $Z=-2.358$,概率 $P=0.018<0.05$。

通过统计检验,我们可以看出培训效果显著,达到了预期目的。在不考虑其他条件的情况下,对企业管理人员而言,这些信息已足够支持他做出决策。

在假设检验结束后,应进行成本收益分析(统计数据须重新收集),以进一步确定培训效果。在不能直接观察培训效果时,国外经常采用经验公式来确定培训效果。

例如,某企业对 10 名质量检验员进行培训,培训结束时对他们进行了测试。方法是让这些员工对一个已知缺陷数量的标准件限时进行检验,查出缺陷位置;同时,还选择了 10 名年龄、教育水平等条件基本相同的未接受过培训的检验员,做同样的测试。这两类人员测试的结果见表 9-11(同时假定培训产生的效果将维持三年,检验员年平均工资为 30000 元)。

表 9-11 检验员培训前后工作情况

项目	受训者	未受训者
工人数/人	10	10
已检验出的缺陷平均数	7.5	5.1
标准差	1.72	2.3
人均培训费用/元	5000	
评价者评分相关程度	0.9	

根据已知条件,运用上述公式进行计算,可得:

$$d_t = \frac{\overline{X}_e - \overline{X}_c}{\text{SD}\sqrt{R_{YY}}} = \frac{7.5-5.1}{2.3\times\sqrt{0.9}} = 1.10$$

$$\begin{aligned}\Delta U &= T\times N\times d_t\times \text{SD}_y - N\times C\\ &= 3\times 10\times 1.10\times 30000\times 20\%\ \text{元} - 10\times 5000\ \text{元}\\ &= 148000\ \text{元}\end{aligned}$$

根据以上计算,可知如果对 10 名检验工人进行培训,企业将取得经济效益为 148000 元,分摊到培训后的员工,平均每人创造经济效益 14800 元,这相当于其培训费用(5000 元)的 2.96 倍,可见员工培训投资对企业来说是有利的。

3. 估计法

这种方法假设受训员工可以提供非常准确的信息,以此确定或估计业绩改进在多大程度上与培训项目相关。受训员工知道他们有多大程度的变化是从培训项目中所学习的技能和知识而导致的。在受训员工估计的基础上,培训人员还可以请求其主管或下属就培训在改进业绩方面的作用及其程度提供信息。在某些情况下,受训员工的主管或下属可能更熟悉影响业绩的其他因素,所以他们也可以更好地提供对效果的估计。在采用估计法时,无论受训员工、主管或下属都可以提出下列问题:

(1)此项业绩的改进有百分之多少是由于应用了在培训项目中所学习的技能、方法和知识?

(2)此项估计的基础是什么?

(3)你对此项估计的信心是多少(请用百分比表示)?

(4)还有哪些因素对此项业绩改进产生了影响?

(5) 还有哪些个人或小组可以估计这个百分比或确定其数量？

下面通过某个受训员工的估计举例说明这种方法，如表9-12所示。

表9-12　某个受训员工的估计数据

影响业绩改进的因素	所产生业绩改进的百分比/%	信心百分比/%	调整后的百分比/%
培训项目	50	70	35
程序的改变	10	80	8
标准的调整	10	50	5
鼓励计划的修改	20	90	18
经理人员关注程度的提高	10	50	5
其他	0	—	—
总计	100	—	—

不能或不愿提供信息的受训员工应排除在分析之外，在进行任何分析之前应该剔除掉错误或极端的信息。在使用这种方法时，可以用一个乘数乘以信心百分比计算出一个数值。信心百分比通常表示估计的误差，如果信心水平为80%，那么他可能的误差范围为20%。

本例中，假设总体业绩改进的价值为30000元，受训员工认为业绩改进中50%是因为培训项目而产生的，但是对该估计值的信心水平仅为70%，将信心百分比乘以估计值就能计算出一个可以使用的数值为35%，将调整后的这个百分比再乘以业绩改进的价值，即10500（30000×35%）元，10500元即为可以分解出培训所产生的那部分效果。我们再根据培训成本，就可以最终来计算投资回报率。

4. 基于集对分析的同异反评估方法

我国学者赵克勤于1989年提出的集对分析(set pair analysis, SPA)，本来是用来评估高等教育课堂教学质量的。按照集对分析的原理，针对企业员工的特点，以企业人力资源开发培训为典型，加上必要的调整，就可直接应用于企业员工培训评估。

所谓集对分析，是指具有一定联系的两个集合所形成的对子。从培训评估这个角度看，评估指标体系的结构与权重、评估对象与评估者、评估内容与方法等，都可以在一定条件下看成是集对的例子。集对分析的核心思想是把确定性与不确定性作为一个系统来加以处理。其基本思路是：在一定的问题背景下，对组成集对的两个集合的特性做同（同一性）、异（差异性）、反（对立性）的分析，建立起这两个集合的同异反联系度表达式来展开有关问题的分析。

$$\mu = \frac{S}{N} + \frac{F}{N}i + \frac{P}{N}j$$

式中，$\frac{S}{N}$称为同一度，是所讨论两个集合所共同具有特性数S与根据问题需要对这两个集合展开分析所得到的特性总数N的比例；$\frac{P}{N}$称为对立度，是所讨论两个集合相对立的特性数P与N的比例；$\frac{F}{N}$称为差异度，是这两个集合既不相互对立又不共同具有的特性数$F(=N-S-P)$与N的比例；i为差异度标记；j为对立度标记。进行决策时，规定j取值-1，i视具体情况可取区间$[-1,1]$的值，主要取决于评价对象的实际情况。考虑到具体的培训方案的评估决策，$j=-1$ 的含义为由于存在评估者不赞成将会削弱评估者对评估方案的整体评价。如果让 $i=-1$，实际含义为不赞成也不反对的评估者如果不赞成，将会削弱评估者对评估方案的评价；如果让 $i=1$，实际含义为不赞成也不反对的评估者如果赞成，将会强化评估者对评估方案的评价。

当一个系统由 $m>2$ 个集合组成时，可以根据问题的要求，把 m 个集合作为 n 个集对，分别建立起每个集对的同异反联系度表达式，再借助一定的建模和运算，推导出整个系统的同异反联系式，由此去深入研究系统的有关问题。

例如，有个培训改革方案（可视作一个集合 A），让 10 位培训师（可视另一个集合 B）进行评价，如果有 7 人赞同，1 人反对，2 人弃权，则按前述记法可写出评价人与方案的同异反联系度表达式：

$$\mu=\frac{7}{10}+\frac{2}{10}i+\frac{1}{10}j$$

培训评估是对照培训目标的评价标准，对培训效果、完成任务等情况进行科学的比较过程，是把实际的表现与理想的目标相比较的过程。如果我们把评估标准作为一个集合 A，把实际现状作为另一个集合 B，那么所谓培训评估，就是将集合 B 与集合 A 的特性展开分析。我们注意到，集对分析中关于两个集合同异反联系的分析，其实质是对所讨论的两个集合确定性关系和不确定性关系的一种综合思考。因此可以认为，基于 SPA 的同异反分析方法对培训评估来说是适用的。那么，同异反分析法究竟如何应用于培训效果评估呢？下面举例加以说明。

某公司为了评价培训师的课堂教学质量，已经设定了评估指标及指标权重，并规定了各类评判人员的评判权重，如表 9－13 所示。

表 9－13　评估指标及指标权重

评估指标体系			各类人员评判权重		
培训质量	培训态度	0.25	评判人员	受训者评估	0.60
	培训内容	0.30		培训者自评	0.10
	培训方法	0.20		同行评估	0.30
	培训效果	0.25			

评估某次课堂教学，共有 40 名受训者和 5 名培训师听课，请问用同异反分析法评估这位培训师的课堂教学质量该如何操作？

这里需要说明的是，上面给出的指标体系与评判权重仅作为举例用。实际上，课堂教学质量评估指标还可分得再细些，同时受训者评估与培训师评估的指标应稍有不同。按集对分析理论，受训者和同行培训师听完这堂课的印象，以及培训师对这堂课的自我感觉，这三者与评估标准之间可分别组成一个集对。评估操作的具体步骤如下。

第一步：向所有评判人员发放评估表，并由他们当场填写。由于课堂教学评估指标本身较难做到精确量化，因此只要求评判人员对这位培训师的课堂教学有关情况做出“好”“不好”“好与不好说不清楚”的评判。

第二步：汇总受训者的评估情况（见表 9－14），在计算出对每项指标评价结果的同异反联系度表达式 μ_k 的基础上，考虑指标权重 R_k 因素；计算出受训者对该培训师课堂教学总的评价结果的同异反联系度（见表 9－15），表达式为

$$\mu = \sum_{k=1}^{4} \mu_k \times R_k$$

表 9-14 受训者评估情况统计

受训者评价指标	评"好"的人数 S/人	评"好与不好说不清楚"的人数 F/人	评"不好"的人数 P/人	参加评判受训者人数 N/人
培训态度	38	1	1	40
培训内容	36	2	2	
培训方法	31	5	4	
培训效果	33	4	3	

表 9-15 受训者总评估结果

指标	每项指标评价结果 $u_k = \dfrac{S}{N} + \dfrac{F}{N}i + \dfrac{P}{N}j$	每项指标权重 R_k	μ(受训者)
培训态度	$\mu_1 = 0.95 + 0.025i + 0.025j$	$R_1 = 0.25$	
培训内容	$\mu_2 = 0.9 + 0.05i + 0.05j$	$R_2 = 0.30$	$\mu = \sum_{k=1}^{4} \mu_k \times R_k =$
培训方法	$\mu_3 = 0.775 + 0.125i + 0.1j$	$R_3 = 0.20$	$0.86875 + 0.07125i + 0.06j$
培训效果	$\mu_4 = 0.825 + 0.1i + 0.075j$	$R_4 = 0.25$	

严格说来,受训者对每项指标评价结果表达式中的差异度系数本身是不确定的。如果对这些不计较的话,则单项指标评价结果乘以指标权重,再求它们之和,即为受训者对培训师课堂教学总的评价结果。接下来每步计算中的情况与此类似。

第三步:同理计算出培训师自评、同行评估的结果。

$$\mu_{(培训师本人)} = 0.8 + 0.2j$$
$$\mu_{(同行)} = 0.81 + 0.1i + 0.09j$$

第四步:在此基础上,考虑到各类人员评判权重 Q 的因素,计算出对该培训师课堂教学质量最终评价结果。

$$\mu = \mu_{(受训者)} \times Q_{受训者} + \mu_{(培训师本人)} \times Q_{本人} + \mu_{(同行)} \times Q_{同行}$$

列式如下:

$$\mu_{(综)} = (0.86875 + 0.07125i + 0.06j) \times 0.60 + (0.8 + 0.2i) \times 0.10 +$$
$$(0.81 + 0.1i + 0.09j) \times 0.30$$
$$= 0.84425 + 0.09275i + 0.063j$$

对上式进行分析,有 $a = 0.84425, b = 0.09275, c = 0.063$,这时 $a > b > c$,故由 SPA 理论可知,对这位教师总的评价结果属于"优"类。反之,若 $a < b < c$,则属于"差"类;若 a、b、c 中 b 为最大,即评价结果属于"良"或"中"这一类。

在这个例子中,我们还可以通过划定 a 的值或 c 的值来最后确定评价结果的等级,比如 $a > 0.75$ 为"优秀"级。当然对于这些问题还可以进一步深入探讨。而且,同异反分析还能用于比较。比如在上述条件下,对另一位培训师的评价结果为 $\mu = 0.84425 + 0.10575i + 0.05j$,两者 a 相同,那么在不计较差异度系数的情况下,便可知道这位培训师比前面一位培训师略好一些。

本章小结

培训就是给员工传授其完成本职工作所必需的基本技能的过程,但培训是一项人力资本投资,其目的就是要将培训成果最大限度地转化为实际工作中的应用并最终产生收益。有效的培训转化与科学的培训效果评估对于促进培训在实际工作中的应用、了解培训投资的效果并界定培训对组织的贡献是非常重要的。本章主要介绍了培训成果转化的模型与影响因素、过程与方法以及培训效果评估的含义及原则、经典模型、流程和定性定量方法。

1. 培训成果转化的模型有 Noe 的培训迁移模型、Baldwin 和 Ford 的培训迁移模型、Foxon 的培训成果转化模型、Holton 的培训转化模型、LTSI 模型、王鹏的培训迁移氛围模型、郑晓明的培训成果转化模型。各模型从不同角度对培训成果转化的影响因素进行了分析。

2. 培训投入因素(学员个人特征、培训项目设计、工作环境)、学习和保存(培训的学习所得)、推广和维持(培训成果转化的条件)三大元素共同作用,完成了培训转化的过程。培训成果转化是一个将培训内容保存,再推广到工作中,并能够维持所学的内容,同时进行实时的信息反馈,通过调整实施再学习、再推广的循环过程。

3. 本章从明确各方职责与作用、进行组织分析、激发培训对象的学习动机、改进培训项目的设计、为培训成果转化创造有利的工作环境、为培训成果转化创造有利的组织环境、及时跟踪调查培训成果转化的进度七个方面层层深入促进培训成果转化。

4. 培训效果评估的经典模型包括柯克帕特里克的四层次评估模型、菲力普斯的五级投资回报率模型、考夫曼的五层次评估模型、CSE 评估模型、CIRO 评估模型、CIPP 评估模型、重要因素评估模型等。

5. 培训效果评估的流程主要包括八个步骤:分析培训需求,确定评估目的,建立培训评估数据库,确定培训评估的层次,选择评估衡量方法,撰写培训评估报告,沟通培训结果,调整培训项目。

6. 培训效果评估的定性方法有绩效观察法、关键人物评价法、测试比较法和跟踪考察评估法,定量方法有成本收益分析法、假设检验法、估计法和基于集对分析的同异反评估方法。

 思考与讨论

1. 培训成果转化的模型与对应的影响因素有哪些?
2. 培训成果转化的方法有哪些?
3. 培训效果评估模型有哪些?优缺点分别是什么?
4. 培训效果评估的流程是什么?
5. 如何收集培训效果评估中使用的数据?

实训题

1. 调研一家你所熟悉的制造型企业,了解培训成果转化现状与问题,据此提出解决方案。

2. 调研一家你所熟悉的企业,收集所需数据,选择合适的方法,为企业进行培训效果评估。

第十章 培训体系建设与组织管理

学习目标

1. 掌握培训体系的内涵及结构层次；
2. 掌握培训体系的主要模式；
3. 掌握培训体系的设计方式；
4. 掌握培训制度的内涵和基本内容；
5. 掌握培训的组织管理。

开篇案例

方正电子的三维培训体系

培养自己的人才是方正电子的一条既定策略。年轻人从学校走向社会，首先要解决的是角色转化问题，方正电子为此特别设计了一个为期一个月的新员工培训流程。

应届毕业生一进方正电子公司就会收到一个装有礼品、需要办理的手续、学习用品、带有公司标志的T恤等的背包。在随后开展的新员工培训中，新员工将会接受有关企业文化、基本制度、行为规范、个人发展等方面的培训，这些培训可以使新员工尽快熟悉环境、了解岗位。

方正电子建立的三维培训体系是：第一维度按职务层次划分，从普通员工到高层经理都有相应的培训；第二维度按专业类别划分，有专业技术培训、管理培训等；第三维度则按部门类别划分，不同的部门有不同的培训。

随着企业不断发展壮大，其各项工作，包括培训环节，都应当逐步实现制度化和体系化建设。制度化和体系化建设有助于提高工作效率，确保工作质量，还能为企业提供更稳定、更可持续的发展保障。对于企业而言，培训制度化和体系化建设不仅与企业的战略发展密切联系，还关系到企业员工的职业生涯发展。因此，企业应当重视培训的制度化和体系化建设，确保培训工作能够有序、高效地进行，从而为企业的发展提供源源不断的人才支持。

第一节 培训体系的内涵与结构层次

一、培训体系的内涵

培训体系是指一个组织为了提升员工能力和技能而建立的系统化培训计划和机制，是使得培训能够发挥实际效果的构成要素。培训体系是将企业中培训类型和层次系统化，它明确了企业内各级各类培训的对象、目的、任务、形式、考评与资格认证以及相互之间的衔接关系。培训体系应具备以企业战略为导向,着眼于企业的核心需求,充分考虑员工自我发展的需要和系统推进等基本特征。

培训体系既应该涵盖纵向的各层次员工,即从最高管理者到一线员工的培训,也包括横向的,即各个经营管理职能部门的培训;既应该在内容上进行从基础知识教育、专业知识培训、操作技能培训、法律政策及制度培训到职业道德、文化传统的培训,也应该在时间、形式上灵活地采取长短不一、企业内训外训、离职在职等结合的方式。

二、培训体系的结构层次

培训体系结构层次如图 10-1 所示。

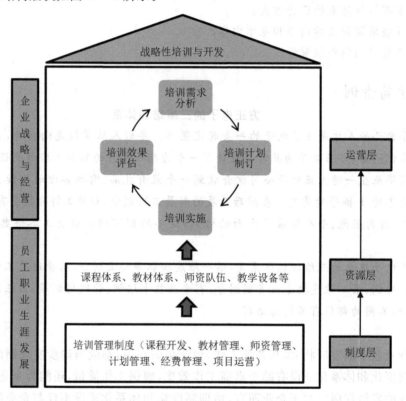

图 10-1 培训体系的结构层次

1. 两大核心

企业培训体系的两大核心是企业战略和员工的职业生涯发展。设计培训体系的两大核心要点是,既要考虑企业战略经营目标对人力资源培训的要求,又要切实考虑员工的职业生涯发展需求。许多企业的培训开发活动是"为培训而培训",脱离战略要求,因而得不到高层支持;同时又不能真正提高员工的职业能力,与员工职业生涯发展关系不大,从而失去了员工的参与和支持,导致在许多企业中培训与开发活动成为可有可无的事情,必要的培训经费经常被列为预算外支出。为了真正发挥培训工作在企业经营活动中的作用,一切培训开发活动都应体现这两大核心的基本要求。

2. 三个层面

企业培训体系可以被区分为三个不同的层面,即制度层、资源层和运营层。制度层面涉及企业培训开发活动中的各种制度,如课程开发与管理制度、教材开发与管理制度、师资开发与管理制度、培训经费使用与管理制度等;资源层面描述了构成企业培训开发系统的各种关键要素,如课程、教材、师资、场地、设备、经费等;运营层面主要从实践的角度来介绍企业培训与开发机构的工作内容与流程。

3. 四大环节

四大环节描述了企业培训开发机构组织一次完整的培训开发活动所必须经过的一系列基本程序步骤,即培训需求分析、培训计划制订、培训活动组织实施以及培训效果评估。企业培训开发机构在四大环节上执行力的强弱直接决定了培训开发活动的有效性。

第二节 培训体系设计

基于对培训体系内涵与培训结构层次的了解,本节主要介绍培训体系的设计。

一、培训体系设计的意义

1. 帮助组织实现战略目标

组织的战略目标可分为总体战略目标和细分战略目标。其中,细分战略目标是对总体战略目标的分解,包括人力资源战略目标、营销战略目标、品牌战略目标、技术战略目标等。组织战略目标最终要依靠高素质和高能力的员工来实现。拥有满足战略要求的人才是组织实现战略目标的基础,而构建有效的培训体系是提高员工整体素质与能力的必备方法。

2. 促进培训工作体系化和规范化

随着组织的不断壮大,制度化、规范化是其发展的必然路径。培训活动涉及方方面面,为了保证培训工作的有序推进,并适应当前企业全员培训的人力资源开发趋势,企业要将培训各个部分进行融合、整理,并理清各个模块的衔接关系,构建适合企业发展的培训体系,走上规范化、体系化、科学化的发展之路。

3. 创建员工成长环境

员工要创造高效的业绩,需要拥有创造力和积极的态度,这就需要组织创建有利于培养创造力和发挥积极性的成长环境。组织要实现对员工职业生涯的规划,帮助员工确立其成长方向和空间,就需要为员工提供态度、知识、技能等方面培训的支持,也需要创建有利于员工成长的环境。

4. 助推人才不断发展

组织要实现自己的战略目标,就需要培养组织发展所需要的各种人才,形成自身人才战略。有效的培训体系建设能够帮助组织实现在专业人才、管理人才等方面的人才发展战略。不同层次、不同水平的课程设计能够帮助组织实现各类人才的快速增长。实现组织人才战略不可能一蹴而就,培训体系的良性运作能够确保组织人才的持续培养,进而最终实现组织的人才优先发展战略。

5. 提升组织竞争力

提高组织竞争力的根本在于提高员工素质,而知识是构成员工综合素质的重要部分,具有较强竞争力的组织善于通过培训将员工的隐性知识迅速转化为共享知识。完善的培训体系能够确保组织的所有员工都可以在各自的岗位上接受相应的培训,从提高人员工作能力的角度提高工作效率、工作质量,实现持续创新,进而提升组织的竞争能力。

二、培训体系的模式

培训体系的模式是指企业或者组织开展培训活动的标准化形式,它包括培训要素和项目的确定、培训的基本框架以及培训操作的实施步骤等有关培训工作的基本程序和方法。培训体系的模式有很多种,企业可以根据自身条件、环境的差异选择合适的模式。

(一)系统型培训体系模式

系统型培训体系模式起源于美国陆军教学训练,是目前国外企业采用较多的一种培训模式,也是目前国际上普遍认同的系统化培训方法(SAT)的雏形。系统型培训体系模式强调有步骤、有计划地推进培训活动的实施。

1. 实施步骤

系统型培训体系模式的培训实施步骤有多有少,但大致包括五个步骤,如图10-2所示。

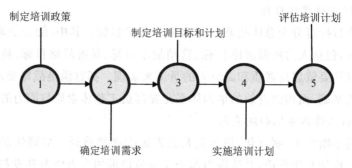

图10-2 系统型培训体系模式设计的步骤

2. 模式特点

系统型培训体系模式的提出,使培训者认识到有结构、有规则地从事培训的重要意义,特别是该模式强调了对培训活动实行有效评价的作用,以及它可以给培训过程其他环节带来的益处。系统型培训体系模式具有两大显著特点:

(1)它反映了培训体系建设是一个连贯的、系统的工作。企业培训体系的建设需要企业各个部门,尤其是高层管理人员的支持。

(2)培训需求的提出,有利于针对性地制订培训方案,从而更有效地提升企业内部员工的绩效水平。

3. 模式演化

英国的博伊德尔(Boydell)对系统型培训体系模式做了一系列改进,提出了一个由十个步骤组成的循环模式。但目前,为众多企业所广泛使用的还是其简化图,如图10-3所示。

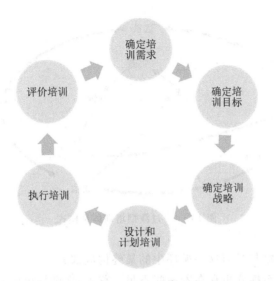

图10-3 简化的系统型培训体系改进模式

主要改进点如下：

(1)强调目标导向。培训活动与其他活动一样，需要明确目标导向原则。当目标明确时，培训计划、培训实施与培训评估就有了参照。培训管理人员在设计具体的培训方案时，就可以针对培训目标设置相应的培训课程。

(2)加入了培训战略内容。培训战略是培训活动的指南，其作为企业整体战略的一部分，必须与企业战略方向保持一致。因而，培训战略一旦确定并遵照执行，就可以确保企业培训活动不会偏离企业整体的战略方向。

(3)强调培训体系建设的循环性。由博伊德尔改进后的系统型培训体系模式是一个循环的系统，运用该模式建立起来的培训体系就可以通过不断的循环来完善。

(二)过渡型培训体系模式

过渡型培训体系模式是由哈里·泰勒针对系统型培训体系模式的不足提出了修正后创建的模式。泰勒的过渡型培训体系模式具有一定的探索性，也具有相当的启示意义。该模式既保留了系统型培训体系模式的优势，又将培训放在了一个更广泛的企业背景之中；该模式揭示出，组织作为一个整体，应与其战略发展相适应。

1. 过渡型培训体系模式的构成

泰勒将培训体系模式描述为公司战略和学习的双环路：内环是系统培训模式，外环是战略和学习。该模式强调远景、使命和价值三个项目必须在确定培训目标之前确定。过渡型培训体系模式如图10-4所示。

2. 过渡型培训体系模式的特点

(1)它强调培训体系设计对企业远景和使命的关注。企业的培训体系是企业与企业员工持续发展的保证。如果企业远景、使命不够明晰，那么企业培训活动就失去了方向，任何培训活动将只会从当前工作需要出发，而不会考虑企业的长远利益。

(2)它提出非系统性探索概念。过渡型培训体系模式是针对系统型培训体系模式存在的问题而提出的，因而在过渡型培训体系模式中，泰勒重点强调了培训设计过程中的非系统

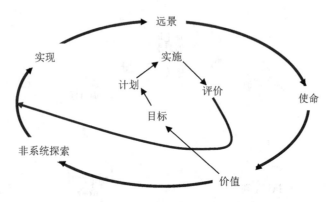

图 10-4 过渡型培训体系模式

性探索,并将其作为战略与学习这一循环中的最终构成部分。

(3)过渡型培训体系模式也存在着一些不足。首先,泰勒提出的双环在严密程度上存在不足。内环是充实、清晰的,而外环则尚待完善,远不够理想。这表现在实际应用时适用性差,在组织中很难界定它的存在。其次,这一模式没有为实践者提供可操作性的指导。

3. 模式演化

为了提升过渡型培训体系模式的可操作性,企业在培训体系设计过程中可对其进行适当的改进,如图 10-5 所示。

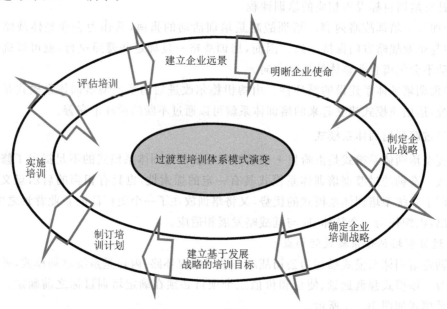

图 10-5 过渡型培训体系模式的演变

主要改进点如下:

(1)从双环模式合并为单环模式,便于培训管理人员操作。改进之后的过渡型培训体系模式使整个培训体系设计过程更加清晰。培训管理人员按照该模式的步骤执行,就可以完成培训体系设计工作。

(2)着重强调了企业远景、企业使命在培训体系中的地位。改进之后的过渡型培训体系模式将培训体系设计的第一步和第二步设定为建立企业远景和明晰企业使命,使得企业在设计培训体系过程中,增强了对自身远景、使命的认识。

(3)对核心环节的坚守。改进之后的过渡型培训体系模式最初源自系统型培训体系模式,而系统型培训体系模式最核心的部分是关于"培训目标、培训计划、培训实施和培训评估"的设计,过渡型培训体系模式很好地继承了这一核心设计思想,同时强化了培训目标的设定标准,即培训目标必须基于企业的发展战略而设定。

(三)咨询型培训体系模式

咨询型培训体系模式(也称为顾问式培训体系模式),是目前比较流行的一种培训体系设计模式。它是指运用咨询诊断的专业知识和方法,在深入调研与分析的基础上,为企业量身定做培训课程,并协助企业做好系统跟踪、成果转化。

1. 咨询型培训体系模式的实施步骤

咨询型培训体系模式的实施步骤如图10-6所示。

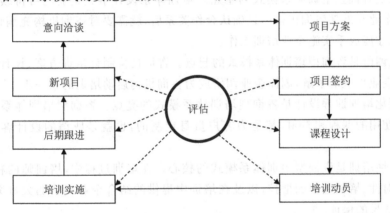

图10-6 咨询型培训体系模式实施步骤

咨询型培训体系模式以协议或合同的方式固化组织的需要和待解决的问题,然后展开调查分析,在此基础上实施相关培训,一旦项目评估完成随即结束协议或合同。

2. 咨询型培训体系模式的特点

(1)可以灵活选择咨询机构。咨询型培训体系模式需要借助咨询机构的力量完成培训活动,咨询机构既可以选择内部咨询机构,也可以选择外部咨询机构。选择内部咨询机构可以节约培训体系设计的成本,选择外部咨询机构可以吸收外部咨询机构先进的管理理念。

(2)培训带有明确的目的性。咨询型培训体系模式是在对企业问题诊断和深入调查研究的基础上设计培训课程体系,因而培训具有很强的针对性和目的性。

(3)注重对问题解决的过程。咨询型培训体系模式不仅传授知识和提供答案,更重要的是传授思考的方法和解决问题的方法、工具。咨询型培训体系模式的目的是使参与培训的人员能够独立地通过最佳的方法解决企业中存在的问题。

(4)结果便于量化和衡量。咨询型培训项目结束后会形成一系列的文件,这些文件可以帮助企业评估培训的效果。

3. 模式演化

咨询型培训体系模式可以按照咨询的过程分成四个阶段，如图 10-7 所示。

图 10-7　咨询型培训体系模式的执行过程

咨询型培训体系模式的改进如下：

（1）信任是咨询型培训体系模式的基点。培训体系设计事关企业的可持续发展与竞争力的提升。企业与外部咨询机构一旦确认合作关系后，就需要对咨询机构充满信心，只有这样，咨询机构才能放手实施企业培训工作。

（2）企业调研是咨询型培训体系模式的起点。咨询机构制订培训方案、设计培训课程都需要基于对企业现状的了解，因而企业调研成为咨询机构启动培训的第一步。

（3）客制化培训课程设计是咨询型培训体系模式的亮点。咨询型培训体系模式确定的该次培训所使用的课程和教材，都是为客户量身定制的，也就是所谓的设计客制化的培训课程。

（4）针对性培训是咨询型培训体系模式的核心。在培训过程中，培训师的精心选择、培训教材的针对性、培训过程的把控，以及在培训中提供的结合企业现状的大量案例等，都是培训有好的效果的保证。

（四）所罗门型培训体系模式

英国经济学家马丁·所罗门在其所著的 *A Handbook For Training Strategy*（《培训策略手册》）一书中推荐了两种培训模式。由于这两种培训模式目前尚无法确认其创始人，因此被称为所罗门型培训体系模式。

1. 所罗门型培训体系模式中的第一种模式（见图 10-8）

所罗门型培训体系模式中的第一种模式具有以下特点：

（1）培训项目起于"员工行为评估"，终于"员工行为评估"。对员工行为的评估，一方面可以有针对性地制订培训方案，另一方面可以清晰地了解培训所取得的效果。

（2）该培训模式通过加入"事业开发计划"和"开发审查"两项内容，强化了培训体系与企业战略的一致性。

（3）培训课程设计项目中明确提出了三种课程设置方向：内设课程、外设课程和应顾客需求设置的课程。

（4）该模式将战略促进者的职能（事业开发计划、开发审查）与培训实施者的职能（培训需求分析、制订培训计划等）同时进行，在操作中容易出现战略目标和实施目标的脱节，并且没有考虑到外部环境对培训的影响。

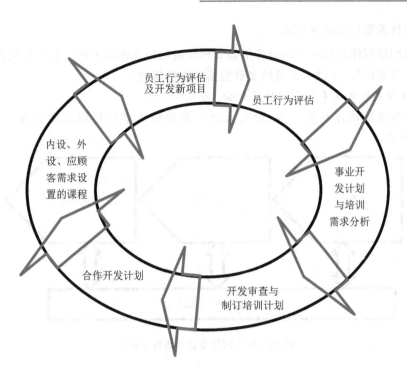

图 10-8 所罗门型培训体系模式一

2. 所罗门型培训体系模式中的第二种模式(见图 10-9)

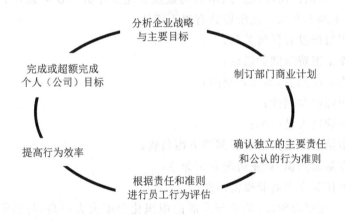

图 10-9 所罗门型培训体系模式二

所罗门型培训体系模式中的第二种模式具有如下特点:

(1)第二种模式在融合了第一种模式的优点外,还强调了员工个人目标。

(2)与第一种模式相似,第二种模式也引进了"行为评估"概念,这是对培训需求界定方法的变革,同时也是将评估引入培训环节的标志之一。

(3)与第一种模式相同,第二种模式仍然将战略促进者的职能与培训实施者的职能同时进行,也没有考虑到外部环境对培训的影响。

(五)阿什里德培训体系模式

阿什里德培训体系模式是由阿什里德管理学院的研究课题组的人员在对英国一些优秀的公司进行考察研究,并做了大量的文献检索后提出来的。

1. 阿什里德培训体系模式的阶段划分

在阿什里德培训体系模式中,研究人员按照等级水平将培训活动分为三个阶段,如图 10-10 所示。

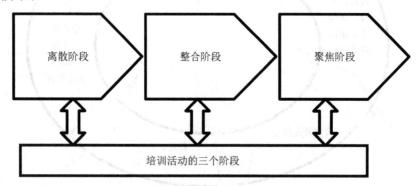

图 10-10　阿什里德培训体系模式

2. 阿什里德培训体系模式的特点

阿什里德培训体系模式所划分的三个阶段各有不同的特征。

(1)离散阶段。在离散阶段,教育、培训与发展在组织中处于次要地位。组织对培训的态度是放任不管、不期望回报。此阶段具有以下特征:

①培训与组织目标没有任何关联;
②培训被看作是浪费时间的活动;
③培训的运作是鼓励的,而非系统的;
④培训具有很强的功利性;
⑤培训是培训管理人员的事;
⑥培训职能由培训部或人力资源部单方面负责;
⑦培训内容以基础知识、企业情况介绍为主;
⑧培训单纯地作为支出而非投资出现。

(2)整合阶段。在整合阶段,培训与发展的组织化程度大大提高,与组织中各项活动的联系也更加紧密。此阶段具有以下特征:

①培训与人力资源的需求相结合;
②培训与评价体系相关联;
③重视基础知识培训的同时,增加了其他内容,尤其是技能性培训内容;
④越来越多的企业关注可持续发展问题;
⑤对培训者的技能、素质要求越来越高;
⑥部门经理作为评价者参与到培训与发展中去;
⑦脱产培训越来越少,在岗培训增多;
⑧在职培训的价值得到了正式认可;

⑨培训计划更多地考虑了个人职业发展的需要。

(3)聚焦阶段。在聚焦阶段,培训与发展已成为组织的内在机能,并且是一个完全连续的过程。企业由单纯的培训活动向培训与开发相结合的方向发展;部门经理和个人承担更多的发展责任,而培训人员也担负起更多的职责。在一个组织中,培训人员既是咨询者、协调人,又是变革的促进者。此阶段具有以下特征:

①面对迅速变化的企业环境,培训、发展和个人的不断学习与提高被看成是组织生存发展的必要条件;

②培训与企业战略、个人目标相结合;

③注重员工职业发展,将学习看成一个完全连续的过程;

④培训内容涵盖知识、技能、价值提升等领域;

⑤参与培训的人员可以自行选择培训课程;

⑥除了基础知识培训外,其他培训的选择方向通常是非定向的;

⑦新的培训方式和手段的应用使远距离培训成为可能;

⑧引入对培训与发展效果的评估;

⑨部门经理开始对培训承担主要责任;

⑩将学习作为一个连续的过程,重新加以强调;

⑪允许失败并将其视为培训过程的一部分。

(六)持续发展型培训体系模式

持续发展型培训体系模式是一种基于培训职能的长期强化和提高的新培训模式。该模式为组织发展提出了一整套建议,将有助于组织资源的开发,因而更能满足组织者的需要。

1. 持续发展型培训体系模式的活动领域

持续发展型培训体系模式提出了七个活动领域,都是实现组织学习和持续发展必不可少的因素,如图10-11所示。

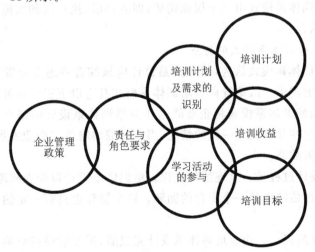

图10-11 持续发展型培训体系模式涵盖的领域

2. 持续发展型培训体系模式的特点

持续发展型培训体系模式是对组织持续发展目标的说明,而不是如何达成目标的规划。

它具有以下特点：
(1)将有效培训置于更广泛的组织背景中,并探索与其他发展活动的联系。
(2)提出了通向持续发展终极之路的一系列相关活动内容,这些活动可以互相区分,同时可分别完成。

3. 培训实操

持续发展型培训体系模式,在提出时不仅给出了培训活动领域,而且提出了具体的操作方法,如表10-1所示。

表10-1 持续发展型培训体系模式的操作方法

序号	活动领域	操作细则
1	企业管理政策	企业管理政策要形成文件,但其表述不应只停留在良好愿望上,要有充实的内容
2	责任与角色要求	主要对象包括高层管理者、部门经理、培训职能人员以及所有的学员
3	培训计划及需求的识别	要有相应的计划、任务说明,并进行专项评审
4	学习活动的参与	通过激励和协商来实现,而不是强迫的
5	培训计划	组织要确定从培训工作预算开始的一系列问题的政策和具体内容
6	培训收益	可以考虑分项管理
7	培训目标	目标的确定应满足组织持续发展的要求,或以此为特征

(七)战略导向型培训体系模式

战略导向型培训体系模式是以企业发展战略为培训体系设计的基点,以培训系统性设计为核心,辅之以制度、流程控制,以实现预期培训效果的一种培训体系设计模式。

1. 战略导向型培训体系模式的构成

战略导向型培训体系模式由三个层面构成,即战略层、执行层和实施保障层。其具体构成如图10-12所示。

2. 战略导向型培训体系模式的特点

战略导向型培训体系模式认为,培训体系设计应该综合考虑企业发展战略和员工的绩效与员工职业发展的需求。战略导向型培训体系模式具有以下三个显著特点:

(1)战略导向型培训体系模式将企业战略作为培训体系设计的基点。企业战略与员工职业发展方向可能存在并不完全一致的情况,当企业战略与员工职业发展方向不一致时,应优先考虑企业的发展战略。

(2)培训体系设计过程是一个连续的过程。培训体系设计以企业战略为基点,从员工行为评估开始到培训评估结束是一个闭合的循环。这个循环也具有一定的系统型培训体系模式的特征。

(3)引入实施保障概念。企业培训体系设计完成后,需要能够持续地、长久地运行,必要的保障措施不可或缺。培训管理制度和培训管理流程就是培训体系运行的最重要的保障。

3. 培训实操

战略导向型培训体系模式,不仅给出了培训体系建设的三个层次和九个领域的结构构成,而且提出了具体的操作方法,如表10-2所示。

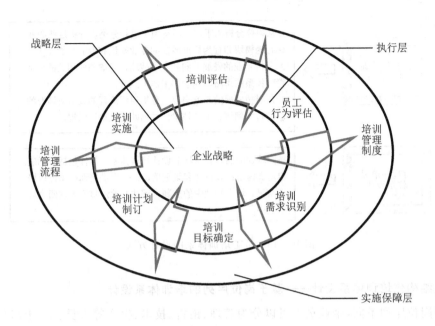

图 10-12 战略导向型培训体系模式

表 10-2 战略导向型培训模式的操作方法

层次	活动领域	操作细则
战略层	企业战略	企业战略是企业一切活动的基点,企业战略必须清晰明了,其表述不能停留在远景水平,必须要有可执行的、可衡量的、可实现的标准
执行层	员工行为评估	通过运用一定的评估方法,找出员工绩效差距产生的原因
	培训需求识别	通过对员工绩效差距的原因的分析,识别培训需求
	培训目标确定	根据企业战略,结合培训需求,分阶段确定企业的培训目标
	培训计划制订	根据培训目标、培训预算、培训项目等编制培训计划书,应列明培训项目、培训时间、培训参与人员、培训预算等内容
	培训实施	合理安排培训课程,合理选择培训机构、培训师、培训场所等,并负责培训场所的布置工作
	培训评估	对培训过程、培训结果进行评估,确认培训投资收益情况、员工绩效提升情况或员工素质提升情况等
实施保障层	培训管理制度	为确保培训体系运行应建立培训管理制度体系,包括员工培训管理制度、委外培训制度、培训考核制度等
	培训管理流程	建立企业培训管理工作流程,确保培训活动按流程操作

三、培训体系的设计方式

企业员工培训体系的设计有两种常用的方式:一是结构化培训体系设计,二是过程序培训体系设计,如图 10-13 所示。

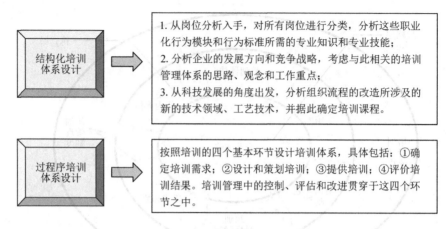

图 10-13 员工培训体系的设计方式

(一)结构化培训体系设计——基于岗位序列的培训体系设计

按照岗位序列不同,企业员工可以分为管理、销售、技术、生产等人员。由于岗位职责的不同,培训体系也不同。

1. 管理人员培训体系设计

管理人员培训体系设计可以根据管理人员的岗位层级划分进行。管理人员的层级可划分为基层管理人员、中层管理人员和高层管理人员。根据三个层级管理人员的工作特点和职责要求不同,管理人员培训体系设计的模型如图 10-14 所示。

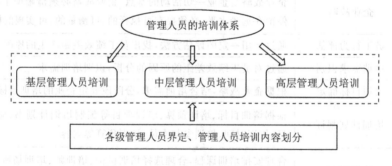

图 10-14 管理人员培训体系设计

2. 销售人员培训体系设计

销售人员是市场的开拓者、企业利润的直接实现者,其工作态度、知识水平和职业素质在很大程度上决定了企业的利润水平和市场竞争力。企业为了实现销售目标和利润目标,应不断对销售人员进行心态、产品知识、销售技巧等方面的培训。

销售人员培训体系设计主要包括销售人员培训需求分析、销售人员培训课程设置、销售人员培训实施、销售人员培训效果评估。

(1)销售人员培训需求分析。

①组织要求分析。组织要求分析包括组织环境分析、客户分析、企业自身分析、竞争对手分析四个方面。组织环境分析主要分析市场知识、合同知识、商业贸易条例、法律法规对销售人员培训需求的影响。客户分析主要分析客户的资料、定位和需求以及客户服务方面

的知识等对销售人员培训需求的影响。企业自身分析主要包括企业概况、企业文化、企业对客户所负的责任、产品与服务、销售渠道、业务策略等对销售人员培训需求的影响。竞争对手分析主要分析竞争对手的行业地位、产品及市场销售情况等对销售人员培训需求的影响。

②工作岗位分析。销售人员的主要岗位职责是进行市场开发、完成企业销售目标及回款、维护良好的客户关系、收集市场信息等。销售人员的这些职责决定了销售人员的培训应该从岗位任职资格分析、工作关系分析、工作任务和职责分析、销售的方法和技巧分析四个方面进行。培训部门通过对销售人员的工作分析,得到销售人员的工作说明书(一般包括两个部分,即岗位规格说明和员工任职资格要求),进而可以了解销售人员的工作表现。

③个人能力分析。个人能力是销售人员开展工作的素质支撑,一般从以下三个方面展开分析:知识掌握程度分析,包括产品知识、专业知识;能力分析,包括市场分析能力、人际沟通能力、灵活应变能力、团队合作能力、承压能力;个人工作绩效分析,主要通过销售人员目前的工作绩效与企业期望他完成的工作绩效进行对比分析,找出销售人员需要改进的地方。

④工作态度分析。销售人员要想取得良好的销售业绩,除了具备一定的销售能力外,工作态度也是不可忽视的一个重要因素。销售人员良好的工作态度主要表现为遵守企业相关管理制度,具有较强的工作责任心、较高的个人信用度,重视客户关系的维护,具有良好的团队合作意识等方面。

培训部门以销售人员培训需求调查信息和分析结果为基础,参考企业销售人员培训管理制度、销售人员绩效考核标准、曾经参加过的培训等方面的记录,明确培训需求和培训目标,形成销售人员培训需求分析报告。一般来说,销售人员培训需求分析报告应包括销售人员的总体学历状况、销售经验、目前岗位和职位、各培训需求点人数比例、课程设置建议等。

(2)销售人员培训课程设置。

①销售人员培训课程设置的三个层面:一是知识培训,如企业知识、产品知识、行业知识、专业销售知识等;二是销售技巧培训,包括基本销售技巧、沟通与谈判技巧、客户服务技巧等;三是心理素质和心态的培训,包括抗压能力、情商与领导力以及对公司、领导、同级同事、下属、顾客的态度等。

②销售人员培训课程设置与开发的步骤,如图10-15所示。

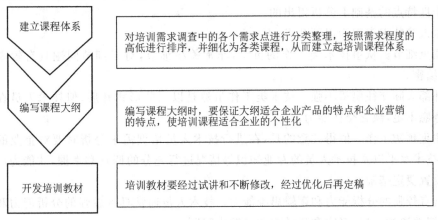

图10-15 销售人员培训课程设置与开发的步骤

(3)销售人员培训实施。

①培训时间、地点的选择。企业在以下时间需要对销售人员进行培训：有大批销售人员新进入企业时，销售人员业绩整体下滑时，新产品上市时，市场竞争激烈时，销售人员升职时。培训地点的选择有以下几种：拓展训练多在室外或专门的拓展训练基地进行；理论性或者知识性培训多选在室内，一般在公司的会议室或者商务会所进行；比较重要的中高层销售培训多选在郊区的酒店、度假村或异地进行，以便最大限度地减少干扰。

②培训师的选择。选择销售人员的培训师时，资历和经验是首要考虑的因素。培训师一般由学有专长、富有销售经验的专家学者担当，或由实践经验丰富的销售骨干、销售经理担当。

③培训方法的选择。销售人员的培训方式因培训内容、培训对象的不同而有所不同。主要的培训方式包括室内课堂教学、会议培训、案例讨论研究、角色扮演、情景模拟、参观学习、现场辅导、在线学习等。

④培训的实施与监控。销售人员培训除了要做好上述准备工作以外，还要做好培训辅助设备的准备、培训经费的预算、发布培训通知等工作。企业在对销售人员的培训实施过程中，除了按照计划表中的时间、地点等开展具体的培训工作以外，还需要注意对整个培训过程的监控，并做好相应的培训记录，以便培训结束后对培训工作进行评估。

(4)销售人员培训效果评估。

①销售人员培训效果评估的内容，一般包括三个方面：一是对培训师及课程的评价，即对培训师的培训技巧、教材的质量、培训课程设置的合理性、课程内容的实用性等项目进行评价；二是对培训组织工作的评价，主要对培训组织工作者的培训需求调查工作、培训场所选择工作、培训时间安排工作、培训食宿安排工作等进行评估；三是对受训者培训效果的评估，即对受训者对于培训知识的掌握程度、受训者的服务意识、受训者的业绩等进行评估。

②销售人员培训效果评估的方法，包括测试法、问卷调查法、观察法、成本收益分析法等。

③销售人员培训效果评估报告。培训评估报告应力求客观、公正。其内容主要是对培训实施的目的和性质、培训评估的实施过程、评估的方法以及评估的结果等方面进行说明。

3. 技术人员培训体系设计

(1)技术人员培训的特点。技术人员培训的特点是在综合考虑技术岗位职业特点和技术人员个性特点的基础上分析得出的。

技术人员特点表现为以下几点：

①注重细节。从事技术类工作的员工，非常关注细节，对于细节问题具有较高的敏感度，思维缜密。

②外部人际交往愿望不强。技术类工作虽然是以团队形式开展，但技术人员在人际交往上的意愿不足，缺乏交往能力。

③注重预防工作。值得注意的是，在进行技术人员培训需求分析时要对企业的技术创新战略、技术水平以及技术人员的专业知识等情况进行充分的调查和掌握，才能为后续的培训课程设置奠定基础。

④具有较强的分析能力和逻辑思维能力。技术人员通常具备较强的分析能力和逻辑推理能力，能够通过数据、事实和科学方法来解决问题。

技术岗位特点表现为以下几点：

①专业性要求高。技术岗位要求员工具备深厚的专业知识和技能，尤其是在特定领域，

必须具有高度的专业性。

②任务导向和细节导向。技术岗位通常要求员工具有较强的任务导向性,能够独立或在团队中完成复杂的技术任务,并在处理问题时具有较高的细节关注度。

③创新与技术预防。技术岗位往往涉及产品的设计、开发、维护等工作,而技术创新是推动企业发展的关键。因此,技术岗位不仅要强化技能提升,还要注重技术预防能力的培养,避免技术风险和潜在的故障。

根据技术岗位职业特点和技术人员个性特点,我们可以得出技术人员培训的特点:

①培训内容具有高度专业性。由于技术岗位要求员工具备深厚的专业知识和技能,因此培训内容必须精准地契合岗位的技术要求。培训课程通常围绕最新的技术趋势、专业技能和工具进行设计,确保受训者能够在工作中立即应用所学知识。

②培训师要具有高水平的综合素质。培训师不仅要有扎实的技术背景和经验,还应具备较强的教学能力。培训师需要能够将复杂的技术内容简单易懂地传授给学员,尤其是技术人员可能对抽象的理论内容缺乏兴趣,因此培训师需要灵活地结合实践案例,使学习过程更具吸引力。

③重视事前预防与风险控制。技术岗位的工作通常包含高度的不确定性和潜在的风险,因此培训要特别注重如何预防和避免技术上的错误。培训中应涵盖如何通过技术手段进行风险评估、如何设计系统以减少故障率、如何提前识别潜在问题等内容,以培养受训者的预防性思维,帮助他们在设计、开发和实施阶段采取有效的防范措施。

④实践性强。技术培训往往更加注重实操,尤其是对于某些高端技术岗位,技术人员只有通过反复练习和操作,才能真正掌握技术。培训计划通常包含大量的实验、模拟项目或现场工作,以帮助受训者熟练掌握技术。

⑤持续学习与自我提升的导向。技术人员的学习是一个持续的过程,尤其是在科技不断发展的背景下。因此,培训不仅限于一次性的课程安排,而是鼓励技术人员持续学习和自我提升。

(2)技术人员培训体系。技术人员培训体系可以分为技术人员培训需求分析、技术人员培训课程设置和培训保障制度三个部分。

①技术人员培训需求分析主要从组织要求、技术岗位和技术人员三个角度分析。在进行技术人员培训需求分析时,培训人员要对企业的技术创新战略、技术水平以及技术人员的专业知识等情况进行充分调查和掌握,才能为后续的培训课程设置奠定基础。

②技术人员培训课程设置。技术人员的培训课程可以包括企业文化、专业知识技能、岗位内容和自我提升四个子课程体系。其中,企业文化类涵盖企业发展历程、制度规定、发展战略、价值观等培训课程;专业知识技能类包括企业技术发展、行业技术发展、技术工具、技术方法应用等培训课程;岗位内容类包括岗位职责要求、工作标准、工作目标及考核项目等培训课程;自我提升类应设置一些职业生涯规划、团队建设、持续学习能力等培训课程。

③培训保障制度主要是建立技术人员培训管理制度与实施系统,如在培训程序、计划、方向、时间、内容等方面进行规范化运作的规定,以保证技术人员培训的顺利实施。

(3)技术人员培训的主要方法。对技术人员的培训常采用讲授法、工作指导法、视听法、认证培训等。其中,讲授法一般由技术专家或经验丰富的技术人员担任培训师,进行单向沟通,传授他的经验和技术,主要适用于企业及产品知识、技术原理、心态及职业素养培训。工

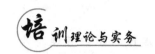

作指导法往往由人力资源部指定与受训者同部门或同工序的专家、主管对受训者进行一对一指导,主要适用于操作流程、专业技术技能培训等。视听法一般是将生产过程进行录像,然后让受训者观看学习和研究。这种方法是一种间接的现场式教学,节省了指导专员的时间,主要适用于操作标准及工艺流程培训。认证培训,是指学员参加函授班或者资质培训班,结束后参加考试获得相应的技术、技能资格证书,主要适用于专业技能培训。

4. 生产人员培训体系设计

生产人员培训体系设计主要包括生产人员培训课程体系、生产人员培训实施管理、生产人员培训效果评估。

(1)生产人员培训课程体系。生产人员培训课程体系是根据组织所处的行业特点、生产特点和培训预算构建起来的。生产人员培训课程体系可参照表10-3设计。

表10-3 生产人员培训课程体系

培训项目	培训内容
企业文化培训	工厂组织结构培训、工厂战略目标培训、厂规厂纪培训
安全质量培训	安全知识培训、安全案例培训、质量体系培训、质量控制培训
生产技能培训	生产流程培训、工作标准培训
"师带徒"培训	通过"师带徒"的方式,以人为中心,以解决问题为导向,进行全面指导

(2)生产人员培训实施管理。

①生产人员培训计划制订。制订培训计划主要就是确定培训预算、培训内容、培训时间、培训讲师及培训方式。企业对生产人员进行培训时应慎重选择培训时机,否则可能会降低培训效果,造成资金的浪费。一般而言,企业处于生产淡季、大批新生产员工上岗、竞争加剧、产品质量下滑、企业引进新的生产流水线或新技术以及企业生产的产品及技术标准发生变更时,都是企业对生产人员进行培训比较适宜的时机。

②生产人员培训实施。组织在实施培训计划前应制订培训实施计划表并发布培训通知,明确培训的时间、地点以及培训期间的纪律要求。

(3)生产人员培训效果评估。生产人员培训效果评估最终需要形成评估报告交至培训部门,由培训部门根据评估报告内容进行调整。

5. 班组长培训体系设计

班组长是指在生产现场直接管辖一定数量(一般为5~20人)的生产线小组长,他对该班组的生产结果负有责任。班组长管理控制的幅度,因公司及行业区别而有不同。其称呼也有所不同,主要有班长、组长、领班等称谓。

班组是企业生产经营的基本单位,是最基层的生产管理者,班组工作的好坏直接影响企业经营的好坏,而班组长是班组的最直接管理人员,是班组生产的带头人,对班组的生产经营状况最为了解。只有班组长将班组工作管理得井井有条,企业整体经济效益才能提高,企业才能在激烈的竞争环境中立于不败之地,因此对班组长的培训至关重要。

对班组长的培训也需要从健全培训管理体系开始。班组长培训体系设计一般从以下几个方面着手。

(1)培训目标的确定。班组长培训目标是紧紧围绕组织战略规划确定的。培训管理者应根据企业的战略需求和培训差距,设计出企业的培训体系和培训目标。企业班组长培训一般主要围绕"两个转变"来进行,即体能型向技能型转变、生产型向学习型转变。针对班组长的培训,培训目标主要是让班组长成为标准作业的示范者、班组工作的管理者、多技能操作的先行者、带领班组员工持续改进的推动者。培训管理者应按照公司战略规划,根据每位班组长的目标和差距,了解其个性需求,进行区别对待,设计分层次、分部门、分类别的培训课程。这样就形成了企业的战略性培训课程体系框架。

(2)培训课程的设计。企业班组长培训不仅要求班组长掌握工作中所需要的知识技能,还要求班组长掌握有效沟通技巧、团队合作技巧等体现班组长岗位特点的相关技能。班组长培训的课程体系主要按照以下几个方面进行设计:①紧跟企业战略目标。②紧密结合班组长的岗位职能。班组长培训课程主要包括生产方式、安全生产、标准作业、成本管理、目标管理、改善能力等。③紧密围绕班组长的实际工作需要。

(3)评估体系的确立。评估体系是培训过程的重要环节,是培训质量保障的有效手段。班组长的评估体系应具有以下特点:①评估内容全面。培训管理者对培训内容、培训过程、培训方法、培训态度等方面进行全方位的评估。②评估方法多样。培训管理者通过随堂听课、座谈会、调查问卷和企业走访等方式全面了解班组长培训的效果。③评价结果分析与存在问题的解决。培训管理者通过对培训评价结果的分析,及时解决问题。④培训效果跟踪。培训结束后,培训管理者应深入班组跟踪了解学员行动改善情况,以此进一步了解培训效果。

(二)过程序培训体系设计

过程序培训体系设计按照培训的运行环节进行,其主要由培训需求分析、培训计划、培训实施、培训评估与反馈四个环节构成。

1. 培训需求分析

培训需求分析是指通过收集组织及其成员现有绩效的有关信息,确定现有绩效水平与应有绩效水平的差距,从而进一步找出组织及其成员在知识、技能等方面的差距,为培训活动提供依据。

2. 培训计划

培训计划是按照一定的逻辑顺序排列的记录,它是从组织战略出发,在全面、客观的培训需求分析基础上做出的对培训时间、培训地点、培训者、培训对象、培训方式和培训内容等的预先系统设定。培训计划可以自上而下或自下而上编制。

3. 培训实施

培训实施是培训目标得以实现的保证措施。培训实施过程,实质上是培训管理人员对各种培训资源协调统一的过程。

4. 培训评估与反馈

培训评估与反馈,是培训运作系统的最后一个环节,可以为新的培训活动提供借鉴和支持。

第三节 培训制度建设

一、培训制度的内涵

培训制度即能够影响与作用于培训系统及其活动的各种法律、培训规章、制度及政策的总和。它主要包括培训的法律和规章、培训的具体制度和政策两方面。培训制度主要有培训服务制度、入职培训制度、培训激励制度、培训评估制度、培训奖惩制度、培训风险管理制度、培训实施管理制度、培训档案管理制度、培训资金管理制度和岗位培训制度等内容。

岗位培训制度是企业培训制度最基本最重要的组成部分,其内涵主要是结合职业,按需施教(原则),确保上岗资格和能力(出发点),提高从业人员总体素质(实质)。岗位培训的制度化包括培训立法及相应的政策,也包括岗位各环节的规范化,核心是培训、考核、使用、待遇一体化的配套措施的实行。岗位培训制度由管理制度,教学制度,考核制度,评估制度,劳动、人事、工资制度,岗位资格证书制度构成。

起草与修订培训制度要注意其战略性、长期性和适用性。起草企业培训制度主要考虑以下四个方面内容,如图 10-16 所示。其主要包括制定企业员工培训制度的依据、实施企业员工培训的目的或宗旨、企业员工培训制度实施办法、企业培训制度的核准与施行、企业培训制度解释与修订权限。培训组织不但要制定切实可行的培训制度,而且必须严格执行。

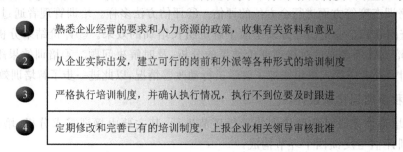

图 10-16　培训制度制定四要点

二、企业培训制度建设应遵循的原则

1. 服务性原则

企业培训制度包括的内容要起到以下作用:强化培训,全面提高职工队伍素质,促进技术进步和生产发展,适应企业经营、管理及长期占领市场需要。制度一旦建立,就要直接有效地为企业生产、经营、管理、发展服务。

2. 适用性原则

制度的内容要面向本系统、本行业,结合所属企事业单位的实际,能在全系统适用,具有宽广的覆盖面,行业所属各企事业单位都能用得上、推得开。

3. 合法性原则

我国劳动法规定用人单位应当建立职业培训制度,按照本单位实际,有计划对劳动者进行职业培训。各行业、各系统在建立和完善自己企业培训制度时,首先必须以教育法、职业教育法为法律依据,同时也要遵照公司法等相关法律的有关规定。

4. 配套性原则

企业培训制度要与相关的教育制度、经济制度、劳动人事制度相配套,在企业内部与劳动用工制度,管理、技术干部的使用、提拔制度,计酬分配制度的改革相配套。

5. 可操作性原则

建立制度的目的在于贯彻执行,因此企业培训制度的内容应该明确地回答什么时候什么人该干什么,怎么干,干到什么程度,遇到什么问题应该怎样解决等问题。

6. 继承性和开创性相结合的原则

各企业现在执行的培训制度是经多年实践证明行之有效的。一些好的制度应通过科学论证、完善提高予以继承推广。同时企业要根据企业改制、上市及建立现代企业制度的需要,在制度内容上给予修订、创新,以不断适应新的形势。

7. 借鉴性和先进性原则

许多发达国家在企业培训制度的建设上,已有几十年甚至上百年的历史,他们已经有了比较成熟的法律法规。我们应本着积极吸收和借鉴但不要照搬照用的原则,认真地对其各项制度的背景、内容、实施等各个方面进行研究和比较。国内也有许多系统和单位在企业培训制度建设上进行了很好的探索和实践,对他们的先进经验和做法,我们也要充分地予以借鉴和吸收。

三、培训制度的基本内容

规章制度是企业的行为准则。只有制定并严格执行规章制度,企业的生产和运作才能步入良性循环。表 10-4 是培训管理制度的范例。

表 10-4 培训管理制度的范例

制度名称	××公司培训管理制度		受控状态	
			编　号	
执行部门		监督部门		考证部门	

第 1 章　总则

第 1 条　为规范公司的员工培训工作,确保培训工作的顺利进行,建立完善、系统的员工培训体系,特制定本制度。

第 2 条　本制度适用于公司所有人员的培训管理。

第 3 条　公司培训部是员工培训管理的归口管理部门,其具体职责如下:

1. 负责制订公司年度培训计划,并组织实施。
2. 开发公司员工培训课程。
3. 对公司整体培训工作的实施进行监督、指导和评估。
4. 建立并管理内部培训师队伍。
5. 建立、管理公司员工培训档案。

第 4 条　公司各相关部门负责本部门相关专业的技术、业务培训及部门内部员工培训的组织、评估、汇总工作。

第 2 章　培训类别

第 5 条　新员工培训

新员工培训是使新员工掌握企业的基本信息(如发展历程、规章制度等),熟悉工作环境,了解工作基本要求,从而达到公司所期望的个人态度、工作技能与工作绩效,完成新员工的职业化过程。

第 6 条　在职培训

在职培训是使员工掌握本职位所必需的专业技能和技巧,提高工作效率,完成工作目标。

第 7 条　职业培训

职业培训是根据员工个人的可塑性和个人意愿,将员工看成公司增值的资源,为员工制定职业生涯发展规划,进行相关性的职业培训,以适应公司发展的要求,同时提高员工自身的价值。

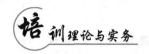

第 8 条　目标培训

目标培训是公司为完成特定的目标组织相关人员学习相关内容。

第 3 章　培训计划的制订

第 9 条　培训部在年初制订年度培训工作计划时,应考虑四个因素:

1. 公司的人力资源计划(如员工招聘计划、调动计划)。
2. 公司发展目标。
3. 上年培训计划完成情况。
4. 所收集的培训需求。

第 10 条　培训部编制好的年度培训工作计划应下发到各部门,收集各部门意见,综合平衡后编制年度培训工作计划成稿。

第 11 条　培训部根据年度培训计划进行合理预算,并将其与年度培训工作计划一同上报人力资源中心经理及人力资源总监审批。

第 12 条　经审批同意的年度培训工作计划由培训部按照部门分解成月度培训计划,并下发到各部门。

第 13 条　培训部需建立年度培训工作计划与各部门月度培训工作计划的档案。

第 4 章　员工培训基本内容及方式

第 14 条　新员工培训基本内容如下所示:

1. 公司概况、组织机构和主要管理层人员。
2. 公司的经营方针、目标、公司文化。
3. 公司经营活动、产品特征、销售方式等。
4. 公司的规章制度。
5. 所担任职务的工作情况和业务知识。

第 15 条　新员工培训的方式主要有培训师集中授课、参观、小组讨论等,新员工培训应在新员工入职后一周内进行。

第 16 条　在职培训的主要培训内容如下所示:

1. 应知部分,包括岗位职责、人员配置及设备、设施的分布情况等。
2. 应会部分,包括岗位工作操作规程、工作程序、相关管理知识、服务意识和技巧、特殊状况时的特殊处理程序等。

第 17 条　在职培训的培训方式为宣讲、实际案例分析和实际操作相结合。

第 18 条　在职培训的培训时间和培训地点由培训部具体安排,培训结束后,将采用闭卷、实际操作等方式进行考核。

第 19 条　其他培训

1. 经理培训将根据公司长远发展目标和总经理的指示进行,以便不断提高各部门经理的专业知识、管理知识、管理水平和管理技巧。
2. 对公司内部发生的重大事件,将邀请总经理、各总监及相关专业人员进行专题培训,以便不断改进工作方式、方法,提高公司的竞争能力。

第 5 章　培训的评估与考核

第 20 条　在培训计划实施过程中,培训部需要派出专人对培训进行记录、评估,不断推进培训工作的深入。

第 21 条　每次培训评估结束后,培训部相关人员需要总结培训项目的经验得失,并编写培训报告,报相关授权人员审批。

续表

第22条 培训结束后,培训部组织对受训人员进行考核,以便了解培训效果。受训人员的考核成绩将直接与其工作绩效挂钩。

第23条 培训记录

1. 所有培训记录由公司培训部统一保存。培训记录包括培训计划、教学内容、培训申请表、培训协议、考核记录、员工培训登记表等。

2. 培训记录将作为员工升职、工作转换和其他人事工作目标的重要依据之一。

第6章 培训风险管理

第24条 员工在参加培训时应严谨、科学地预算费用,培训费用、书本费及差旅费的实际费用不能与预算费用相差太大。超额5%以上按个人与公司7:3分担。

第25条 培训费用在人民币1000元~2000元的,受训对象必须在培训期结束后为公司服务1~2年。

第26条 培训费用在人民币2000元以上的,受训对象必须在培训期结束后为公司服务2年以上。

第27条 如果受训对象未经公司同意擅自解除劳动合同或提前离职的,受训对象须向公司支付所有发生的培训费用。

第28条 受训对象培训合格后所获得的有关资格证书原件交由公司统一保管,直至受训对象服务期满自愿离职方可归还其本人。

第7章 培训结果应用与职称管理

第29条 员工自学取得国家承认本科及以上学历的,公司一次性奖励3000元。

第30条 取得工程师技术职称的公司每月发放100元职称津贴,取得高级工程师的公司每月发放200元职称津贴。

第31条 其他专职工作人员取得行业或国家统一认证中级及以上职称的公司每月发放100元职称津贴。

第8章 附则

第32条 本制度由培训部制定,其修改权、解释权归培训部所有。

第33条 本制度经总经理办公会议审议通过后,自颁布之日起执行。

编制日期		审核日期		批准日期	
修改标记		修改处数		修改日期	

(一)培训服务制度

企业培训员工面临着参训员工学成后跳槽,使企业的培训投入白白损失的风险。为防范这类问题的出现,企业必须建立约束机制,制定培训服务制度。培训服务制度分两部分,一是培训服务制度条款,二是培训服务协约条款。制度条款要明确以下内容:员工正式参训前应先提出申请,培训申请批准后需履行培训服务协约签订手续,协约签订后方可参加培训。协约条款要明确以下内容:参加培训的申请人,参训项目和目的,参训时间、地点、费用和形式等,参训后要达到的技能水平,参训后要在企业服务的时间和岗位,参训后如果出现违约的补偿,部门经理意见,参加人与培训批准人的有效法律签署。

(二)岗前职前培训制度

该制度主要规定员工上岗前、任职前必须经过培训,未经培训不得上岗、任职。其主要条款应包括:岗前职前培训的意义和目的,需要岗前职前培训人员的界定,岗前职前培训的责任划分，岗前职前培训的基本要求及标准（内容、时间、考核等），岗前职前培训的方法。

（三）培训激励制度

培训激励制度就是企业为调动员工参加培训的积极性由培训部门制定并推行的一种制度、措施及其作用规律的总称。由科学合理、行之有效的制度、措施构成的员工培训激励机制，能够充分激发和调动员工参加培训的内动力和积极性，使全体员工真正从"要我学"向"我要学"转变，从而自觉自愿地参加提高自身技能与素质的培训。

在实行上，激励制度大致可分为三种类型：一是即兑型，或称奖惩型，即将培训考核及效果与职工的使用晋升、工资调整、职称评聘、享受待遇等相结合，按期兑现的做法；二是期待型，或称约束型，即按培训指标要求和规章制度运作，但不及时兑现待遇，属一种潜在性的储备培训，期待以后适当时机综合考虑兑现的做法；三是自励型，即职工个人为提高自身能力、充实自身实力、适应工作环境、竞争新的岗位而自定目标、自求自学的做法。

（四）培训评估制度

企业在培训前、培训中、培训后都应进行培训评估。评估培训的目的有三个：一是看培训是否产生了效果；二是看培训方法、培训项目及内容是否适用；三是看培训组织是否科学合理。如果评估的结果存在问题，则培训组织者必须做相关改进。培训评估制度的主要条款应包括评估的对象、范围，评估的执行组织，评估的主要方式、评分标准，评估结果的备案。

（五）培训奖惩制度

培训奖惩制度是保障前面几项培训管理制度得以顺利执行的关键。奖惩制度不健全，则员工不会对培训制度予以足够重视。该制度主要条款应包括奖惩对象说明，奖惩内容及标准，奖惩的执行方式、方法。

（六）培训风险管理制度

健全的规章制度能更有效地防止培训的风险。

1. 完善人才档案制度

人才档案制度的内容设计要具有动态性，如月工作汇报、季度工作小结、半年工作总结、年度考核和民主评论等项目，还包括培养目标、培养方法、进展情况等，使人才档案真正为选择、使用人才提供全面可靠的依据。

2. 制定严格的人才选拔、聘用和考核制度

在风险管理制度中，人才选拔、聘用和考核制度对确保培训项目顺利进行和得到预期培训效果起着至关重要的作用。人才选拔制度是确保培训岗位人员具备适当资质和能力的第一步，选拔合格的人才可以有效避免因人员不适合导致的培训质量问题或资源浪费；聘用制度涉及与选拔合格的人员签订正式劳动合同或培训合同，并对在此期间的表现进行管理；考核制度是对培训一线人员（如培训师、课程设计师、培训管理人员等）在工作中的表现进行全面考核的制度，旨在不断提高培训质量，并及时发现和解决问题。企业通过制定明确的选拔标准和流程，确保选聘合适的培训人员，并通过持续的考核和反馈机制，确保培训人员能够不断提升自身的专业水平和工作绩效，从而提升整体培训质量，降低培训风险，最终为企业带来更好的业务成果。

3. 建立科学的员工绩效评估机制

企业应把员工对企业的贡献与待遇公平合理地联系起来，让员工既能看到自己的待遇，又能

看到自己对企业的贡献,从而可以有效地减少员工因为横向比较而感到待遇不公现象的发生。

4．以企业文化作支撑

在优秀的企业文化引导下,员工通过接受培训,不仅丰富了知识,提高了技能,还实现了人生价值,这能够极大地激发员工的工作热情,增强员工的凝聚力、忠诚感和归属感。通过培训,员工的工作技能、精神面貌、服务意识等能得到提高,成为知识型工作者,能够让顾客感到满意和放心,使客户愿意与企业建立长期的业务往来和合作关系,从而使企业的产品得到大众信任,使企业品牌成为大众心目中的名牌。更重要的是,员工在培训中不断了解企业的价值观和使命,明晰企业的经营理念和规章制度,在工作中自觉以企业经营理念为指导,模范地遵守企业的各项制度,增强了责任感和使命感,使企业的规章制度内化为员工的自觉行为,大大提高了企业的管理水平和工作效率。

5．明确培训费用支付原则

随着知识和技术的更新越来越快,企业对培训的要求也越来越高。企业为了确保自己在市场上的竞争优势,不断加大对员工培训的力度,企业人力资源部门每年的培训预算也在节节上升。这本是对企业和员工双方有利的好事,但是很多企业发现,在对员工进行培训之后,受训员工的流失倾向越来越强烈,特别是一些培训后的技术骨干员工。这就使得企业的培训未达到预期的目标,投资未得到相应的回报。企业需要在劳动合同与培训合同上对培训费用的范围、承担方式以及赔偿责任做出适当的规定。

(七)培训投入制度

培训工作的开展及其质量的提高必须有经费作保证。为此,企业应做到以下几点:首先,要转变观念,树立培训能够有效促进企业进步与发展的观念。其次,真正建立培训投入经费保障制度。《中华人民共和国劳动法》第六十八条第一款规定:"用人单位应当建立职业培训制度,按照国家规定提取和使用职业培训经费,根据本单位实际,有计划地对劳动者进行职业培训。"《中华人民共和国职业教育法》规定,"企业应当根据国务院规定的标准,按照职工工资总额一定比例提取和使用职工教育经费"。《国务院关于加快发展现代职业教育的决定》规定,"一般企业按照职工工资总额的1.5%足额提取教育培训经费,从业人员技能要求高、实训耗材多、培训任务重、经济效益较好的企业可按2.5%提取"。然而,我国除了部分观念超前的先进企业能够按照要求投入培训经费外,多数企业根本无法达到这个要求,甚至许多企业投入较少。为此,企业要逐步加大培训投入,强化企业培训作为现代企业的一项制度,严格按照国家规定的培训投入要求执行,从而把培训制度化。

四、企业培训制度的修正

企业内部一定要制定培训管理方面的相关制度及方案来约束培训,事先可用试用版开始运作,再不断地调整、更改与修正。

1．修订完善相关培训管理制度

修订和完善本企业管理培训的实施办法,明确公司、部门、个人教育培训的权利和义务,使教育培训真正成为各单位和各类人员必须完成的硬指标和任务,确保各级管理人员教育培训工作有法可依、有章可循、依法实施,落到实处。

2．持续创建学习型组织,建立职工终身学习机制

企业要持续不断地创建学习型组织,打造学习型团队,树立学习型先进者,推广创建工

作的典型单位和典型经验;逐步建立员工职业发展体系和终身学习机制,促进员工培训由"要我培训"向"我要培训"转变,实现员工职业发展与企业发展的双赢。

3. 进一步加强管理人员培训工作基础性建设

①着力研究建立各级各类管理人员素质的标准体系,对不同层级、不同岗位管理人员的素质要求具体化、规范化、科学化;②研究和配套确立科学的培训工作标准;③做好管理人员培训需求的调查工作,针对不同需求,制订长期、中期、短期的培训目标。

4. 进一步创新培训工作机制

①完善管理人员岗位任职资格制度。按照不同职级管理人员应具备的知识水准,强制性要求管理人员在任期内必须达标,后备管理人员不获得任职资格不得提拔使用。②使管理人员培训和选任、监督与综合管理等工作衔接互动,做到学用结合,择优而用。③把管理人员培训情况纳入年度绩效考核、选拔任用、职称评定中,形成长效激励和约束机制。

5. 建立完善职工的学时考核制度

职工学时考核制度是用于评估员工参加和完成各类学习培训活动的一种管理制度。做好员工培训的学时计划、学时记录、学时考核以及学时奖惩,可以帮助企业更好地规划和管理员工的培训计划,激励员工持续学习以提升自身能力,也有助于提升整体组织的竞争力和创新能力。

6. 建立完善领导授课制度

领导就是教练。中高层管理人员是在线培训的主力军,培训下属是上司不可推卸的责任。培训的重点需涵盖生产、经营、管理工作中出现的热点、疑点、难点问题。

7. 建立健全职工在职自学制度

企业应鼓励职工利用业余时间参加培训学习。企业应当对职工在职自学给予指导,并提供必要的条件,对优秀者给予奖励。

8. 建立健全培训考核评估机制,不断提高培训效果

培训考核评估机制是指在进行培训活动时,对培训内容、培训效果以及培训人员的表现进行评估和考核的一套制度和方法。其主要目的是确保培训活动的有效性和可持续性,从而实现组织和个人的发展目标。企业应加强培训的评估工作,改进培训方法,提高培训质量。

9. 建立完善培训例会制度

培训例会由公司主管人力资源管理的副总负责,成员为公司相关部门负责人。会议每月举行一次,其内容主要是讨论制定培训工作的政策、落实公司职工培训发展规划。

10. 明晰学习责任,建立学习强者的竞争上岗机制

企业要让员工明白是为自己的职业发展学习,在职业发展中只有不断地学习才会有自我提升,让员工在学习中不断成长与挑战自我,让他们知道学习的重要性。

第四节 培训的组织管理

一、培训的组织

(一)职能划分

1. 企业培训职能划分

在企业培训中,不同层次不同部门在不同培训阶段的角色和责任不同,企业培训职能的具体划分如图10-17所示。

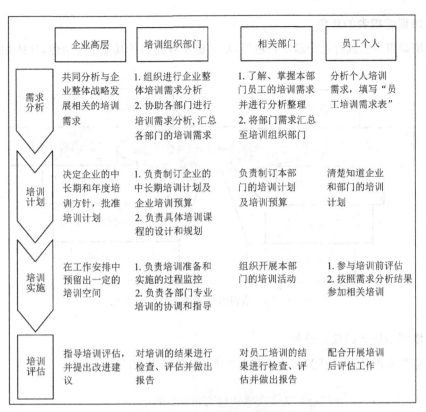

图 10-17 企业培训职能的划分

2. 培训组织的具体职能

培训组织的主要职能是在企业主管副总的领导下,根据企业发展对人才的需求,做好丰富员工专业知识、增强员工业务技能、改善员工工作态度的工作,使员工的素质水平进一步符合企业的要求。其具体职能体现在八个方面,如图10-18所示。

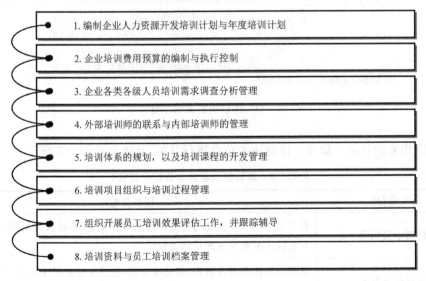

图 10-18 培训组织的具体职能

(二) 培训组织者的角色

除了培训组织实施者这个基本角色外,培训组织者还担任其他重要角色,具体如图 10-19 所示。

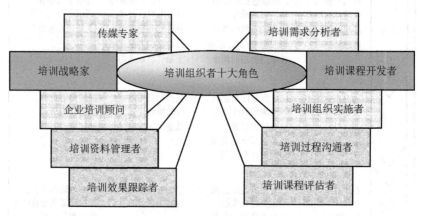

图 10-19　培训组织者扮演的十种角色

(三) 培训组织者的任务分配

培训组织者的任务概括起来主要包括六项,具体如图 10-20 所示。

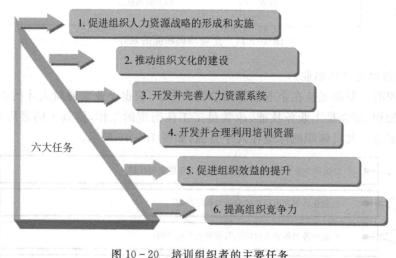

图 10-20　培训组织者的主要任务

培训组织者的任务一般按上述扮演的角色进行分配,具体如表 10-5 所示。

表 10-5　培训组织者任务分配一览表

角色定位	任务分配
培训需求分析者	找出员工的实际情况与企业要求之间的差距,通过分析明确培训目标,并把需求准确反映到培训过程中
培训课程开发者	掌握培训课程开发流程、技巧和方法,根据企业和员工的需要开发相应的课程

续表

角色定位	任务分配
培训组织实施者	选定培训内容、培训师、培训机构、培训方式,准备培训设施、辅助资料等,选择培训场地,确定培训时间,发布培训通知,制订培训课程表等
培训过程沟通者	评价员工在培训期间的表现,与他们充分沟通后帮助其制订自我开发计划
培训课程评估者	为增强培训效果,分析和评价培训课程、培训师和学员的反应等
培训效果跟踪者	与部门经理合作,跟踪员工培训后的行为改变,指导学员参加培训后的现场学习
培训资料管理者	准备各种学习资料和讲课资料,并定期更新,同时不断搜集新的学习资料
企业培训顾问	加强自身素质,不断提升自己的专业水平和能力,成为企业培训的顾问和专家
培训战略家	把员工培训目标与企业经营战略密切联系,树立适合本企业发展的人才培养战略
传媒专家	为提高培训的参与度,到现场拍摄实际工作情形,并将其制作成各种视听觉资料

(四)培训组织设计

1. 培训组织设计应考虑的因素

决定培训组织设计的因素主要包括两个方面,具体如图10-21所示。

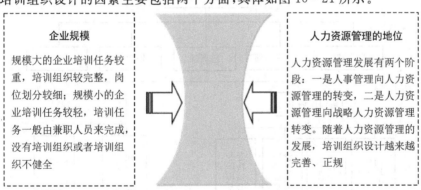

图 10-21 培训组织设计应考虑的两个因素

2. 培训组织设计四层级

(1)培训组织一级设计。企业创业初期,规模较小,没有明确独立的培训组织来专门实施培训管理工作,一般由人力资源部相关人员兼任。

(2)培训组织二级设计。随着企业的发展,企业一般会设立培训部门和专职人员,全面负责培训管理工作,并在重要业务部门设有兼职的培训管理员。

(3)培训组织三级设计。规模较大时,企业设立两级以上培训组织机构,一般将总部培训部门定位为培训体系建设和资源建设中心,分公司的培训部门定位为培训项目实施中心,培训管理的职责明确。

(4)培训组织四级设计。企业发展到一定规模会建立自己的企业大学,肩负起向公司内部、客户、合作伙伴和社会提供培训和服务的职责。

3. 培训组织设计模型

(1)小型企业培训组织设计。小型企业由于员工数量不多,一般不需要设置专门的培训组织,培训工作通常是在人力资源部下面设置一个培训主管或培训专员来负责,具体如图10-22所示。

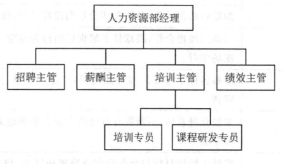

图10-22 小型企业培训组织设计

(2)中型企业培训组织设计。中型企业通常将培训部门和人力资源部门设置为同一层次的相互协作的两个部门。培训部在制订培训计划、组织实施培训、对培训效果进行评估等方面需要人力资源部提供支持;人力资源部制定企业人力资源战略和规划,为培训部制订培训计划提供依据。中型企业培训组织设计具体如图10-23所示。

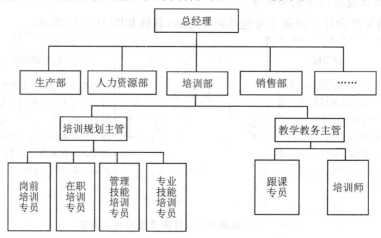

图10-23 中型企业培训组织设计

(3)大型企业培训组织设计。大型企业一般会设有企业大学,来负责企业的培训工作。企业大学主要有项目式企业大学和职能式企业大学。

项目式企业大学是按培训内容划分为若干培训项目,如管理技能类、生产类、营销类、技术类、新员工培训,每一个项目是一个协作完成培训任务的团队,由教学人员、课程开发人员、教材开发人员、培训管理人员组成;规模较大的团队又按职能划分为若干小组或部门。其具体形式如图10-24所示。

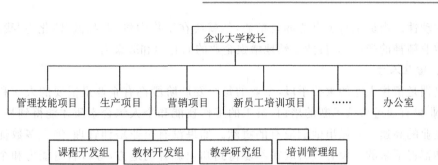

图 10-24 项目式企业大学组织设计

职能式企业大学的组织形式是比较常见的形式，其特点是根据企业大学的基本职能设置培训部、教学管理部等部门，根据每个部门的具体职能设置二级部门岗位，具体形式如图 10-25 所示。

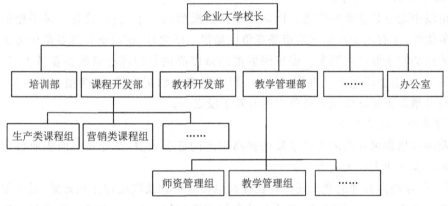

图 10-25 职能式企业大学组织设计

二、培训管理

(一)培训管理的意义

企业培训是指企业或针对企业开展的一种提高人员素质、能力、工作绩效和对组织的贡献而实施的有计划、有系统的培养和训练活动。其目标就在于使员工的知识、技能、工作方法、工作态度以及工作的价值观得到改善和提高，从而发挥出最大的潜力提高个人和组织的业绩，推动组织和个人不断进步，实现组织和个人的双重发展。

1. 培养人才

教育是现代经济社会大背景下的"杀手锏"，谁拥有它就预示着谁会成功。"要想快出人才，多出人才，出好人才"，企业只有依靠培训才能获得更多的优秀员工。企业通过实施有效培训不仅可以迅速提高基层员工综合能力，而且会提高企业中层管理者和骨干员工的管理专业素质。

2. 激发员工积极性

在人力资源开发与管理中，对员工的培训往往被视为企业的福利。持续不断的培训不只是让员工得到个人知识和能力的提高，还会使员工发自内心地感激企业为他们提供了成长、发展和自我价值实现的机会，这样的结果是鼓舞了士气、激发了潜能并有效调动其积极性和主动性。当员工有了自尊和自信心,他就会在工作中将"要我做"转化为"我要做"。而员工敬业精神的产生,会自然而然地增强企业的向心力和凝聚力。

3. 留住人才

培训是留住人才的重要手段,企业的每个发展阶段都有企业最需要的人才和相应的岗位,企业只有通过持续不断的培训,员工的工作技能和个人综合素质才能得到显著提升,并且为企业的高速发展做出他们应有的贡献。如果没有企业培训管理,绝大多数优秀员工是不可能留得下来的。没有人喜欢在不能得到知识提升的地方,等待自身能力和个人收入的不断下降,即便优秀员工留了下来,这样的企业也不会有所发展。

4. 吸引人才

只有重视企业培训管理才能吸引优秀人才的加入,因为培训不仅是企业发展的需要,更是人才自身的需要。据权威机构调查,许多人才在应聘选择企业时,其中一个重要的因素便是考虑这个企业能否对员工提供良好的培训机会。

5. 增强企业核心竞争力

在市场中竞争是企业的常态。面对市场日益激烈的竞争,企业只有与对手相比存在着核心竞争优势,才有可能在激烈的市场竞争中赢得一席之地,而最能体现竞争优势的就是企业的人才优势和企业品牌形象。保证顾客的忠诚度靠的是训练有素的企业员工,没有经过训练的员工,不但会降低产品和服务质量、影响顾客的购买决策,还会损害企业品牌形象。对企业而言培训正是增强核心竞争力的有效手段之一。

6. 提高企业经营管理效益

企业通过培训可获得因人员素质的提高带来的显著效益,企业员工的职业技能提升可以为企业的发展注入巨大的力量。

另外,企业培训管理的意义还体现在提高培训质量和获取最佳培训效果;最大限度利用培训资源和经费,取得最佳效益;推动全员参与和管理层支持;促进建立学习和交流的企业文化;实现整个培训管理过程的标准化、系统化、流程化、数据化。

(二)培训管理的流程

培训管理的流程主要有:培训需求的调查与预测、培训计划的制订及核准、培训讲师的邀请与确认、培训实施前期准备工作、培训实施及效果评估和证书的颁发,具体见图10-26。

(三)培训管理的主要内容

1. 培训需求调查与预测

培训需求调查是广泛收集和听取各方关于企业培训工作意见和建议的一个过程。在需求调查和收集资料的基础上将培训计划进一步深化,对真正的问题进行诊断和分析,这样才可以做到培训的有的放矢。

2. 培训活动管理与效果评估

人力资源部作为公司培训工作的主管与考核部门,负责全公司培训规划、培训计划、培训制度的拟定与修改,培训经费预算、审查与汇总呈报,全体员工培训记录的统计、核查,以及考察各部门组织培训工作的落实情况。培训工作应根据公司的发展战略、工作流程、规章制度、岗位职责要求等进行。结合公司、岗位目标与个人兴趣,培训目的应该以提升工作绩效、岗位技能与职业素质为主。

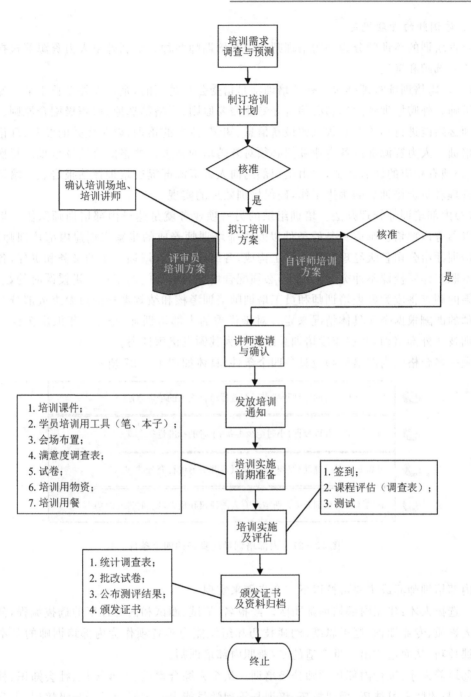

图 10－26　培训管理流程图

培训效果评估由培训组织部门主导，遵循目标性、实用性、连续性、客观性、可靠性等原则。培训效果评估可采用课后意见调查、调查问卷、内容笔试、现场走访、行为观察、业绩评定等形式。效果评估主要包含课程设计、时间安排、讲师授课方法、知识难易程度、实际运用情况及培训整体效果等。培训组织实施部门对相关的评估进行汇总、分析，并将结果反馈至培训组织者、培训师及人力资源部，商讨改善措施，提高培训绩效。

3. 培训师的管理规定

负责培训的培训师分为外聘培训师和内部培训师两种。培训师由人力资源部根据培训计划统一选聘和确定。

(1)外聘培训师管理办法。外聘培训师是指受公司聘请的,企业以外专长于某一专业领域的讲师。外聘培训师的选聘必须遵守专业需要原则、严格筛选原则、积极配合原则。外聘培训师必须能进行相关专业领域的最新信息、知识、技能的培训,以及优秀的经验、理论和方法的培训。人力资源部或各专业部门必须对外聘培训师进行严格的审核及审批。每次培训完毕,必须有相应的课后评估,并由组织部门向人力资源部提交培训评估报告表。培训组织部门管理者负责培训后的跟进工作,确保培训效果的实现。

(2)内部培训师管理办法。培训组织的另一项业务就是建设内部培训师队伍。培训组织可以参考内部培训师应具备的条件以及内部培训师养成的步骤来创建内部培训师队伍。内部培训师由公司各级经理和优秀员工构成,各级经理负有培训员工的义务和责任,各级经理在本职工作同授课不冲突的情况下,必须配合培训组织部门的工作。讲授课时的数量、培训效果的调查将成为经理培训师和员工培训师培训考核和绩效考核的重要组成部分。内部培训师的课酬根据企业具体情况来定。对于优秀的内部培训师,企业一年派出至少一次进行培训技巧外部培训,并在年度培训总结会上为其颁发优秀证书。

做一名合格的内部培训师应具备四个条件,具体如图10-27所示。

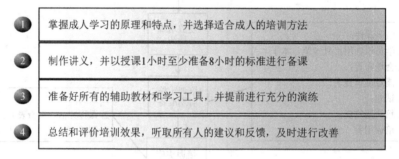

图10-27 内部培训师应具备的四个条件

内部培训师养成主要可按以下三个步骤来实现:

①选拔人才:建立内部培训师团队。经报名、笔试、面试和内部评审的选拔流程,分别考核个人素质、专业知识、逻辑思维、沟通技巧和组织能力等各项作为内部培训师的基本素质和授课技巧,从而选拔出一批合适的专/兼职内部培训师。

②培养人才:进行内部培训师分级培训。从个人综合素质、专业知识、社会知识、教学经验、个人与团队学习技巧、授课技巧、培训与管理学员能力等多层面进行分级培训,做到培训师助理、初级培训师、中级培训师和高级培训师四层覆盖、互为补充。

③评估人才:结合培训实施辅导与效果认证。针对每一层级的内部培训师进行培训现场考核。培训结束后一个月再进行培训,对内部培训师进行有针对性的辅导,并就辅导效果进行评估,以确保受训的内部培训师整体素质与职位能力有持续的提升。

4. 委外培训管理规定

为使公司各级别员工都有匹配公司发展、激发自己潜能从而提升自己的机会,同时体现公司关心员工成长、打造员工团队、增强员工凝聚力,公司员工委外培训流程必须规范化,能有效达到培训目的。员工充分考虑自身条件和接受能力之后,填写委外培训申请表,内容包括培训课程、内容、培训的方式、时间、培训费用、有无考核和证书等,相关部门领导审核后才能执行。

5. 培训档案管理规定

员工的培训档案管理是公司人事部门发掘与调配人才的原始依据。员工培训档案是对员工自进入公司工作开始所参与过的各种培训活动的详细记录。记录的内容主要有:员工在职前训练中接受各种专业培训课程的课程名称、内容、时间、出勤记录、参加有关考试的试卷、培训师对该员工的培训评语以及员工参加职前训练后的心得体会或总结报告等;在岗位培训中员工参与的培训课程考勤记录、课程情况、考试成绩、评语表格、总结报告等;在工作期间员工参加社会上举办的各类业余进修课程的成绩报告单与结业证书复印件等有关材料。员工培训档案将与其工作档案一起被公司人事部门作为员工晋升、提级、加薪时的参考依据。

6. 培训费用管理规定

培训工作所必需的经费应单独立项管理,并明确纳入财务预算体系之中,以确保经费的充足与合理调配。明晰资金用途,可以更精确地进行财务规划和控制,避免出现经费滥用或浪费的情况,提高资金使用效率,同时便于对培训成果进行量化评价,为未来的培训工作提供经验借鉴。通过统筹规划与安排,有效解决培训经费的筹措与使用问题,进而保障培训工作的顺利进行与高质量完成。

7. 员工职业生涯发展与管理规定

组织员工培训时一定要将组织的长期发展和员工的职业生涯发展密切联系起来。员工要能够通过有效的培训和练习,不断地实践,使自己的知识和技能不断适应组织岗位胜任能力的要求,见图 10 - 28。

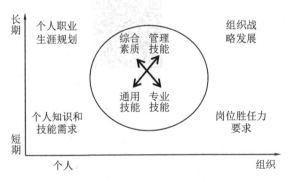

图 10 - 28 培训与发展的二维思考

本章小结

1. 培训体系是指一个组织为了提升员工能力和技能而建立的系统化培训计划和机制,是使得培训能够发挥实际效果的构成要素。

2. 培训体系模式主要有系统型培训体系模式、过渡型培训体系模式、咨询型培训体系模式、所罗门型培训体系模式、阿什里德培训体系模式、持续发展培训体系模式和战略导向型培训体系模式。

3. 培训体系的设计主要有两种方式，一种是结构化培训体系设计，另一种是过程序培训体系设计。

4. 培训制度主要包括培训服务制度、岗前职前培训制度、培训激励制度、培训评估制度、培训奖惩制度、培训风险管理制度、培训投入制度等。

5. 培训组织的具体职能体现在八个方面，培训组织者扮演着十种角色。培训组织设计应考虑企业规模和人力资源管理的地位两个因素。

6. 培训管理的主要流程包括培训需求的调查与预测、培训计划的制订及核准、培训师的邀请与确认、培训实施的前期准备工作、培训实施及效果评估和证书的颁发等。

 思考与讨论

1. 简述培训体系的内涵及基本构成。
2. 梳理培训体系的主要模式。
3. 简述培训体系的设计方式。
4. 简述我国企业进行培训相关制度建设的意义和内容。
5. 简述如何进行培训组织与管理。

 实训题

请为某制造企业定额定员培训编写一份制度文件。

 案例分析

第十一章　培训资源的开发与管理

学习目标

1. 掌握培训课程库的建设；
2. 掌握内部培训师队伍开发管理；
3. 掌握企业数智化培训平台的建设；
4. 了解企业培训课程库的建设流程；
5. 能进行企业内部培训师队伍的开发与激励；
6. 熟悉企业建设数智化培训平台的步骤。

开篇案例

携程微课

身为企业学习的管理者，携程大学之所以愿意推广微课，是因为微课能够高效地直抵中心，与企业的学习要求契合度高。可以用"见微知著""研精阐微""识微见几"这三个带"微"的成语来阐述携程对"微课"的理解。

一、见微知著：携程的"微课"需求

由于携程的学习大部分放在下班之后，如果超过2小时就会影响员工休息，微课因此成为携程自发的需求。

1. 短而轻的形式

携程从2007年开始推广2小时左右的微课程，并在公司内部启动了"标准化课程"项目，开发了将近50门标准化课程。这些课程中，75%都是1~2小时版本的，20%是4小时版本的，还有5%是8小时版本的——这些版本均可以分拆成3~4次更短的课程来讲授。每门课程都会包含讲师手册、学员手册、案例、视频、试题等内容。

2. 聚焦与浓缩的知识内涵

携程的微课都是紧密结合企业管理和业务需求而设计的，大致可分成两部分，一是最新理论或最佳实践，二是携程做法及其带来的思考讨论。

"见微知著"可概括微课程的特点：一是微课程小而短，内容聚焦、时间短；二是微课程重视精心设计，进行多样化呈现。鉴于此，内、外部讲师必须一再梳理重点，保证讲的都是"干货"，以及最核心、最能解决问题的内容。随着技术的进步，微课正变得愈加轻盈，但知识的内涵却丝毫不减。

二、研精阐微：与大课程难度相仿

"研精阐微"可用来阐述做微课的态度和形式——微言精义，要用最少的话表达最核心的内容。

1. 讲求深度与独创性

设计企业课程时，越微越见功力。在同样受欢迎的情况下，准备18分钟的微课比准备1800分钟的4天课程要投入更多的精力。大课程往往逻辑性强，涉及的知识面广，考验讲师的知识广度；而微课走的是深度与独创性。

2. 需与前沿技术结合

好的微课绝不是粗制滥造，还包含心理学和学习前沿技术的应用。未来企业学习的有效途径越来越趋向于由内部专家提供核心内容，经过学习组织者和外部专家合作，结合各种移动学习技术更高效地呈现这些内容。在微时代，全能讲师将会变得越来越没有市场，而那些专注某些领域、能够研精阐微的达人将成为微时代的主角和名角。

三、识微见几:"1＋N"的组合打法

携程通过微课看到企业学习越来越向模块化发展。微课不仅可以独立为一个模块，还将通过"1＋N"的组合打法（1即微课，N代表其他学习方式），成为企业学习的重要组成因素。

1. 微课＋翻转课堂

携程在2014年的"教练型领导"项目导入阶段，采用微课对知识和技能部分进行呈现，例如以文字、视频等作为载体，通过微信平台、e-learning（数字化学习）等各种移动手段进行全方位传播，使得目标学员在任何方便的时候、方便的地点都能够学习。

微课学习结束后，携程通过翻转课堂引导学员应用微课内容，例如安排学员上"吵架课"。针对微课中的内容并结合业务实际，安排吵架式的争论与探讨，让学员产生新的觉知；由讲师及时整理"增量内容"，发给关联部门使用。这样，不仅内部讲师有兴趣开发微课和主持"吵架课"，学员也不再单向接收，而成为学习的主人，企业学习效果也达到预期。

2. 微课＋远程学习

微课对于跨国和跨地域的企业意义非凡，它能让远程员工随时与总部学习保持一致。经过精心设计的微课，可以通过微信平台、讨论群组、e-learning等方式瞬间传递到千里之外的分公司。携程把"CEO为经理人分解的公司战略""员工提问管理层的互动交流"等内容都做成微课并不断更新，放在携程大学移动手机端，供全球的携程人随时学习、了解。

对于企业学习而言，微课有其轻盈、便利之处，一般课程也有不可替代的价值，重要的是如何进行组合和镶嵌。除了以上这些组合，"微课＋"就像"互联网＋"一样，充满着无限可能性，等待培训从业者不断实践、挖掘和发现。

企业的培训资源，本质上是企业员工在长期工作实践中积累的宝贵经验与智慧的结晶。这些资源作为企业最为珍贵的资产，对企业的发展具有无可估量的价值，不仅能够有效提升员工的个人技能，还能助力企业在持续发展中逐步形成并完善符合自身特色的知识管理体系。

本章将深入探讨企业培训课程库的系统化建设，同时详细阐述内部培训师队伍的开发与管理策略，旨在发掘并培养企业内部的培训师力量，使其成为企业知识传播的关键角色；此外，还将介绍数智化培训平台的建设方法，结合员工和企业的实际情况，整合内外部资源，制订个性化的数智化培训方案，推动培训的数字化与智能化进程。

企业的培训资源是企业持续发展的核心动力，也是企业核心竞争力的重要组成部分。

如何高效开发与管理这些资源,使其发挥最大效益,是每个企业都必须面对并解决的问题。

第一节 培训课程库的建设

建设企业培训课程库,形成企业自己的知识积累和内部培训教材,已成了越来越多企业的选择。培训课程库的建设是一项长期性的系统化工程,特别是在课程库建设的初期,涉及各个岗位各个层级,需要协调企业各方资源共同完成。

一、企业培训课程库的建设意义

随着知识经济的到来,企业对培训越来越重视。在培训教材的选择上,很多企业借助于社会上流行的培训光盘、教材等,或者借助知名公司的培训课程。但通用的教材或课程总有些纸上谈兵之感,不能解决企业真实的问题。知名企业的课程与本企业的情况有很大出入,不能直接照搬。这样就导致培训学非所用,不能直接带来人员技能的提升和企业效益的增长。

对企业最有价值的、最能带来人员技能直线提升的培训教材,莫过于企业自身的经验教训以及企业人员从实践中摸索体验出来的智慧总结。这些由企业自身经验教训和智慧总结所得的培训内容让企业培训人员感触更深,记得更牢,更能应用于日常工作。让员工直接站在前人的肩膀上学习工作,不仅促进人员快速成长,企业也能不断形成自己的知识积累。因此,把员工积累的智慧固化下来,形成企业内部的培训课程,进而建设企业的知识管理体系成为越来越多企业的选择。

但问题是许多企业并没有形成自己的知识积累。员工的能力经验保留在自己身上,形成不了公司共同的经验。一个业务能手走了,他的知识经验也随着带走,很多经验窍门随即失传,其他员工还需要重新花费大量的时间精力摸索总结,这样的过程一次次重复,让企业无法复制以往的成功经验。因此总结企业经验,形成知识积累,建设企业培训课程库具有现实意义。

二、建设企业培训课程库的流程

建设企业自己的培训课程库,对企业来说是一个功在当代、利在千秋的工作。同时,这个工作也是一个涉及企业方方面面的系统工程,需要协调企业各方面资源来完成。

企业培训课程库的建设流程具体如下:①由企业成立项目小组,作为整个课程库建设的领导中枢,统筹协调管理此项工作;②由项目组对企业的知识进行分类,甄选企业需要的知识;③选择对企业经营有重大影响的关键部门或岗位知识,进行提炼和完善,把提炼过程总结出一套模板或样本;④把模板在全企业推广,完善其他部门/岗位的知识。

(一)成立项目小组

(1)成立目的:项目小组负责对企业培训课程库建设进行统一管理,对知识提炼和培训课程库建设的流程、标准、形式等统一协调,对出现的问题集中处理。同时,项目小组的形式,可以调动企业各方面人员参与,从而引起他们对培训课程库的高度关注和重视,便于此项工作的顺利开展。

(2)人员组成:项目小组一般由企业总经理挂帅,汇集本公司的精英人士,包括人力资源部人员、各系统分管副总、部门经理、业务骨干能手、内部培训师、外部专家或顾问等。当然,在企业初步试点提炼知识时,项目小组人员可以少而精,等有了进展后再扩大人员范围。

(3)人员分工:在培训课程库建设中,项目组每个人员都有不同的分工。企业领导主要起确定方向和提供资源作用,对重大事项拍板。人力资源部主要是牵头组织,负责培训课程库建设过程中重大的事项安排和日常事务性工作,包括专项讨论会的组织、培训课程库框架格式的确定、培训手册的编写督促、问题协调处理等工作内容。分管副总、部门经理和业务骨干负责本部门/系统的知识内容提炼、总结和完善。由于他们掌握着更多的专业知识及技巧,他们就成了提炼专项知识和编写本系统/部门培训课程的主力军。外部专家或顾问主要起参谋和指导作用。一些关键性课程提炼,如营销、生产、技术等课程,有外部相关专家或咨询顾问参与项目小组中,知识经验就能挖掘得更加深入、专业。另外,企业普通员工在对培训课程知识的补充修改完善过程中也起着一定的作用。

(二)梳理企业知识

企业知识纷繁万千,需要积累的培训素材也非常多,从何下手需要项目小组讨论确定。总体上来说,只要与企业经营有关、对企业有用的知识,都需要总结和提炼。这不仅包括本企业,也包括同行、对手及外界其他优秀的成果。大体来说,其主要包括以下类别:①企业各项业务作业流程、方法、标准、注意事项等;②企业技术图纸、业务档案、客户资料等;③企业重大事件、内部经验、教训事故、专有技术、独家窍门;④别人(同行、同类型公司、其他类型企业)的经验教训;⑤社会其他优秀成果(如社会中的培训类光盘、培训类书籍/教材等)。

企业的知识并不是平均发力提炼总结,根据轻重缓急优先次序的原则,通过培训能够大力提高人员生产力或竞争优势的关键部门或岗位知识,需要优先总结。这主要包括销售、生产、技术研发等业务部门/岗位。不太重要或不太紧急的岗位的知识资料可以随后逐步完善,如行政后勤部门的课程。通用性强的岗位培训资料,如财务知识等,可直接从外部购买。

(三)提炼关键岗位知识

确定了关键部门/岗位知识后,项目小组就需要集中提炼,主要通过讨论会的形式进行。讨论会一般由人力资源部人员主持,项目小组人员一起研讨,针对某岗位需要的知识进行头脑风暴,相互补充完善,逐步成稿。项目小组的人员并不是固定的,一般提炼到哪个岗位知识,该系统分管副总、部门经理、业务骨干人员都要参与,而其他部门人员可以在轮到自己部门时参加。不过,上下游岗位/部门的人员也需要参加,以便他们提出对该部门人员的知识技能要求。如讨论营销人员需要的知识,技术部门也需要参加。

在提炼形式上,项目小组需要按照岗位知识要求确定培训课程模板或框架。模板或框架标准一般先由人力资源部人员初步确定,经讨论修改通过后,再填写内容。

通常来说,岗位培训课程框架或模板一般需要根据岗位说明书、岗位作业流程确定,通常分为岗位主要职责、岗位作业流程、需要掌握的知识技能、常见的问题及防范措施、经验与技巧分享等。这样我们就把岗位培训课程内容分成几大类,然后在每大类里面再继续细分各个独立的小类,直到不能细分为止。这样知识的主干、次干、细枝都有了,形成了整个培训课程的框架。如营销人员的营销作业流程包括市场调查、客户开发、市场推广、客户服务等大的环节。这其中每一个大的环节都可以继续细分,单独成册进行总结。如客户开发,可以分成以下小流程：开场白—客户谈判—产品演示—异议处理—谈判签约等。

不同岗位培训课程的简繁程度并不统一，要根据各岗位人员实际需要而确定。一般来说，关键岗位的培训课程内容要丰富详细些，而辅助性岗位的培训课程就可以简单些。岗位内部各具体知识也不能一概而论，关键流程的知识或者人员容易出问题的部分可以详细提炼，如客户谈判技巧；而辅助流程的知识或人员容易掌握的部分可以简约些，如回款流程等。

知识提炼讨论的过程是一个思想交锋和智慧碰撞的过程。在讨论过程中，项目小组成员按照职位说明书、作业指导书等逐一分解提炼总结，常常会畅所欲言，出现跑题、纠缠细节甚至激烈争吵的情况，这时就需要人力资源部人员和部门负责人控制好讨论的节奏和方向，稳定秩序。讨论过程需要由专人进行记录整理，形成讨论记录文档，然后以这样的文档为基础继续修改完善。

一个岗位的培训课程确定也不是一次讨论就能完成的，常常需要数次、数天甚至更长的时间，其中还会出现反复，如在后一个知识讨论中，常常会发现前一个知识的不足，这时就要回头补充完善。这就需要项目小组成员做好持久战的准备。

(四) 完善培训手册

培训手册的完善是一项系统性的工作，其核心宗旨在于充分吸取员工意见，确保培训手册的形成凝结企业多数员工的意见，并最终应用于所有员工，使员工能够迅速而准确地掌握公司的规章制度、明确岗位职责以及熟悉各项工作流程，从而在最大程度上提升工作效率和产出质量。为了确保培训手册能够发挥其应有的作用，项目小组可以采取以下详细步骤对其进行完善：

(1) 深入梳理知识与技能要求。项目小组成员在经过深入讨论和交流，将岗位所需的知识点和技能要求彻底梳理和剖析之后，将讨论成果整理成一份初步的岗位培训知识文档。虽然岗位培训的文档初稿已经形成，但还远没达到最终完成的状态。

(2) 广泛展示讨论成果。为了能够使培训课程更加全面和细致，项目小组需要将讨论结果通过各种渠道，如手册、内部网络、邮件等方式，向企业的所有员工进行展示。主要目的是让没有参与到项目小组中的员工也能够对培训课程提出自己的看法和建议，从而使培训课程能够更贴近实际工作中的需求，更具有针对性和实用性。通过这样的方式，项目小组可以收集到更多的意见和建议，进而对培训课程进行补充和完善。

(3) 仔细审核并定稿。在收到新的修改意见之后，项目小组需要对这些意见进行仔细的审核和分析，确定哪些是可以采纳和改进的。在完成这些工作之后，培训手册就可以定稿了。这时，企业需要将这些定稿的内容通过各种形式，如手册、电子文档、录音、录像等方式，进行固化，以便于保存和使用。这些固化的资料，不仅是企业知识积累的重要部分，也是企业宝贵的财富。

(五) 提炼模式推广

关键岗位/部门的培训课程材料定稿后，人力资源部人员对教材进行格式统一，并按照部门、类型等统一编号归档，形成标准化的培训资料。人力资源部再把这些标准化的教材以及讨论的过程方法等形成模板和样本，向其他部门推广，其他部门也成立项目小组，把这个总结提炼的流程重新走一遍，这样各个部门的培训课程就能完善起来，整个公司的培训课程库就建设起来了。

三、企业培训课程资源库建设的主要内容

(一)课程制作模板库的建设

(1)PPT制作模板库的内容分类。它一般从母版、元素、图片和图形四个方面展开。母版可以按照色系、风格或母版展示内容的取向进行划分。元素指制作PPT过程中需要的辅助元素,如箭头、圆形、方形等。图片可以按用途划分为背景图片、插图,也可以按图片内容划分为卡通、人物、活动、场景等。图形可以按照图形展示的内容关系划分为递进式、并列式、对比式等,也可以按图形展示内容的数量划分。

(2)PPT制作模板库建设体系。它一般包括素材层、素材管理层、素材应用层三个方面。其中PPT制作素材层建设指具体的母版、元素、图片、图形等素材内容及其分类管理。PPT制作素材管理层建设包括PPT制作素材系统与权限管理,PPT制作素材填充与废弃管理,PPT制作素材发布管理和PPT制作素材检索与浏览管理。PPT制作素材应用层建设涵盖基于PPT制作素材的PPT模板制作管理,PPT制作素材建设与应用评价,PPT制作素材应用分析与个性化服务,基于PPT制作素材的研究性学习平台应用等方面。

(二)课程开发案例库的建设

(1)课程开发案例的收集。企业中常用的收集方法有三种:一是网络资料整合,是指通过互联网寻找课程开发相关案例资料并对资料进行整合,整理出完整、符合要求的案例。二是外部购买,即购买更为专业的案例资料,此种方式省时、省力,但是需要花费较多的资金。三是实际调研开发,是指通过实地调研、考察收集资料,但需要耗费较多的人力、物力。

(2)课程开发案例的整理。首先是对课程开发案例资源进行筛选,即根据组织课程开发案例库的要求,依据特定的标准进行。所有课程开发的案例资源一般在建库初期均收录入库。其次是对课程开发案例资源进行分类,即根据既定的划分标准,如行业、内容、地点等对课程开发案例资源进行归类。

(三)课程开发故事库的建设

(1)故事的归类。故事要进行合理归类,依据"有效区分、方便寻找"的标准进行划分,并归于不同的文件夹之中。故事的划分标准主要包括故事用途、主人公的知名度、所用语言、发生地点、适用对象、故事作用、故事属性等。

(2)故事库的有效管理。故事库的管理是为了保证所建设的课程开发故事在应用过程中的安全性、可靠性、快捷性。课程开发故事库应具备可以收录、预览、下载、审核、搜索、定制、删除、记录和评论等功能。

(四)课程开发图片库的建设

(1)图片的来源。图片主要是组织内拍摄的图片,包括报纸、杂志图片,网络图片,广告图片,征集图片以及通过其他渠道购买的图片等。

(2)图片的分类。图片可以根据其展示的内容进行分类,如图片的内容体现为时政、重大事件、重点工程、财经、科技、教育、卫生、文化、社会、民族风俗、法治、城市建设、交通运输、自然风光、名胜古迹、会议、人物和环境保护等。图片分类应注意采用统一的格式处理和存储,同时图片库中的分类文件夹及具体图片标题的命名要满足多种搜索需求,体现多种搜索属性,如同时包含数量、色系风格等属性。

(五)课程开发图形库的建设

(1)课程开发图形库建设条件。课程开发图形库应满足系统维护和管理简单,有一定的权限设置,图形种类齐全、分类合理,可以自行增加图形,能够进行方便、快捷的图形检索等条件。

(2)图形的分类。图形可以按照存储形式、展现形式、所展示的内容进行划分。其中,按图形的存储形式可以分为 PPT 形式、Word 形式、图片形式等;按图形的展现形式可以分为平面图形、立体图形等;按图形所展示的内容可以分为饼状图、线形图、表格图、条形图、流程图、数量关系图、组织结构图、柱形图和面积图等。

(六)课程开发大纲库的建设

课程开发大纲库是收录课程大纲并对其进行归纳、整理,为课程开发提供课程大纲资料和参考建议的一种资料库。

(1)课程开发大纲的分类。课程开发大纲按照企业运营职能可以分为财务管理类、个人发展类、文化管理类、客户服务类、企业战略类、人力资源管理类、生产管理类、市场营销类、物流管理类、项目管理类等。

(2)课程开发大纲库的建设。课程开发大纲库的建设包括收集、整理、维持和显示四个阶段,具体如图 11-1 所示。

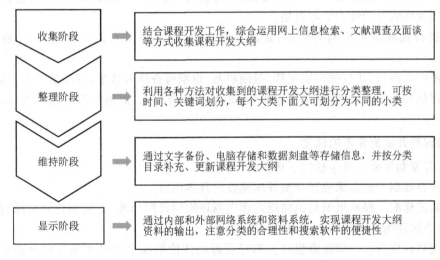

图 11-1 课程开发大纲库的建设阶段

(七)课程开发游戏库的建设

在课程实施过程中,为了调动成人的学习兴趣,一定的课程游戏是必不可少的。课程开发游戏库就是课程开发中所涉及的游戏资料汇集。

(1)课程开发游戏库的特点。课程开发游戏库的建设要把握以下六个特点:①客观性,即游戏内容、说明及评论不反映游戏库资料整理人员的个人观点、倾向等。②有序性,即对游戏库资料进行有序智能管理,方便使用人查询和使用。③整合性,即将有关一定主题的、原本分散的各个单独的游戏集中起来使其成为整体。④独立性,即课程开发游戏库各部分是可以单独分开的,各个游戏资料可被单独调用。⑤服务性,即为使用者提供适当的游戏资料,作为课程开发人员进行决策、研究等活动的出发点,帮助其进行课程开发。⑥开放性,即课程开发游戏库需要不断更新,补充游戏相关的信息。

(2)课程开发游戏库的分类。根据培训内容的不同,课程开发游戏库可以分为领导能力培训类、沟通能力培训类、执行能力培训类、激励能力培训类、团队建设培训类、创新能力培训类、绩效管理培训类、教练能力培训类、问题解决能力培训类等。

(八)课程开发视频库的建设

在企业培训中,课程开发视频库的建设至关重要,可提升培训效率和学习效果。为确保视频库的有效性和高效性,企业需合理规划和科学执行。建设课程开发视频库可参考如下步骤:

(1)明确视频库目标与定位:需考虑受众群体、培训目标、长期或短期项目。

(2)规划内容:包括核心培训(入职培训、技能提升、管理与领导力课程、合规与安全培训)、工具与系统培训、企业文化与价值观、员工发展与职业规划等模块。

(3)设计视频格式与风格:确保视频简洁易懂,高质量制作,具有互动性,视觉与听觉效果良好,案例与实操演示丰富。

(4)选择适合的管理平台:如学习管理系统、企业视频平台或企业内部平台,以提升视频访问性、控制性和数据追踪能力。

(5)增加互动功能与反馈:可添加视频后测验、讨论区与反馈机制、学习进度跟踪与证书,提升视频库的互动性和学习效果。

(6)进行视频质量控制与维护:定期更新内容,保证技术支持与优化,确保视频播放流畅。

(7)推广与参与:通过领导层支持、激励机制、定期检查学习效果,提高员工参与度。

(8)评估与持续改进:收集员工意见,利用数据分析功能,识别学习效果问题,不断改进视频库。

(九)课程开发测评库的建设

课程开发测评库建设包括以下环节:

(1)内容规划。确定课程开发测评库建设的具体内容。

(2)确定标准。根据组织相关的规定确定测评库建设的标准,必须细化到对课程开发测评资源每个属性的具体要求上,以便操作。

(3)编制评价指标。编制课程开发测评资源的评价指标主要是作为后期对征集资源进行审查、分类的依据,明确评价指标有利于保证课程开发测评库的质量。

(4)建库培训。对课程开发测评库建设的有关人员进行培训,使其掌握工作的技术细节,明确课程开发测评库建设的目的、任务和整体实施计划等。

(5)资源征集。分配资源征集任务,并向各个负责人下发,不断完善课程开发测评资源征集工作。

(6)资源审核。组织相关专家及部分使用人员按照已经编制的"评价指标"对征集的资源进行审核、筛选、优化和整合。

(7)资源入库。利用计算机网络技术,将课程开发测评资源批量或单个存入数据库中,在入库时要对资源的所有属性进行校验,确保资源库中数据的精确程度。

(十)课程开发内容资源库的建设

(1)课程开发内容资源库的分类。课程开发内容资源库按知识点内容可以分为艺术、外语、中文、物理、化学、管理等,按管理内容可以分为财务管理、人力资源管理、销售管理、生产管理等。

(2)课程开发内容资源收录入库标准。

①考虑网络和用户计算机的安全性,所有上传的课程开发内容相关资源不能带有病毒,更不能出现不相关内容。

②考虑网络的容量、网速和兼容性,上传的相关资料如图片、文字、影片、音乐等的格式也应符合相应的规定,如文字应使用通用的符合国标的字体,视频格式应为 AVI、MPEG、WMV、ASF 等,入库图片格式应为 JPG、GIF、BMP、PNG 等,音频格式应为 WAV、AAC、MP3、WMA 等。

③考虑用户查看对象的清晰度、舒适度和完整度,入库作品界面应清晰精美,超级链接不能出现错误,入库文档排版格式要符合规范,尽量避免出现错别字。

四、建设培训课程库的注意事项

(一)注重借鉴吸收

在培训课程的编写过程中,对外部培训教材的引入和消化吸收非常重要。"他山之石,可以攻玉",对社会上的优秀教材等,企业在知识提炼讨论过程中要借鉴和吸收,平时也要有计划地引进和购买。同时人力资源部组织人员进行教材的"本企化"改造,让本企业人员更容易接受。"本企化"改造主要由相关部门经理或业务骨干实施,他们根据本企业实际境况,对教材内容进行改写或丰富化,加入本企业的实际运行状况、操作原理、相关案例等,这样就把外部教材有效地揉进本企业的培训课程库中,让企业的培训课程能内外结合,对员工更有价值。

(二)日常性完善

培训课程建设不是一蹴而就、一劳永逸的工作。由于企业知识日新月异,经验教训常常发生,因此对培训课程的更新和日常完善也是非常重要的事情。把员工的最新经验总结快速形成标准化文件,企业人员的知识经验也就会与时俱进。在培训课程日常完善中,人力资源部主要起督促作用,定期督促部门员工进行课程更新,起更新主力的还是部门经理和业务骨干。

(三)企业制度保障

1. 建立共享的组织文化

没有员工知识的共享,就没有企业的经验积累,这就需要企业形成良好的共享文化。管理者要以身作则,保持良好的心态,不怕下属超越自己,积极向下属传授自己的经验;同时各部门员工不能将自己的独家窍门藏着掖着,应相互分享,这样彼此掌握的知识经验会更多,培训课程库内容也会更丰富。

2. 建立知识共享的激励制度

企业需要建立制度来保证知识分享,如把员工信息分享作为考核的一项指标。在内部评奖晋级时,把分享知识、编写培训课程的质量作为重要的考察项。同时,要把下级的成长列入上级的考核指标,许多跨国公司明文规定,必须培训出合格的能接替自己位置的下级,上级才能获得晋升,否则上级只能是原地踏步,不能获得晋升。

有了制度保障,有了分享的文化,加上领导的高度重视和支持,企业的培训课程库就能建设和完善起来,企业人员技能就能逐步提高,企业的竞争优势就会更加强大。

第二节 内部培训师队伍开发与管理

拥有一支优秀的内部培训师队伍有利于促进企业内部沟通、推进企业文化建设和知识管理,因此,越来越多的企业将组建内部培训师队伍作为企业培训体系的重要组成部分。但并不是所有行业、所有企业都需要建立内部培训师队伍,小型企业,尤其是通用性较高的行业,不需要或只需要少量企业内部培训师。而如果企业规模庞大、分支机构众多、标准化要求高、行业特征明显,就有必要建立一支内部培训师队伍。从发展阶段看,处于创业期和成长期的企业对内部培训师的需求相对较低,而成熟期的企业需求较高。可以说,内部培训师的重要性和企业培训内容的独特性成正比,企业需要的培训内容越具体、越特殊,内部培训师就越具有不可替代的作用。

一、内部培训师具有的优势

1. 培训更有针对性和有效性

内部培训师,是指在企业内部选拔,经过培训、认证、聘任,面向企业内部员工进行培训授课的员工。来自企业内部的培训师,不仅对企业文化、制度要求、学员素质状况、企业运作模式有较为深入的了解,而且其自身处于骨干岗位,对企业专业岗位的专业知识有更丰富的经验储备,这些都是使其更容易挖掘出学员的短板和培训需求的关键部分。而来自本企业的实际经验储备,更容易使学员达到预期的培训效果。

2. 培训成本较低,风险较小

企业和员工都希望能在培训方面有更大投入,但是随着培训成本的上涨,企业对培训的成本收益也日益重视。培训所包含的直接成本中大部分是培训师的费用支出。而内部培训师由企业内部开发和管理,他们来自企业内部员工,面向企业内部员工,相对于外部培训市场有一定的独立性和封闭性,因此,其培训费用一般远低于市场同类培训。同时,由于培训师和学员均来自企业内部,企业对培训师的信息有较为充分的掌握,无须经过培训供应商的评估、签约等一系列过程,因此能够有效降低培训的间接成本和培训风险。

3. 加快企业内部人才队伍的建设

企业的发展不仅需要员工具有相应的素质和能力,还需为企业未来的发展储备相应的素质和能力。因此,人才队伍的建设是一个长期而持续的过程,也是一个耗费巨大的工程。来自企业各个专业门类的内部培训师,往往是某个方面具有较好基础和经验的专业人才,通过对企业内部学员进行培训,并与相应的项目、人才建设相结合,将能快速而有效地推进企业人才队伍建设。

4. 实现企业能力和经验的积累和传承

企业员工尤其是骨干员工的离职,有可能使企业的项目延缓甚至陷入停滞,也有可能使企业失去重要的技术能力和经验,使企业运行陷入一段时期的混乱之中。同时,关键人员的晋升或调动，也可能使原有团队缺失相应的能力和经验。内部培训师通过总结、提炼，进而开发相应的课程对员工进行培训，就能有效地将企业的能力和经验固化，且易于实现这种能力和经验的快速嫁接，从而使企业始终拥有这些重要的能力和经验。

二、企业内部培训师队伍的开发

(一)企业内部培训师队伍开发的基础

在企业不同的发展阶段，培训的方式和主体应有不同的侧重。企业发展初期的重点在于提高创业者的营销公关能力以及客户沟通能力。而在发展期，重点在于加快培养中层管理人员，以为企业的未来发展做好储备。企业在成熟期，已经完成了规模扩张，成为行业内的主要竞争者。处于成熟期的企业，管理上也较为成熟，已经能够定期对各种人才进行培训，师资需求量大，对拥有理论基础和丰富实践经验的培训师需求迫切，成熟期企业大量的人才更能满足此种需求，同时也拥有对内部培训师队伍的管理能力。

(二)企业内部培训师队伍建设规划

企业内部培训师队伍建设规划是人力资源规划以及培训规划中的一个重要部分。企业可以根据企业发展战略，确定人才发展规划，进而确定内部培训师队伍的发展目标、策略以及实施方案。内部培训师队伍建设规划主要包括：内部培训师队伍建设的目标，内部培训师需求与供给分析，内部培训师队伍建设实施步骤，内部培训师队伍建设实施方案，内部培训师队伍建设评估措施。

(三)企业内部培训师的来源

中高层管理者是内部培训师的首要后备选择。首先，中高层管理者担任内部培训师，通过登台授课，言传身教，可以传递企业文化和价值观，塑造积极分享的学习型文化。这既是建立内部培训师队伍的重要基础工作，也是培训体系建立的一个重要内容。其次，中高层管理者是企业的中坚力量，实战经验丰富，对行业发展情况和本企业整体状况都很了解，能够结合管理实践向员工传递有效且极具操作性的经验，使隐性知识显性化，在企业内部实现知识有效转移。尤其是高层管理人员，通过从事内部培训师工作，不仅能宣传企业战略目标与经营理念，还能通过与员工的接触，倾听到一线员工的声音，更好地了解企业实际情况。再次，辅导下属成长是管理者的一项重要职责，而登台授课是培养下属的一种重要方式。同时，中高层管理者尤其是总经理亲自担任内部培训师，有利于树立良好的行为榜样，有助于对其他内部培训师的培养、督导和激励，更好地支持内部培训师队伍的建设。

内部培训师的另一个重要来源是基层优秀员工，包括各部门的业务骨干、技术专家和操作能手。优秀员工的岗位技能和操作流程非常娴熟、工作态度积极、责任感强，能起到良好的榜样与示范作用，并且能结合实际工作中的问题进行透彻讲解，从而增强培训效果。而对优秀员工自身而言，从事培训不仅可以全面提升自身能力，而且是完善个人职业生涯、向高层次职位晋升的有效途径。

(四)企业内部培训师的选拔

1. 选拔标准

企业内部培训师应先从有一定的从业年限、在某一领域具有深厚的专业积累且业绩表现优秀、品行端正的员工中选拔。成为内部培训师候选人，首先要热心于培训师的职业，并且愿意承担作为内部培训师的责任。其次,有良好的业绩表现和行为态度表现。再次,有作为内部培训师的良好潜质,包括:①有权威性的专业能力、专业经验;②有优秀的演讲表达能力和职业素养;③有开发课程的丰富经验或较强的课程开发能力;④在实际工作中已经有较为丰富的培训师经验。只要具备以上中的一种潜质,就可作为内部培训师候选人。

2. 选拔程序

(1)发布标准。内部培训师的选拔组织方通常为人力资源部门。人力资源部门事先会发布内部培训师的选拔标准,并将内部培训师的任职资格、需承担的职责、激励措施以及管理方法同时予以发布,使员工明确标准,并借此建立建设内部培训师队伍的舆论氛围。

(2)个人自荐及单位推荐。个人自荐在于发现其担当内部培训师的兴趣,单位推荐则在于对其担当内部培训师的支持,并对其是否符合选拔条件进行初步审核。

(3)评估审核。符合选拔标准,同时符合任职资格者可直接进入内部培训师队伍;有相应潜质但暂不符合任职资格者,可进入企业内部培训师训练营,进行培训提高,或者通过实践训练再进行评估。

3. 选拔方法

内部培训师的选拔首先应基于选拔标准,再基于任职资格标准。选拔一般采取信息集成评估、360度考评、专家面试等方法。

(五)企业内部培训师的培训

一个优秀的内部培训师必须高度认同本企业文化,具备良好的沟通能力、强烈的分享意愿、扎实的专业知识、较强的实际操作技能和丰富的相关工作经验;此外,还需具有较强的学习能力、知识呈现和分享的技巧,包括如何进行课程设计、如何制作课件、如何讲授等,所有这些都需要通过接受专门的培训师训练来培养和提高。因此,企业必须建立严格的内部培训师认证培养流程。同时,为了确保内部培训师的授课质量,内部培训师队伍的建设还必须以课程体系为核心,每门课程都必须经过认证后方可正式讲授。从这个意义上讲,内部培训师更应该称为某门课程的认证培训师。

1. 对已进入内部培训师队伍的人员进行培训

本着建设与提高的原则,内部培训师的授课能力、课程开发能力、信息处理能力等与培训相关的能力,需要随着外部环境的变化、专业程度的深入、企业培训需求的发展以及内部培训师个人工作与实践经验的积累而提高。同时,企业在培训管理以及企业价值观方面均有统一性的方面,内部培训师作为践行者和引领者,需要对此有更有力的贯彻。

2. 对有潜质的内部培训师候选人进行培训

在企业的内部培训师实践中,初次选拔就完全达到任职资格要求者毕竟较少,所以,对有潜质的候选人进行培训是内部培训师培训中的重点内容。对候选人的培训,需要综合考虑以下因素:①内部培训师任职资格;②候选人现有素质与能力;③候选人现有素质和能力与任职资格的差距;④素质与能力的差距提升。可以采取培训的内容,则进行相应的培训。

从内部培训师的任职资格来说,知识基础、专业能力与经验的提升必须更多地依赖个人的学习以及工作实践的积累,因而对其培训的内容主要集中在演讲能力、培训现场掌控能力、专业课程设计能力、培训项目管理能力等方面,具体见表11-1。

表 11-1 针对企业内部培训师的培训

能力类型	培训对象	培训内容	目标要求
1. 演讲能力	新培训师,需要进行演讲的管理者/技术专家/销售代表等	①演讲内容提炼和设计技巧; ②起承转合的演讲逻辑; ③富有感染力的演讲技巧	设计有逻辑性的演讲内容和进行富有热情的演讲
2. 培训现场掌控能力	有过一定授课经验的培训师	①成人学习原理与培训互动原则; ②培训破冰与培训氛围创造; ③培训互动技巧(提问/追问/反馈); ④培训方法使用技巧(讨论/案例分析/角色扮演等); ⑤应对培训突发事件	具有良好培训互动能力
3. 专业课程设计能力	有过一定授课经验的培训师,有明确的课程开发或课程优化任务者	①培训标准与培训目标设定; ②培训方法选择; ③互动式培训内容开发(案例/练习等); ④培训文件制作(培训师用书/PPT/学员用书等)	合格的课件,能够开发课程
4. 培训项目管理能力	培训经理/培训项目规划专员/资深的培训师;有丰富的授课经验和课程开发经验;有一定的培训项目策划和评估经验	①能力标准建设; ②课程体系设计; ③课程开发管理与审核; ④训练体系设计; ⑤培训能力转化与评估体系设计	典型岗位的课程与训练体系(能力标准/课程内容/训练体系/评估体系)

三、企业内部培训师队伍的管理

(一)企业内部培训师的评估认证

1. 建立可执行的评估标准

企业内部培训师的评估认证,不仅包括对内部培训师人员进行选拔评估确认,而且包括能力分级评估确认。评估标准主要来自任职资格,并且任职资格要转化为可量化、可分级评估的标准。内部培训师的任职资格主要包括在知识、经验、课程开发设计、授课能力四个方面达到一定的标准。例如,可根据素质和能力进行区分,将内部培训师分为四个等级,并将任职资格的四个要求分别对四个等级予以定义和评分范围界定;假设认证评估中的总分最高得分标准为 100 分;在对等级进行定义和界定后,需要对任职资格的几个方面建立评分细则,并对每个方面设置相应的权重;在对各个方面进行评分细化之后,即可进入评估操作阶段。

2. 内部培训师评估

内部培训师评估可根据企业需求和实际状况进行。企业成立内部培训师评审委员会,按照预先设立的评分标准对候选人进行综合评估,也可结合基准比照、专家评审、学员满意度调查等方式进行。

3. 内部培训师认证

认证是对内部培训师候选人的能力进行确认。在确定评估结果后，企业需要对其进行确认。认证是对其评估期所处能力等级的确认，也是企业对内部培训师进行聘任和管理的基础依据。

(二) 企业内部培训师的动态管理

1. 企业内部培训师的聘任

合格的内部培训师不仅是企业宝贵的人才资源，也是企业宝贵的培训资源。建立内部培训师队伍的最重要目的之一就是在使用内部培训师的过程中达到企业预期的目标。在建设企业内部培训师队伍的过程中，聘任是非常重要的一环。内部培训师是专业属性很强的职业，企业需要通过聘任对其培训能力进行认可，并由此作为其开展培训的准入证明。

2. 建立内部培训市场，为内部培训师提供用武之地

企业应通过各种方式，实现培训需求方和供给方信息的无缝对接，借此最大限度地利用内部培训师资源，并为内部培训师提供更多的用武之地。企业可以利用内部网络平台，将企业内部的培训需求向内部培训师予以公布，并明确培训需要达成的效果及相关要求和报酬，对内部培训师进行招标，由有意愿有能力的内部培训师自由投标，实现培训效果的最大化。近年来，大型企业的企业大学如雨后春笋般建立，内部培训师不仅可以成为其中的师资主力，而且有了广阔的实践舞台。

3. 明确内部培训师的任职要求

内部培训师队伍应是动态发展的队伍，已经聘任的内部培训师必须承担相应的责任和义务，否则企业可依情况予以降级或解聘。对已经聘任的内部培训师的要求可主要包括以下几个方面：①授课时间；②学员满意度；③课程或教材开发情况；④自身素质提升状况。

4. 建立内部培训师的复评制度

外部环境的变化、专业的深化、行业的发展、个人的工作实践和经验的积累，都会导致企业对内部培训师产生新的要求，也会促使原有内部培训师的素质能力出现变化。因此，企业在建设内部培训师队伍时，也必须用发展的思维，对其进行动态管理。企业可根据需求和自身实际情况，对已经评估过的内部培训师进行1~3个年度的复评。

(三) 内部培训师的激励

1. 名称激励

企业内部培训师的称号代表着已成为企业内部的骨干人员或者专业人员。企业在建设人才队伍的过程中，也要有所侧重地突出这种特性，使内部培训师产生被尊重感和荣誉感，并由此产生使命感和责任感。

2. 支付必要的授课及课程开发报酬

内部培训师主要通过培训授课与课程开发来实现其价值，且个人的能力、意愿会在很大程度上影响到其价值。虽然企业在培养内部培训师的过程中付出了较大的成本，但是企业仍然需要对其有价值的劳动和成果提供适当报酬，才能激发其积极性，从而产生良好的效果。

3. 为内部培训师能力提升提供培训与训练机会

内部培训师的能力需要跟随外部环境及企业的要求不断提升。内部培训师为使其授课

与课程开发更富效果,也需要不断提升自我。因此,为其提供进一步的培训与训练机会,不仅是企业提升队伍整体能力的要求,也可有效激发内部培训师的积极性。

4. 在业绩评估及人才晋升中加分

企业员工担任内部培训师且承担了相应职责,这些在对其业绩评估时可产生奖励分,在人才晋升中也可作为优先条件之一。

5. 优秀内部培训师的评选

企业每个年度可进行优秀内部培训师的评选,选取在学员满意度、课程开发质量与数量、授课时间、自身素质提升等方面均表现优秀的人员作为优秀内部培训师,给予金牌培训师等荣誉称号,在内部培训市场中形成良性的竞争氛围,并产生整体向上的内生动力。

第三节　数智化培训平台建设

一、数智化培训平台的重要性

首先,数智化培训平台在促进教育资源共享与智能匹配方面发挥着关键作用。它通过智能算法和数据分析,为受训者提供个性化的学习方案,满足不同受训者的需求,从而有效提升了教育的个性化和精准化水平。

其次,该平台利用数据分析和挖掘技术,能够实时掌握受训者的学习情况和需求,为企业提供决策支持。这使得企业能够基于数据反馈,及时调整培训内容和方法,以优化培训效果,提高培训质量。

最后,数智化培训平台对于推动培训信息化建设、提升培训管理和服务水平具有积极意义。它促进了培训资源的数字化和网络化,提高了培训资源的可获取性和共享性。同时,精细化的管理和个性化的服务,进一步提升了培训服务的质量和效率,为培训的现代化发展提供了有力支持。

二、数智化培训平台的优势

(一)提高员工学习效率

1. 最便捷地找到需要学习的内容

数智化培训平台以岗位为基本单位,采用岗位与人员匹配、课程与岗位匹配的原则。课程自动推送给相应的岗位,让员工在第一时间就能够接收到需要学习的课程资料,为员工尽快适应岗位、增强素质能力奠定了良好的基础。

2. 随时随地进行学习,让员工想学就学

数智化培训平台采用手机端加电脑端两种使用方式,打破原有的时间束缚和空间瓶颈,满足员工碎片化的学习需要,让员工在路途中、工作之余都可以随时随地提升自己。

3. 工作中不懂的问题,让平台帮助你解答

数智化不只是带来了新的学习方式,同时也在改变原来的解答模式。数智化培训平台构建了问答板块,每一位员工都可以邀请集团内的专家、骨干员工来解答工作中存在的疑难杂症。开放式的解答方式,让员工能够便捷地找到答案。

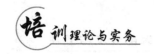

4. 在线考试让员工学以致用

企业培训员工最需要的就是将学习的内容运用到工作实际当中,对员工掌握知识的程度更需要有一个直观的了解。数智化培训平台下的考试模块,将"学"与"练"结合起来,在学习的同时还能进行练习和考试,将知识真正转化为自身的能力。

(二)降低企业培训成本

1. 减少培训成本

数智化培训带来的直观收益就是培训成本的减少,无论是培训的时间成本、空间成本甚至是管理成本都会有较大幅度的降低。不受时间空间限制的学习机制带来的不只是效率的提高,从长期成本来看远远要小于原来的培训机制。

2. 随时随地掌握员工学习动态

数智化培训带来的另一项便利是学习轨迹的记录。依赖于平台的实时记录,企业可以掌握员工学习的集中时间、学习的偏好、学习的进展,甚至是学习掌握的情况。基于大数据的分析结果,能够更加清晰地表现出员工的素质水平,也能够体现出员工素质提高的程度。

3. 摆脱繁重的培训基础管理工作

数智化带来的便利不仅仅是效果改善和成本的减少,原有重复性的基础劳动,如培训通知、试卷批改、学习监控等,都被数字化、智能化的学习平台所取代。平台直接监管,培训管理工作简化为数据的管理,由数据带来决策、决策产生学习过程、学习过程再产生数据,如此往复循环。

(三)提高培训的标准化程度与知识资源的开放获取

1. 提高企业培训标准化程度

数智化培训平台按照岗位统一编制培训大纲、培训教材和试题库,统一指定培训师,将员工入职培训、员工转岗培训、安全操作规程、特种作业、规章制度等培训内容标准化,使公司相同岗位的员工都接受统一的培训,并通过统一的考试合格作为员工上岗的依据。

2. 培训管理标准化

数智化培训平台将培训管理者从繁重的传统培训管理工作中解放出来,管理者的工作更多地转移到了培训过程管控、培训教材编制、培训策略制定这些创造性的工作中来,为培训的高效化、精简化奠定了基础。

3. 建立数字化知识资源

企业级知识资源在原有的模式中更多地存在于纸质或者是有限的范围内,采用数智化的培训平台后,这些固定不动的知识在平台中将流动起来,便于使用,更便于知识的更新换代。企业级的知识资源才是企业不断发展的有力保障,数字化实现了企业知识资源的沉淀和升华,为企业的发展提供了长效机制。

三、数智化培训平台的建设步骤

(一)需求分析阶段:明确企业培训需求和员工学习目标,制订数智化培训平台建设计划

首先,理解企业商业模式和发展战略。这有助于发现哪些人才是企业实现战略目标的关键人才,哪些培训内容能够有效支撑企业战略发展。比如,在连锁型企业中,能否快速培养出优秀的店长决定了扩张速度,更加决定了企业经营目标能否完成,对店长进行有效培训

成为连锁型企业培训的重点。

其次,深入挖掘企业的培训需求。企业通过对培训需求的识别,进一步分析关键绩效指标,对关键绩效指标的研究有助于发现影响企业业绩表现的关键因素,这些关键因素往往能够清晰地展示与企业业绩表现密切相关的知识、行为或者技能,做好这些可以使员工的培养更加具有针对性,可以集中精力改善影响员工绩效表现的行为。研究发现,致力于对影响员工关键绩效行为的培训,同时确保员工在实际工作中对这些培训内容的反复实践,将改变通常意义上的学习递减曲线——一般认为学习的效果将随着时间的推移逐渐减少。

最后,在识别出企业需求的基础上,制订数智化培训平台建设计划。这其中包括平台建设目标、预算经费等。

(二)技术选型阶段:选择合适的数智化培训平台技术框架和工具,搭建平台基础架构

毫无疑问,一款优秀的在线培训软件平台是实现有效培训的重要载体,需要注意的是这里的"优秀"并非从技术和功能角度而言。任何一款具有生命力的软件产品都是有"思想"的,这样的思想或来源于理论知识的模型化,或来源于企业实际运作的经验工具化,而绝不仅仅是功能模块的堆积。对于企业应用而言,技术的先进性永远不是最关键的,关键的是技术背后蕴含的思想,所以复杂的功能一定不是选择的第一准则。

企业选择数智化培训平台需要从以下方面来考虑:

(1)服务商是否具备深厚的行业积累。培训是一项专业且技术性的工作,从本质上看数智化培训平台并非仅是一个IT产品,其更核心的属性在于其培训性质。只有具备深厚行业积累的企业,方能洞察培训的本质,明确不同行业、不同发展阶段所需的培训内容以及对企业发展最为有益的学习方向。

(2)是否能助力企业构建全面的培训体系。数智化培训平台作为一种有效的工具,有助于企业实现全员培训,并根据员工特点因材施教。但为实现此目标,平台必须确保拥有适用于各种培训场景的培训方案,以及覆盖全工作场景的海量课程。

(3)是否能支持企业的商业目标实现。评估的关键在于培训内容与工作的结合程度,以及课程的细致程度是否能够与企业的具体工作场景相匹配并满足各岗位的具体需求。

(4)对于非熟悉业务领域是否能提供有效支持。在当前的商业环境中,培训管理者亦需充当业务伙伴的角色,对各业务领域有所了解,这对培训管理者是一大挑战。因此,数智化培训平台应能为培训管理者提供必要的支持,甚至提供预先规划好的培训方案。

(5)内容是否保持新颖与前瞻性。随着市场环境的持续变化,企业内部组织也需要不断适应变革。因此,企业所需学习的内容必须紧跟这些变化,内容的更新迭代速度是衡量数智化培训平台质量的重要标准之一。

(6)产品是否具备简洁易用的特性。优秀的培训平台应注重实用性和可实施性,而非单纯追求功能的堆积。过多的功能往往会增加培训项目的推行难度和沟通成本。因此,简洁易用是确保员工愿意持续使用的基础。

如果仅仅为了对企业少数人员提供在线学习的平台,可选择购买个性化需求不多但又有着丰富的通用课程资源、成熟的网络学习平台和完善的服务系统。但是如果需要面向大多数员工提供在线学习平台,同时需要更多的个性化服务,那么企业则需要购买一款独立在线学习平台,并且往往需要对平台进行二次开发以适应企业的实际需求。这样的方式更加有利于将企业的大部分员工纳入学习与培训中来,同时实现企业无形知识、经验的积累与管

理。当然,软件平台的交互性、便捷性也是选择的一个重要因素,这有利于员工更快地接受并有效使用软件平台。

(三)系统开发和测试阶段:开发数智化培训平台的核心功能模块,进行系统集成和测试

数智化培训平台建设成功与否并不仅仅在于软件平台是否运作正常,更重要的是开发内部课程经验实现双向流动,这需要平台供应商与企业双方长期深入的合作。从某种角度而言,这是一项咨询服务工作而并非简单的知识和软件产品销售,技术只是实现的一种手段。

数智化培训平台的关键功能模块主要有定制化学习规划、多元化培训模式、学习成效跟踪与评估以及社交互动与协作学习。

(1)定制化学习规划。为确保员工能力迅速提升并高效完成工作任务,平台应基于每位员工的岗位职责及当前能力水平,精心设计个性化的学习方案。这些方案旨在为员工提供与其个人需求精准匹配的培训内容,并规划出高效的学习路径,以期在工作中实现更佳表现。

(2)多元化培训模式。平台应构建包含线上视频课程、虚拟实验室、在线测试等多种培训方式的多元化学习环境,不仅为员工提供灵活的学习时间安排,还通过丰富的互动方式增强学习的趣味性和实用性,促进员工更好地吸收和应用知识。

(3)学习成效跟踪与评估。平台应详细记录员工的学习过程与成果,并运用大数据分析技术进行全面评估。这一举措旨在精确识别员工在学习过程中的优势与不足,为后续培训提供有力数据支持,确保培训效果的最大化。

(4)社交互动与协作学习。平台应建立在线学习社区,鼓励员工分享学习心得,进行学术交流。通过社区内的互动,员工能够共同解决问题,激发学习热情,并强化团队合作精神。这种社交互动与协作学习的方式将有效提升员工的学习效果与团队合作能力,从而为企业的整体发展做出更大贡献。

(四)上线运营和维护阶段:培训员工使用平台,监测平台运行情况,不断优化和升级平台功能

当企业制定了培训规划、购买了软件平台以及选择了合适的内容后,数智化培训要想获得成功,还需要一个独特的运作机制的支撑,这个机制需符合培训产生价值的流程:获得知识→改变行为→养成习惯→改善绩效。更重要的是,这样的机制可以实现企业内部的知识管理和经验共享,促使企业成长为学习型组织。

建立有效的运作机制旨在推动传统培训向员工主动学习的转变。传统的培训往往具有强制性,而学习则更加注重员工的内在动力。为实现从"要我学"到"我要学"的转变,企业需精心策划一系列以激励为主导、约束为辅助的措施,以激发员工主动探索知识、调整行为的意愿。这些激励与约束手段不仅是有效运作机制的核心组成部分,而且通过机制的运作,能够营造一种积极的文化氛围。在这种氛围中,共享与分享成为主导观念,每个员工都乐于分享自己的知识与经验,共同构建组织的整体智慧。员工的这种分享行为将受到精神与物质层面的双重鼓励,从而进一步强化和肯定其分享精神。对于企业而言,这将有助于将隐性知识转化为显性化、系统化的资源,并最终固化为企业的一种核心竞争力,为企业在竞争激烈的商业环境中赢得更大的优势。

本章小结

　　企业的培训资源是企业员工从实践中摸索体验出来的智慧总结,是企业最有价值的资源,它不仅能带来员工技能的直线提升,而且使企业能不断形成自己的知识积累,进而建立起企业的知识管理体系。本章主要介绍了企业培训课程库的建设、内部培训师队伍的开发与管理以及数智化培训平台的建设。

　　1. 企业培训课程库的建立有助于企业知识积累和内部培训教材的完善,包括成立项目小组、梳理企业知识、提炼关键岗位知识、完善培训手册、提炼模式推广五个建设流程。企业在建设培训课程库时需要注重借鉴吸收、日常性完善和建立制度保障知识分享。

　　2. 内部培训师队伍的开发与管理实质上是建立一套企业内部培训师的开发激励机制,主要包括内部培训师的选拔、聘任、培训、认证、激励等。

　　3. 数智化培训平台建设包括需求分析、技术选型、系统开发和测试、上线运营维护等阶段。有效的运作机制能推动传统培训向员工主动学习转变,实现知识管理和经验共享,从而提高企业核心竞争力。

 思考与讨论

　　1. 如何建设企业的培训课程库?
　　2. 如何对企业的内部培训师进行开发与管理?
　　3. 如何建设企业数智化培训平台?

 实训题

　　调研一家你所熟悉的制造型企业,针对该企业特点,为该企业设计一套数智化培训平台建设方案。

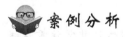 **案例分析**

第十二章 未来培训的发展趋势

学习目标

1. 了解技术发展对培训的影响；
2. 理解终身学习生态系统的含义和构成要素；
3. 了解构建学习型组织2.0的关键步骤；
4. 了解培训与未来工作场景的协同发展；
5. 了解全球视角下的组织培训。

开篇案例

IBM的在线学习和培训平台

IBM（国际商业机器公司）推出一项名为IBM SkillsBuild免费教育计划，将为200万学习者提供人工智能领域的培训机会，特别关注那些面临就业障碍的人群。该计划包括一个在线学习平台，提供20种语言的1000多门课程，学习者可以访问一系列的免费课程和学习材料，涵盖软技能和硬技能，如批判性思维、沟通技巧、数据分析、云计算、人工智能、网络安全、数据分析、区块链等；并辅以与全球合作伙伴网络合作提供的定制实践学习体验，专注于帮助成人学习者以及高中和大学的学生和教师开发有价值的新技能并获得就业机会。完成课程的学习者可以获得IBM认证的数字徽章。IBM SkillsBuild计划的目标是在一定时间内（最初设定为2026年底）培训数百万名人工智能人才，缩小技能差距，推动全球劳动力的技能升级和转型。

IBM旨在打造与员工、合作伙伴共存与繁荣的生态系统。内部培训体系非常注重在线学习资源的利用，以适应全球员工的不同需求和工作节奏。比如IBM Learning Hub是一个综合的在线学习平台，提供了广泛的课程和资源，员工可以在这里根据个人兴趣和职业发展目标进行自主学习。平台上的课程覆盖了技术技能、业务管理、领导力、沟通技巧、项目管理等多个领域。IBM还推出了Skills Gateway平台，包含云和认知计算的多种课程与技术，根据主题、工作类别、技能进行不同分类，面向IBM员工与合作伙伴开放。合作伙伴可以从中学习有关IBM与红帽的专业技术知识。Seismic系统汇聚了IBM的成功案例经验、解决方案和销售在实战中遇到的各类挑战，合作伙伴可根据自身行业需求进行选择学习、加快业务转型步伐。

第一节 技术引领的培训革命

在当今这个科技飞速发展的时代，每一次技术革新都在悄然重塑着我们对世界的认知和与之交互的方式。尤其是近几十年来,互联网、移动通信、云计算、大数据、人工智能等技术的兴起,不仅深刻影响了社会结构、经济形态和生活方式,也对教育与培训领域带来了前所未有的变革。在工作场景不断演变、技能需求日新月异的背景下,传统的培训模式已难以满足现代社会对人才的多样化和高标准要求,亟须一场由技术引领的培训革命。

这场革命的核心在于,通过融合前沿科技,创新培训方式,以更加个性化、灵活高效、互动性强的手段,促进学习者知识与技能的快速积累和深度内化。从智能辅导系统到自适应学习平台,从大数据分析到区块链认证,技术正逐步打破地域、时间和资源的限制,让高质量的培训触手可及。然而,技术的引入也伴随着一系列挑战,如数字鸿沟的扩大、隐私保护的难题、学习者自主性的培养等,这些都是我们在追求技术引领的培训转型时必须正视和解决的问题。面对未来,如何把握技术的双刃剑,让其成为推动培训行业进步的强劲动力,而非阻碍,是每一位教育工作者和决策者都需要深思熟虑的课题。

一、核心技术趋势与培训应用

在技术引领的培训转型中,核心技术的应用正以前沿的视角重塑教育培训的未来。从人工智能驱动的个性化学习路径,到大数据分析下的精准教学策略,再到区块链技术构建的透明认证体系,这些创新不仅极大地丰富了培训手段,提高了学习效率,还促进了教育公平,增强了知识传播的安全性和可信度。技术的应用正逐步消除地理与资源的壁垒,使得高质量的培训资源得以广泛普及,为学习者提供了前所未有的个性化和沉浸式学习体验。

(一)人工智能与机器学习

自 20 世纪 50 年代"人工智能"概念被首次提出以来,这一领域经历了从理论探索到实践应用的飞跃式发展。机器学习作为 AI 的一个核心分支,通过数据驱动的学习方法,赋予计算机自动改进其性能的能力,无须明确编程。这种能力在教育和培训领域的应用,正在深刻影响着教学模式、学习体验以及教育的未来。

(1)提升培训效率。在传统的培训体系中,标准化的教学内容往往难以满足不同背景和需求的学习者。而 AI 与机器学习的融合,则为解决这一问题提供了可能。通过分析海量的学习行为数据,智能系统能够识别出学习者的学习风格、知识水平和兴趣点,进而生成定制化的学习路径。这种个性化教学不仅能够提高学习者的参与度,还能加速知识的掌握速度,使培训变得更加高效。例如,在语言学习中,AI 系统可以根据学习者的表现动态调整课程难度,确保其始终处于最佳的学习区——既不感到挫败也不觉得乏味。

(2)教师角色的转型。AI 的介入,促使教师的角色发生了根本性的转变。以往,教师主要负责知识的传授和学习进度的监控,而现在他们更多地成为学习的指导者和学习环境的创造者。智能辅导系统的出现,让日常的作业批改、答疑解惑等重复性工作自动化,教师得以将更多的精力投入培养学生的批判性思维、创新能力以及社会情感技能上。这种转型,不仅提升了教学的质量,也为教师的专业发展开辟了新的道路。

(3)数据隐私与算法公平性的挑战。尽管 AI 在教育领域的应用前景广阔,但随之而来的是对数据隐私和算法公平性的担忧。随着越来越多的个人数据被收集和分析,如何保障学生的信息安全,避免数据滥用,成为一个亟待解决的问题。教育机构和科技公司需要制定严格的数据保护政策,采用加密技术和匿名化处理,确保敏感信息不会被不当使用。

同时,算法的决策过程往往缺乏透明度,这可能导致偏见和不公平的现象。例如,如果训练数据存在偏差,那么 AI 系统在推荐学习材料或评估学生表现时,可能会无意中放大这种偏差,影响到每个学生接受平等教育的机会。因此,开发无偏见的算法,确保所有学习者都能获得公正对待,是实现 AI 教育价值的关键。

我们可以想象一下:在未来的教育培训中,教师在充满高科技设备的教室里,指导学生使用人工智能辅助学习系统,AI 与机器学习无缝融入教育环境。这里,技术不再是冰冷的存在,而是成为连接师生、激发学习热情的桥梁,体现了 AI 在教育领域无限的潜力与可能性。

(二)大数据与分析

在教育培训领域,大数据与分析正逐渐成为推动个性化学习和提升教学效果的关键力量。与人工智能和机器学习侧重于模型构建与自动化决策不同,大数据分析更专注于从海量数据中挖掘有价值的信息,以支持更为精准的教学策略制定。

1. 学习者行为分析:洞悉需求与偏好

大数据分析的第一步是对学习者的行为进行深入分析。通过收集并分析学员的登录时间、课程选择、完成情况、互动频率等数据,教育机构能够理解学员的学习习惯、兴趣点以及潜在的需求。例如,Coursera 等在线学习平台通过分析用户数据,发现晚间和周末是学习活动的高峰期,据此调整课程发布时间和提醒策略,以提高学员的参与度和完成率。

2. 定制化培训内容:匹配个人成长路径

基于大数据分析的结果,教育机构可以为每位学员定制个性化的培训内容。通过算法识别学员的知识短板和学习风格,系统能够推荐最适合的课程材料、练习题和阅读资料,确保每位学员都能在自己最擅长和感兴趣的方向上获得最有效的学习体验。如 LinkedIn Learning 平台,利用大数据分析,为用户推荐与职业发展目标相匹配的课程,促进个人技能的持续提升。

3. 预测学习成效:前瞻性的教育决策

大数据分析还能够预测学习成效,为教育决策提供依据。通过对历史数据的分析,系统可以预测哪些课程设置、教学方法或辅助工具最有可能提高学员的成绩和满意度。例如,Knewton 是一家提供自适应学习技术的公司,它利用大数据分析预测学生在特定学科上的表现,从而调整教学计划,提前介入那些可能遇到困难的学生,帮助他们克服障碍,提高整体学习成果。

案例 12-1

美国杜克大学,作为全球顶尖的高等教育机构之一,一直致力于探索教育科技的前沿。近年来,该校通过实施一系列基于大数据分析的在线教育改革项目,不仅提升了学生的学习体验,也显著增强了教育成果,成为大数据驱动教育创新的成功典范。

杜克大学的教育管理团队发现,尽管在线课程提供了灵活的学习方式,但学生的学习效果参差不齐,部分学生在课程完成率和成绩上表现不佳。为此,团队决定利用大数据分析,深入了解学生的学习行为和偏好。团队收集了来自数千名学生的数据,包括登录时间、观看视频的时间长度、参与讨论的活跃度、完成作业的速度和准确性等。通过复杂的数据挖掘技术和统计分析,研究人员发现了视频长度、互动元素、即时反馈等几个关键影响要素。于是,杜克大学对其在线课程进行了全面优化,如缩短视频时长、增加章节小测验、增加课程中的讨论板块以及同伴互评机制,开发了一个即时反馈系统。实施这些变化后,杜克大学对课程效果进行了跟踪评估。结果显示,学生的学习参与度提高了30%,课程完成率上升了25%,平均考试成绩也有显著提升。更重要的是,学生对于课程的满意度和对在线学习的信心有了明显增强。

杜克大学的这一系列创新举措证明了大数据分析在优化在线教育过程中的巨大潜力。未来,随着人工智能和机器学习技术的进一步集成,教育机构将能够实现更加精细化的学习路径定制,甚至预测学生的学习趋势,提前干预,确保每位学生都能获得最佳的学习体验和成果。

大数据与分析在教育培训领域的应用,不仅提升了学习体验,还促进了教育资源的高效配置,为构建终身学习型社会奠定了坚实的基础。随着技术的不断发展,我们可以期待,未来的教育培训将更加个性化、智能化,真正实现因材施教的理想状态。

(三)区块链在教育培训中的应用

1. 数字证书与学历验证

区块链是一种分布式数据库技术,具有去中心化、不可篡改和高度透明的特点。区块链技术在教育培训领域最具前景的应用之一是数字证书和学历验证。传统的纸质证书容易伪造且验证过程烦琐,而区块链的不可篡改性和去中心化特性,为解决这一问题提供了创新思路。教育机构可以将学生的学历信息、课程成绩、资格证书等记录在区块链上,形成独一无二的数字证书。这不仅保证了证书的真实性和唯一性,还简化了第三方的验证流程,极大地提高了效率和安全性。

2. 微认证与终身学习

随着知识更新速度的加快,终身学习已成为职场人士的必备技能。区块链技术可以支持微认证的发展,即对学习者在某一具体技能或知识点上的掌握程度进行认证。这些微认证可以存储在区块链上,形成个人的终身学习档案,便于雇主快速了解求职者的技能树和专业背景,也为学习者提供了展示个人能力和持续成长的途径。

3. 去中心化的教育市场

区块链技术还有助于构建去中心化的教育市场,促进教育资源的公平分配。通过智能合约,教育服务提供者和学习者可以直接进行交易,无须中介,降低了成本,提高了效率。同时,区块链的透明性保证了所有交易的公正性和透明度,有利于建立一个开放、公平的教育生态系统,让更多人能够接触到高质量的教育资源。

麻省理工学院媒体实验室(MIT Media Lab)发起的 Blockcerts 项目是一个典型的区块链在教育培训中应用的例子。该项目旨在利用区块链技术创建一个开放标准,用于发行、管理和验证教育证书。Blockcerts 不仅支持 MIT 自身的学位和课程证书,还向全球范围内的教育机构开放,鼓励它们采用相同的标准来颁发数字证书。这一举措不仅提升了证书的可信度,还促进了教育证书在全球范围内的互认,为学习者创造了更多的机会。

二、技术引领的培训挑战与对策

虽然技术驱动的培训模式为教育行业带来了前所未有的机遇,但也伴随着一系列挑战。面对这些挑战,制定有效的对策至关重要,以确保技术的正面效应最大化,同时减少潜在的负面影响。

（一）数字鸿沟与不平等问题

在技术引领的教育培训新时代，数字鸿沟成为横亘在教育公平道路上的一大障碍。这一现象体现在不同地区、不同社会经济背景的人群之间存在显著差异的数字技术获取和使用能力上。尤其在农村和偏远地区，以及低收入家庭中，由于缺乏必要的数字设备、稳定高速的互联网连接，或是基本的数字技能，许多人被边缘化，无法充分享受数字时代的教育红利。这不仅限制了他们获取知识和技能的机会，还加剧了教育不平等，阻碍了社会的整体进步和个体的全面发展。

面对这一挑战，必须采取多管齐下的策略，努力缩小数字鸿沟，确保教育公平。首先，加强基础设施建设是基石，政府和私营部门应加大对网络基础设施的投资，特别是在网络覆盖薄弱的区域，提升网络接入速度和稳定性，为数字教育提供坚实的硬件支撑。其次，提升全民数字素养至关重要，应将数字技能教育融入基础教育体系，开展面向各年龄层人群的数字技能培训，特别关注弱势群体，如老年人、低技能工人和残障人士，通过专门的培训项目，帮助他们掌握数字技能，消除数字障碍。

同时，促进教育内容的多样化和可访问性同样关键。利用云技术、移动应用和远程教育平台，开发适应不同学习需求和背景的教育资源，确保即便是偏远地区的学习者也能享受到高质量的教育服务。这些综合性措施，不仅能够缩小数字鸿沟，还能构建一个更加包容、公平的教育生态系统，让每个人都能在数字化时代中获得成长和发展的机会。

跨越数字鸿沟，促进教育公平，需要政府、企业、教育机构和民间组织的共同努力，通过创新的政策和实践，确保技术成为推动社会进步和个体发展的强大动力，而非加深不平等的工具。

（二）数据隐私保护

随着技术在教育培训中的广泛应用，收集和分析学习者数据已成为提升教学质量和个性化学习体验的重要手段。然而，这一过程也引发了关于个人隐私权和数据安全的深刻担忧。在追求技术效率的同时，如何保护学习者的隐私，确保数据的合法合规使用，成为技术引领的培训模式中不容忽视的伦理议题。

一方面，教育机构和科技公司通过收集学习者的学习行为、成绩、兴趣偏好等数据，能够进行深度分析，为学习者提供更加个性化的学习路径和资源，提高教学的针对性和效率。这些数据还可以帮助教育者及时发现学习难点，调整教学策略，促进学习成效的提升。然而，另一方面，不当的数据收集和使用可能会侵犯学习者的隐私权，引发数据泄露、滥用等风险，损害个人利益和社会信任。

为了在提升教学效率和保护个人隐私之间找到平衡，构建一套安全、透明、负责任的数据使用框架显得尤为重要。首先，教育机构和科技公司应当遵循"最小必要原则"，仅收集完成教学目标所需的数据，避免过度收集和使用。其次，教育机构和科技公司应加强数据加密和安全防护措施，确保数据在传输和存储过程中的安全，防止未经授权的访问和泄露。

同时，透明度和知情同意机制不可或缺。教育机构应明确告知学习者数据收集的目的、范围和使用方式，获取学习者的明确同意，尊重其选择是否参与数据收集的权利；此外，建立严格的数据访问和使用权限制度，确保只有授权人员才能接触敏感数据，同时定期进行数据使用审计,检查是否符合既定的隐私政策和法律法规。

教育机构和科技公司应持续关注数据伦理的最新进展,积极参与行业自律和公众对话,推动建立行业标准和最佳实践,促进技术的健康发展,确保技术引领的培训模式既能发挥数据的价值,又能维护学习者的隐私权益,营造一个安全、信任的学习环境。

面对技术引领的培训挑战,构建平衡效率与隐私的伦理框架,不仅需要技术层面的创新,更需要法律、伦理和社会层面的共同努力,确保技术服务于人类的福祉,而不是成为威胁个人隐私的工具。

三、未来培训技术的无限可能

未来几年,我们正站在一场由新兴技术引领的培训行业革命的起点。在这片充满无限可能的领域中,元宇宙、增强现实、虚拟现实、人工智能与机器学习以及量子计算等前沿技术,将共同绘制出一幅前所未有的教育培训蓝图。

元宇宙,作为连接物理世界与数字世界的桥梁,将为学习者打造一个无边界的学习社区,让全球的学习者能够跨越地域限制,实时交流、协作和学习,共同探索知识的海洋。增强现实和虚拟现实技术的深度融合,不仅为学习者开启了沉浸式的学习大门,更是在元宇宙的广阔舞台上绽放异彩。无论是在医学解剖的虚拟实验室,还是在机械维修的模拟车间,抑或是在艺术创作的数字画廊,学习者都能亲身体验到生动直观的知识与技能,极大丰富了学习体验,提升了学习效率。元宇宙中的虚拟实验室和模拟训练将成为教育新常态,让复杂知识的掌握变得轻松愉快。人工智能与机器学习则在元宇宙中扮演着智慧导师的角色。通过深度分析学习者的行为模式和认知特点,智能算法能够为每位学习者量身定制学习路径,提供即时反馈和精准辅导,让个性化学习在元宇宙中达到新的高度。同时,量子计算的突破将为元宇宙注入前所未有的计算力,加速数据处理和模式识别,推动教育内容的创新和教学方法的革新,为教育培训带来更强大的智能支持。

面对这一波技术浪潮,培训从业者和决策者应积极准备,拥抱变化,抓住机遇。首先,持续学习和专业发展至关重要,培训者只有不断提升自身对新技术的理解和应用能力,才能成为技术驱动教育的引领者。其次,教育机构要加强跨领域合作,与科技企业、研究机构建立伙伴关系,共同探索技术在教育培训中的创新应用。再次,教育机构要注重伦理和隐私保护,确保技术进步的同时,使学习者的权益得到充分尊重和保障。最后,全社会要倡导开放创新,鼓励实验和试错,构建一个包容失败、鼓励创新的文化氛围,让每一位教育者和学习者都能在技术变革中找到自己的位置,共同书写教育培训的未来篇章。

第二节　终身学习生态系统

终身学习的理念强调,学习是一个跨越时间、空间、年龄限制的持续过程,它要求个体在整个生命周期内不断获取新知识、技能和态度,以应对职业生涯和个人生活中不断涌现的挑战。这一理念是对传统教育模式的一次深刻反思与超越,它倡导的是一种全方位、多维度、灵活多变的学习方式。当前,构建终身学习生态系统不仅是提升国家竞争力的战略需要,也是促进社会公平正义、实现个人潜能释放的重要途径。这一系统旨在通过整合教育资源、优化学习环境、强化技术支撑、促进多方合作,为学习者创造一个无处不在、无缝连接的学习

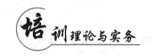

空间。

一、终身学习生态系统的含义

终身学习生态系统这一概念根植于终身教育的理念,后者自20世纪中叶由保罗·朗格朗提出以来,逐渐成为全球教育改革的重要导向。随着社会经济的快速发展和信息技术的不断革新,教育的边界被极大地拓宽,学习不再局限于特定的时间和地点,而是演变为一个随时随地发生的过程。在此背景下,终身学习生态系统应运而生,它被视为一种更全面、更灵活、更紧密联系的学习环境模型。

终身学习生态系统是一个广泛的概念,它描绘了一个理想的学习环境模型,其中学习被视为一个无边界、全周期、全社会参与的过程。在这个系统中,学习不仅仅局限在传统的教室或校园内,而是扩展到工作场所、社区、家庭乃至虚拟网络空间,形成了一个无缝整合各种学习资源与机会的广阔舞台。这一理念强调,个人在其一生中,无论处于哪个年龄阶段、何种职业状态,都能便捷地接入所需的学习内容,通过多样化的途径持续提升自我,以适应不断变化的社会与经济环境。

终身学习生态系统意味着充分利用互联网、移动通信、人工智能等现代技术手段,搭建智能学习平台,实现学习资源的广泛共享和学习过程的智能化辅助;将正规教育、非正规学习和非正式学习场景紧密结合,打破教育与生活的界限,让学习自然融入日常;促进学习者、教育机构、企业、政府及社会各界的紧密合作,通过互动交流、经验分享和协作项目共同创造学习价值。终身学习生态系统代表了一种面向未来的教育愿景,它致力于构建一个无处不在的学习网络,让每个人都能在其中找到适合自己的成长路径,不断适应、创新与进步。

二、终身学习生态系统构成要素

终身学习生态系统的构成要素是多维度且相互交织的,它们共同支撑起一个全面而动态的学习环境,旨在满足个体在不同生命阶段的多元化学习需求。以下是该系统的主要构成要素,它们相互作用,形成一个有机整体,推动着终身学习理念的实践和发展。

(一)学习者

在终身学习生态系统中,学习者是主动的参与者和受益者,同时也是该系统最核心的构成要素。学习者的角色和特征随着时代变迁而不断演变,他们不再是被动接受知识的容器,而是成为自我导向、主动探索、终身求知的主体。

首先,终身学习态度和自主学习能力是每位学习者的必备素质。在快速变化的时代背景下,保持对新知的好奇心和对挑战的开放态度,成为学习者适应未来、不断进步的关键。自主学习者能够主动识别自身知识与技能的缺口,有效管理时间与精力,确保学习过程既高效又个性化。

其次,学习者的多元需求促使终身学习生态系统必须具备高度的灵活性和包容性。每个学习者基于其独特的背景、兴趣和目标,对学习内容和方式有着差异化的需求。这要求生态系统提供广泛的学习资源和多样化的学习路径,从学术课程到职业技能,从线上平台到实体研讨会,确保每个人都能找到符合自己需求的学习机会。在终身学习生态系统中,学习者的社交与协作能力也是不可或缺的,学习者通过加入专业社群、参与在线讨论、合作完成项目,不仅能够获取即时反馈、拓宽视野,还能在互助中深化理解和应用知识,形成强大的学习网络。

最后,技术适应性是当代学习者必须掌握的基本技能。随着数字化工具的日益普及,从在线课程平台到虚拟现实技术,技术不仅改变了学习的方式,也拓宽了学习的边界。学习者需不断提升自身的数字素养,有效利用技术手段优化学习体验,提高学习效率。

(二)学习资源与平台

在终身学习生态系统中,学习资源与平台作为知识传递和技能提升的载体,扮演着举足轻重的角色。它们不仅为学习者提供丰富的学习材料,还通过先进的技术手段,打造高效、互动、个性化的学习环境,是连接学习者与知识、技能的桥梁。

1. 学习资源

学习者能够获取的常见学习资源有以下几类:①开放教育资源(OER)与开放课程,比如 OpenCourseWare、Coursera、edX 等平台提供的大量免费或低成本的在线课程,涵盖从基础科学到前沿科技,从人文社科到商业管理的广泛领域。②数字图书馆与电子书,如 Google Books、中国国家图书馆数字资源、Project Gutenberg(古登堡计划)等,为学习者提供了跨越时空限制的阅读资源。这些资源不仅包括经典文献,还有最新的研究成果和行业报告。满足了不同层次和兴趣的学习需求。③专业数据库与行业报告。专业数据库(如 PubMed、IEEE Xplore 等)和行业分析报告[如麦肯锡报告、IDC(国际数据公司)报告等]提供了深度学习和研究的宝贵资料。这些资源通常包含了行业前沿信息、统计数据和案例研究。

2. 学习平台

在线学习平台从大规模开放在线课程(MOOC)到专业技能培训平台(如 Udacity、LinkedIn Learning),通过视频课程、互动问答、项目实践等形式,为学习者提供灵活、高效的学习体验。这些平台往往采用微学习、游戏化学习等创新教学方法,增加学习的趣味性和互动性。

结合人工智能技术的智能学习系统,如 Duolingo(多邻国)、Smart Sparrow 等,能够根据学习者的表现和偏好,动态调整学习路径和难度,提供个性化学习方案。这类平台利用数据分析,精准识别学习者弱点,推荐针对性练习,加速学习进程。

像 Slack、Microsoft Teams、知乎这样的平台,为学习者提供了交流想法、组建学习小组、参与项目合作的空间。通过在线讨论、协作编辑文档、共享资源,学习者可以在互动中深化理解,建立专业网络,实现知识的共创共享。

此外,模拟软件、虚拟实验室(如 Labster)、远程实习项目等,为学习者提供了安全、低成本的实践环境。尤其在科学实验、编程开发、艺术设计等领域,这类平台能够帮助学习者在真实情景中应用理论知识,增强实践能力。

(三)教育机构与培训机构

教育机构与培训机构作为终身学习生态系统中不可或缺的支柱,它们在促进个人职业发展、技能升级以及社会整体知识创新方面发挥着至关重要的作用。随着社会经济的快速变化和知识更新的加速,这些机构不断调整策略,以适应终身学习的需求,提供更加灵活、多样化的学习途径。

1. 教育机构

教育机构通常是指高等教育机构,许多大学和学院已不仅仅局限于提供传统的学位课程,而是增设了继续教育学院或成人教育项目。这些项目涵盖了短期课程、专业证书、在线学位等多种形式,专为在职人士或有特定学习需求的成人设计,注重实用性和针对性,如高管教育、专业资格认证等,帮助学习者在职场上保持竞争力。

除了高等教育机构外,公共图书馆、社区学院以及成人教育中心也通过提供基础技能课程、语言学习、兴趣小组等,为社区居民提供低成本或免费的学习机会。它们在推广终身学习理念、促进社会包容性学习方面扮演着关键角色,尤其是在提高数字素养、公民教育等方面。

2. 培训机构与专业组织

(1)行业技能培训中心。专注于特定行业技能提升的专业培训机构,如 IT 培训、财务管理、医疗护理等方面的机构,通过短期密集培训、实习实训等方式,快速响应市场需求,帮助学员获得行业认证或提升岗位技能。这类机构通常与行业企业紧密合作,确保培训内容与实际工作需求高度匹配。

(2)企业内部培训与发展。越来越多的企业认识到员工培训对于提升组织竞争力的重要性,建立了完善的内部培训体系。这包括新员工入职培训、领导力发展项目、技能提升工作坊等,旨在促进员工个人成长与企业战略目标的统一。随着在线学习技术的进步,企业大学和在线学习平台也日益成为主流。

(3)网络教育平台与远程培训机构。随着互联网技术的发展,网络教育平台和远程培训机构如 Udemy、Pluralsight、中国大学 MOOC 等,凭借其灵活的学习时间、广泛的课程选择和较低的成本,吸引了大量终身学习者。这些平台通过与行业专家、著名讲师合作,提供高质量的在线课程,满足了不同水平、不同兴趣的学习需求。

教育机构与培训机构正逐步打破传统边界,通过线上线下融合(OMO)、跨学科课程、国际合作项目等创新模式,提升教育的灵活性和有效性。同时,利用大数据、人工智能等技术进行学习者行为分析,以提供更加个性化的学习体验和效果评估。此外,建立学分互认、学位衔接等机制,促进各类教育机构之间的合作与资源整合,也是推动终身学习生态系统发展的重要方向。

(四)政策与支持体系

政策与支持体系是构建终身学习生态系统不可或缺的框架,它为学习者提供制度保障、激励机制以及必要的资源和服务,确保学习机会的公平性、可及性和可持续性。

1. 政策制定与实施

终身学习生态系统的构建首先需要政府通过制定终身学习国家战略,确立发展目标,明确终身学习在国家发展中的地位和作用。这包括设立专门机构负责终身学习政策的规划与实施,如制定终身学习法,明确公民的学习权利与义务,以及教育机构、企业、社区等在终身学习中的职责。

为保障终身学习项目的实施,政府及非政府组织还要提供财政支持,包括设立专项基金、提供学习补贴、税收减免等措施,减轻学习者的经济负担。同时,针对低收入群体、残疾人、偏远地区居民等特殊群体,实施特别资助计划,确保学习机会的公平性。

2. 学习认证与学分银行

政府可以建立全国或国际范围内的学分银行和学分互认体系,使得学习者在不同教育机构、不同学习渠道所获得的学习成果能够被认可和累积,提高学习路径的灵活性和连贯性。这不仅鼓励人们在不同阶段和环境下持续学习,也为学历教育与非学历教育之间架设了桥梁。

政府和相关机构要完善职业技能认证体系和资质框架,为学习者提供明确的学习目标和职业晋升路径。通过标准化考试、实践考核等方式,对学习者的知识技能进行评价,颁发具有公信力的职业资格证书,增强其就业竞争力。

3. 法律法规与监管

政府制定相关法律法规,保护学习者的个人信息安全、知识产权和消费者权益,确保学习过程中的信息安全与公平交易;同时,建立有效的投诉和调解机制,处理学习者与教育提供者之间的纠纷。

政府建立健全教育质量评估和监管体系,对各类教育机构和培训项目进行定期评估,确保教学内容的时效性、教学方法的有效性及学习成果的质量;通过公布评估结果,引导市场优胜劣汰,促进教育质量持续提升。

4. 社会支持与文化建设

通过媒体宣传、公益活动等形式,提高公众对终身学习重要性的认识,营造尊重知识、鼓励学习的社会氛围。举办学习节、终身学习奖项评选等活动,表彰优秀学习者和创新项目,激发全民学习热情。

鼓励社区建立学习中心、图书室,举办各类讲座、工作坊,为居民提供便利的学习场所和资源。同时,鼓励企业建立学习型组织,为员工提供学习时间和经费支持,将员工发展与企业战略相结合,形成良好的学习文化。

(五)技术创新与应用

技术创新与应用在终身学习生态系统中占据核心地位,它们不仅是推动学习方式变革的关键力量,也是实现教育公平、提升学习效率与质量的重要途径。技术的融入,使得学习突破了时间与空间的限制,变得更加灵活多样,满足了不同学习者个性化和终身化的学习需求。

在这一生态中,技术不仅仅是教学工具的革新,更深刻地影响着学习内容的生产、传播和消费方式。例如,人工智能通过分析学习者行为,提供定制化学习路径,优化资源推荐,实现智能辅导与评估;虚拟现实与增强现实技术则创建了沉浸式的仿真学习环境,使抽象概念具象化,提升学习的互动性和体验感。云计算与大数据分析的应用,使得大规模学习数据的处理成为可能,为学习效果的精准监测和教育决策的科学化提供了依据。

此外,技术还在促进教育资源的广泛共享、构建开放教育平台、强化学习社群互动等方面发挥着不可替代的作用,加速了知识的迭代与创新。可以说,技术创新与应用为终身学习生态系统提供了强大的驱动力,不仅重塑了学习的形态,更在不断地拓宽学习的边界,助力构建一个更加开放、包容、高效的学习未来。

(六)学习社群与网络

学习社群与网络在终身学习生态系统中扮演着独特的角色,它们超越了传统学习资源和平台的范畴,成为连接学习者、促进知识流动与社会互动的桥梁。不同于个人自学或单一平台学习,学习社群强调的是集体智慧的汇聚与共享,为终身学习增添了浓厚的人文关怀和社会维度。

学习社群与网络为学习者提供了一个超越物理界限的交流空间，无论是线上的社交媒体群组、专业论坛、在线学习社区，还是线下学习俱乐部、研讨会、工作坊，都是学习者相遇、思想碰撞的场所。这些平台鼓励开放对话，促进不同背景、不同专业的学习者相互启发，共同解决问题，加深对知识的理解和应用。在这样的环境中，学习不再是孤立的行为，而是通过讨论、协作、反馈等社会交互过程，转化为一种集体创造知识、解决问题的活动。学习者在社群中不仅能获得即时的答疑解惑，还能通过观点碰撞激发出新的思考，促进认知的深化和视野的拓宽。社群内部形成的互助文化，有助于建立正面的学习态度，增强个体的归属感和自我效能感。

此外，学习社群与网络是知识更新和创新思维的孵化器。成员们基于共同兴趣或目标集结，容易形成热点话题探讨、专业项目合作，甚至共同开发新的学习资源，如开源课程、研究论文等，推动知识边界的拓展和实践应用的创新。在这一过程中，学习者不仅吸收新知，更参与到知识生产的循环中，成为知识经济时代不可或缺的一环。

(七) 终身学习文化与意识

终身学习文化与意识是构建终身学习生态系统的精神内核，它是一种价值观、一种生活态度，更是驱动个人和社会持续进步的动力源泉。在这一构架下，终身学习不再仅是获取知识和技能的手段，而是成为人们追求自我完善、适应变化、促进创新的必由之路。

终身学习文化倡导"活到老，学到老"的理念，强调知识和技能的不断更新是个人适应社会发展、提升生活品质的关键。它鼓励人们跳出传统教育阶段的限制，将学习视为贯穿一生的旅程，培养出主动求知、勇于探索、乐于接受新事物的态度。这种文化认同，促使个体在面对职业生涯的变化、技术革新、全球化挑战时，能够积极寻求学习机会，实现个人能力的持续升级。

终身学习意识的提升体现在对自我提升的内在需求上，促使人们主动规划学习路径，利用碎片时间学习，追求终身成长而非短期目标。学习不再是外在压力下的被动行为，而是基于个人兴趣、职业规划和生活需求的主动选择。当终身学习文化深入人心，社会整体将逐渐向学习型社会转变。政府、企业、教育机构和社区都将更加重视学习资源的建设、学习机会的提供和学习环境的优化。

终身学习文化与意识的普及，是推动社会创新与科技进步的重要催化剂。学习者在不断探索新知的过程中，能够跨界融合不同领域的知识，激发创新思维，促进新技术、新产品的诞生。同时，终身学习也促进了社会的包容性增长，通过提高全民的教育水平和技能，缩小知识鸿沟，增强社会的凝聚力和适应力。

案例 12-2

"学习强国"学习平台由中共中央宣传部主管，是一个集新闻资讯、政策发布、在线学习、答题竞赛、互动交流等多功能于一体的综合型学习平台。自 2019 年上线以来，"学习强国"迅速成为推动全民终身学习的重要力量。

该平台内容覆盖政治、经济、文化、科技等多个领域，既包括权威的政策解读、时政新闻，也有丰富的文化历史、科学技术知识，以及外语学习、职业技能培训等课程资源。它利用大数据和人工智能技术，为用户提供个性化的内容推荐，满足不同年龄、职业、兴趣的学习需求。

"学习强国"还创新性地引入了积分系统和竞赛机制,鼓励用户每日登录学习,通过完成阅读文章、观看视频、参与答题等方式积累积分,激发了广大用户的参与热情和学习积极性。平台通过移动端应用,实现了学习资源的随时、随地获取,适应了现代人快节奏生活中的学习需求。

此外,"学习强国"注重学习社群的建设,设有讨论区,用户可以发表评论、交流心得,形成良好的学习互动氛围。平台还与各级党校、行政学院、高校等教育机构合作,引入高质量的教育资源,不断提升内容的专业性和权威性。

"学习强国"学习平台展示了如何通过整合优质资源、利用先进技术、创新学习激励机制以及构建互动社群,成功打造一个覆盖广泛、内容多元、易于接入的终身学习生态系统,促进了全民学习风气的形成,提升了国民综合素质。

第三节 学习型组织 2.0:敏捷与创新

学习型组织的概念最初由彼得·圣吉在《第五项修炼》中提出,强调组织通过持续学习与知识共享,提升适应环境变化的能力。随着科技迅猛发展、市场环境日益复杂多变,传统学习型组织面临新的挑战。进入 21 世纪,学习型组织 2.0 应运而生,它是对原概念的深化与扩展,特别是在敏捷性和创新力方面提出了更高要求。

在数字化转型的大潮中,信息爆炸、技术迭代加速,使得组织必须具备快速学习新技术、新知识并迅速应用于实践的能力。同时,面对全球化的竞争格局,创新不再是一种选择,而是生存与发展的必需。学习型组织 2.0 正是为了应对这些挑战而生,它致力于打造一种能够灵活转身、快速试错、持续创新的组织形态。这样的组织不仅能够敏锐捕捉市场动向,还能激发员工潜能,促进从个体到组织层面的全面学习与创新,确保在不确定性中稳健前行,持续创造价值。因此,构建学习型组织 2.0 不仅是提升组织竞争力的策略,更是适应未来、引领变革的关键所在。

一、学习型组织 2.0 含义及特征

学习型组织 2.0 是指在原有学习型组织基础上进一步进化的一种组织模式,它深度融合了现代信息技术,更加注重组织的敏捷性、灵活性与创新能力的发展。在这一模式下,组织不仅仅强调知识获取和个体学习,而是将学习作为一种核心战略,嵌入组织文化、结构、流程以及日常运营的每一个环节,形成一种促进持续成长与快速适应环境变化的生态系统。学习型组织 2.0 的核心特征如下。

1. 敏捷性

在学习型组织 2.0 的框架下,敏捷性成为组织适应快速变化环境、维持竞争优势的核心特征之一。这种敏捷性不仅体现在对外部环境变化的快速响应上,更深刻地嵌入了组织的结构、文化、决策过程及员工行为之中,形成了一个全方位、深层次的动态适应系统。

敏捷性首先体现在组织结构的灵活性上。学习型组织 2.0 倾向于采用扁平化、去中心化的管理模式,减少层级,增加跨职能团队,以便于信息的快速流通和决策的即时执行。这种结构上的精简与优化,让组织能够像一个有机体一样,对内外部信号做出敏捷反应,迅速调整战略方向或业务重心,以适应市场和技术的最新发展。其次,敏捷性还意味着快速学习

与知识转化的能力。在信息爆炸的时代,学习型组织2.0强调的不仅是知识的积累,更重要的是知识的快速获取、分析、应用与创新。通过建立高效的知识管理系统、促进知识共享的文化,以及利用数字化工具加速学习过程,组织能够迅速吸收新知识、新技术,并将其转化为实际操作中的创新解决方案,从而在竞争中占得先机。此外,决策的敏捷性也是学习型组织2.0的一大特点。在这样的组织中,决策权往往更加分散,一线员工被赋予更多的自主权,能够基于实时信息快速做出决策。同时,通过引入敏捷项目管理和迭代开发方法,组织能够以小步快跑的方式推进项目,及时调整方向,有效降低了因长时间决策延误而导致的风险。

更为关键的是,学习型组织2.0的敏捷性根植于一种成长心态和持续改进的文化之中。这种文化鼓励员工拥抱变化,视失败为学习的机会,勇于尝试和创新。通过不断的实验、反馈、调整,组织在实践中学习,在学习中成长,形成了一个正向循环,不断提升自身的适应性和创新能力。

敏捷性作为学习型组织2.0的核心特征,是组织在不确定环境中生存与繁荣的关键。它要求组织不仅要在结构、流程上做出适应性调整,更要在文化、心态上进行深刻的变革,从而确保组织能够灵活应对挑战,持续创造价值。

2. 创新驱动

学习型组织2.0的另一核心特征在于其创新驱动的发展战略,这不仅仅是指产品或服务的创新,更是指整个组织文化和运行机制上的创新,是一种将创新视为组织生命线的全面革新。在这样的组织里,创新不仅仅是一个目标,而是渗透到了组织的每一个细胞,成为驱动其持续进化和适应未来的关键力量。

创新驱动首先体现为一种文化氛围的营造。学习型组织2.0积极倡导开放、包容的文化,鼓励员工不拘泥于现状,敢于质疑、勇于探索未知领域。这种文化让每个员工都意识到自己是创新的主体,无论是微小的改进还是颠覆性的突破,都能得到认可和鼓励。组织通过举办创意大赛、创新工坊等活动,以及建立创新激励机制,激发全员的创新潜力,使创新成为一种常态,而非偶发事件。创新驱动还要求组织具备强大的学习和知识转化能力。在快速变化的市场环境中,新知识、新技术层出不穷,学习型组织2.0通过构建高效的知识管理系统和学习平台,促进信息的快速传播与吸收,确保员工能够及时掌握前沿知识,将学习成果迅速转化为创新实践。这种快速学习和应用的能力,为组织的持续创新提供了源源不断的动力。此外,学习型组织2.0重视结构与流程的创新,以适应快速迭代的产品和服务需求。这意味着组织结构更加灵活,能够快速组建跨部门、跨领域的项目团队,采取敏捷开发、设计思维等方法,快速响应市场变化,缩短从创意到市场的周期。同时,组织鼓励试验和快速失败,通过快速迭代不断优化产品和服务,形成一种"试错—学习—改进"的良性循环。创新驱动还体现在对未来的预见性和战略远见上。学习型组织2.0不仅关注当下,更着眼于未来趋势,通过建立战略雷达,密切关注行业动态、技术发展和社会变迁,前瞻性地布局未来。这种对未来的洞察力,使得组织能够提前准备,抓住新兴机遇,避免被市场淘汰。

3. 知识共享与协同工作

知识共享与协同工作是学习型组织2.0的又一重要特征,是推动组织智慧增长、提升集体效能的关键。这种特征不仅强调信息和知识的自由流动,更侧重于通过有效的合作机制,促进跨部门、跨层级的深度协同,形成一个高度一体化、动态响应的智慧网络。

知识共享被视为组织内部的"智力循环系统"。在学习型组织2.0中,知识不再是个人或部门的私有财产,而被视为公共资源,通过各种形式的平台和技术工具,如企业社交网络、知识管理系统、在线协作平台等,得以广泛传播和深入挖掘。这种开放共享的环境鼓励员工主动贡献自己的知识和经验,同时也方便他人随时获取所需信息,促进了知识的增值与再创造。知识的透明化和易获取性,极大地提升了决策效率和问题解决能力,为组织的持续学习与创新奠定了坚实的基础。

协同工作则是将这种知识共享的优势转化为实际行动的力量。在高度互联的数字时代,组织内部的界限日益模糊,团队工作不再受物理空间限制,而是更加依赖于虚拟协作与项目制运作。学习型组织2.0通过构建跨职能团队,汇集不同背景、专长的成员,利用敏捷工作方法和数字工具,实现无缝沟通与高效协作。这种工作模式不仅加速了项目的推进,更促进了知识的交叉融合与创新思维的碰撞,为组织带来了前所未有的创造力和灵活性。

尤为重要的是,学习型组织2.0通过强化组织文化的建设,为知识共享与协同工作创造了有利的软环境。组织鼓励开放心态,倡导尊重多样性、信任与包容的价值观,使得员工愿意分享,乐于合作;同时,通过建立相应的激励机制和考核体系,确保协作成果能够得到公正的评价与奖励,进一步激发了团队的协同动力和集体智慧。知识共享与协同工作不仅是一种工作方式的革新,更是一种组织文化的深刻转变。它通过打破信息孤岛,促进智慧的流动与汇聚,构建了一个高度协同、快速响应的组织生态,为组织在复杂多变的环境中持续成长和创新提供了强大引擎。

二、构建学习型组织2.0的关键步骤

构建学习型组织2.0并非一蹴而就,而是一个循序渐进、环环相扣的过程:从领导力的革新出发,经由组织结构与文化的重塑,到技术支持下的知识共享与协同机制建立,直至形成持续反馈与优化的闭环。通过这些关键步骤,组织可以逐步成为一个既敏捷又充满创新活力的学习型组织。

(一)领导力与愿景重塑

在构建学习型组织2.0的过程中,领导力与愿景重塑是第一步,也是最为关键的环节。领导层的角色不再局限于传统意义上的指挥与控制,而是转变为学习的倡导者、创新的领航员和变革的催化剂。领导者需展现出对未来清晰而远大的愿景,将组织导向一个鼓励探索、崇尚知识、拥抱变化的新时代。

重塑始于领导者的自我革新,他们需展现出对新知的渴望和持续学习的承诺,通过参与高级研修、跨界交流等形式,不断提升自身的战略视野与创新能力。同时,领导层需共同勾勒出一个包容、开放、以学习为动力的组织愿景,这个愿景应当超越短期利益,着眼于组织的长远发展,明确学习与创新对于实现组织目标的核心地位。在此基础上,领导层需设计并推行一套与愿景相符的策略,将学习与创新融入组织,如通过定期举办学习论坛、设立创新实验室、鼓励跨部门协作等方式,激发全体员工的好奇心与创造力。领导者的角色转变为教练与导师,通过有效的沟通与反馈,引导团队成员理解学习的重要性,鼓励他们挑战现状,勇于探索未知。领导力的重塑还需体现在对失败的态度上,建立一种"安全失败"的文化,让员工明白失败是学习过程中不可或缺的一部分,鼓励从失败中吸取教训。这种文化的建立,需要领导者展现出高度的同理心与支持性,为团队创造一个勇于尝试、不怕犯错的宽松环境。

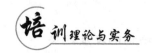

(二)文化与结构优化

文化与结构优化如同组织的骨架与灵魂,为持续学习与创新提供坚实的支撑与无限的活力。文化上强调的是一种深度嵌入的共享价值观体系,它不仅倡导终身学习的理念,更将开放性、包容性、创新性和成长性作为组织的核心理念。从管理层到基层员工,每个人都被视为知识的创造者与传播者。组织鼓励自由交流思想,尊重多样性,视差异为创新的源泉。组织通过定期举办创意工作坊、思维碰撞会议等活动,激发团队的创新火花,营造一个鼓励尝试、宽容失败的氛围,让每一位成员都能在安全的环境中探索、实验、成长。

结构上优化的重点在于打破传统的垂直等级制度,转向更加灵活、敏捷的矩阵式或网络化结构。这种结构鼓励跨部门、跨职能团队的组建,以项目为导向,快速响应市场变化和客户需求。组织通过建立高效的沟通机制和协作平台,确保信息的无障碍流通,使决策过程更加迅速、精准。同时,组织内部形成知识共享的生态系统,利用云平台、企业社交网络等技术手段,促进知识的即时更新与广泛传播,使团队成员能够轻松获取所需信息,加速知识向生产力的转化。

(三)知识管理与共享机制

知识管理与共享机制是维系组织智慧命脉、激发创新潜能的关键环节。它不仅关乎如何有效捕捉、组织和传播知识,更在于如何创造一个促进知识交流与创新思维碰撞的生态环境。此机制的精髓,在于将知识视为组织最宝贵的资产,通过系统化的管理策略和先进的技术平台,确保知识的流动与增值。

首先,构建一个集成化的知识管理系统至关重要。这一系统需整合多样化知识资源,包括内部文档、专家经验、外部研究成果等,通过分类、标签化管理,实现知识的有序存储与快速检索。利用人工智能与机器学习技术,对海量数据进行智能分析,提取关键信息,为决策提供数据支持,同时个性化推送学习资料,满足员工的不同学习需求。其次,鼓励并促进知识的主动分享与协作创造。组织应建立知识分享激励机制,如设立"最佳知识贡献奖""创新提案竞赛",激发员工分享知识的积极性与创造性。通过组织内部的研讨会、工作坊、知识咖啡等形式,促进跨部门、跨层级的面对面交流,打破信息孤岛,加速知识的横向传播与纵向渗透。最后,打造开放的知识交流平台,利用企业社交网络、在线协作工具,让知识分享超越时间和空间限制,实现即时互动与远程协作。这样的平台不仅促进了知识的实时更新,还增强了团队凝聚力,鼓励员工在轻松的氛围中自由表达观点,共同解决问题。

(四)技术与工具的集成

技术与工具的集成是学习型组织2.0不可或缺的驱动力。它涵盖了从智能学习平台、大数据分析、云计算服务到协作软件的广泛应用,旨在通过科技赋能,优化学习资源的获取与利用,加速知识创新与传播。例如,利用AI技术的个性化学习系统,能够根据员工的学习行为和能力模型定制课程,提升学习效率;而云计算平台则让知识资源随时随地可访问,促进团队协作无界化。此外,数据分析工具帮助组织精准评估学习成效,及时调整策略,确保技术与教育内容的深度融合,共同驱动组织向更智能、更高效的方向发展。

(五)评估与持续改进

组织通过建立全面的评估体系,不仅关注学习成果、知识转化的实际效果,还重视过程中的参与度、满意度及创新产出;采用定性与定量相结合的方法,结合数据分析与员工反馈,定期审视学习项目、知识管理实践和技术工具的应用成效。基于评估结果,组织需灵活调整策略,优化资源配置,不断迭代学习内容与方法。同时,组织要鼓励形成一种持续学习与自我反思的文化,确保每个成员都能从经验中学习,从反馈中成长,共同驱动组织在快速变化的环境中保持领先,实现长期的可持续发展。

案例 12-3

华为是一家在全球范围内广为人知的公司,它在构建学习型组织 2.0 方面展现出了显著的实践和成果。华为自 1987 年创立以来,历经数十年的成长,从一个国内通信设备制造商发展成为全球领先的 ICT(信息与通信技术)解决方案提供商。其成功在很大程度上归功于对学习型组织的持续建设和优化。

(1)领导力与愿景:华为的高层领导高度重视学习与创新,任正非等高层亲自参与并推动学习文化,强调"以客户为中心,以奋斗者为本,长期艰苦奋斗"的核心价值观,为组织设定清晰的长期学习与创新目标。

(2)文化与结构:华为通过构建开放、包容的企业文化,鼓励员工不断学习、勇于创新。公司内部实施轮岗制度,促进跨部门知识交流,同时设立专门的研发机构和实验室,为技术创新提供土壤。

(3)知识管理与共享:华为拥有完善的知识管理系统,利用数字化工具如企业内部知识库、在线学习平台等,促进知识的积累、分享和应用。通过"华为大学"等平台,为员工提供丰富的学习资源和定制化的培训课程。

(4)技术与工具:华为是信息技术应用的先行者,利用 AI、大数据等技术优化管理流程,提高工作效率。在内部,华为云和智能办公系统等工具被广泛用于促进团队协作和知识流动。

(5)评估与持续改进:华为建立了严格的绩效评估体系,将学习成果和创新贡献纳入员工考核指标。同时,通过持续的复盘和战略调整,确保组织能够快速适应市场和技术的变化,实现持续改进。

上述内容展示了学习型组织 2.0 的多个核心要素如何在一家大型跨国公司中得到有效实施。通过不断学习与创新,华为在全球市场上保持了强大的竞争力和领先地位。

构建学习型组织 2.0 是一场向敏捷性与创新力深度进军的探索。通过领导力的转型、文化的培育、知识的共享、技术的集成,以及持续的评估与改进,组织不仅能够灵活应对未来的不确定性,更能在创新的浪潮中乘风破浪。这是一条要求全体成员共同参与、持续学习与进化的道路,每一步实践都是向着更高组织智慧与更强竞争力的迈进。

第四节　未来工作趋势与培训的协同进化

随着零工经济的兴起、远程工作成为常态,以及技能需求的不断演化,未来的劳动力市场对灵活性、创新性和持续学习能力提出了更高要求。因此,构建一个既能预见未来趋势又能灵活应变的培训体系,对于培养能够适应并引领未来工作的高素质人才至关重要。

一、工作新场景

(一)零工经济的崛起

1. 零工经济的定义

零工经济,这一术语源自英文"gig economy",得名于音乐、演艺行业中的单场演出"gig",意指一种短期合同或自由职业者按项目接取工作的经济模式。在这一模式下,企业倾向于将工作分解成多个小项目或任务,通过在线平台直接匹配给具有相应技能的独立工作者完成,而非传统意义上的长期雇佣关系。零工经济的兴起,得益于互联网技术的高度发展,特别是智能手机应用和在线服务平台的普及,它们极大地降低了雇主与自由职业者之间的匹配成本,提高了工作效率与灵活性。

零工经济已在全球范围内展现出蓬勃发展的态势。从 Uber(优步)、滴滴出行等共享出行平台,到 Upwork、猪八戒网等专业服务外包平台,再到 Airbnb(爱彼迎)这样的住宿共享平台,这些成功案例不仅改变了人们的生活方式,也为数以百万计的人提供了灵活的工作机会。据统计,越来越多的劳动者,尤其是千禧一代和 Z 世代,倾向于选择零工工作以寻求工作与生活的更好平衡,或是作为兼职增加收入的渠道。然而,这种经济模式也面临着法律界定模糊、社会保障缺失、职业稳定性差等挑战,促使社会各界对如何保障零工工作者权益展开了广泛讨论。

2. 零工经济对技能培训的新要求

零工经济的蓬勃发展,为劳动市场带来了前所未有的灵活性与多样性,同时也对参与其中的工作者提出了新的技能挑战与培训需求。在这个快速变化的环境中,个体不再依赖单一雇主提供的长期职业发展路径,而是需要主动掌握一套能够在多变市场中迅速站稳脚跟的能力组合。

对于零工经济工作者而言,快速适应市场的能力变得尤为重要。零工经济下的工作机会往往是短期且多变的,工作者需要具备敏锐的市场洞察力,快速识别新兴领域的需求,并迅速学习相关技能以抓住机遇。这意味着培训体系需强调培养学习者的市场分析能力与快速响应机制,帮助他们在不断涌现的新行业中找到定位。同时,工作者必须具备良好的数字素养与技术工具的应用能力。无论是寻找工作机会、管理财务记录还是提升工作效率,数字技能都是零工经济工作者不可或缺的工具。这包括但不限于基本的数据分析、云服务使用、远程协作工具操作等,培训体系需紧跟技术前沿,确保学习者能够熟练掌握这些提高工作效率的技术手段。部分能力优秀的工作者需要进行自我营销与品牌建设,要有效地展示自己的专业技能和过往成就,以吸引潜在客户或项目。这要求培训内容涵盖个人品牌的建立、在线身份管理、社交媒体营销等,帮助个体在众多竞争者中脱颖而出。此外,零工经济中的工作往往以项目形式展开,工作者不仅要精通专业技能,还需具备良好的时间管理、预算控制和客户沟通能力,以确保项目按时按质完成。因此,培训课程应整合项目管理工具的应用、高效沟通策略及客户服务理念,提升工作者的综合项目执行能力。最后,由于存在工作不稳定性、收入波动和孤独感等挑战,零工工作者也要具备较强的情绪智力与心理韧性。培训中应融入情绪管理、压力调节及积极心态培养的内容,帮助他们建立强大的心理防线,保持长期的职业动力和幸福感。

(二)远程工作常态化

技术驱动的工作环境变革是推动远程工作常态化的关键力量。随着云计算、高速互联网、协作软件、人工智能等技术的迅猛发展,传统的办公模式正在经历深刻的重构。办公室的物理界限被打破,员工不再受地域限制,可以在任何有网络连接的地方高效工作。这种变革不仅提高了工作效率,降低了运营成本,还为企业在全球范围内吸引顶尖人才打开了新窗口。

然而,远程工作的普及也对虚拟团队的技能提出了更高要求,这些要求远远超出了传统办公室环境下的协作范畴:①强化数字沟通与协作能力。在缺乏面对面交流的环境中,有效的数字沟通成为维系团队协作的生命线。这包括熟练运用视频会议、即时消息、项目管理工具等,清晰、及时地传达信息,保持团队成员间的紧密联系和任务同步。同时,团队成员需要具备良好的在线会议礼仪,确保远程会议的效率与专业性。②自主管理与时间规划。远程工作环境下,由于缺乏直接监督,个人的自我管理能力变得至关重要。工作者需具备高度的自律性,能够设定明确的工作目标,合理安排工作与休息时间,确保在没有固定上下班界限的情况下,依然能高质量完成任务。③跨文化敏感性和全球视野。远程工作模式使得团队成员可能分布于世界各地,不同文化背景、工作习惯的融合成为日常。因此,增强跨文化沟通能力,理解并尊重多元文化差异,成为提升团队协作效率的重要因素。同时,具备全球视角,能够从更广阔的维度思考问题,也是远程工作时代不可或缺的能力之一。当然,除以上三点之外,工作者还要能够快速适应新技术,比如云存储、在线协作平台、自动化工具等;也要培养良好的心理健康习惯,如定期休息、设立工作界限,这也是远程工作成功的前提。

(三)技能需求的动态变化

人工智能与自动化的快速发展正以前所未有的速度重塑职场格局,对传统职业产生了深远影响。一方面,许多重复性高、规律性强的工作岗位正逐渐被自动化技术取代,如制造业生产线上的装配工、数据录入员等,这要求从业者转向需要更多创造性思维和人际交往能力的岗位。另一方面,AI 和机器学习的集成促进了新职位的诞生,特别是在数据分析、算法开发、机器维护与优化等领域,这些岗位要求更高的技术专长和持续学习的能力。

与此同时,新兴领域如绿色能源、生物科技、数据科学等,正成为经济增长的新动力,对专业技能提出了全新的需求。在绿色能源领域,随着全球对可持续发展的重视,企业对风能、太阳能技术专家、能源管理系统分析师的需求日益增长,要求工作者不仅掌握能源转换与储存技术,还要具备环境保护意识和政策法规知识。生物科技领域的突破,如基因编辑、生物制药,迫切需要生物信息学家、基因工程师等具备交叉学科知识的专业人才,他们需融合生物学、计算机科学与伦理学的复杂技能。

数据科学作为数字经济的核心,对数据分析、机器学习工程师、数据可视化专家的需求急剧上升。这些职位不仅要求深厚的数学与统计学基础,还要掌握 Python、R 等编程语言,以及对大数据处理、人工智能模型应用有深刻理解。随着各行业数字化转型加速,数据科学家的角色愈发关键,他们需要将数据洞察转化为实际业务策略,推动企业创新与决策优化。

二、适应未来工作趋势的培训策略

在加速到来的未来工作场景中,培训模式不再是简单的知识传授,而是演变成一场与技术革新、行业变革协同进化的旅程。它要求我们不断审视新兴技能需求，预判职业发展趋势，从而设计出能够促进个人能力全面发展、灵活适应未来挑战的培训体系。这场进化的核心，在于培养个体的跨界融合能力、技术适应力，以及在复杂社会经济环境中的情感智力与创新能力，确保学习者能在不断演变的工作世界中，不仅是生存，更是引领与创造。

(一) 构建跨学科能力培养体系

构建跨学科能力培养体系，是应对未来工作趋势、培养复合型创新人才的核心策略。随着科技进步与行业融合加速，单一学科知识已难以满足复杂问题解决和创新需求。因此，教育与培训机构需打破传统学科壁垒，整合资源，设计综合性课程体系，以培养学员的多元化思维和跨界合作能力。

首先，要整合创新课程内容，将不同学科的知识点有机融合，如将工程技术与管理学、艺术设计与信息技术、生命科学与数据分析相结合，形成独特的跨学科课程模块。其次，要强化学员的实践与体验式学习。学员参与企业研发、社会服务项目或科研合作，亲身体验跨学科知识的实际应用，增强解决复杂问题的能力。再次，利用虚拟现实、模拟实验室等技术手段，模拟跨学科工作环境，提高学员对跨学科协作的理解与适应性。当然，培训的师资队伍需要既拥有深厚专业知识，又具备跨学科视野的教师团队，他们能够引导学员跨越知识边界，激发创新思维。

(二) 强化数字素养教育

强化数字素养教育，是在信息化、智能化时代背景下，提升个人与社会适应力和竞争力的必然要求。这一策略旨在通过全面而深入的培训，确保学习者不仅掌握基础的数字技能，还能紧跟技术前沿，具备高级的数字应用与伦理判断能力。

基础数字技能的普及是构建数字素养的基础。这包括但不限于数据分析能力，使学习者能够从海量数据中提取有价值的信息，做出数据驱动的决策；编程基础教育，通过学习Python、JavaScript等语言，理解算法逻辑，为解决实际问题提供技术工具。这些基础技能的掌握，为个人进入数字化工作环境提供了入门砖，同时也是进一步探索高级数字领域知识的前提。

在此基础上，高级技能提升路径则聚焦于更为专业和深层次的能力培养，以应对未来工作场所中的复杂挑战。人工智能伦理教育，旨在培养学习者在设计、开发及应用 AI 技术时，能够思考和解决隐私侵犯、算法偏见等伦理问题，确保技术进步与人类价值的和谐共存。网络安全培训，则是鉴于网络攻击与数据泄露风险日益严峻，教育学习者识别威胁、实施防护措施，保护个人与组织的信息资产安全。这些高级技能的掌握，标志着个体成为数字时代的成熟参与者，能够在确保技术安全与道德正确的前提下，推动技术创新与应用。

(三) 情绪智能与软技能的培养

虽然在数字化浪潮席卷全球的今天，硬技能如数字技术、科学与工程能力被普遍视为职场竞争力的核心，但在未来工作场景中，情绪智能与软技能的培养正逐渐成为个人与组织成功的关键要素。它们涵盖了人际沟通的艺术、团队协作的默契、领导力的展现，以及面对不确定性和压力时的心理韧性等。

随着自动化与人工智能的普及，许多重复性高、规则明确的任务正逐步被机器所替代。这意味着，那些需要人类情感投入、创造力以及人际互动的领域，如创新管理、艺术创作、心理咨询等,将愈发凸显其不可替代的价值。情绪智能,作为理解与管理自身及他人情感的能力,正是这些领域中不可或缺的要素。它使得个体能够在复杂的人际网络中,有效地沟通、协商与合作,建立起信任与共鸣,从而激发团队的创新潜力,推动项目的顺利进行。并且,面对快速变化的市场环境与技术革新,心理韧性的培养显得尤为关键。情绪智能中的压力管理与适应能力,能够帮助个体在遭遇挑战与失败时,保持积极的心态,迅速调整策略,从而在逆境中寻找到成长与创新的契机。这对于在不确定中寻找确定性,保持个人与组织的持续竞争力至关重要。

未来的工作环境也将变得更加多元化与全球化,跨文化、跨领域的协作成为常态。在这种背景下,仅凭专业技能难以保证个人与团队的成功。相反,高度发达的软技能,如跨文化沟通、团队协作、冲突解决等,成为促进团队融合、激发集体智慧的关键。它们不仅能够消除误解与隔阂,还能促进知识与创意的流动,为组织带来竞争优势。

因此,尽管数字技能与理工背景在当前社会中占据主导地位,但情绪智能与软技能作为人类特有且难以被技术完全替代的能力,其重要性将在未来工作中持续上升。重视并投资于情绪智能与软技能的培养,是个人成长与组织发展不可或缺的战略选择。

(四)终身学习文化的培育

在瞬息万变的时代背景下,组织内部终身学习文化的塑造已成为推动持续创新与适应性发展的核心驱动力。不同于以往静态的培训模式,终身学习文化倡导的是一种动态、主动、全员参与的学习态度,它将学习视为贯穿职业生涯始终的自我提升过程,而非阶段性任务。这种文化不仅能够激发员工的内在动机,促进个人成长,还能增强组织的敏捷性和竞争力,使其在激烈的市场竞争中保持领先地位。

培训与终身学习文化的深度融合,体现在培训内容的与时俱进与培训方式的创新。组织应定期评估市场趋势与技能需求,调整培训课程,确保员工能够获得最新、最相关的知识与技能;同时,采用混合学习模式,结合线上与线下、正式与非正式学习,满足不同员工的学习偏好与需求。更重要的是,培训不应局限于技能传授,而应涵盖思维方式、价值观与情感智能的培养,促进员工的全面发展。

创建学习社区与知识共享平台,是培育终身学习文化的关键步骤。组织通过建立内部知识库、开展定期的学习分享会、鼓励跨部门项目合作等方式,促进信息与经验的流动,形成一个充满活力的学习生态系统。这种文化下的员工,不仅能够从他人那里学习,也能通过贡献自己的知识与见解,成为组织知识宝库的一部分。当然,组织还要建立学习成果的认可与激励机制,确保学习投资能够转化为个人与组织的可见收益。这包括设立学习奖励计划、将学习成果纳入绩效评估体系、为优秀学习者提供晋升机会等,以此激发员工的学习热情,形成正向循环。

第五节 全球视角下的跨文化交流与培训

在日益紧密的全球经济网络中,跨文化交流已成为职场必备技能。随着数字化浪潮的推进,远程协作与跨国团队成为常态,不同文化背景下的高效沟通与合作显得尤为重要。面对这一挑战,提升跨文化理解力与适应性不仅是个人职业发展的关键,也是组织全球化战略成功的基础。本节将探讨跨文化交流的未来趋势,以及它如何塑造组织培训的新方向,助力构建更加包容与多元的工作环境。

一、全球视角下跨文化交流的未来趋势

在全球化的推动下,跨文化交流正经历着前所未有的变革。首先,数字技术的飞速发展极大地促进了全球连接,使得跨地域、跨时区的即时沟通成为可能,这不仅加速了信息的流动,也对跨文化沟通提出了更高要求。其次,随着远程工作的普及,越来越多的企业开始构建全球化团队,这要求员工具备更强的跨文化适应能力和协作技巧,以促进团队内部的有效沟通和创新思维的碰撞。最后,文化多样性被视为推动企业创新和增强市场竞争力的关键因素,促使组织更加重视跨文化培训,以培养具有全球视野的人才,从而更好地开拓国际市场,服务全球客户。

这种趋势下,跨文化交流不再局限于传统的面对面交流,而是扩展到了虚拟空间,要求个体和组织具备更广泛的文化认知、更敏锐的文化洞察力以及更灵活的文化适应策略。面对这样的未来,提升跨文化交流能力成为个人职业成长和组织战略发展的共同追求。

二、跨文化交流对组织培训的影响

跨文化交流的兴起正推动组织培训向更加多元化、包容性和实用性的方向发展,旨在培养既具备专业技能又拥有跨文化沟通能力的复合型人才,以适应不断变化的全球工作环境。跨文化交流对组织培训产生了深远影响,主要体现在两个层面:组织层面和个人层面。

从组织层面看,跨文化交流的日益重要促使企业重新审视并调整其培训策略。为了在全球竞争中脱颖而出,企业需要构建一个能够有效应对文化差异、促进文化融合的培训体系。这意味着培训内容需要更加注重跨文化沟通技巧的培养,包括非言语沟通的理解、文化敏感性的提升以及冲突解决的能力。同时,企业还应致力于打造一个包容性的工作环境,通过定期举办跨文化交流活动,鼓励员工分享各自的文化背景,增进相互理解与尊重,从而提升团队的凝聚力和创新能力。

对于个人层面,员工意识到跨文化能力对职业发展的关键作用,开始主动寻求相关培训。这不仅包括语言学习,更重要的是跨文化交际能力的提升,如何在多元文化环境中有效表达自我、理解他人观点、处理文化冲突等。个人层面上的跨文化培训有助于培养员工的全球视野,提升其在国际团队中的竞争力,为职业生涯开辟更多可能性。

三、全球视角下组织培训的特征

随着全球化步伐的加快,跨文化培训正成为各行各业不可或缺的一环,尤其在那些高度国际化、依赖于多元文化团队合作的领域。未来,跨文化培训将在科技、金融、制造业、旅游、教育以及非政府组织等行业中发挥关键作用,无论是跨国巨头还是初创企业,都将成为跨文化培训的重点对象。跨文化培训将覆盖所有层级的员工,从高层决策者到一线工作人员,甚至是合作伙伴和供应商,旨在构建一个全面理解并尊重文化差异的全球网络。

在全球化深入发展的背景下,跨文化交流给组织培训模式带来了显著的转变。区别于传统培训,未来的组织培训将展现出以下几个鲜明特征。①从标准化到多元化:与传统培训强调统一标准和流程不同,跨文化培训更加注重内容的多元化和灵活性,以适应不同文化背

景下的学习偏好和工作习惯,确保培训能有效覆盖并满足多样化的需求。②从单一语言到多语种支持:传统培训往往使用单一语言进行,而跨文化培训则需提供多语种版本或实时翻译服务,确保所有参与者都能无障碍地接收信息,促进真正的全球交流。③从被动接受到主动参与:传统培训可能侧重于单向的信息传递,而跨文化培训鼓励参与者主动分享自己的文化经验和见解,促进双向甚至多向的交流,增强培训的互动性和实效性。④从短期集中到长期持续:跨文化胜任力的培养是一个长期过程,不同于传统培训可能一次或几次完成,未来的培训将更加强调持续性,通过定期的强化训练和日常的实践机会,帮助员工逐步建立起深厚的跨文化理解与适应能力。⑤从孤立技能到综合能力:传统培训可能专注于某项特定技能的传授,而跨文化培训则着眼于综合能力的提升,包括跨文化沟通、冲突调解、团队协作和创新思维等多个方面,以培养全面发展的全球公民。

案例 12-4

美的集团作为中国家电行业的领军企业之一,在其国际化进程中高度重视跨文化培训,以促进全球团队的融合与协作。美的集团在全球范围内设立了多个研发中心和生产基地。为了确保跨文化团队的有效沟通与协作,美的集团采取了一系列措施来加强跨文化培训。

(1)语言技能培训:为员工提供语言课程,特别是英语培训,以提高他们在国际环境中的沟通能力。

(2)文化适应性培训:组织专题研讨会和工作坊,帮助员工了解不同国家和地区的文化差异,包括商务礼仪、工作习惯和价值观念,以促进相互理解和尊重。

(3)团队建设活动:定期举行跨文化团队建设活动,通过团队游戏和交流活动,增强团队成员之间的信任和凝聚力,克服文化障碍。

(4)案例学习与分享:通过内部分享会,邀请有经验的员工讲述跨文化沟通的实际案例,分享成功的经验与教训,提升团队的跨文化沟通技巧。

(5)领导力培训:特别关注跨文化领导力的培养,通过培训项目帮助管理层了解如何在多元文化环境中领导团队,促进团队的和谐与高效运作。

美的集团通过这些跨文化培训措施,有效地提升了员工的跨文化沟通能力和团队协作水平,为其在全球市场的拓展提供了坚实的人力资源基础。这种前瞻性的培训策略,不仅增强了美的品牌的国际形象,也为企业创造了可持续的竞争优势。

本章小结

通过对核心技术趋势的剖析,本章展示了 AI、大数据、区块链等新兴技术如何推动培训方式的革新和随之而来的挑战。同时,我们认识到建立终身学习生态系统和学习型组织2.0的重要性,它们不仅是适应未来工作趋势的关键,也是实现个人与组织持续成长的基石。随着全球化的加速,跨文化交流与培训成为组织发展不可或缺的一环,它促进了文化的融合与理解,增强了组织的国际竞争力。

1. AI、大数据、区块链等技术正在改变培训模式,同时带来数字鸿沟与数据隐私等挑战,需要相应的对策来应对。

2. 未来的工作场景中,终身学习成为个人适应快速变化的工作环境的必要手段。终身学习生态系统包含了各种学习资源和平台,与强调敏捷与创新的学习型组织2.0相互呼应。同时培训策略也要适合未来工作发展趋势。

3. 在全球化背景下，跨文化交流成为组织培训的重要组成部分，影响着组织的发展战略和培训特色。

思考与讨论

1. 技术驱动的培训模式中，如何平衡个性化学习需求与规模化培训效率？
2. 在构建学习型组织 2.0 的过程中，哪些关键因素能够促进组织内部的知识共享与创新文化？
3. 全球化背景下，组织应如何调整其培训策略以适应多元文化环境？

针对企业员工，设计一份简短的调查问卷，旨在探究员工对新技术（如 AI、大数据）的兴趣与理解程度，以及他们对于构建学习型组织 2.0 的看法和期待。通过分析结果，为企业制订技术驱动的培训计划提供依据。

参考文献

[1] 黄蓓蓓,宋子昀,钱小龙.生成式人工智能融入高等教育生态系统的风险表征、预警及化解[J].现代教育技术,2024,34(5):16-26.

[2] 李雅瑄,陈昂轩,贾积有.2023中国教育技术研究前沿与热点年度报告[J].中国电化教育,2024(3):121-126.

[3] 荆鹏,吕立杰.弥合数字鸿沟:教育数字化转型的国际镜鉴与本土应对[J].国家教育行政学院学报,2023(12):46-56.

[4] 兰国帅,杜水莲,宋帆,等.技术何以赋能未来高等教育教学:趋势、实践和场景:《2024年EDUCAUSE地平线报告(教学版)》要点与启示[J].苏州大学学报(教育科学版),2024(7):1-11.

[5] 克雷曼.人力资源管理:获取竞争优势的工具:第2版[M].孙非,等译.北京:机械工业出版社,2003.

[6] 欧阳忠明,黎宸辰,乔星玮,等.构建迈向2050的终身学习生态系统:要素、愿景与行动方向:UIL《拥抱终身学习文化》报告之解析[J].远程教育杂志,2021,39(2):3-10.

[7] 韦国兵,施英佳.引导式培训[M].北京:电子工业出版社,2018.

[8] 课思课程中心.培训课程体系设计方案与模板[M].2版.北京:人民邮电出版社,2018.

[9] 斯托洛维奇,吉普斯.交互式培训:让学习过程变得积极愉悦的成人培训新方法:第2版[M].王玉婷,译.北京:机械工业出版社,2023.

[10] 德斯勒.人力资源管理:第14版[M].刘昕,译.北京:中国人民大学出版社,2017.

[11] 希尔伯曼.如何做好生动培训:第2版[M].孙丰田,译.北京:机械工业出版社,2013.

[12] 刘永中.行动学习使用手册[M].北京:北京联合出版公司,2015.

[13] 刘文勇.AIGC重塑教育:AI大模型驱动的教育变革与实践[M].北京:机械工业出版社,2023.

[14] 石鑫.行动学习实战指南[M].北京:清华大学出版社,2019.

[15] 李锋.基于标准的教学设计:理论、实践与案例[M].上海:华东师范大学出版社,2013.

[16] 吴雪萍,张靖佶.瑞士职业教育数字化转型:背景、政策与实践[J].比较教育研究,2024,46(2):21-32.

[17] 谷力群,黄兴原.企业员工培训管理实务操作与案例精解[M].北京:清华大学出版社,2022.

[18] 课思课程中心.培训课程开发模型与工具大全[M].2版.北京:人民邮电出版社,2018.

[19] 艾兴.成人教育的课程理论[M].北京:人民出版社,2014.

[20] 邱昭良.激活学习型组织[M].北京:机械工业出版社,2023.

[21] 赵军,任卓瑜,吴刚.数智化在线交互教育范式视域下职业培训组织样态形塑研究[J].高等工程教育研究,2023(4):129-137.

[22] 李亚慧.培训管理方法与工具[M].北京:中国劳动保障出版社,2013.

[23] 张伟远,谢青松,胡雨森.终身教育资历框架全球化发展的关键议题[J].现代远程教育研究,2020,32(3):44-50.

[24] 张燕娣.人力资源培训与开发[M].上海:复旦大学出版社,2022.

[25] 道尔.如何培养终身学习者:创建以学习者为中心的教学环境[M].周建新,译.广州:华南理工大学出版社,2020.

[26] 圣吉.第五项修炼:学习型组织的艺术与实践[M].张成林,译.北京:中信出版社,2018.

[27] 国务院发展研究中心课题组.大国崛起与人力资本战略[M].北京:中国发展出版社,2017.

[28] 罗宾斯,库尔特.管理学:第15版[M].刘刚,梁晗,程熙镕,等译.北京:中国人民大学出版社,2022.

[29] 赵文政,张立国.移动AR/VR赋能学习设计模式变革探索[J].现代远距离教育,2020(6):41-49.

[30] 布德罗,拉姆斯特德.超越人力资源管理:作为人力资本新科学的人才学[M].于慈江,译.北京:商务印书馆,2012.

[31] 唐丽颖.培训效果评估及转化实务[M].北京:中国劳动社会保障出版社,2014.

[32] 叶忠海.现代成人教育学原理[M].北京:中国人民大学出版社,2015.

[33] 施良方.课程理论:课程的基础、原理与问题[M].2版.北京:教育科学出版社,2020.

[34] PHILIPS J J. Handbook of training evaluation and measurement methods[M]. 3rd ed. London:Routledge,1997.

[35] AGAZARIAN Y M, GANTT S P, CARTER F B. Systems-centered training: an illustrated guide for applying a theory of living human systems[M]. London:Taylor & Francis,2021.

[36] KIRKATRICK D L. Evaluation training programs: the four levels [M]. San Francisco:Berrett Koehler Publisher,1996.

[37] HAMBLIN A C. Evaluation and control of training [M]. New York:McGraw-Hill,1984.

[38] 诺伊.雇员培训与开发:第6版[M].徐芳,邵晨,译.北京:中国人民大学出版社,2015.

[39] 石金涛,唐宁玉.培训与开发[M].5版.北京:中国人民大学出版社,2021.

[40] 杨现民,李怡斐,王东丽,等.智能时代学习空间的融合样态与融合路径[J].中国远程教育,2020(1):46-53.

[41] 吴永,许秋璇,颜欢,等.数字化赋能未来教育开放、包容与高质量发展[J].开放教育研究,2023,29(3):104-113.

[42] 兰国帅,魏家财,黄春雨,等.学习元宇宙赋能教育:构筑"智能+"教育应用的新样态[J].远程教育杂志,2022。40(2):35-44.

[43] 赵曙明,赵宜萱.人员培训与开发:理论、方法、实务[M].北京:人民邮电出版社,2017.

[44] 王淑珍,王铜安.现代人力资源培训与开发[M].北京:清华大学出版社,2010.

[45] 李文,许艳丽.工作世界的变革与"智能+职业教育"的应对[J].高等工程教育研究,2021(2):169-175.

[46] 刘宝存,庄腾腾.产业大学的世界图景:理念基础、办学模式与未来走向[J].国家教育行政学院学报,2021(10):57-65.

[47] 彭剑锋.战略人力资源管理:理论、实践与前沿[M].2版.北京:中国人民大学出版社,2022.

[48] 杨东,杜鹏程.人力资源培训与开发[M].南京:南京大学出版社,2021.

[49] 刘晓峰.成人游戏化学习设计与实证研究:基于若干培训课程案例的探讨[D].上海:华东师范大学,2019.

[50] 孙双,张晓英,杨开城.基于课程知识建模的企业培训课程开发技术框架[J].现代教育技术,2010(3):119-123.

[51] 刘林平.远程办公的管理与挑战[J].人民论坛,2020(11):68-70.

[52] 楼军江,肖君,于天贞.人工智能赋能教育开放、融合与智联:基于2022世界人工智能大会开放教育和终身学习论坛的审思[J].开放教育研究,2022,28(5):4-11.

[53] 韩飞,金琴花,郭广州.职业教育与新质生产力:创新生态系统理论视角下的双向赋能[J].高教探索,2024(3):58-64.

[54] 赵艺凡,黄健.被遮蔽的学习之境:国际工作场所学习研究新进展[J].比较教育学报,2024(6):1-18.

[55] 李玉静.21世纪英国技能人才培养培训政策研究[D].吉林:东北师范大学,2019.

[56] 中央网信办,教育部,工业和信息化部,人力资源社会保障部.中央网信办等四部门印发《2022年提升全民数字素养与技能工作要点》[EB/OL].(2022-03-02)[2024-06-20].http://www.cac.gov.cn/2022-03/02/c_1647826931080748.htm.

[57] 徐丹,段晓雯.人工智能素养:高等教育的挑战与应对[J].开放教育研究,2024,30(3):24-36.

[58] 庞辉.依托内训新机制,推进企业内训师队伍建设[J].中国人力资源开发,2009(10):44-46.

[59] 陈春花,朱丽.协同:数字化时代组织效率的本质[M].北京:机械工业出版社,2019.

[60] 中国就业培训技术指导中心.企业人力资源管理师:基础知识[M].3版.北京:中国劳动社会保障出版社,2014.

[61] 邓苗苗.管窥国外公务员培训制度[J].廉政瞭望,2023(21):28-31.

[62] 徐国庆,蔡金芳,姜蓓佳,等.ChatGPT/生成式人工智能与未来职业教育[J].华东师范大学学报(教育科学版),2023(7):64-77.

[63] 陈洪岐.企业员工培训中环境支持体系研究[J].商场现代化,2009(10):294.

[64] 陈向明.如何营造一个支持性培训环境[J].教育科学,2003,19(1):53-55.

[65] 赵磊,杨昀,屠月海,等.新型智能化培训系统设计探究[J].粘接,2022,49(9):183-187.

[66] 陈国海,卢晓璐,张旭.员工培训与开发[M].4版.北京:清华大学出版社,2023.

[67] 钟尉.员工培训[M].北京:北京大学出版社,2016.

[68] 葛玉辉,顾增旺,王慧.员工培训与开发实务[M].北京:清华大学出版社,2011.

[69] 赵曙明,赵宜萱.人员培训与开发:理论、方法、工具、实务:微课版[M].2版.北京:人民邮电出版社,2019.

[70] 杨倩.培训理论与实务[M].西安:西安交通大学出版社,2016.

[71] 葛玉辉,荣鹏飞.员工培训与开发[M].北京:清华大学出版社,2014.

[72] 闫飞龙.人力资源管理知识点精解与习题案例集[M].北京:中国人民大学出版社,2024.

[73] 刘振夏.企业培训与开发之培训需求分析[J].人力资源管理,2018(5):444-445.

[74] 林雪莹,王永丽.人力资源管理:理论、案例、实务[M].北京:中国传媒大学出版社,2016.

[75] 柳靖,柳桢.学习环境与吸引力:芬兰职业教育与培训的做法及启示[J].职业技术教育,2021,42(21):69-75.

[76] 王鹏,杨化冬,时勘.培训迁移效果影响因素的初步研究[J].心理科学,2002,25(1):69-72.

[77] 李育辉.培训与开发[M].北京:中国人民大学出版社,2022.

[78] 邓金玉.培训体系建设的8节实战课[M].北京:中国法制出版社,2021.

[79] 闫轶卿.培训管理18项精进[M].北京:中国法制出版社,2020.

[80] 白睿.培训管理全流程实战方案[M].北京:中国法制出版社,2019.

[81] 蔡小月,白文静.企业培训业务规范化操作全案[M].北京:中国法制出版社,2013.

[82] 彭剑锋.人力资源管理概论[M].2版.上海:复旦大学出版社,2011.

[83] 钟晓龙.全流程设计企业培训[J].企业管理,2024(5):84-88.

[84] 常冬艳,周学军.基于战略导向的培训管理体系构建与实践[J].中国培训,2003(1):89-91.

[85] 贾媛.基于企业战略的企业培训体系搭建[J].质量与市场,2022(9):85-87.

[86] 王俊杰.名企员工培训最佳管理实践[M].北京:中国法制出版社,2016.

[87] 马远.员工培训管理[M].广州:华南理工大学出版社,2017.

[88] 梁一.数智化,构建人力资源管理新格局[J].人力资源,2024(11):28-30.

[89] 秦辞海.新形势下电网企业数智化培训生态体系构建探索[J].信息系统工程,2023(10):103-106.

[90] 刘铮,王秀玲,王玎.数智化时代教育培训创新模式研究[J].上海企业,2023(1):65-68.

[91] 沈程.核心素养视角下教师数智化培训体系建构研究[J].创新人才教育,2022(1):10-14.